João Rodriguez『ARTE GRANDE』の成立と分析

馬 場 良 二 著

風 間 書 房

はじめに

　『*ARTE GRANDE*』は、16世紀に来日し17世紀初頭まで日本で活躍したイエズス会士、João Rodriguezのあらわした文法書である。ここでは、その成立の背景をさぐり、その記述を分析する。

　「第1章　文典成立の歴史的および言語的背景」では、大航海時代や当時のイエズス会といった歴史的背景、当時の西欧世界の言語観、そして、著者であるJoão Rodriguez個人の語学力や情熱から、*ARTE GRANDE*の成立の背景をあきらかにした。「第2章　ラテン語学の与えた影響」では、やはりイエズス会士であったManoel Alvarezのあらわした*DE INSTITV-TIONE GRAMMATICA*と*ARTE GRANDE*との章立てを対照し、後者に対するラテン語学の影響を具体的、実証的に見ていった。

　「第3章　ADVERBIO「副詞」について」では、副詞にしぼってDionysius Thraxのあらわしたギリシア語文典*Téchnē grammatikḗ*から*DE INSTITVTIONE GRAMMATICA*、*ARTE GRANDE*への歴史的な変遷と影響を見、Rodriguezの言うADVERBIOとは何であったのかを考察した。「第4章　elegância、elegante、elegantemente」では、*ARTE GRANDE*、*ARTE BREVE*にあらわれる「エレガント」をすべて抽出、分析し、両文典での意味と用法をあきらかにした。

　「第5章　sonsonete」では、「sonsonete」という語に着目し、その出自と多義的な語義とをさぐり、「第6章　língua、linguagem、palavra」では、「língua、linguagem、palavra」に着目、Rodriguezの用語使用の正確さをあきらかにした。

　「第7章　Bodleian本とCrawford本」では、*ARTE GRANDE*のBodleian本とCrawford本とを見くらべ、Crawford本の書きいれについて詳述、また、

両本の余白にある印刷について新しい発見をのべた。「第 8 章 *DE INSTITVTIONE GRAMMATICA* と *ARTE GRANDE* とにおける日本語引用例の対照」では、両文典に共通する日本語引用例を詳細に対照すること、および、字体の乱れと乱丁の様子を見ることによって、*ARTE GRANDE* の作成過程がどのようなものであったか考えた。

第 9 章では、日本語のローマ字表記について、原典と『日本大文典』とを網羅的に比較対照し、一覧表を作成、分類した。

1999 年出版の『ジョアン・ロドリゲスの「エレガント」』と重なっている章もあるが、まったく同じ内容の章はない。すべての調査、記述において精度を上げ、また、必要な章を追加した。

参考文献は、各章、および、巻末にあげてある。全体をとおしての *ARTE GRANDE*、*ARTE BREVE*、*VOCABVLARIO DA LINGOA DE IAPAM*（『日葡辞書』）に関する参考文献は以下のとおりである。

1. Rodriguez, João（1604）*ARTE DA LINGOA DE IAPAM*, University of Oxford, Bodleian Library.
2. 土井忠生訳注（1955）『日本大文典』三省堂
3. 島正三編（1969）『ロドリゲス日本大文典』文化書房博文社
4. 池上岑夫訳（1993）『日本語小文典』岩波文庫
5. 日埜博司（1993）『日本小文典』新人物往来社
6. （1603）*VOCABVLARIO DA LINGOA DE IAPAM*, University of Oxford, Bodleian Library.
7. 土井忠生編（1980）『邦訳　日葡辞書』岩波書店

この論文が、日本語史研究の一助となることを願ってやまない。

本書は、2012 年に東京外国語大学に提出し、2013 年 6 月に学位が授与さ

れた博士論文である。出版に際しては、独立行政法人日本学術振興会、平成26年度科学研究費助成事業（科学研究費補助金）（研究成果公開促進費）（課題番号：265067）をいただいた。

　2014年　夏

　　　　　　　　　　　　　　　　　　　　　　　　　　馬場　良二

ポルトガル語原文からの転写と訳について

　ポルトガル語原文からの転写について、つづり自体を論ずる時、および、書名以外は、Maria Helena Lopes de Castro 他著の "Normas de Transcrição para Textos Medievais Portugueses" (*Boletim de Filologia*, TOMO XXII, 1973, pp.417-425) にしたがった。なお、「s」の異体字である「ſ」、「ʃ」はすべて「s」に、「ß」は「ss」に統一した。

　次頁に例を示した。第 1 章「文典成立の歴史的および言語的背景」の 12、13 ページにある *ARTE GRANDE* の PROEMIO「はじめに」の原文は左、それを右のようにあらためてある。

　「y」はすべて「i」「j」におきかえてある。語中の「~」は母音字に後続する「m／n」に（ただし、「cõmodidade」のように当時の発音をあらわしている可能性のある場合はそのままにした）、強勢を持たない語末の「ão」は「am」に、音韻論的に意味のない二重子音字は一つに、子音として機能している「i、u」は「j、v」に、母音をしめす「j、v」は「i、u」におきかえた。また、語源的に存在していない「h」は消し、省略されている「h」はもどした。

　日本語の漢字仮名まじり表記、日本語のローマ字表記、ラテン語、スペイン語、英語のつづりは参照した文献のものをそのままうつした。アルファベット表記の書名はすべて斜体とし、アルファベット表記の引用の立体、斜体の別も参照した文献そのままをうつした。

　ことわりのある以外、*ARTE GRANDE* からの引用の翻訳は土井（1995）に、そして、*ARTE BREVE* からの翻訳は池上（1993）によった。そして、*VOCABVLARIO DA LINGOA DE IAPAM* からの引用の翻訳は、土井（1980）によった。

muyto tempo ha que os Superiores da mesma Companhia de Iapão desejauão q̃ se ordenasse, & imprimisse hũa Arte pera cõ mays facilidade aprēderem a lingua desta nação nossos Padres, & Irmãos, que de Europa, & da India vem a trabalhar nesta vinha do Senhor; mas o graue peso da cõuersam, & as cõtinuas occupações dos sujeytos q̃ nisto poderam entender não deram lugar a se effeytuar mays cedo; auẽdo agora mayor cõmodidade, me ordenarão os mesmos Superiores q̃ compusesse esta Arte, na qual alem das conjugações, & rudimenta, se declarassem cõ a facilidade possiuel as regras, & preceytos que ensinão a falar certo, & com elegancia

muito tempo ha que os Superiores da mesma Companhia de Japão desejavam q̃ se ordenasse, & imprimisse ũa Arte pera com mais facilidade aprenderem a lingua desta nação nossos Padres, & Irmãos, que de Europa, & da India vem a trabalhar nesta vinha do Senhor; mas o grave peso da conversão, & as continuas ocupações dos sujeitos q̃ nisto poderam entender não deram lugar a se efeituar mais cedo; havendo agora maior cõmodidade, me ordenaram os mesmos Superiores q̃ compusesse esta Arte, na qual alem das conjugações, & rudimenta, se declarassem com a facilidade possivel as regras, & preceitos que ensinam a falar certo, & com elegancia

目　次

はじめに

ポルトガル語原文からの転写と訳について

第 1 章　文典成立の歴史的および言語的背景 ……………………………… 1
1. 大航海時代 …………………………………………………………………… 1
2. イエズス会 …………………………………………………………………… 9
3. 西欧世界の言語観 …………………………………………………………… 15
4. Rodriguez の語学力 ………………………………………………………… 21
5. Rodriguez の情熱 …………………………………………………………… 25
参考文献 ………………………………………………………………………… 29

第 2 章　ラテン語学の与えた影響 ………………………………………… 31
1. Rodriguez の言語観 ………………………………………………………… 31
2. Manoel Alvarez の *DE INSTITVTIONE GRAMMATICA* …………… 32
　　2-1　ギリシア語、ラテン語文典の歴史 …………………………………… 32
　　2-2　天草版 *DE INSTITVTIONE GRAMMATICA* ……………………… 34
3. *DE INSTITVTIONE GRAMMATICA* と日本語 ………………………… 35
　　3-1　Admonitio ………………………………………………………………… 36
　　3-2　名詞 Dominus の格変化 ………………………………………………… 37
　　3-3　ラテン語、日本語、ポルトガル語の動詞活用が 3 欄組 …………… 38
　　3-4　日本語の例文 …………………………………………………………… 41
4. 土井氏の指摘 ………………………………………………………………… 42
　　4-1　全体の構成 ……………………………………………………………… 42

4-2	名詞の格	44
4-3	名詞の複数	45
4-4	Verbo substantivo	47
4-5	Modo optativo	48
4-6	日本語の例文	50

5. *DE INSTITVTIONE GRAMMATICA* と *ARTE GRANDE* の章立ての対照——対応関係がはっきりしている章—— ································ 51

5-1	名詞の語形変化	54
5-2	動詞	55
	5-2-1 動詞活用	55
	5-2-2 活用の不規則な動詞	56
	5-2-3 動詞文	57
	5-2-4 能動、受動	58
	5-2-5 動詞の不定法、動名詞、目的分詞、分詞	59
5-3	副詞、間投詞、接続詞	60
5-4	修辞法	61
5-5	発音	61
5-6	詩歌について	63
5-7	名字について	64
5-8	語の移入とその発音	65

6. *ARTE GRANDE* にあって *DE INSTITVTIONE GRAMMATICA* にはない章について——言語的な記述—— ································ 66

6-1	形容動詞	66
6-2	動詞の否定語根	69
6-3	書きことばの動詞	70
6-4	待遇	71
6-5	助辞	72

6-6　格辞 …………………………………………………………… 74
　　6-7　後置詞 ………………………………………………………… 74
　　6-8　「こゑ」と「よみ」 …………………………………………… 77
　　6-9　関係詞 ………………………………………………………… 79
　　6-10　方言 ………………………………………………………… 80
　　6-11　G-79：LIVRO I のまとめ ………………………………… 80
　7. *ARTE GRANDE* にあって *DE INSTITVTIONE GRAMMATICA*
　　　にはない章について――文化的な記述―― ……………………… 81
　　7-1　書状 …………………………………………………………… 81
　　7-2　数、年号、時刻 ……………………………………………… 83
　8. *DE INSTITVTIONE GRAMMATICA* にあって *ARTE GRANDE*
　　　にはない章について ……………………………………………… 83
　9. おわりに …………………………………………………………… 85
　参考文献 ……………………………………………………………… 85
　　図 2-1　巻頭の ADVERTENCIAS（緒言）の一部 ……………… 78
　　図 2-2　*DE INSTITVTIONE GRAMMATICA*、*ARTE GRANDE*
　　　　　　章立て対照図-1 …………………………………………… 88
　　図 2-3　*DE INSTITVTIONE GRAMMATICA*、*ARTE GRANDE*
　　　　　　章立て対照図-2 …………………………………………… 90
　　図 2-4　*DE INSTITVTIONE GRAMMATICA*、*ARTE GRANDE*
　　　　　　章立て対照図-3 …………………………………………… 92

第3章　ADVERBIO「副詞」について ……………………………… 95
　0. はじめに …………………………………………………………… 95
　1. *Téchnē grammatikḗ* と *DE INSTITVTIONE GRAMMATICA* ……… 96
　2. *DE INSTITVTIONE GRAMMATICA* と *ARTE GRANDE* -1 …… 98
　3. *DE INSTITVTIONE GRAMMATICA* の RVDIMENTA ………… 100

3-1	冒頭	100
3-2	副詞の25分類	102

4. *DE INSTITVTIONE GRAMMATICA* の CONSTRVCTIONE … 106

5. *ARTE GRANDE* の RVDIMENTA … 110

5-1	冒頭	110
5-2	イ形容詞の連用形	112
5-3	ナ形容詞の連用形	113
5-4	畳語の半分 + -mequ	114
5-5	畳語の副詞の語例	114
5-6	-to、-do でおわる副詞	116
5-7	畳語 + -toxite	117
5-8	副詞の30分類	118

6. *ARTE GRANDE* の CONSTRUIÇÃO … 121

6-1	冒頭	122
6-2	副詞一般について	123
6-2-1	動詞、イ形容詞、ナ形容詞の連用形	124
6-2-2	動詞のテ形	125
6-2-3	'こゑ' の畳語 + -toxite	127
6-2-4	'よみ' の畳語	128
6-2-5	畳語の半分 + -mequ	129
6-2-6	ナ形容詞の連用形、-ニでおわる副詞	130
6-3	各論	131
6-3-1	-として、-して	132
6-3-2	こそ、結句、却って	135
6-3-3	さへ、すら、だに、だにも、だも、だし	143
6-3-4	おいて、おいては、おいてをや、とっては、いたっては	147
6-3-5	ところ、ところに	149

  6-3-6 ほど、ほどの、ほどに ……………………………………… 152

  6-3-7 却って、結句 ……………………………………………… 154

  6-3-8 よも ………………………………………………………… 154

  6-3-9 やう、やうだい、やうす、体̇、やうに ……………… 155

  6-3-10 べう、つべう、つべしい、覚しい …………………… 157

  6-3-11 ばし ………………………………………………………… 157

  6-3-12 ばかり ……………………………………………………… 157

  6-3-13 だて、ふり、ぶり ……………………………………… 158

  6-3-14 さま、さまに …………………………………………… 159

  6-3-15 まま、ままに …………………………………………… 160

  6-3-16 まい ………………………………………………………… 160

 6-4 ポルトガル語の品詞について ……………………………………… 161

7. Dionysius から Alvarez、そして、Rodriguez へ ……………………… 162

8. *DE INSTITVTIONE GRAMMATICA* と *ARTE GRANDE* -2 …… 164

9. *ARTE GRANDE* におけるくり返し ……………………………………… 166

10. *ARTE GRANDE* の Adverbio「副詞」について ……………………… 167

11. Rodriguez の独自性とその工夫 …………………………………………… 169

参考文献 ……………………………………………………………………………… 170

 図 3-1 Dionysius から Alvarez、そして、Rodriguez へ ………………… 163

 図 3-2 *DE INSTITVTIONE GRAMMATICA* と *ARTE GRANDE* の
    構成対照図 ……………………………………………………………… 165

 表 3-1 *DE INSTITVTIONE GRAMMATICA* の副詞の 25 分類 ………… 172

 表 3-2 *DE INSTITVTIONE GRAMMATICA* の CONSTRVCTIONE …… 174

 表 3-3 *ARTE GRANDE* の副詞の 30 分類 ………………………………… 178

 表 3-4 *ARTE GRANDE* の CONSTRUIÇÃO –副詞一般について ……… 184

 表 3-5 *ARTE GRANDE* の CONSTRUIÇÃO –各論 ……………………… 186

第 4 章　elegância、elegante、elegantemente ……………………… 191
　1. elegância の由来 ………………………………………………………… 192
　　1-1　ラテン語の歴史的変遷 ………………………………………… 192
　　1-2　Lorenzo Valla ……………………………………………………… 195
　2.「エレガント」の語義 …………………………………………………… 196
　　2-1　古典ラテン語におけるエレガントの語義 ………………… 196
　　2-2　語源辞典によって知りうる 16 世紀のポルトガル語での語義 ………… 197
　　2-3　現代ポルトガル語での語義 ………………………………… 198
　3.「エレガント」な日本語とは ………………………………………… 199
　4. 日本語教育の見地から ……………………………………………… 204
　5. 言い誤り、直訳 ………………………………………………………… 211
　6.「一覧表」について …………………………………………………… 214
　7.「エレガント」の分類 ………………………………………………… 220
　　7-①　同義語 …………………………………………………………… 222
　　7-②　複合語 …………………………………………………………… 224
　　7-③　副詞 ……………………………………………………………… 225
　　7-④　尊敬、礼儀 ……………………………………………………… 229
　　7-⑤　複合述語 ………………………………………………………… 235
　　7-⑥　中級文型 ………………………………………………………… 238
　　7-⑦　語、句、形態素 ………………………………………………… 245
　　7-⑧　助詞 ……………………………………………………………… 248
　　7-⑨　文末要素 ………………………………………………………… 250
　　7-⑩　語順 ……………………………………………………………… 251
　　7-⑪　動詞と法 ………………………………………………………… 253
　　7-⑫〜⑰の「エレガント」 ………………………………………… 254
　8. Rodriguez の「エレガント」 ………………………………………… 255
　参考文献 ……………………………………………………………………… 257

表 4-1　*ARTE GRANDE*、*ARTE BREVE* の「エレガント」一覧　出現順 … 260

　　表 4-2　*ARTE GRANDE*、*ARTE BREVE* の「エレガント」一覧　分類 …… 272

第 5 章　sonsonete ……………………………………………………… 287

1. sonsonete ……………………………………………………………… 287

2. sonsonete とは？：辞書にある記述 ……………………………… 288

　2-1　*DICIONÁRIO ETIMOLÓGICO* ……………………………… 289

　2-2　*Diccionario crítico etimológico castellano e hispánico* ……… 289

　2-3　*DICCIONARIO LINGUA PORTUGUEZA* ………………… 290

3. *ARTE GRANDE* と *ARTE BREVE* の記述 ……………………… 291

　3-1　もったいぶった調子、皮肉っぽい響き ………………………… 292

　3-2　いなかくさいゆるんだ調音 ……………………………………… 293

　3-3　ポルトガル語なまり ……………………………………………… 294

　3-4　有声子音の前の鼻音 ……………………………………………… 294

4. João Rodriguez の sonsonete ……………………………………… 299

　参考文献 ………………………………………………………………… 301

　　表 5　sonsonete 一覧 ………………………………………………… 304

第 6 章　língua、linguagem、palavra ……………………………… 309

1. língua …………………………………………………………………… 309

2. linguagem ……………………………………………………………… 311

3. palavra ………………………………………………………………… 313

　参考文献 ………………………………………………………………… 314

　　表 6-1　língua 一覧 ………………………………………………… 315

　　表 6-2　linguagem 一覧 …………………………………………… 316

　　表 6-3　palavra 一覧 ……………………………………………… 317

第 7 章　Bodleian 本と Crawford 本 ……………………………… 319
  1. Crawford 本の書きいれについて ……………………………… 319
  2. 余白の印刷 ……………………………………………………… 322
  3. Bodleian 本と Crawford 本とを見くらべて ………………… 326
  参考文献 …………………………………………………………… 326
    図 7-1　通し番号 1 の書きいれの写し ………………………… 320
    図 7-2　Bodleian 本　第 13 葉裏の影印 ……………………… 323
    図 7-3　Bodleian 本　第 213 葉裏の影印 …………………… 324
    図 7-4　Bodleian 本　第 14 葉裏の影印 ……………………… 324
    図 7-5　Bodleian 本　第 76 葉裏の影印 ……………………… 325
    図 7-6　Bodleian 本　第 140 葉表の影印 …………………… 325
    表 7　Crawford 本書きいれ一覧 ……………………………… 328

第 8 章　*DE INSTITVTIONE GRAMMATICA* と *ARTE GRANDE* とにおける日本語引用例の対照 ………… 337
  1. 日本語引用例の対照 …………………………………………… 337
  2. では、なぜそれほどにいそいだのか。 ……………………… 339
  3. 字体の乱れと乱丁 ……………………………………………… 342
  参考文献 …………………………………………………………… 345
    図 8-1　第 65 葉裏　Rongo ……………………………………… 339
    図 8-2　LICENÇA（允許状）…………………………………… 340
    図 8-3　第 107 葉表　1606 年 ………………………………… 340
    図 8-4　第 107 葉裏　1605 年 ………………………………… 341
    図 8-5　第 240 葉　奥付 ………………………………………… 341
    図 8-6　第 2 葉表 ………………………………………………… 343
    図 8-7　第 2 葉裏 ………………………………………………… 344
    表 8　日本語引用例　*DE INSTITVTIONE GRAMMATICA*、*ARTE*

　　　　　　　　　　　　　　　　　　　　　　　　　目　次　xv

　　　　GRANDE 対照表 ································· 346

第 9 章　Bodleian 本と訳本とのローマ字つづりの異同 ············· 351
　0. はじめに ··· 351
　1. 表の見方 ··· 351
　2. ケアレスミス ··· 352
　3. スペース ··· 352
　4. 大文字と小文字 ······································· 353
　5.「,」、「.」、「?」 ······································ 354
　6. アクセント記号 ······································· 354
　　6-1　読み取れないはずのものが印刷されている ·········· 354
　　6-2　アクセント記号が補完されている ·················· 354
　　6-3　アクセント記号がなかった ························ 355
　　6-4　アクセント記号を改変した ························ 355
　7. つづり ··· 356
　　7-1　アルファベットが補完されている ·················· 356
　　7-2　つづりがふえている ······························ 357
　　7-3　つづりがへっている ······························ 358
　　7-4　つづりがかわっている ···························· 358
　8. 脚注の記述 ··· 359
　9. おわりに ··· 359
　　図 9-1　通し番号 14「vǒxeraruruca」 ···················· 351
　　図 9-2　通し番号 83「yóriua」 ························· 355
　　図 9-3　通し番号 28「n onodegozaru」 ·················· 356
　　図 9-4　通し番号 422「xita aru」 ······················ 356
　　図 9-5　通し番号 337「tachiyoritam?i」、*ARTE GRANDE* の第 150 葉裏 ···· 357
　　表 9　ローマ字表記の異同一覧 ························ 361

第 10 章　おわりに ………………………………… 377

謝辞 …………………………………………………… 381
参考文献 ……………………………………………… 383

第1章　文典成立の歴史的および言語的背景

　ここでは、*ARTE GRANDE*[1]、*ARTE BREVE* の成立の背景を、大航海という時代、イエズス会という宗教組織、当時の西欧世界における言語観、そして、João Rodriguez の語学力とその情熱に言及しながら、考察していく。

1.　大航海時代

　15世紀中頃から17世紀中頃までの時代、それまでヨーロッパに知られていなかった地球上の各地域がヨーロッパ諸国に知られるようになり、この地域に対して西欧各国、ことに、イベリア半島のポルトガルとスペインがその勢力範囲を確定していった時代を「大航海時代」という。目標とする土地への海路をはやく見つけ出したものがその土地の優先権を主張し、ポルトガル、スペイン両国は時を争って海外へと進出していった。

　西欧では、ルネサンス、大航海、宗教改革という大きな変革が次々にあらわれた。その中のルネサンスは人文科学、芸術を中心にわきおこった。また、当時の西欧におけるカトリックは現実世界の秩序、体制に深くかかわっており、その根幹を規定していたとも言える。宗教改革ではそれが大きくかえられようとした、あるいは、かえられた。その名称とは裏腹に、生じた影響は宗教界にとどまるものではなく、西欧世界の体制全体を震撼させるものであった。

---

1)　『小文典』の正式な名称は *ARTE BREVE DA LINGOA IAPOA TIRADA DA ARTE GRANDE DA MESMA lingoa, pera os que começam a aprender os primeiros principios della* であり、これを訳すと「*ARTE GRANDE*（大きい文典）からの抜粋にして日本語の基礎を初めて学ぶ人のための *ARTE BREVE*（短い文典）」である。ここから、*ARTE DA LINGOA DE IAPAM* は *ARTE GRANDE* と、そして、『小文典』は *ARTE BREVE* と呼ぶことにした。

そして、「大航海時代」である。Rodriguez がポルトガルに生まれ育ち、故国をはなれた 16 世紀、イベリア半島には世界に飛躍するのだという大航海の息吹がみなぎっていた。

西欧とアジアは陸続きなのだから、人的物的往来は継続的にあったはずである。しかし、その記録となると 13 世紀にしかさかのぼれない。1270 年ないしは 1271 年から 1295 年にわたっておこなわれた Marco Polo（マルコ・ポーロ、1254-1324）による東方への大旅行がそれである。国王の命によって航海に出た大航海時代の船乗りたちとは異なり、マルコは商人として個人的な旅行をおこなったのであり、それを語ったものと思われる。彼の *Il Milione*『東方見聞録』[2] は多くの判と多くの訳をかぞえ、広く読まれたが、その記述を信じるか信じないかは人によって様々であった。

15 世紀の Cristóbal Colón（クリストファー・コロンブス、1446頃-1506）も『東方見聞録』を読んでいて、書かれている内容に関してはかなり信じていたようである。コロンブスの航海日誌も彼自身の書いたものは残っていない。あるのは、16 世紀に中南米で布教活動に従事していた Bartolomé de las Casas（バルトロメー・デ・ラス・カサス神父、1474-1566）が書き写した、日誌の要約である。

デ・ラス・カサス（1977）の林屋永吉著「解説」、p.281 によると、コロンブスは 1477 年の春からポルトガルのリスボンに住むようになり、

> リスボンにおいて彼は、仕事のかたわら、スペイン語とラテン語を学び、天文学や地理学や、航海技術の新知識を吸収したが、この間にあって、

---

[2] マルコ自身は『東方見聞録』を執筆していない。「マルコ氏がこんなにも多様な知識を身につけるためには、実に前後 26 年間という長い年月を、これら諸国で過ごしたことを御承知ねがいたい。後日、彼がジェノアの牢獄に捕虜となって繋がれていた時、同じく囚われの身にあったピサの人ルスチケルロに口述して筆写せしめ、これらの事柄をすべて記録に留めたのである。時にキリスト降誕暦 1298 年であった。」（愛宕松雄訳『東方見聞録』、「序章」の「はしがき」、p.4）。

フィレンツェの著名な天文学者であり、医者であり、また人文学者でもあるパオロ・トスカネリー[3]と、友人を介して文通をはじめ、その見解に心惹かれた。地球は円く、ヨーロッパから西へ行けば東洋に達するということは、当時すでに、ほとんど疑われていなかったが、東洋への西廻りの距離は、二世紀のギリシアの天文学者プトレマイオスの意見が深く信ぜられていた。しかしながら、トスカネリーは、アジアの東海岸の位置をプトレマイオスよりもずっと東に置いたマルコ・ポーロの意見に従って、シパング（日本）へは二千五百ミリャで到達出来るとしていた。かねてから、マルコ・ポーロが、黄金で覆われた宮殿に王の住む国、とのべたシパングに多大の関心を抱いていたコロンは、このトスカネリーの意見に強く勇気づけられた。そして、みずからの計算ではこの距離よりもさらに短いとさえ考えるに至った。

ここで言う「コロン」とは「コロンブス」のことである。
　ラス・カサス神父は、その著書 *Historia de las Indias* の中にトスカネリーがコロンブスに送った手紙を引用している。その内容がデ・ラス・カサス（1977）、p.260 の注にある。

　　世界は球形であるから、西へ向って真直ぐ航海すれば必ずインディアスに達することが出来、それが近道であるとし、この地には、胡椒を積込む船が年間百隻出入する**サイトン**の港があることや、カタヨ州に居を占める**大汗王**（グラン・カン）のこと、その父祖達が二百年も前から法王に対して賢者を派遣されるよう願っていること、その首都のすばらしく華麗なこと、多数の川が流れ、その一つの畔だけにでも二百の町があって、**大理石の橋**がかかっていること、金、銀、奇石、香料の豊かなこと、リスボンから真

---

[3] Paolo dal Pazzo Toscanelli（1397-1482）。フィレンツェのルネサンス期の天文学者、地理学者、医者。

直ぐ西へ行けば、二十六区分（各区分は二百五十ミリャ）で**キサイ**の町に着くこと、**シパンゴ**迄は、十区分、すなわち二千五百ミリャで行くこと、シパンゴでは、寺院や王宮が純金で屋根が葺かれていて、金や真珠や奇石が豊かであること、等をのべている。

この記述の「**サイトン**」は、ポーロ (1970, 1971) では「**ザイトゥン**」としてあらわれている。福建省晋江県の泉州のことである。同書2の p.114 からかなり長く記述が続き、そこには、

> ここは海港都市で、奢侈商品・高価な宝石・すばらしく大粒の真珠などをどっさり積みこんだインド海船が続々とやってくる港である。またこの海港には、この地の周縁に展開しているマンジ各地からの商人達も蝟集してくる。要するに、この海港で各種の商品・宝石・真珠が取り引きされる盛況は、何ともただ驚嘆する以外にないのである。この海港都市に集積した商品は、ここからマンジ全域に搬運され買販される。キリスト教諸国に売りさばこうとしてアレクサンドリアその他の港に胡椒を積んだ一隻の船が入港するとすれば、ここ**ザイトゥン**港にはまさにその百倍にあたる百隻の船が入港する。その貿易額からいって、ザイトゥン市は確実に世界最大を誇る二大海港の一であると断言してはばからない。

とある。

トスカネリーの手紙にある「**大汗王**」とは当時の元朝皇帝、忽必烈汗（フビライ・カーン、1215-1294）のことで、この皇帝については上記書1の p.13 以下に、

> カーンの意図したところはほかでもない、キリストの教法に通暁し七芸に練達した人士で、かつ偶像崇拝者やそのほかの教派の信者達と論議を

交え、彼らの教義が決して神の啓示によるものではなく、彼らが家々に奉祀して礼拝するいっさいの偶像はすべて悪魔に属するものである、と明確に論証するだけの力量を備えた賢者百名ばかりを教皇のもとから派遣してほしいというもの、略言すれば、キリスト教徒の教法がこれら偶像教徒のそれよりもはるかにすぐれている次第を、理性に照らして明確になしうる人物の派遣かたを教皇に求めたのであった。

とある。

トスカネリーがコロンブスにあてた手紙の引用にある「**大理石の橋**」というのは大河「プリサンギン」（蘆溝河）にかかっていたもので、ポーロ（1970）の p.275 以下に、

石橋は長さ三百ペース、幅八ペース余もあって、騎馬の十人が横に一列に並んで渡ることができる。二十三の橋脚が二十四のアーチを支えており、橋梁全体が灰色の大理石でできているが、その細工はきわめて精巧で組立はすこぶる堅牢である。橋には大理石の板石と石柱を交互に連ねてずっと欄干をなしている。橋の両端部は勾配をもった上り坂をなしており、渡り口の方が上りきった部分よりも幾分か幅広にできているが、上りきってしまうと、それから先は線を引いたようにずっと同じ幅で続いている。

とある。さらに、「**キサイの町**」というのは上記書2の p.59 以下に記述のある「**キンサイ市**」、浙江省の杭州のことである。その栄華とにぎわいの様子は「さてこの大都市にいよいよやって来たからには、引き続きその非常な壮麗ぶりをお伝えしようと思っているが、そもそもこのキンサイ市というのは、まちがいもなく世界第一の豪華・富裕な都市だから、全くもって話しがいがあるというものである」という出だしで、ことこまかに書かれている。

そして、「**ジパング**」である。コロンブスばかりでなくヨーロッパの人々すべてをひきつけてやまなかった黄金の国「**ジパング**」については上記書2のp.130以下に「**チパング〔日本国〕**は、東のかた、大陸から千五百マイルの大洋中にある、とても大きな島である」、「この国王の一大宮殿は、それこそ純金ずくめで出来ているのですぞ。我々ヨーロッパ人が家屋や教会堂の屋根を鉛板でふくように、この宮殿の屋根はすべて純金でふかれている」、「またこの国には多量の真珠が産する」、「真珠のほかにも多種多様の宝石がこの国に産する」と書かれている。

トスカネリーは『東方見聞録』を読み、その中の特に印象的な部分をかいつまんで手紙にしたためたようである。コロンブスはトスカネリーの手紙か、あるいは、『東方見聞録』の記述にある「黄金の国」をうつつに見ていたに違いない。

アラゴン王国の国王とカスティリャ王国の女王とから援助を受けていたコロンブスはジパングの富を追い求めて西進した。ジパングの権益をわがものにするためには、黄金がみつかるまで援助させ続けなくてはならない。国王たちの興味を引き付け、次の航海の援助も受けられるよう、コロンブスは立ち寄る先々の島をほめそやす。

　　　　私は両陛下[4]に確信をもって申し上げますが、この太陽の下に、肥沃さにおいても、寒暖の調和がとれていることからも、また清冽な良水に恵まれている点でも、この地に勝る土地があろうとは思えません。この地は悪疫にみちたギネアの川とは全く異るのであります。それは神に感謝すべきことではございますが、事実、今日まで頭痛を訴えた者も、病で床についた者も居りません。一人、生来結石で悩んでいた老人がおり

---

4)　アラゴン王フェルナンドとカスティリヤ女王イサベルの二人。

ましたが、これも二日間で治ってしまいました。
(1492年11月27日火曜日)

　黄金がみつからなくても、植民には適しているということをアピールし、再度の航海への望みをつないでいるのである。12月24日月曜日には住民をほめちぎっている。

　すべてその振舞いまことに愛らしく、話振りもやさしく、他の地の者のように、話をすればまるでおどかしているようなのとは異るのであります。彼らは、男も女も、背丈ほどよく、色も黒くありません。もっとも彼らは皆、黒や、他の色、その多くは赤色ですが、それを身体に塗っております。これは日光にあまり焼けないようにするためだということを知りました。彼らの家も、またその在る場所も、非常にうるわしく、また彼らの判事というか、首長は、すべて威厳を持って振舞っており、誰も皆驚くほどよく彼に従っております。この首長達は口数も少なくそのおこないも立派ですが、彼らが命令するのは手で合図をするだけで、それだけで驚くほど速やかに命が達せられるのであります。

従順で使いやすいということである。
　コロンブスはのべている、

　静穏なる君主よ、すでにのべましたように、私は、彼らの言語を知る敬虔な宗教人が共に居れば、彼らは皆、今すぐにもキリスト教徒になるものと考えます。したがって両陛下が、このように偉大な民を教会に帰依させ、改宗させるために、機敏なる措置をとられ、かつて、父と子と聖霊にざんげしようとしなかった者共を滅亡させられたように、しかるべき決定を下されますよう、神に願うものであります。我らの命には限り

がありますが、こうすることによって、両陛下も、生涯を終えられるときには、その王国を邪教や悪の汚れのないきわめて平穏な状態に置かれることとなりましょうし、また永遠の創造主の前に喜んで迎え入れられることとなりましょう。私は、創造主が、両陛下に末長き生命を与えられ、さらに広大な国や領土を与えられるよう祈りますと共に、両陛下が聖なるキリストの教を今日まで弘めてこられましたように、今後もさらにこれを拡大させられるよう、そのための意思と資質を、創造主が両陛下にお与えになることを祈るものであります。アーメン。本日船を浜から下ろしまして、木曜日には神の御名において出帆し、黄金と香料を探し求め、かつ陸地を発見するために、南東に向うつもりであります。

（1492年11月6日火曜日）

　ことばのできる宣教師をおくりこめば、領土が拡大し、神の意向にも沿うと言っているのである。カトリックの拡大と富の獲得、宗教と政治、経済が一体のものとして意識されている。
　また、11月12日月曜日には、

両陛下は、彼らをキリスト教徒にすることを決意されるべきであります。私は、これに両陛下が取組まれるならば、短期間に多数の民を我らの聖なる教に改宗させることができましょうし、広大な領土と、富と、これらすべての民を、エスパニャのものにしてしまうことができるものと考えます。と申しますのも、この地に莫大な量の黄金が産することは疑いもないことだからであります。私の同伴しているインディオ達が、この島々には黄金を採掘しているところがあって、住民は、首や、耳や、腕や、脚に黄金をつけており、その腕輪は非常に部厚くできているし、また貴石もあれば、すばらしい真珠もあり、香料も無限に産する、と語っているのも決して理由のないことではないのであります。

「聖なる教に改宗させること」とすべてを「エスパニャのものにしてしまうこと」とが同列にならべられている。非常に分厚くできている黄金の腕輪をすでに手にいれたような書きぶりである。「ジパング」が間近にあると思っていたのだから、そのような論理の飛躍や思い込みはやむをえないことであろう。

コロンブスは数箇所で、どの島の住民も話すことばは同じで、よって、一つの言語を習得すれば、多くの住民に労働を指示し、産物の情報を得ることができるとのべている。住民の言語も富を得るための手段であったのだ。

イエズス会士 Francisco de Xavier（フランシスコ・ザビエル、1506-1552）が初めて日本の地を踏んだのは、コロンブスがアメリカ大陸に到着したほぼ60年後の1549年であった。

イエズス会本部からの人的物的援助を得て、布教活動を続けて行くためには、任地の住民をほめ、言語をほめ、援助するだけの価値があることを印象づける必要があった。それは、*ARTE GRANDE*、*ARTE BREVE* の執筆態度の底に流れるものでもある。

2. イエズス会

大航海時代における西欧の東方進出と、反宗教改革運動の急先峰としてのイエズス会がなかったら、*ARTE GRANDE*、*ARTE BREVE* は生まれて来なかった。第2節では、16世紀前半西欧世界を根本から揺るがせた「宗教改革」、そして、「イエズス会」について見てみる。

宗教改革の背景には、カトリック教会自身によるカトリック教会の改革、つまり、カトリック改革が存在した。この改革には2面性がある。教会内部から自発的におこった積極的な改革と、ルター、カルバン等の運動に反発し

て生じた反動的な改革とである。

　15世紀までのカトリック改革は下からの運動であったが、16世紀にはいってからは教皇を初めとした教会組織全体の意識となった。そこにあらわれたのがMartin Luther（マーティン・ルター、1483-1546）やJean Calvin（ジャン・カルヴァン、1509-1564）であった。彼らは、民衆の間での活動もおこなったが、それ以上にローマ・カトリックに打撃を与えたのは、強靭な意志力と鋭利な理性によって裏打ちされた優秀な論文、そして、鋭い弁舌であった。カトリック教会の存続は、人民の宗教心を引き付けておくことによっても、ましてや、体制の力で彼らをおさえつけておくことによってもすでにかなわず、理論武装によって自らの存在理由、および、存在の仕方を強く打ち出さなくてはならなくなったのである。ここで精神的活力の源、また、西欧をふくんだ世界全体へのローマ・カトリックの使者として活躍したのがイエズス会士たちである。

　中世からすでにはじまっていたカトリック改革の気運は、16世紀におこった宗教改革によってさらに高まり、ローマ・カトリックはその歴史はじまって以来の危機を乗り越え、そして、新世界から東洋にまで宣教活動を拡大するにいたった。これはカトリックにとってのルネサンスとも言え、当時の聖職者の間には宗教的、精神的意欲、躍動感がみなぎっていた。

　修道会というのは、聖職者を育成するための神学校ではない。神に近づくための場、清貧、貞潔、従順を誓うことによってはいることの許される共同体である。「清貧」は俗世間の財物とその重荷と危険からの解放を意味し、「貞潔」は家族生活の苦楽と血肉との結び付きからの解放、「従順」は意志傾向の不規律性からの解放を意味している。これらを誓いきびしい戒律と規則のもと、日々宗教的生活と精神をたもつのである。そのために、イエズス会は習慣化していた多くの日課を大胆に廃し、その時間を教育と研究とにあてた。会の目的は、自らの精神的日課をおくることより、ヨーロッパにおける伝道、学校の設立と運営、そして、そればかりでなく、異教地における布教をすす

めることであった。その目的遂行のため、会士の選択は厳しく、その養成には多大の時間と労力が費やされ、さらに、会士の服従が強く要求された。J. B. デュロゼルは『カトリックの歴史』で「「スコラ哲学研究」をおこなう準備期間は非常に長く、修練生活二か年ののち清貧、貞潔、服従の請願を立て、ついで文学研究一年、哲学研究三年、神学研究四年を必要とした。この会の会員はここに初めて司祭の品級を授けられ、最後の研究生活一年を過ごしてのち教皇に対する服従の特別請願を立ててようやく一人前の「神父」になると定められ」とのべている。

　イエズス会はローマ教皇のすぐ下に位置し、総会長を頭とする組織は厳格で、強い意志と高い知性を持つ者が選び抜かれ、修道会の目的の貫徹のために厳密な統一と協同とが守られた。また、活動の種類はより有効なものに限られ、その達成のためには、旧来の取り決めや習慣からの大幅な自由が認められた。イエズス会の標語は「Ad maiorem Dei gloriam（より大いなる天主の栄光のために）」であり、キリストはその天主のために「共に努力する者、その戦場の為の闘士を求め、又天主の国を建設し全世界に之を普及すべく彼を助ける使徒を求める」（上智大学（1954））としている。イエズス会士には、宗教家であると同時に、強力で、合理的、実利的な人材が求められた。イエズス会は、宗教改革の嵐の吹き荒れる中、創立され、好むと好まざるとにかかわらず、反宗教改革運動の旗手とされた。

　1541年、ザビエルはポルトガル王ジョアン3世に請われてインド伝道にむかい、1549年に日本に上陸した。その後、キリシタン大名が生まれ、天正遣欧使節がおこなわれるなど、日本での布教は順調であった。が、1587年に豊臣秀吉がバテレン追放令を、1612年には徳川幕府がキリシタン禁教令を発した。日本のイエズス会士たちは、まさに波乱万丈、怒濤のような日々を送ったことであろう。

　彼らは、日本とポルトガルとの貿易の仲介をしていた。布教というその目的のためには経済活動も辞さなかったのである。未知の宗教の侵入による人

心の乱れと、西欧世界との交易の魅力、二つの間で当時の権力者の決定は揺れていた。彼らイエズス会士たちは、政治、経済、宗教の三つの微妙なバランスをとりながら、秀吉その他の権力者、実力者に接近し、あらゆる手段を使って交渉、そして、駆け引きをおこなった。この三つのうちのどれ一つに問題が生じても、キリスト教は禁じられてしまうのである。

　João Rodriguez は、1561 年頃ポルトガルの Sernancelhe（セルナンセリェ）という寒村に生まれた。正確な生年は分かっていない。多分、教育らしい教育は何も受けることなく、13、4 歳で故国をはなれ、1577 年頃、16、7 歳で、日本に上陸した。季節風を待つ関係で、ヨーロッパから長崎まで最低 2 年の歳月を要していたのである。当時、年若い少年が船内の雑役係り、また、アジア各地での宣教師の小間使いのため、長期航海への旅に出るのは珍しくなかった。その後、イエズス会のために働き、教育を受け、会士となり、巡察師 Alessandro Valignano（アレッサンドロ・ヴァリニャーノ）の来日の際の通訳をしたり、秀吉への書簡をしたためたり、九州各地の実力者や都の権力者に接見したり、あるいは、貿易商人たちのもめごとの仲裁をしたり、もちろん、ヨーロッパから来た会士たちには日本語を教えたし、日本人にはラテン語を、もしかしたら、ポルトガル語も教えたかもしれない。

　ARTE GRANDE の冒頭 PROEMIO「はじめに」で、Rodriguez は次のようにのべている。「muito tempo ha que os Superiores da mesma Companhia de Japão desejavam（日本のこの会の長老達が望んで久しい）q̃ se ordenasse, & imprimisse ũa Arte（文典が編まれ、印刷されることを）pera com mais facilidade aprenderem a lingua desta nação nossos Padres, & Irmãos, que de Europa, & da India vem a trabalhar nesta vinha do Senhor（主のこの葡萄園で働くためにヨーロッパとインドからやって来た司祭や会士がより容易にこの国の言語が学べるように）; mas o grave peso da conversão, &（しかし、改宗の重責と）as continuas ocupações dos sujeitos（次々に起きる事柄によって）q̃ nisto poderam entender（そこからお分かりのように）não deram lugar a se efeituar mais cedo（これより早く実行に移すことはできなかった）; havendo agora maior comodidade（いままでにない便宜を得た現在）, me ordenaram os mesmos Superiores q̃ compusesse esta Arte（同じ長老達がこの文典を編纂するよう命じられた）, na qual alem das conjugações, & rudimenta（そこでは活用や品詞論だけでなく）, se declarassem com a facilidade possivel as regras, & preceitos que ensinam a falar certo, & com elegancia（正確にかつエレガントに話すことができるようになる法則や規則をできるだけやさしく、はっきりさせるよう）」（馬場訳）。

当時のキリシタンの状況を考えると、まさに「次々に起きる事柄によって」、「実行に移すことはできなかった」であろう。「いままでにない便宜を得た現在」とは言っても、ゆっくり腰を落ち着けて執筆に没頭することなどはできなかったはずである。本来なら日本にいることすら違法であったのだから。通訳として、有能な会士として日本中を飛び回りながら、それでも、Rodriguezは書いた。元来、健康であったし、性格も精力的積極的であった。また、人生の大部分を過ごした日本とその人々、文化を愛していたことは間違いない。さらに、その上に、大航海という時代の息吹と天主のために働くのだという使命感が彼にそれだけの活力と意欲を与えたのだ。

Rodriguezは晩年『日本教会史』を書いている。彼はこの書を書くことを引き受けた動機を次のようにのべている。

> このすばらしい管区は活動を続けていく上に必要な援助を受けていません。ヨーロッパと近ければ、キリスト教国の王侯も、聖職者も信徒も、日本のイエズス会の事情が詳しくわかって援助してくれるでしょうが……せめてもの埋め合わせに……この若い日本の教会の起源と発展について書くことにしました。……途中で筋が混乱したり中断したりしないように、『教会史』の第一部で日本列島の位置や数や大きさなどを何冊かにまとめてみます。……
> 　　　　　　　　　　　　　　　（クーパー（1991）、pp.291-292）

出向いた先で援助を受けねばならないのはイエズス会もコロンブスも同じであった。コロンブスは土地と住民をほめちぎり、黄金の存在をしきりに強調した。晩年のRodriguezは『日本教会史』の執筆を引き受け、日本について多くのことを記述し、また、その文法書では日本語のすばらしさを強調した。

　すばらしさを強調する方法の一つは、日本語がラテン語の枠組みにあてはまることを示すことである。当時のヨーロッパにおける言語学習というのはラテン語の習得につきるのだから、ラテン語文法の枠組み以外には考えられなかった、とも、ラテン語文法の枠組みにあてはめて教授するのが、不自然なようでいて学習者には無理のないもっとも良い方法であった、とも、考えられる。そういう言語学的、あるいは、教育的理由もあったろうが、それだけではなく、完全にではないもののラテン語文法の枠組みに対応することを示す必要があった。当時のヨーロッパにおいては、ラテン語の文法体系にあてはまらない言語は言語としておとったものと考えられたことであろう。その他、敬語、「様、殿」などの呼称、手紙の作法等が高度に発達していて、ポルトガル語に負けていないことを繰り返しのべている。

　一方、使いこなすのがむずかしい助詞の「は」に関しては、「純粋な助辞として文のあらゆる要素に接続するか、豊富でエレガントな意味をもってさらに他のartigo（格辞）に接続するか、以外には、意味を持たない」、「時を示す名詞のうしろにエレガントに置かれる」、「これこれのことについてはということを意味する」などとしかなく、注意して日本人の話すのを聞いていればわかるようになる、とも言っている。ずいぶん不親切で荒っぽい。そうではあるが、言語教育的にはかえって実用的現実的説明かもしれない[5]。

　他にも荒っぽい記述や尻切れとんぼの文章、そうかと思えば、冗長な説明

5）　第4章「elegância、elegante、elegantemente」の7-⑧「助詞」、pp.248-250を参照。

や同じ事項の繰り返しがある。そもそも、文法の枠組み自体ラテン語のもので、無理が大きい。そうではあっても、彼のいた状況下でこれだけのものを書いたというのは、驚嘆に価する。

3. 西欧世界の言語観

　ポルトガル語はロマンス語と呼ばれるいくつかの言語のうちの一つであり、ロマンス語というのはラテン語から変化して生じた諸言語のことである。ただ、ラテン語とは言っても、キケロやカエサルの書き残した文語のラテン語、古典ラテン語ではなく、日常の生活の中で話しことばとして使われていた俗ラテン語である。俗ラテン語は西ローマ帝国が滅亡する476年までは、帝国の政治的統一のもと各地で同様の変化を遂げていたと思われる。それが、帝国滅亡後、ロマンス諸語へと変化していったのである。

　俗ラテン語は、話される言語であった。だから、その資料は多くない。石に彫られた碑文や、古典的教養のない人々が書いた若干の書物、落書き、戯曲中の庶民の台詞、等である。これらの資料から、先住民族のそれぞれの言語（基層）、および、新たにあらわれた来住者の言語（上層）の多様性にもかかわらず、俗ラテン語一般に共通した特徴があったことがわかっている。古典ラテン語とは別に俗ラテン語を設定する一つの理由である。そして、もう一つの理由は、言語体系、および、構造が大きく異なることである。古典ラテン語と俗ラテン語との関係は、同一の社会で使用されていた二つの異なる言語である、という見方もできるほどにそれぞれ固有の体系を持っている。

　音韻論的に見ると、古典ラテン語では母音の音色は五つ、そして、その長短は母音音素の弁別的特徴をなしていた。一方、ローマ世界の西側の大部分の地域での俗ラテン語では母音の音色は七つ、そして、その長短に音韻論的弁別機能はない。また、残された資料からの分析で、古典ラテン語のアクセントは高低であったが、俗ラテン語では強弱であったと考えられている。

俗ラテン語における、位置に影響されない音変化として、無声声門摩擦音の [h] の消滅（現在のロマンス諸語においてつづり字の「h」は黙字である）と、両唇軟口蓋の半母音 [w] の有声唇歯摩擦音の [v] への移行があらわれた。特定の位置に限定された変化としては、語末における [m] の消滅（これにより名詞の格と数による語形の違いの多くが識別されなくなった）と、母音間における子音の変化、/k/ の音価が不安定であること、子音群の単純化、などがある。母音間の子音は、無声のものは有声に、有声のものは母音に吸収されて消滅、また、有声破裂音は有声の摩擦音に、変化する傾向がみられた。

　古典ラテン語の名詞には男性、女性、中性の三つの性と、五つの曲用の型があり、名詞それぞれは単数か複数か、主格、呼格、属格、与格、対格、奪格の六つの格のうちのどれか、によってその語形を変えた。一方、俗ラテン語では、名詞の性は男性と女性の二つに減少し、曲用の型の別はなくなった。すでにのべたように、語末の [m] や母音の長短の消滅などの音韻変化が起こり、それも原因して、格の違いによる語尾の違いは主格とそれ以外の格との２種だけとなった。名詞の曲用は大幅に単純化したのである。

　母音間の有声破裂音が弱化して摩擦音となったことにより母音間の [b] が [v] へ移行し、第Ⅰ活用動詞の直説法の未来と完了の区別がなくなった[6]。また、強勢のない音節で７母音から５母音になったことで、語末音節の [i] と [e] とが混乱し、第Ⅲ活用動詞の直説法の現在と未来の区別が消滅した[7]。未来時制を示す活用形が他の活用形と識別できなくなってしまったことは、この時制を動詞の活用語尾だけで示す総合的なやり方から、未来時制を示すための他の語をつけ加える分析的なやり方への移行をもたらした[8]。他にも、

---

6) たとえば、「ほめる」という意味の動詞「laudāre」の三人称単数形は、その未来が「laudābit」、完了が「laudāvit」であったが、音価が同じになってしまった。
7) たとえば、「駆ける、過ごす」という意味の動詞「agere」の三人称単数形は、その現在が「agit」、未来が「aget」であったが、この別が消滅した。
8) たとえば、ポルトガル語では、「行く」という意味の動詞「ir」の次に当該の動詞の不定法を続けて未来を表わす。

受動態や完了などが分析的なやり方で示されるようになった[9]。

　ローマ帝政期に古典ラテン語と俗ラテン語とがあったように、現代のブラジルには、linguagem culta と linguagem popular とがある。linguagem culta は公的に使われる種類のことばであり、linguagem popular は日常的で卑俗な種類のことばである。Dino Preti の著書 *SOCIOLINGÜÍSTICA Os níveis de fala* におけるそれぞれの定義は以下の通りである。

linguagem culta	linguagem popular
社会的に威信がある。	社会的に威信がない。
よりかしこまった場面でもちいられる。	よりくだけた場面でもちいられる。
どの地方の人間にも通じる。	地域性が強い。
保守的である。	口頭言語の変化を受けいれる。
学校教育で学習される。	生活の中で学習される。
規範文法に沿っている。	規範文法に沿っていない。
文法構造はより複雑。	文法構造が単純化されている。
語彙はより豊富。	語彙が限られている。
専門用語が使われる。	俗語や下品な語が使われる。

　俗ラテン語で主格と斜格の二つに減ってしまった名詞の格は、近代ポルトガル語ではさらに減って一つになった。しかし、格による語形の変化は消失したものの、単複の違いによる語形の変化はたもたれた。それが、複数を示す語尾の「-s」である。ところが、その「-s」も現代ブラジルの linguagem popular では省略される傾向にある。古典ラテン語から大幅に簡略化されていた俗ラテン語は linguagem culta として確立され、一方で、日常生活の中では、linguagem popular が発生、少しずつその簡略の度合いを増していっ

---

[9]　たとえば、ポルトガル語では、受動態はコピユラ動詞である「ser」と過去分詞で、完了は「持つ」という意味の動詞「ter」と過去分詞で示す。

たと言える。

　1959年に教育文化省が発表したブラジルの文法用語一覧「Nomenclatura Gramatical Brasileira[10]」にしたがえば、linguagem culta の動詞活用には、indicativo（直説法）、subjuntivo（接続法）、imperativo（命令法）の三つの法がある。それが、linguagem popular では、imeperativo は indicativo の現在でほとんどの場合代用されてしまうし、subjuntivo も固定した言い回し以外では、indicativo のどれかの時制ですませてしまう。また、人称であるが、2人称代名詞の「você(s)（親称）」も「o(s) senhor(es)（尊称）」も文法的には3人称なので、動詞の活用形の2人称は要らなくなっている。さらに、1人称複数の人称代名詞にも文法的に3人称単数の「a gente」が使われており、1、2、3人称に単複の計六つの活用形が、1、3人称単数と3人称複数の三つの活用形だけですまされている。ここまで単純化されてくると、体系はたもったまま具体的な活用形に変化が見られるというよりは、動詞の活用体系自体が簡略になっていると言った方がいい。古典ラテン語と俗ラテン語、linguagem culta の間で共通にたもたれていた動詞活用の体系が、ブラジルの近代ポルトガル語の linguagem popular において単純化されたと考えられよう。

　古典ラテン語は俗ラテン語とともにローマ帝国の言語を形成し、linguagem culta は linguagem popular とともに現代ブラジル・ポルトガル語を形成している。古典ラテン語はローマ帝国の言語の規範であり、linguagem culta はブラジル・ポルトガル語の規範である。規範の言語と実用の言語の二重構造は、ローマ帝国のラテン語にも現在のブラジル・ポルトガル語にもあてはまる。

---

10)　「Nomenclatura Gramatical Brasileira」とは、1959年に Ministério da Educação e Cultura（教育文化省）が公表したブラジルにおける文法用語の標準であり、教育の体系化のためにつくられ、授業、教科書、入学試験において規範とされている。作成には、Celso Ferreira da Cunha、Serafim Siva Neto などがかかわっている。

「正しい」言葉遣いというのは、いかなる時代のいかなる場所でも取り沙汰されてきたに違いない。政府によってその国の言語政策が決定されたり、学校教育がなされ、辞書や文法書が作られたり、また、印刷技術が発明、文字というものが使われるようになったりする以前から、人類にとって言語というものが誕生したその瞬間から、言葉遣いには規範的なものとそうでないものとがあると考えられてきたに違いない。

　一般に、あまりにくだけた言葉遣いや、文法的な不整合の多い文というのは、「正しくない」と評価される。しかし、これとて、その場にふさわしい言い方で母語話者が自然であると判断すれば、決して「正しくない」言葉遣いであるとは言えなくなる。長年連れ添った夫婦であれば、「ちょっと、それ」で、完全であって、「テレビの上にある新聞をとってください」と、喧嘩の際中でもない時に言えば、日本語としてあまりに不自然である。要するに、どんなことばであっても、そのことば自体が正しかったり間違っていたりすることはない。ことば自体が問題なのではなく、そのことばの使い方が大切なのである。頭ではわかっていても、ことばには常に「正しさ」がつきまとう。人間である限り、ことば自体に正しさを求めてしまう。日常使っていることばより、辞書や教科書で活字になっていることば、どう話そうか考えずに口から発せられていることばより、紙の上に書きとめられていることば、きのう生まれたことばより、古くから伝わっていることばというように。

　その「正しさ」は、「美しさ」や「権威」とも結び付く。間違っているものを美しいとは感じにくいし、これは正しいと安心していられるものは、ごく自然に権威づけられる。一方に、正しさと美しさと権威の象徴たることばがあり、もう一方に、日々使われることにより、また、より使いやすいようにダイナミックに変化していく実用のことばがある。この「二重性」は、人類による言語運用の本質である。

　古典ラテン語にとっての規範はギリシア語であった。

そもそもラテン語は、ごくせまい地域、現在のローマのさらにその一区画の住民の言語にすぎなかった。それが、ローマ帝国の進展とともに急速にヨーロッパに広がった。地中海に面していたローマにとって、当時の政治、経済、文化の規範はギリシアであった。そのギリシアからあらゆる影響を受け、文物を取りいれ、多くの時代、多くの言語に見られるように、その文物を翻訳した。ギリシア語を翻訳することによって、ラテン語はその語彙を豊かにし、また、一段ととととのった言語になった。そして、Horatius（紀元前65-8）、Vergilius（紀元前70-19）、Caesar（紀元前100-44）、Cicero（紀元前106-43）などの作家たちのラテン語へと発展し、これらの著作につづられたラテン語が古典ラテン語と称されるにいたった。古典ラテン語は、成立したその時からすでに自然に身につく言語ではなく、学んで覚える言語であった。そして、俗ラテン語がロマンス諸語へと変化していく一方、古典ラテン語は死語でありながら命脈をたもち、中世ヨーロッパの共通の文語、公用語、学術語として、また、ローマ・カトリック教会の言語として使われ続けた。ラテン語は、実質的なヨーロッパ共通語の地位を確立したのである。

　ドイツの大学の神学の教授であったルターも、もちろん、ラテン語には堪能であった。ローマ・カトリックと真っ向から対立した彼も、理論的に当時のカトリック教会を論破するためにはラテン語をもちいねばならなかった。ルターは民衆のためにはドイツ語で著作をおこなったが、それだけでは戦えなかったのである。フランス語で『パンセ』を著わしたBlaise Pascal（ブレーズ・パスカル、1623-1662）でさえ、当時のフランスの数学者Pierre de Fermat（ピエール・ド・フェルマー、1607か1608-1665）への1654年7月29日付の手紙で、数の組合せの定理の具体例をのべるとき、「例えば……ラテン語で書きましょう。こんなことになるとフランス語はまるで駄目ですからね」（パスカル（1959）、p.312）とし、定理の部分からラテン語で書いている。

　ヨーロッパ世界は、教育もその源を古代ギリシアにさかのぼる。ローマ時代末期に体系づけられたseptem artes liberales（英語で言うliberal arts、自由

七科）がそれで、言語に関連した文法、修辞学、論理学の3科目と、数に関連した算術、幾何、音楽、天文学の4科目のことである。このうちの文法は、古典ラテン語の文法、語法であり、修辞学では古典ラテン語の統辞法が論述展開の基礎として援用された。論理学は、時制、法、態、接続詞などの古典ラテン語の言語体系にしたがって論じられた。ローマ時代以後も、ラテン語はヨーロッパ共通の伝達や思考の手段だけでなく、人間形成の手段、あるいは、それ自体が当時の学問の目的であり源泉であった。

イギリスの初等学校はグラマー・スクールと呼ばれるが、少なくとも当初はラテン語のグラマー（文法）を教授する学校という意味であった。フランスでは、宗教改革以降の市民階級の学校でも、読み方の学習はまずラテン語からはいり、そのあと、フランス語の読み方に移行するというものであった。

西欧世界には、学ぶべき古典を持った規範となる言語と、日常生活の中で使われ規範を持たない言語との二重構造が、長い歴史を背景に存在していた。

Rodriguezの時代の日本、あるいは、日本語には「言語には規範がある」、そして、その規範は「一冊の書物」の形をとっている、という考え方は存在しなかった。正しい漢字を知るための字典、美しい文章を書くための作法といったものは存在したが、一つの言語の体系全体を明確に記述することを目的としたものはなかった。一方、ラテン語の文化圏から来たRodriguezにとって、言語とは明確な規範を持ち、それは文書の形をとるべきものだった。規範とすべき言語とそれに相対する言語とを明確に設定して、学ぶべきものは前者であるとする態度は、西欧世界の言語観から生ずるものなのである。

4. Rodriguezの語学力

Rodriguezは『日本教会史』の編集の推薦を受け、それに関してローマへ次のような手紙を書き送っている。

ご存じのように、私は子供のときヨーロッパを去り、こちらの国々の荒野や森林の中で育ちましたので、ポルトガル語の文章の書き方も知らず、必要なことをどういうふうに簡潔に書いたらいいのかもわかりませんが、話を順序構わず集めて説明するくらいのことはできそうです。こういう手紙を受け取る方々に迷惑をかけたくありませんから、どうしても書かなければならない場合以外は恥ずかしいので書きません。

（クーパー（1991）、p.285）

　少なくとも 13 歳までの、言語形成に一番大事な期間はポルトガルにいたのだから、ポルトガル語の母語話者であることに間違いない。*ARTE GRANDE* の書き方を見るかぎり、確かに「話を順序構わず集めて説明する」ことはできたし、一方、「必要なことをどういうふうに簡潔に書いたらいいのかもわかりません」というのも本心であろう。興味深い事柄が、数多く次々書かれているのだが手際が悪いのである。
　地方の寒村に生まれ、教育もなく育ち、自由闊達な実践家として日本およびアジア各地で精力的に活躍した Rodriguez とは対照的なのが、大著 *Historia de Japam*『日本史』を書き上げた Luis Fróis（ルイス・フロイス、1532-1597）である。1976 年に Biblioteca Nacional de Lisboa から出版された *Historia de Japam* の Introdução（はじめに）には、

No Outono de 1559, com a nova da eleição do P. Diogo Laynez como Geral da Companhia, chegaram a Goa instruções em que se ordenava se tomassem informações acerca de cada Padre e Irmão da Província, e das qualidades e esperanças que eles davam. Informações que deviam ser enviadas para Roma. É muito interessante o que os seis Padres, encarregados desta tarefa, escreveram do nosso Ir. Fróis. ……Mais de perto o conhecia o seu professor Francisco Cabral, que escreveu:《O Irmão Luis Frois, …… habil para dar bom expediente a quaisquer negocios de papeis, …… que parece virá a ser bom pregador, porque naturalmente tem copia de palavras》.

　1559年の秋、ディオゴ・ライネス司祭のイエズス会総会長への選出の知らせと一緒に、管区内のすべての司祭と会士についてその資質と能力の情報を集めるよう指示があった。情報はローマに送られなければならなかった。この仕事をまかされた6人の司祭がフロイス会士について書いたことは興味深い。……もっとも近くにいたフロイスの恩師のフランシスコ・カブラルは「フロイス会士は……文書関係の仕事は何でも迅速である、……生来、語彙が豊富なのでよい説教者となるであろう」。

（馬場訳）

とある。Fróisには多くの資料を、全体の構成を考えながら要領よくまとめていく力があった。一方、Rodriguezにはまさにこの力が欠けていた。では、肝心の日本語力、そして、対照言語学的な観察力はどうであったろうか。

　RodriguezはARTE GRANDEの第168葉と第171葉において、語彙論的、統辞論的な語句、助詞、語順、アスペクトにかかわることが、以上における、母語（ここではポルトガル語）の影響による言い誤りの例、および、注意事項についてのべている[11]。ここに指摘された事柄は、日本語、ポルトガル語両言語に広く深い知識がないと気づきにくい事象であるのはもちろん、それだけでなく、言語学的な分析力がないと客観的に記述することはできない。Rodriguezは何かを要領よくまとめ、文章化する能力には欠けていたようであるが、二つの言語を対照言語学的に観察、分析し、記述する能力にはすぐれていたと言える。

11）　第4章「elegância、elegante、elegantemente」の5「言い誤り、直訳」、pp.211-214を参照。

Rodriguezは、「動詞に接続する尊敬及び卑下の助辞に就いて」という章の第162葉表で、助動詞「る、らる」について、尊敬と受動の両方に使われるとのべ、尊敬か受動かは「てには」で見わける、としている。つまり、「人を斬られた」では尊敬を表わしており、「人に斬られた」では受動をあらわしている、と言っている。
　同じ章の第162葉裏では、「せられる、させられる」について、動詞とこれらの助辞とが複合すると敬語動詞あるいは使役動詞となり、たとえば、「あげさせらるる」は「おあげになる」という意と「他人をしてあげさせられる」という意とのどちらも示しうる、とのべている。まぎらわしさを避けるため、使役の表現をしたい場合には、「お読ませあったか」、「おあげさせあったか」、「読ませてご覧ぜられい」などの言い方を使うべきだ、としている。どちらも、日本語に対するするどい観察力にもとづいた有用な指摘であり、日本語学的分析力もさることながら、語学教育的な対応策においても適切である。
　「日本語の発音法」の章の第175葉表では日本語のアクセントについてふれている。強弱アクセントの言語の話者にとって、日本語の高低アクセントは何とも発音し分けにくい。それは、当時のポルトガル人にとっても同じで、語音の同じ語をアクセントで言い分けるのはむずかしかったようである。高低アクセントの言い間違いによる混乱をさけるための方策として、梯子を「登りはし」、箸を「物をくうはし」、橋を「渡るはし」、端を「もののはし」、鳥のくちばしを「鳥のはし」のように、当該の語に適当な語をつけ加えて言うことを提唱している。他に、墨は「するすみ」、「書くすみ」、炭は「おこしずみ」、隅は「家のすみ」、また鼻でなく花は「咲くはな」、蜘蛛でなく雲は「空のくも」と言うようにのべている。さすがのRodriguezも日本語のアクセントの高低の発音にはあまり自信がなかったらしい、が、彼らポルトガル人には判別しにくい発音上の差異があることを認め、運用のための手立てまで書いたのは、彼の言語感覚のすばらしさを証明するものである。
　あれだけの大著を書き上げたRodriguezが「ポルトガル語がへただった」

と言う場合の「へた」というのは、文章の構成力、または、美文を書く力のことであり、ポルトガル語、日本語をふくめた語感、言語分析力はするどかったと考えられる。

5. Rodriguezの情熱

Rodriguezは1598年2月28日付けで長崎からローマのイエズス会総会長に手紙を書いている。その中で、自分が若くして日本に来、すでに21年になるということをまずのべ、次に、若輩もので何もわからないが、と前置きしてから、「solamente dos cosas apuntare en esta una acerca de nrā Cop.[a] la otra acerca de la conuersion desta nacion――（たゞこの書翰にては二つの事を挙げんとす。その一はわが会の事、その二はこの国民の改宗の事なり）」（土井（1982）、p.260）、としている。

「una acerca de nrā Cop.[a]（わが会の事）」というのは、上に立つ会士たちがその職に10数年、あるいは、20年もついていて高齢になり、弊害が出てきているということである。弊害とは、職務の怠慢、惰性化、重職の独占、退職後の特別待遇の享受、若い有能な才能の活躍の場をなくしてしまうこと、である。

来日21年、年齢30代後半の働き盛り、船内の下働きであったと思われる少年が、勉学にはげみ、自らの能力と努力によって会の重要な働き手となった。高邁な理想のもとに作られたはずのイエズス会も東方の果てにあっては一部の者たちが特権階級化してしまい、会の運営までもが硬直化してしまったようである。活躍の場を与えられない若い才能と、職務はなおざりにしながらもその地位にしがみつき、さらに、地位を失ってまでも特権を融通し合う長と名のつく人々との間にあり、イエズス会の命運を賭けるような仕事を日本側との間でおこなっているロドリゲスは、その思いを露骨と言えるほどはっきり文章にしている。

「もう一つ」のこと、「この国民の改宗のこと」としては、

> porq̃ naturalmente son mui modestos exteriormente y qietos en tal, que captiuan a los nrõs, y no pueden ser conoscidos ny penetrados, es uerdad que tambien en lo que toca a las pasiones no son tan uehementes como los de Europa como tambien ni tan efficazes para la uirtud, … (p.263)

> 日本人の天性として、外面甚だ謙虚にして且物柔らかなれば、わが会士はそれに幻惑せられて、熱情もヨーロッパ人程に強からず、修徳も積極的ならざる真相をば知らず、又それを看破し得ざるなり。

とある。

　いつの時代でも権力と組織は数を好むものである。16世紀のイエズス会でも、伝道者として世界に散った宣教師たちは信者の数をきそった。キリスト教の何たるかを充分理解させることもないまま洗礼を受けさせ、獲得した信者の数をローマへと書き送ることもあった。布教活動の水増し行為である。庶民から権力者まで、数多くの日本人のただ中で活躍していたRodriguezには、日本人のことはよく知っているという自信があった。洗礼を受けたとしても、信仰が長続きしないことがあることを知っていたのである。

　主要な二点を終わった後で、「offreciaseme tambien ser importante que vrã P. encomiende a todos los superiores de Japon, que sepan la lengua del ãssi（次に又、重要なる事として予の思ひ浮ぶるは、日本在住の上長すべてに日本の言葉を習得するやう、台下より御忠告あらんことなり）」(p.263)と、日本語の習得の重要性をいま一度強調し、

> parece ser muy necess.º que vrã mãde a ella muchos de los nrõs

hombres de partes y letras y de buena edad que cõ facilidad aprendar[12] la lengua para la ayudar porque los p.es que uienẽ ya de edad crecida no la pueden aprender, …

台下に於て、才能及び知識を備へ、布教を援くべき言葉を学び易き適齢にあるわが会員を、多数派遣あらんこと甚だ肝要なりと思はるゝなり。この地に来る伴天連にして既に年老いたる者は言葉を習得するに至らざれば、…

と、日本語の習得のためにも若い会士を派遣するように要請している。中堅として、責任を負う立場に立つようになり、優秀な人材の必要性を痛切に感じるようになったのであろう。また、派遣する会士の数を多くするようにとのべているのは、せっかく送られてきても、職務があまりに多いので本来あるべきはずの日本語学習の時間がけずられてしまっているのが現状だからである。

　そして、手紙の最後の段落は、

Taycõ, aunque nos persigue, por otra parte tiene desarraygada la ydolatria de Japon, deshaziendo los ayuntamientos do[13] los Bonzos estudiauan, qitandose las rentas cõ que se sustentauan, y con esto derribo muchos tiemplos de los ydolos, y otros por si se cayen sin auer qien les acuda, y ay en Japon muy baxo concepto de los idolos por causa de la ley de dios nrõ sõr, y grã credito de la nuestra, y anssi p̃ esta uia ay muy poco inpedimiento que era el maior que dantes

---

12) 動詞「aprender（学ぶ）」の接続法現在三人称複数「aprendan」を土井、または、Rodriguezが間違えた。ここでは、参考文献からそのまま引いた。
13) 前置詞「de」をあやまって「do」としている。

teniamos.（p.264）

> 太閤は我等を迫害しつゝ、他方又日本の偶像を打砕き、坊主の扶持を没収し、彼らの学びし寺院を破壊せり。かく多数寺院の偶像或は破毀せられ或は自然に倒壊するも、それを防がんとする者はなきなり。且又、日本にてはわが主デウスの法によりて偶像は甚だ軽蔑せられ、われらの尊像は極めて尊重せらるゝなり。かくして嘗て蒙りたる最も苛酷なる障碍は現今著しく減少せり。

といった具合に、秀吉の政策はかえって日本での布教活動に幸いしたと主張している。

　Rodriguezは日本での活動に使命感と情熱を燃やしていた。そして、よりよい布教活動のためには、日本語力のある会士が数多く必要だと結論づけている。この結論に対し、Rodriguezは日本語の文法書という答えを出したと言える。

　布教活動を続けるためには、続けるだけの価値のあることを示さねばならない。そのためには、まず「ほめる」ことである。この手紙の中では今こそ布教にさらに力を入れるべきであると説き、*ARTE GRANDE*の中では、日本の「言語」の優秀性と「文化」の高さを力説した。

　Rodriguezは、日本語をラテン文法の枠組みにあてはめて記述することによって、この言語の優秀性を示した。そして、その上で、敬語や人名に付する尊称、呼称が非常に発達していること、特殊な接続法のあることなどをのべて、言語のすばらしさを示し、言語に関連して、手紙をしたためる際の作法が発達していること、詩や歌といった韻文があり、愛好されていることなどをのべて、文化の高さを示している。さらには、伊邪那岐、伊邪那美から歴代の天皇を列挙し、一方、アダムからその子孫をキリストまであげ、日本

にも「長い歴史」の存することを示している。

　日本で生まれはしなかったものの、間違いなくそこで成長し、教育を受け、人生を決定したのであるし、あれほど日本のことを熟知し、日本人を理解し、活躍もしたのだから、Rodriguez が日本を、そして、日本語を愛していたことは間違いない。そして、するどい言語分析能力と宗教改革、大航海という時代の息吹、これらにささえられ、使命感に燃えた Rodriguez は大著 ARTE GRANDE を書き上げたのである。

参考文献

1. 馬場良二（1991）「『日本文典』その成立の歴史的および言語的背景とロドリゲスの日本語力」、筑紫国語学談話会『筑紫語学研究』2
2. 土井忠生（1982）「ジョアン・ロドリゲス通事の日本書翰」『吉利支丹論攷』三省堂
3. デ・ラス・カサス　バルトロメー著、林屋栄吉訳注（1977）『コロンブス航海誌』岩波書店
4. ポーロ　マルコ著、愛宕松男訳注（1970）『東方見聞録1』平凡社
5. ポーロ　マルコ著、愛宕松男訳注（1971）『東方見聞録2』平凡社
6. クーパー　マイケル著、松本たま訳（1991）『通辞ロドリゲス』原書房
7. ロドリゲス　ジョアン著、江馬務他訳注（1967-1970）『日本教会史』岩波書店
8. 馬場良二（1991）「ポルトガル語に関する調査結果」文部省特定研究「言語情報処理の高度化」報告書『連語構造における意味組成の適合に関する言語間比較』の別冊
9. Preti, Dino（1982）SOCIOLINGÜÍSTICA Os níveis de fala, Companhia Editora Nacional.
10. 若桑みどり（2008）『クアトロ・ラガッツィ　天正少年使節と世界帝国』集英社
11. ヴァリニャーノ　アレハンドロ著、松田毅一 他訳（1973）『日本巡察記』平凡社
12. Fróis, Luís（1976）Historia de Japam, Biblioteca Nacional de Lisboa.
13. フロイス　ルイス著、柳谷武夫訳（1963-1978）『日本史：キリシタン伝来のころ』平凡社
14. デュロゼル　J. B. 著、大岩誠、岡田徳一訳注（1967）『カトリックの歴史』白水社
15. 上智大学編（1954）『カトリック大辞典』冨山房
16. 土井忠生（1982）『吉利支丹論攷』三省堂

17. ヘルマン　ジョゼフ著、新村猛、国原吉之助訳注（1971）『俗ラテン語』白水社
18. カンプルー　シャルル著、島岡茂他訳（1975）『ロマン諸語』白水社
19. コラール　ジャン著、有田潤訳（1968）『ラテン文法』白水社
20. パスカル　ブレーズ著、伊吹武彦他訳（1959）『パスカル全集』第1巻、人文書院
21. 京大西洋史辞典編纂会編（1993）『新編西洋史辞典　改訂増補』東京創元社

第 2 章　ラテン語学の与えた影響

1. Rodriguez の言語観

　イエズス会は 1534 年 Igunacio de Loyola（イグナシオ・デ・ロヨラ、1491-1556）とその同志により設立された。1540 年に教皇 Paulus 3 世の認可をうけ、設立後の 2 世紀間に強力な団体となった。イエズス会の大きな特徴として、教育、学術活動を重視することがあげられる。世界各地に神学校のみならず、数多くの学校、大学を設け、また、神学、宗教書はもちろん言語学、地理学、民俗学、天文学、物理学など多方面にわたるおびただしい書物を出版している。

　カトリックの言語はラテン語であり、イエズス会の語学教育の中心もラテン語であった[1]。世界各地にあるイエズス会の教育機関で使われるラテン語の文典としてあまれたのが、イエズス会士 **Manoel Alvarez**（マヌエル・アルバレス、1526-1582）の *DE INSTITVTIONE GRAMMATICA* である。この文典の初版は 1572 年、日本向けに改編した天草版の印刷は 1594 年である。そして、1604 年から 1608 年、João Rodriguez の *ARTE DA LINGOA DE IAPAM* が長崎で印刷された。

　ここでは、両文典の章立てを比較することをとおして、ラテン語学が *ARTE GRANDE* に与えた影響を検証する。第 2 節では、ヨーロッパ世界におけるラテン語の文典の歴史、および、その歴史における Alvarez の *DE INSTITVTIONE GRAMMATICA* の位置づけ、第 3 節では家入（1974）を

---

[1]　ラテン語がどのようにしてカトリックの言語となったかは、第 4 章「elegância、elegante、elegantemente」の 1-1「ラテン語の歴史的変遷」pp.192-195、を参照。

参考に天草版 *DE INSTITVTIONE GRAMMATICA* の特徴を具体的に見ていき、第4節では土井（1982）にある *DE INSTITVTIONE GRAMMATICA* の *ARTE GRANDE* への影響を原文にもどって確認する。第5節以下では、両文典の章立てを並べて、比較検討し、類似点と相違点を見る。

2. Manoel Alvarez の *DE INSTITVTIONE GRAMMATICA*

2-1　ギリシア語、ラテン語文典の歴史

　ヨーロッパの言語研究の端緒は紀元前5世紀のギリシアにある。ストア学派の哲学者たちの考え方に見られるように、当時のギリシア人にとって「文法」は「哲学」の一部をなしていた。そして、紀元前3世紀の初めにギリシアの植民地アレキサンドリアに大図書館が設立されると、ここは文学や言語の力強い研究の中心地となった。そして、アレキサンドリアの学者達は、ホメロスなど過去の作家の写本を比較し、原テキストを修復し、また、本物と偽物を区別しようとした。古典時代のテキストと当時のアレキサンドリアのギリシア語とは多くの点でことなっていたので、テキストの注釈や、初期のギリシア詩人の作品を読むための文法の論文を出版する慣行が生じた。「文法」は哲学的なものから、より言語的、文学的なものとなったのである。

　紀元前2世紀の後半には、**Dionysius Thrax**（ディオニュシオス・トラクス、紀元前170-90）の文法書 *Téchnē grammatikḗ* が成立した。この書は現存する最古のギリシア語の文法書で、ここでは、単語が格・性・数・時制・態・法などの観点から分類され、8品詞が設定されている。アクセントや音節、文字や句読法についての記述もあり、現代にまで続くギリシア語の音韻論と形態論の体系的な記述は Dionysius に起源があると考えられている。*Téchnē grammatikḗ* の冒頭には文法というものの本質と目的とが書かれている。それは、古典の詩人と散文家のギリシア語をよく知ること、そして、文学作品を正確に読みこなせるようになることである。文法は古典作品を読みとくた

めに存在するというこの考え方はギリシア文法の伝統からラテン語文法に引き継がれ、Rodriguez にも影響をあたえている。

Dionysius から約 300 年後、西暦 2 世紀には **Apollonius Dyscolus**（アポッロニウス・ディスコルス）によってギリシア語の統語論的側面の文法も記述された。Apollonius は音韻論と形態論の記述において *Téchnē grammatikḗ* を参照しているが、彼の記述の中心はギリシア語の統語的構造であった。

ローマの貴族達は紀元前 2 世紀かもっと早い頃から、ギリシア文化を熱狂的に採用した。ラテン語の記述もギリシアの規範に依存しており、紀元前 1 世紀の **Marcus Terentius Varro**（マルクス・テレンティウス・ヴァルロ、紀元前 116-27）の著作にも哲学的なストア学派と言語的なアレキサンドリア学派との両方の影響が見られる。その著 *De Lingua Latina* は 24 巻からなり、これは大きく三つの部分に分けられる。第 1 部は 6 巻で語源論、第 2 部も 6 巻で形態論、第 3 部は 12 巻で統語論である。少なくとも紀元前 1 世紀の Varro のときには、文典を 3 部で構成する方法が確立していた。

紀元 400 年頃に活躍した **Aelius Donatus**（アエリウス・ドーナートゥス）は大小 2 冊のラテン文典を著わしている。*Ars maior* と *Ars minor* である。*Ars minor* は初学者向けであり、中世を通じて使われ、文法あるいは勉強のことが donat、donet と呼ばれるほどに普及した。そして、*Ars maior* も、文法の要綱、8 品詞、ラテン語の誤用と美しさ、の「3 部構成」である。

紀元 500 年頃の **Priscianus Caesariensis**（プリスキアーヌス・カエサリエンスィス）は Donatus とともに、ラテン語教育に大きな影響を及ぼした文法家である。彼はギリシアの文法家 Apollonius を高く評価し、その著作に負うところが大きいとくり返し述べている。実際、その著 *Institutiones Grammaticae* には Apollonius の文法をラテン語に訳しただけの箇所がある。

ギリシア文明から綿々と続く文法書の伝統を引き継ぎ、古典に帰れと沸き返るヨーロッパでスペインの人文主義者 **Antonio de Nebrija**（1444-1522）は 1481 年、*Introductiones Latinae* を著わした。そこには音韻論、統語法、

正書法、韻律学が完備され、実用的な綴り方の辞書もあった。

そして、1572年、**Manoel Alvarez** の *DE INSTITVTIONE GRAMMATICA* が出版された。この文典は、1572年の出版当初から3部構成であった[2]。それは、西欧世界の文典の伝統にのっとっているからである。

2-2 天草版 *DE INSTITVTIONE GRAMMATICA*

家入 (1974) の p.12 には、「アルバレスは第1巻冒頭の序文で、この「拉丁文典」がイエズス会の上長の命令に対する服従によって書かれたこと、またこれを編纂するに当ってはヴァルロー、クィンティリアーヌス[3]、ドーナートゥスやプリスキアーヌスの *Institutiones Grammaticae* 等を利用したことを述べている」とある。Alvarez の *DE INSTITVTIONE GRAMMATICA* は、ギリシア語からの文典の歴史と伝統にのっとり、その枠組みにそってあまれたのである。

家入 (1974) によると、「1572年の初版以来、ヨーロッパ各地のイエズス会系学校でラテン語教育の基本書として広く愛用され、英・独・仏・伊・西などの諸国版が刊行され、また日本・中国など新天地に布教した宣教師の手になる諸地方のラテン文典の手本となったものである」(p.8)、「天草版「拉丁文典」は1572年刊「拉丁文典」初版本を日本のコレジオ、セミナリオ用に改編し、日本語とポルトガル語の註解を施した書」(p.10) である。

どのように「改編」されたのであろうか。

天草版の表紙には、「EMMANVE- // LIS ALVARIE SO- // CIETATE IESV // DE INSTITVTIONE GRAMMATICA // **LIBRI TRES.** // Coniuga-

---

2) ポルトガル国立図書館蔵の 1572 年版 *DE INSTITVTIONE GRAMMATICA* の中扉には、「EMMANVELIS // ALVARI È SO- // CIETATE IESV // DE INSTITVTIONE // GRAMMATICA // **LIBRI TRES.** // OLYSSIPPONE. // Excudebat Ioannes Barrerius // Typographus Regius. // M.D. LXXII」という記載がある。この書が、「**LIBRI TRES.**」三巻本であることがわかる。

3) Marcus Fabius Quintilianus は、西暦1世紀に活躍したスペイン生まれのローマの修辞学者で、*Institutio Oratoria*『雄弁家教育』という著作がある。

tionibus accessit interpretatio // Iapponica.」、そして、イエズス会のマークの下に、「IN COLLEGIO AMACV- // SENSI SOCIETATIS IESV // CVM FACVLTATE SVPERIORVM. // ANNO M.D.XCIIII.」とある。*DE INSTITVTIONE GRAMMATICA* では初版にも天草版にもラテン語で「**LIBRI TRES.**」と3部構成であることが明記されている。

　天草版は表紙をはぶいて169葉、そのうち第一巻が第92葉の裏までで、後掲の「章立て対照図」を見てわかるとおり、そのほとんどを動詞の活用表がしめている。そこに日本語の対訳、解釈をつけたことは革新的であり、待ち望まれたことなのであろう、表紙に「**Coniugationibus accessit interpretatio Iapponica**（動詞の活用に日本語の註解を付す）」としるされている。

　日本人のラテン語学習を容易にするために日本語の訳や例文をつけたのである。

3. *DE INSTITVTIONE GRAMMATICA* と日本語

　Alvarez の *DE INSTITVTIONE GRAMMATICA* は、版を重ね、世界各国で使われた。そして、1594年には天草のコレジオから日本で改編された版が出版された。その特徴を家入（1974）は次のように述べている。

　「天草版本に注目すべきは、第1巻の動詞活用の箇所で第12丁裏～62丁裏まではラテン語、日本語、ポルトガル語の動詞活用が3欄組になっており、また各所に註解を施してあり、ラテン語の語句・成句法の規則を説明しながら日本語の例文も出されていることである。それ以外に天草版本では、名詞の格変化に相当する日本語の言い方が、たとえばラテン語の主格形（単数）Dominus（「主は」）が、場合によって、Aruji、arujiua、ga、no、yori（あるじ、あるじは、が、の、より）として訳されうることを懇切に例示している。またこの Dominus の変化表の直前に一般的な注意 Admonitio として、何故にラテン語の動詞活用 conjugationes に対して特にポルトガル語によるのみなら

ず、また日本語による訳語も添えて、「日本の島々の日本人」のために便宜をはかったことを述べている。」(pp.11-12、下線は馬場による)。

「日本の島々の日本人」のためになったことは明らかだが、それだけでなく、イエズス会の日本語学習者たちの役に立ったはずである。日本における改編がどのようなものであったのか、この引用文中にある「Admonitio」、「Dominus の格変化」、「ラテン語、日本語、ポルトガル語の動詞活用が3欄組」、「日本語の例文」を、原本に即しながら具体的に見てみよう。

3-1 Admonitio

天草版の第3葉裏にある Admonitio の訳は、「本訳文は泉井久之助氏に負ふ、記して謝意を表す」として、土井 (1982) p.95 にみられる。以下のとおりである。

> 日本においてラテンの言葉を学ぶものには、パードレ、マヌエル・アルヴァレスの文典要用なれども、該書にては、動詞の活用をこの島において未だ知られざる葡萄牙(ルシタニア)の言葉もて和らげられてあり、是に於て、この国の初学の者をして不馴れなる外国語の故に心気を倦み疲らしむる事なからしむるために、上長(スペリオウレス)の適当と考へられしは、(書の順序は著者の手をはなれし時と全く同じく些も易ふる所なく)動詞の活用に日本の言葉を添へ、且所々に先づ概念を与へて、ラテン語と日本語との表現の力をより容易に嚙み別けしむるに資すべき註釈を編み入れん事なりき。

日本語の訳や例文を入れたのは、日本人のラテン語学習のためである。が、当時の副管区長の Francisco Pasio（フランシスコ・パジオ）は1594年9月16日付けの手紙に「ポルトガル語及び日本語の添へられたパードレ、マヌエル・アルヴァレスの文典が今印刷せられた」、「日本人がラテン語を、ヨーロッパの我々が日本語を学ぶ為のもの」であると書いている（土井 (1982)、p.96）。

天草版『ラテン文典』は、日本人のラテン語教育ばかりでなくポルトガル人の日本語学習にも役立てられていたのである。

3-2　名詞 Dominus の格変化

天草版の第 3 葉裏にある「名詞 Dominus の格変化」は次の通りである。

Numero sing.

NOminatiuo	*Dominus,*	Aruji, aruiua, arujiua, ga, no, yori.
Genitiuo	*Domini,*	Arujino, ga.
Datiuo	*Domino,*	Arujini, ye.
Accusatiuo	*Dominum,*	Arujiuo.
Vocatiuo	*ô Domine,*	Aruji, A, icani aruji.
Ablatiuo	*à Domino,*	Aruji yori, cara, ni.

Plur.

¶ *Nominatiuo*	*Domini,*	Aruji tachi, A, aruji tachiua, ga &c.
Genitiuo	*Dominorum,*	Aruji tachino, ga.
Datiuo	*Dominis,*	Aruji tachini, ye.
Accusatiuo	*Dominos,*	Aruji tachi uo.
Vocatiuo	*ô Domini,*	Aruji tachi, A, icani aruji tachi.
Ablatiuo	*à Dominis,*	Aruji tachi yori, cara, ni.

「Nominatiuo」は名詞が主語となる場合の格、主格のことで、日本語の「あるじ」は「あるじ、あるじは、あるじが、あるじの、あるじより」となるとしている。「Genitiuo」は英語の所有格に対応し、ラテン語学では属格とよぶ。「あるじ」の属格は「あるじの、あるじが」となっている。「Datiuo」は「与格」で、英語学で言うところの「間接目的格」、「Accusatiuo」は「対格」で

「直接目的格」、それぞれ「あるじに、あるじへ」、「あるじを」があてられている。「Vocatiuo」は「呼格」、その名の通り呼びかけるときの語形で、日本語では「あるじ」、あるいは、「いかに、あるじ」が相当する。「Ablatiuo」は「奪格」で、原因や手段を示し、日本語では「あるじより、あるじから、あるじに」となるとしている。

ラテン語の名詞の語形変化の体系に日本語をあてはめている様子がよくわかる。ラテン語学習になれているイエズス会士たちにとっては、学習しやすかったことであろう。

3-3　ラテン語、日本語、ポルトガル語の動詞活用が3欄組

例として、第12葉裏からラテン語のコピュラであり存在動詞である「sum」の直説法現在の単数と複数の活用表、そして、第38葉裏、第39葉表から第3種活用の動詞「lego（読む）」のmodi optatiui（願望法）の現在、不完全過去、完全過去、大過去、未来の単数、複数の活用表をここにあげる。

¶ Modi indicatiui tempus præsens.

¶ *Sum,*	*Vare*	Dearu, Aruiua, yru.	Eu sou ou estou.
Es,	*Nangi*	Dearu, A, yru.	Tu es ou estás.
Est,	*Are*	Dearu, A, yru.	Ele é ou está.
Plural numero.			
Sumus,	*Varera*	Dearu, A, yru.	Nos somos ou estamos.
Estis,	*Nangira*	Dearu, A, yru.	Vos sois ou estais.
Sunt,	*Arera*	Dearu, A, yru.	Eles são ou estaõ.

「Sum」の直説法現在の活用表では、一番左の欄に動詞「sum」の活用形、単数1人称「Sum」、2人称「Es」、3人称「Est」、そして、複数1人称「Sumus」、2人称「Estis」、3人称「Sunt」、その右の欄には日本語の単数1人称「Vare」、

2人称「Nangi」、3人称「Are」、そして、複数1人称「Varera」、2人称「Nangira」、3人称「Arera」、その次の欄には「sum」の訳語の「である、いる」、そして、一番右の欄にはポルトガル語の訳語が並べられている。「Eu、Tu、Ele、Nos、Vos、Eles」はポルトガル語の人称代名詞で、それぞれ「私、あなた、彼、私たち、あなたたち、彼ら」を意味する。「ou」は英語の「or」で、「sou、es、é、somos、sois、são」は動詞「ser」の活用形、「estou、estás、está、estamos、estais、estaõ」は動詞「estar」の活用形である。ポルトガル語にはコピュラ動詞に「ser」と「estar」の二つがあり、ラテン語の「sum」、および、日本語の「である、いる」にはこの二つが対応している[4]。

　Alvarezは、動詞の法にindicatiui（直説法）、imperatiui（命令法）、optatiui（願望法）、coniunctiui（接続法）、potencialis（可能法）、permissiui（許容法）、infiniti（不定法）の七つの法、そして、præsens（現在）、præteritum imperfectum（不完全過去）、præteritum perfectum（完全過去）、præteritum plusquam perfectum（大過去）、futurum（未来）の五つの時制をもうけている。以下に、動詞「lego」の何かを望むときの法、modi optatiuiの活用表（第38葉裏から第39葉表）をあげる。

Optatiui præsens, & imperfectum.
¶ *Vtinã legerē, legeres, legeret.*
Plu. *Vtinã, legeremus, legeretis, legerēt.*
Vare { Auare yomecaxi, A, gana.
¶ Oxala lera eu! ou lesse.

---

4)「ser」も「estar」もコピュラであり、また、物や人の存在を示す動詞である。次の例のように、「ser」は永続的、恒常的文脈でもちい、「estar」は一時的文脈でもちいる：Ele *é* doente.「かれは病弱です」（「é」は「ser」の直説法現在三人称単数）／ Ele *está* doente.「かれは具合が悪い」（「está」は「estar」の直説法現在三人称単数）。また、存在の用法には、次のような例がある：Onde *é* a estação?「駅はどこにあるか」／ O livro *está* em cima da mesa.「その本はテーブルの上にある」、*Estou* aqui desde as duas horas.「わたしは、2時からここにいる」。

Præteritum perfectum.

Vtinã legerim, legeris, legerit. Vare { Yôdarŏniua ¶ Queira De-
Plu. Vtinam legerimus, legeritis, legerint.   Yôdaraba   os que te-
                                                      yocarŏmo   nha eu lido.
                                                      nouo.

Præteritum plusquam perfectum.

Vtinã legisse, legisses, legisset. Vare { Aá yomŏzu   ¶ Provera a
Plu. Vtinã legissemus, legissetis, legissent. ru mono   Deos q̃ le-
                                                 uo, A,   ra eu ou ti-
                                                 yôdeattara-   vera lido.
                                                 ba yocarŏ
                                                 monouo.

Futurum.

Vtinam legã, legas, legat. Vare &c. { Yomecaxi,   ¶ Praza a Deos
Plu. Vtinam legamus, legatis, legant.   A, gana.   q̃ lea eu.

　左の欄にはラテン語、中央の欄には日本語訳、右の欄にはポルトガル語の訳が並んでいること、また、ラテン語における時制の体系に日本語の動詞表現があてはめられている様子、これらがよくわかる。各時制のラテン語の上の段は単数、下の段は複数、「Vtinã」の次から、左端が1人称、中が2人称、右が3人称である。日本語には単複、人称の別はなく、ポルトガル語訳での主語はすべて1人称単数「eu」となっている。なお、「Vtinã[5]」はその文が願望の文であることを示す副詞である。

5）Lewis（1891）の「utinam」の項を見ると、「*adv. oh that! I wish that! if only! would to heaven! would that!*」とある。

3-4 日本語の例文

　天草版では動詞活用に関する記述が非常に長い。その中の第 19 葉表から第 22 葉裏までの日本語の例文を抜き出してみよう。以下に、ローマ字は原書からの表記を、漢字仮名まじりは土井（1955）を参考にならべて記す。

a. Yza saraba namida curaben fototoguisu, Varemo vqiyoni neuo nomizo naqu.
いざさらば涙くらべん時鳥、我も憂き世に音をのみぞ泣く。

b. AVare tada vqitoqi tçururu tomomo gana, Fitono nasaqeua yoni arixi fodo.
あはれただ憂き時つるる友もがな、人の情は世にありし程。

c. NAgaqi yono curuxiqi cotouo vomoyecaxi, Carino yadorini nani nagueguran.
長き世の苦しき事を思へかし、仮の宿りになに歎くらん。

d. Yorozzuno teatarino monono yyǒ
万づの手当りの物のいやう

e. vosacazzuqino vomaraxeyǒ
お盃のおまらせやう

f. Qiacu monog. Gozaiqiǒ giǔno vocotodomo sazo iroirono cotoga gozarǒzu.
客物語。御在京中の御事共さぞ色々の事がござらうず。

g. Morte monog. Tonono goxucqe mexeba tote, sore icasama cocoroatemo gozarǒzu, sonatano xucqeua nanigotozo?
モルテ物語。殿の御出家召せばとて、それ如何様心宛もござらうず、そなたの出家は何事ぞ？

a. は modi imperatiui（命令法）、b. c. は modi optatiui（願望法）、d.e. は

modi infiniti（不定法）、f. は modi potentiali（可能法）、g. は modi conjunctiui（接続法）の例としてあげられている。

　日本語の例文があることによって、ラテン語を学ぶ日本人にとってだけでなく、日本語を学ぶイエズス会士たちにとってもずいぶん参考になったであろう。

　以上、家入（1974）が指摘する、天草版の *DE INSTITVTIONE GRAMMATICA* にあらわれた日本語について原文にもどって具体的に見てきた。

　当時のイエズス会士たちは、*DE INSTITVTIONE GRAMMATICA* に書き加えることによって、日本語をラテン語記述の体系にあてはめていったのである。

4. 土井氏の指摘

　土井氏は、両文典を緻密に比較、検討し、それを「長崎版『日本大文典』と天草版『ラテン文典』」にまとめている。第4節では、土井氏の指摘から「全体の構成」、「名詞の格」、「名詞の複数」、「Verbo substantivo」、「Modo optativo」、「日本語の例文」の6項目をとりあげ、それぞれを *DE INSTITVTIONE GRAMMATICA*、*ARTE GRANDE* の原本にもどりつつ、再度確認しておきたい。

4-1　全体の構成

　土井氏は pp.92-93 で両文典の全体の構成を比較している。

　「全篇を三巻に分つたのを初として、アルヴァレス『ラテン文典』の影響をば全般に深く強く受けてゐる。殊に最初の第一巻に於て最も密であり、第二巻第三巻と後に進むに従つて次第に疎になつてゐる。第一巻で、

「先づ名詞・代名詞の転尾と動詞の活用を示し、入門篇に入つて品詞の分類とその形態を説いた順序方法はアルヴァレスその儘である。活用はたゞラテン語の形式にあてはめたに過ぎない。品詞は之を十品詞に分ち、ラテン文法の八品詞の外に助辞と格辞とを加へてゐる。」

「第二巻文章篇で、普通文に於ける語の運用と文の構成を説き、次に修辞に移る所も彼に一致してゐる。」

「(第三巻では) 更に幼名・仮名・唐名・官名・受領名・実名・剃髪者名・姓氏等の人名を述べ、次に数詞とその用法構成、九々など複合する場合に起る語形変化、度量衡に関する数へ方、名数一般、時刻・日・月・年等時間に関する数へ方等、計数に関して詳説し、年号表・皇帝年代記[6] その他内外の年表迄掲げてゐる点に至つては、日本語学習の手引書として独自の面目を発揮したものであつて、必ずしもラテン文典の組織に依つてゐるとは言へない。」

「全篇を三巻に分つた」こと、各巻の内容、ともに「アルバレス『ラテン文典』の影響をば全般的に深く強く受けてゐる」ことは明白である。その『ラテン文典』の起源は、Marcus Terentius Varro 以来のラテン語文法、さらには、Dionysius のギリシア語文法にまでさかのぼることができる。Rodriguez は直接的には Alvarez を参考にしたのだが、その Alvarez がよつて立つたところは、ギリシア、ラテン語学の伝統だった。

---

[6] 第232葉裏から「Das eras de Japão(日本の年号について)」という章がはじまり、第233葉表からの節「*ERAS DE JAPÃO POR ORDEM DOS* anos de Christo. N. S. em que cada ūa começou & os anos que durou(わが主キリストの年代順に並べた日本の年号 各年号の始まりと継続年数を示す)」では西暦522年の「Ienqui(善記)」から1596年からの「Quiŏchŏ(慶長)」までの年号があげられている。また、第236葉表からの節「*REIS E ANOS DE JAPÃO*(日本の帝王と年数)」では「as sete idades celestes(天神七代)」と「as cinco idades que chamam terrestres(地の神と言はれる五代)」が示され、紀元前660年からの Iimmu Tenvŏ(神武天皇)から西暦1587年の Quiŭjŏ quŏtei(今上皇帝)まで天皇の名があげられている。
　Rodriguez は、年号と天皇の在位とをキリスト生誕を起点とする西暦で見て、その上で、西欧世界におとらぬ歴史があることをあきらかにした。

4-2　名詞の格

DE INSTITVTIONE GRAMMATICA には次の 9 個の名詞の変化表があげられている。

第 1 変化　女性名詞　Musa（ミューズ神）
第 2 変化　男性名詞　Dominus（神）　中性名詞　Templum（聖所）
第 3 変化　男性名詞　Sermo（説教）　中性名詞　Tempus（時）
　　　　　通性名詞　Parens（親）
第 4 変化　男性名詞　Sensus（知覚）　中性名詞　Genu（膝）
第 5 変化　男性名詞　Dies（日）

このうちの「Dominus」は、名詞の変化表全体の代表として冒頭第 1 葉表にあげられており、3-2 にあるように、これだけには日本語訳がついている。

五つの変化に分類される名詞のそのすべての代表として「Dominus」が選ばれるのは、カトリック修道会の作成した文典だからであろう。そして、その訳語の「Aruji」が、第 1 葉表の以下の表のように *ARTE GRANDE* の名詞、代名詞の変化表の語として選ばれるのも当然である。

Nominativo.　　Aruji. l, Arujiua, ga, no, yori, *Senhor, ou dono.*
Genitivo.　　　Arujino, ga.
Dativo.　　　　Arujini, ye.
Accusativo.　　Arujiuo, uoba, ua, ga.
Vocativo.　　　Aruji, icani Aruji.
Ablativo.　　　Arujiyori, cara, ni.

　　　NUMERO PLURAL
Nominativo.　　Aruji, l. Arujitachi, xu, domo, ra.

Genitivo.		Arujitachino, ga.
Dativo.		Arujitachini, ye.
Accusativo.		Arujitachiuo, uoba, ua, ga.
Vocativo.		Arujitachi, l, icani Arujitachi.
Ablativo.		Arujitachi yori, cara, ni.

3-2 で示した *DE INSTITVTIONE GRAMMATICA* の「Dominus」の変化表と、枠組みから文法用語まで同じであることがわかる。さらに、ふたつの表の助詞部分のみを仮名になおし、ならべてみる。

	DE INSTITVTIONE GRAMMATICA	*ARTE GRANDE*
主格	φ、は、が、の、より	φ、は、が、の、より
属格	の、が	の、が
与格	に、へ	に、へ
対格	を	**を、をば、は、が**
呼格	φ、いかに〜	φ、いかに〜
奪格	より、から、に	より、から、に

ARTE GRANDE の方の対格に「をば、は、が」が加わっている点以外は、まったく同じである。どの助詞を訳語にあてるかからその順番、そして、共起する副詞まで *DE INSTITVTIONE GRAMMATICA* を踏襲しているのである。

4-3 名詞の複数

DE INSTITVTIONE GRAMMATICA の第3葉裏には、「¶ Particulæ Iapponicæ, qua numero plurali latino respōdent, huiusmodisunt, Tachi, xu, domo, ra. Item eiunsdem nominis repetitio, vt fitobito, cuniguni, &c.」とい

う記述がある。これは、日本語で複数を示すには接辞として「Tachi、xu、domo、ra」を名詞の後につける方法と、「fitobito、cuniguni」のように名詞を繰り返す方法とがあるということである。

　ARTE GRANDE には日本語での名詞の複数形の作り方が第1葉裏に書かれている。*DE INSTITVTIONE GRAMMATICA* と同じで、接辞による方法と、語の繰り返しによる方法とがあげられており、接辞は「Tachi、Xu、Domo、Ra」の四つで、そのならべ方まで同じである。例として、以下のような語があげられている。

　「たち」は「アンジョ（天使）」や「パードレ」に、「衆」は「イルマン（修道僧）」に、「ども」は「敵」や「馬」に、そして、「ら」は「悪人」や「我」にというように、これら四つの接辞の待遇上の使い分けまで示されているのが興味深い。

　語の繰り返しの例としては、*DE INSTITVTIONE GRAMMATICA* と同じ「Fitobito、cuniguni」、さらに、「teradera、tabitabi、samazama、tocorodocoro」などがやはり第1葉裏にあげられている。

	Anjotachi.	*Os Anjos. o*		Irmãoxu.	*Os irmãos.*
	Midexitachi.	*Discipulos de X.*		Buxixu.	*Soldados honrados.*
1.	Padretachi.	*Os Padres.*	2.	Dôjucuxu.	*Os Dòjucus.*
	Iennintachi.	*Os santos.*		Miacoxu.	*Os do Miaco.*
	Ano fitotachi.	*Aqueles homẽis.*		Tonobaraxu.	*Criados limpos.*

	Tequidomo.	*Inimigos.*		Acuninra.	*Os maos.*
	Chuguendomo.	*Moços desporas.*		Varera.	*Nosoutros.*
3.	Fiacuxŏdomo.	*Lavradores.*	4.	Fiacuxŏra.	*Lavradores.*
	Funedomo.	*Embarcações.*		Iudeura.	*Os Judeos.*
	Vmadomo.	*Cavalos.*		Tegura.	*Demonios.*

4-4　Verbo substantivo

　Verbo substantivo というのは、ラテン語の「sum」、ポルトガル語の「ser、estar」のことで、コピュラであったり、存在を意味したりする動詞のことである。

　DE INSTITVTIONE GRAMMATICA 第13葉表では動詞「sum」を次のように説明している。

　　¶ Huic verbo Substantiuo Sum, hæc ferè verba Iapponica respondent, <u>Aru, gozaru, naru, yru, voru, voriaru, vogiaru, maximasu, sŏrŏ, fanberu, nari, &c.</u> & ex his ea, quibus particulæ, <u>Ni, Nite, De</u>, praponuntur, vt Nitearu, gozaru &c.

　3-3で示した活用表における「sum」に相当する日本語は「Dearu, yru（である、いる）」であるが、ここでは「Aru, gozaru, naru, yru, voru, voriaru, vogiaru, maximasu, sŏrŏ, fanberu, nari, &c.（ある、ござる、なる、ゐる、をる、おりある、おぢやる、まします、さうらふ、はんべる、なり、等）」、そして、それぞれに「Ni, Nite, De（に、にて、で）」を加えたものだとしている。

　ARTE GRANDE には日本語の verbo substantivo の一覧表が第3葉表にあげられている。左の列は「*Estar. Haver.*」すなわち存在を意味する語で、右の列は「*Ser.*」すなわちコピュラとなる語である[7]。ここには、天草版にある「voru」がなく、天草版にはない「Nai, Vorinai, Gozanai, Saburŏ」がある。また、天草版では「Ni、Nite、De」を加えたものという説明だけだが、*ARTE GRANDE* では「Nitearu」以下、その語形が明示されており、さらに「Vataraxe tamŏ、Imaso cariqueri、Masu、Maximasu、Arazu」が

---

7)　「Haver」は、「ある、存在する」ことを示す動詞である。「estar」は一時的、「ser」は恒常的な状態を示すコピュラ動詞で、両方ともに存在もあらわす。ただ「estar」は一時的なので「Aru、Vogiaru、Yru」に、「ser」は恒常的なので物事の性質を示す「Nitearu、De aru、De vogiaru」にむすびつけたのだろう。

ふえている。Alvarez のラテン文典への改編をうけつぎ、Rodriguez はそれを発展させ、工夫を加えたのだ。

¶ Aru.   Nitearu.
Vogiaru.   De aru.
Yru.   De vogiaru.
Gozaru.   Nite gozaru.
Naru.   De voriaru.
Maximasu.   Nite maximasu.
Vouaximasu.   Nite vouaximasu.
Voriaru.   Denai.
Nai.   *Estar.*⎫   De vorinai.   *Ser.* ⎫
Vorinai. *Haver.*⎭ De gozanai.   ⎭
Gozanai.   De sŏrŏ, l, soro.
Saburŏ.   De so.
Fanberu.   Vataraxe tamŏ.
Nari, *defectivo*. Imaso cariqueri.
Sŏrŏ, l, soro. Masu. i. Maximasu.
Sô.   Arazu, *defectivo*.
Zŏrŏ, l, soro.

4-5 Modo optativo

　3-3 で *DE INSTITVTIONE GRAMMATICA* にあるラテン語動詞「lego（読む）」の modo optativo の活用表をあげた。ここでは、*ARTE GRANDE* 第 29 葉表にある日本語動詞「Yomu[8]（読む）」の modo optativo の活用表を

8）*ARTE GRANDE* の動詞活用の語例として「Yomu」がとりあげられているのも、*DE INSTITVTIONE GRAMMATICA* の影響である。

あげる。

動詞「Yomu」の modo optativo の現在、不完全過去

¶ Yomecaxi, l. gana. ＼
Yomai caxi, l. gana ／ *Oxala leras tu, ou lesses, lera ele, ou lesse &c.*

Yomitai, l. monogia. ＼
Yomitai cotonŏ. ／ *Oxala lea eu, ou lesse.*

動詞「Yomu」の modo optativo の完全過去

Yomŏ monouo.
Yòde araba yocarŏ monouo.
Yodarŏniua yocarŏ monouo. } *Oxala lesse, ou queira Deos que tenha eu lido, ha que houvera de ter lido.*

Yomitacatta monouo.
Yomitai cotode atta monouo.
Yomitacatta cotogia. } *Ha como desejei ler.*

動詞「Yomu」の modo optativo の大過去

Yomŏ monouo, &c.
Yôde arŏ monouo.
Yôde attaraba yocarŏ monouo. } *Provera a Deos que lera eu, ou tivera lido.*

動詞「Yomu」の modo optativo の未来

Yome. ＼　Caxi, l. gana. }　*Praza a Deos que lea eu.*
Yomai. ／

Yôde arecaxi. }　*Praza a Deos que tenha eu ja então lido.*

「現在、不完全過去」、「完全過去」、「大過去」、「未来」という時制の分け

方は両文典で共通している（3-3 参照）。ただ、*DE INSTITVTIONE GRAMMATICA* にある日本語は「yomecaxi、yomegana」、「yôdarŏniua、yôdaraba yocarŏmonouo」、「aá yomŏzurumonouo、yôdeattaraba yocarŏmonouo」、「yomecaxi、yomegana」で、*ARTE GRANDE* ではそこにあらたな表現が加えられている。そのため、翻訳のポルトガル語文もふえている。

4-6 日本語の例文

3-4 にある a 〜 g の例文は、同じものが *ARTE GRANDE* にもある。以下に、原書の表記で示す。d'、e'、f' は *DE INSTITVTIONE GRAMMATICA* との異同が大きいので、土井（1955）による日本語表記をならべて記した[9]。

a'. Iza saraba namida curaben fototoguisu: Varemo vqui yori neuo nomizo naqu.　　　　　　　　　　　　　　　*Feiq.*

b'. Auare tada vqui toqui tçururu tomomogana, Fitono nasaqueua yoni arixi fodo.　　　　　　　　　　　　　*Canxôjono vta*

c'. Nagaqui yono curuxiqui cotouo vomoyecaxi, Carino yadoriua nani naguecuran.　　　　　　　　　　　　*Saiguiŏno vta*

d'. Yorodzuno teatari monono iyyŏ, saritoteua fito ichiningiato cocoroni fomuru.　　　　　　　　　　　*Quiacu monogatari*

　　万づの手当り物の言ひ様、さりとては人一人ぢゃと心に褒むる。

　　　　　　　　　　　　　　　　　　　　　　　　客物語

e'. Cotoni vosacadzuquino vomaraxiyŏ soregaxini maxita.　　*Ibidem.*

　　殊にお盃のおまらしやう某(それがし)に増した。　　　　同前

f'. Gozaiquiogiŭno vocotodomo sazo iroirono cotode gozarŏzu, quiqui

---

9) これらの引用例の両文典間の相違点については、第 8 章「*DE INSTITVTIONE GRAMMATICA* と *ARTE GRANDE* とにおける日本語引用例の対照」を参照。

第2章　51

　　maraxitai. Hum Gozai cocuno aidani sŏ voriarŏzu.　　*Quiacu monog.*
　　御在京中の御事共さぞ色々の事でござらうず、聞きまらしたい。
　　フム御在国の間にさうおりゃらうず。　　　　　　　　客物語
　g'.Tonono goxucque mexeba tote, sore icasama cocoroatemo gozarŏzu,
　　sonatano xucqueua nanigotozo.　　　　　　　　　　*Idem.*

　a'. は *ARTE GRANDE* 第13葉裏「modo imperativo」、b'. は第15葉表、c'. は裏、ともに「modo optativo」、d'. e'. はともに第23葉表「gerundio（動詞状名詞）」、f'. は第20葉表「可能法」、g'. は第18葉表「日本語及び葡萄牙語に固有な接続法」の記述の中にあらわれている[10]。

　以上、6項目にわたって両文典の活用表の1語ずつ、あるいは、例文の一つ一つを見比べてきた。各々の項目に関して原書の記述にもどって、ローマ字綴そのままを検証することにより、両文典の類似をより明確にすることができた。次の第5節では、文典の章立てを見比べ、それぞれの文典の枠組みを論じていく。

5.　*DE INSTITVTIONE GRAMMATICA* と *ARTE GRANDE* の章立ての対照
―― 対応関係がはっきりしている章 ――

　第4節では、土井氏の記述を参考に両文典を比較検討し、その類似点を原本にもどって列挙した。ここでは、両文典の章の題目とその内容をくらべることによって、*ARTE GRANDE* が *DE INSTITVTIONE GRAMMATICA* を参考にし、そこからいくつかの記述を資料としてひいてきたというだけで

---

10)　*DE INSTITVTIONE GRAMMATICA* の d. e. は不定法に対する文例であるが、*ARTE GRANDE* の d'. e'. は動詞状名詞に対するものである。これは、d. e. がラテン語の不定法に対する例文の日本語訳であり、一方、d'. e'. はその文中の「言ひ様」、「おまらしやう」が動詞状名詞の例となるからである。

はなく、その文典の骨格自体が *DE INSTITVTIONE GRAMMATICA* によっていることを示す。

　この章の最後にあげた図 2-2 から 2-4 の「*DE INSTITVTIONE GRAMMATICA*、*ARTE GRANDE* 章立て対照図」は *DE INSTITVTIONE GRAMMATICA* の章立てを左に、*ARTE GRANDE* の章立てを右に並べ、対照したものである。それぞれの章立て一覧の最左欄は、葉数（「v」は「裏」を示す）である。巻頭の葉には番号がついておらず、表紙を第1葉として数えた葉数を丸数字であらわした。その右の欄に原文の、さらにその右に日本語訳の章の名がある。*DE INSTITVTIONE GRAMMATICA* の章題は、天理図書館善本叢書の各葉のヘッダーにあるものを書きうつした。*ARTE GRANDE* の章の名は、巻末の「TABOADA DO QUE SE CON-tem nestes tres livros da Arte Japoa[11]（この日本文典三巻に含まれる事項の目次）」にならった。天草版の日本語訳は馬場によるもので、*ARTE GRANDE* の方は土井氏の訳書から引いたものである。

　この「対照図」は1、2、3に分かれている。それぞれは、*DE INSTITVTIONE GRAMMATICA* の第一巻、第二巻、第三巻に対応している。図 2-2 の「対照図 -1」は *ARTE GRANDE* の第一巻に対応しているが、図 2-3、2-4 は *ARTE GRANDE* の第二巻、第三巻にぴったりとは対応していない。なぜなら、両文典の発音、韻律関係の記述は、*DE INSTITVTIONE GRAMMATICA* では第三巻の前半に、*ARTE GRANDE* では第二巻の巻末にあるからだ。「図」は *DE INSTITVTIONE GRAMMATICA* の巻に対応させてあるので、*ARTE GRANDE* の発音、韻律関係の記述部分、つまり、第二巻の巻末は図 2-4 の「対照図 -3」に来ている。

---

11) Rodriguez の作成したこの TABOADA は「目安」として作られたものらしくもれがある。たとえば、第67葉の「De varios graos de pronomes primitivos（単純代名詞のいろいろな階級について）」で、実はこれは章ではなく、第一巻の「RVDIMENTA（日本語品詞論）」の中の第67葉表から第68葉表までの3ページにわたっている「DO PRONOME（代名詞に就いて）」という章の一部である。6-2「動詞の否定語根」p.69、を参照。

西洋文化の伝統の中に生まれた Rodriguez にとって、文典とは 3 部に分かれているものであった。Rodriguez はそこに必要なものをもりこんだ。名詞、動詞、助辞、発音など、日本語そのものに関する言語的な記述と、手紙の書き方や日時、年号の数え方、方位についてなどの文化的なことがらである。彼は、*DE INSTITVTIONE GRAMMATICA* では 3 部にわかれている言語的な記述を第二巻までにおわらせ、文化的なことがらを第三巻にまとめた。

「対照図」において、両文典で対応関係がはっきりしていると思われる章は左右に揃え、■■■■■でぬった。さらに、*ARTE GRANDE* だけにある章のうち、言語構造の違いによると思われる章は■■■■■で、そして、日本独特の文化を記述するために加えられた章は┊┈┈┈┈┊でかこい、*DE INSTITVTIONE GRAMMATICA* だけにあるものを■■■■■でかこった。

第一巻では、名詞変化と動詞活用に関する記述がほぼ対応している。名詞の数や格、動詞の人称や法、時制といった枠組みに日本語を流しこみ、対応させているのだ。第二巻でも、副詞、間投詞、接続詞といった品詞、また、能動動詞、受動動詞、不定法、動名詞などといったラテン語文法における動詞の範疇に対応させられる日本語の言語事象をさがしだしている。

DE INSTITVTIONE GRAMMATICA の第三巻は古典ラテン語の音声、韻律について、詩について、「姓」について、そして、語の移入についてで構成されている。このうちの「姓」についてだけは、*ARTE GRANDE* では第三巻であつかわれており、あとは、第二巻の第 173 葉から 184 葉であつかわれている。Rodriguez にとって、あるいは、イエズス会士の活動にとって、日本人の「姓」は文化的なことがらだったのである。

対応する章題のない場合もある。*ARTE GRANDE* 第三巻の文化的な記述はそっくり *DE INSTITVTIONE GRAMMATICA* にはない。また、日本語特有の言語現象、ラテン語の文法体系には流しこめない事象は、*DE INSTITVTIONE GRAMMATICA* に対応する章を持たない。たとえば、

ラテン語の形式諸相動詞に関しては、対応する文法事象を日本語に見つけられなかったのであろう。ARTE GRANDE に対応する章はない。「非人称動詞」は両文典で章題にあげられているが、DE INSTITVTIONE GRAMMATICA では第一巻の動詞活用で、ARTE GRANDE では第二巻の統語論でとりあげられている。対応するものとは考えられていなかったからである。

以下、DE INSTITVTIONE GRAMMATICA と ARTE GRANDE 両文典の共通部分と相違点をその章立てをてがかりに見ていく。DE INSTITVTIONE GRAMMATICA の葉数は L-1、L-2、L-3、L は Latin の L、ARTE GRANDE の葉数は G-1、G-2、G-3 で示す。

ここでは、両文典間で対応関係がはっきりしている章題、つまり、対照図でかこまれている章題について、「名詞の語形変化」、「動詞活用」、「活用の不規則な動詞」、「動詞文」、「能動、受動」、「動詞の不定法、動名詞、目的分詞、分詞」、「副詞、間投詞[12)]、接続詞」、「修辞法」、「発音」、「詩歌について」、「名字について」、「語の移入とその発音」の順で述べていく。

5-1　名詞の語形変化

L-3v　DE NOMINVM DECLINATIONE.
　　　名詞変化について。

8v　DE PRONOMINVM DECLINATIONE.
　　代名詞の変化について。

G-1 Da declinação dos nomes & pronomes.
　　名詞と代名詞の転尾について。

DE INSTITVTIONE GRAMMATICA の L-3v「名詞」の記述と L-8v「代

---

12) DE INSTITVTIONE GRAMMATICA の「interiectionis」、ARTE GRANDE の「interjeição」は、ここでの訳語を「間投詞」で統一した。

名詞」の記述とが、*ARTE GRANDE* の G-1「名詞と代名詞」の記述に対応している。L-3v と L-8v とが別々に記述されているのは、ラテン語の名詞の語形変化が代名詞のそれとはことなるからである。

一方、*ARTE GRANDE* では、名詞と代名詞とを区別することはしていない。形態論的にラテン語の代名詞はそれだけで一つの範疇をなすが、日本語ではそうではなく、代名詞の declinação（語形変化）は名詞と同じだからである。

5-2 動詞
5-2-1 動詞活用

L-12v DE VERBORVM CONIVGATIONE.
動詞活用について。

G-3 Da conjugação do verbo substantivo.
存在動詞の活用について。

7 Da conjugação dos verbos afirmativos, & negativos.
肯定動詞並に否定動詞の活用について。

DE INSTITVTIONE GRAMMATICA で取り上げられている動詞は、コピュラ動詞の「sum」、第1活用動詞の「amo（愛する）」、第2活用動詞の「doceo（教える）」、第3活用動詞の「lego（読む）」、第4活用動詞の「avdio（聞く）」の五つである。*ARTE GRANDE* では、「sum」に相当する当時の日本語として「～でござる」をとりあげ、G-3 にその活用を示している。第1活用動詞から第4活用動詞というのは、いわゆる、規則動詞であり、その活用に関する記述というのは G-7 に対応する。ただし、G-7 にある「verbos negativos（否定動詞）」に対応する記述は L-12v には見られない。それは、ラテン語における否定が「non、neque、nec」などの否定辞を文中に加える

ことによって表され、動詞の語形変化には関与しないからである。日本語の動詞はラテン語とはことなり、動詞自体が語形変化を起こして否定辞をしたがえる。Rodriguezはその特性に着目し、「aguenu（上げぬ）、aguezu（上げず）、aguezaru（上げざる）」などそれぞれ全体を一つの動詞と考え、これを否定動詞と呼んだ。ラテン文法の枠組みにあてはめるだけでなく、日本語の語学的記述に独自の考え方を導入した一例といえる[13]。

5-2-2 活用の不規則な動詞

L-58 DE VERB. DEFEC. CONIVGATIONE.
欠如動詞の活用について。
62v DE VERBIS ANOMALIS.
変則動詞について。
67v DE VERBIS DEFECTIVIS.
欠如動詞について。

G-45 Dos verbos defectivos, Anomalos, &c.
不完全動詞、変格動詞などについて。

　研究社『新英語学辞典』には、「defective verb　欠如動詞；一般の動詞が持っている活用形の一部を具備していない動詞（shall, will, can, may, must; ought）および変則動詞（ANOMALOUS VERB）としてのdare, needをいう」とある。また、「anomalous verb」は、「変則動詞：不規則な活用」をする

---

13)　同様の見方、考え方はBloch（1970）、鈴木（1972）にも見られる。
　前者、p.19の「7. NEGATIVE ADJECTIVES」には、「Negative adjectives constitute a subclass of adjectives, characterized both by the structure of their bases and by their inflectional endings. Every negative adjective is derived from an underlying verb; its meaning is the negative corresponding to the meaning of the verb」とあり、例として「okinai、akenai、nomanai、kawanai」などがあげられている。
　また、後者p.297の「§26 みとめ方」には、「動詞には　みとめと　うちけしが　あります。人や　ものに　うごき、状態の　変化が　ある　ときには、みとめの　動詞を　つかいます。人や　ものに　うごき、状態の　変化が　ない　ときには、うちけしの　動詞を　つかいます。」とあり、「うちけし」の動詞として、「いかない、きこえない」などがあげられている。

第 2 章　57

動詞で、「ギリシア語で区別されている -ō verb と -mi verb の名残であ」る。この定義によれば、「anomalous verb」は「defective verb」の一部ということになる。

　DE INSTITVTIONE GRAMMATICA の第 58 葉表からは、「sum、eo（行く、歩く）、memini（思い出す、考える）、noui（知っている）、odi（憎む）、cœpi（はじめる）」等の動詞の活用がのべられ、第 62 葉裏からは、「possum（できる）、fero（たもつ）、volo（のぞむ）、nolo（のぞまない）、malo（えらぶ）」等の活用がのべられている。第 67 葉裏からは、「memini、noui、odi、cœpi」以外の欠如動詞として「inquam（言う）、aio（承諾する）」の活用とその使い方があげられている。

　一方、*ARTE GRANDE* の本文にみられる第 45 葉表の章題は、「*VERBOS DEFECTIVOS QUE CARECEM DE alguns tempos, modos, numeros, & pessoas, assi na pratica como na escritura*（話しことばに於いても書きことばに於いても、時・法・数・人称の或ものを欠く欠陥動詞）」であり、「taru（足る）、tarazu（足らず）、vocotaru（怠る）、vocotarazu（怠らず）、cuyuru（悔ゆる）、cuizu（悔いず）、voi（老い）、vrei（憂い）」などの動詞の活用をあげ、説明している。

5-2-3　動詞文

| L-112 DE CONSTR. COMMVNI OMNIVM VERBORVM. すべての動詞に共通する文の作り方について。 | G-106 Da construição comum a todos os verbos. 動詞のすべてに通ずる構成について。 |

　L-112 では、動詞が名詞に特定の格を要求する場合ではなく、いかなる動詞を述語とする文においてもそれぞれの格が普遍的にあらわしうる意味について、例文をあげながら説明している。そして、G-106 では、動詞との結合

の弱い、あるいは、動詞をえらばぬ助詞の類について、利益を示す「ため(為)」、時を示す「に」、時間や距離を示す語につく「ほど(程)」、道具や手段を示す「にて、で、をもって」などをあげて説明している。

5-2-4　能動、受動

L-106　DE CONSTRVCTIONE
　　　　VERBI ACTIVI.
　　　　能動動詞文の作り方について。

110v DE CONSTRVCTIONE
　　　　VERBI PASSIVI.
　　　　受動動詞文の作り方について。

G-96　Da construição transitiva
　　　　do verbo activo, &c.
　　　　能動動詞などの異格構成について。

99　Do verbo passivo.
　　　　受動動詞について。

*ARTE GRANDE*では、verbo activo（能動動詞）に「経を読む」、「これをばせぬ」、「平家の由来が聞きたい程に」などの例をあげ、「助辞のVo、Voba、Va、Gaの中の何れかを伴った対格を支配する」とある。これは、まさに現代日本語文法における「他動詞」のことである。G-96では、このverbo activoが対格を支配して文を形成する場合、二つの対格を支配する場合、対格と与格とを支配する場合について、それぞれのverbo activoの語例と文例をあげて記述している。

G-96のあとには、*CONSTRVIÇAM TRANSITIVA DO* Verbo factivo. という短い節がある。ここで言うverbo factivoは、動詞に使役の助動詞「せ」、「させ」のついたもので、G-99の章題に見られるverbo passivoは受身の助動詞「られ、るる」、「れ、るる」が動詞に接続したものである。

5-2-5　動詞の不定法、動名詞、目的分詞、分詞

L-116　DE CONSTRVCTIONE
VERBI INFINITI.
不定法の動詞を含む文の作
り方について。

117v DE CONSTRVCTIONE
GERVND. ET SVPIN.
動名詞と目的分詞を含む文
の作り方について。

119v DE CONSTRVCTIONE
PARTICIPIORVM.
分詞を含む文の作り方に
ついて。

G-103 Do verbo infinito.
不定法動詞について。

104 Dos Gerundios, Supinos,
Participios, &c.
動詞性名詞、目的分詞、
分詞などについて。

「VERBI INFINITI、verbo infinito（不定法動詞）」、「GERVNDIA、gerundio（動詞性名詞）」、「SVPINVM、supino（目的分詞）」というのは、動詞が名詞として機能する場合のことをいい、「PARTICIPIORVM、participio（分詞）」は形容詞として機能する場合のことをいう[14]。

G-103、104 では、ポルトガル語における infinito、gerundio、supino、participio に対応する日本語の動詞の用法が論じられている。不定法には、「Tada ima vomeni cacaru cotoua caguirigia.（只今御目にかかる事は限りぢゃ）」、「Monouo mǒsu cotoga yoi」、「Mairu cotomo arǒzu」のように動詞に Coto をともなうものがある。動詞性名詞には「Midzuo cumini mairu」

---

[14] 松平（1968）を見ると、§576 に「不定法は、すでに見た如く、動詞的な名詞として、主格と対格としかない。その他の斜格形は、同じく動詞的名詞の一種である動名詞（lat. gerundium）で補われる。」、§569 に「supīnum は、能動の意味を持つ動詞的名詞（verbal noun）の一種」、§440 に「分詞は、動詞から派生した形容詞で、動詞の機能と形容詞の性質とを併せもち、性・数・格に従って、形容詞と同様に変化する」とある。

のように、「に」をともなって移動動詞の目的を示すもの、分詞には「手」をともなって「Vmano norite、Vtano yomite」などの語形成をするもの、そして、「Sugureta、Chigŏta」など助動詞「た」をともなって名詞修飾をする過去分詞とがある。目的分詞には、「Mŏxiyoi、Xiyasui」などのように「－よい」、「－やすい」とむすびつくものがある。

5-3　副詞、間投詞、接続詞

L-125v DE CONSTRVCTIONE
　　　 ADVERBII.
　　　 副詞を含む文の作り方について。
129v　DE CONSTRVCTIONE
　　　 INTERIECTIONIS.
　　　 間投詞を含む文の作り方について。
130　 DE CONSTRVCTIONE
　　　 CONIVNCTIONIS.
　　　 接続詞を含む文の作り方について。

G-112　Do Adverbio.
　　　　副詞について。
125　　Da Interjeição.
　　　　間投詞について。
130　　Da Conjunção.
　　　　接続詞について。

　DE INSTITVTIONE GRAMMATICA で取り上げている間投詞は「o、heu、pro、hei、ve」とごく少なく、記述も1葉に満たない。接続詞の記述も2葉半ほどである。一方、*ARTE GRANDE* では、間投詞が4葉半、接続詞が5葉半で記述が長く、とりあげている語も多い。*DE INSTITVTIONE GRAMMATICA* で間投詞が少ないのは、ラテン語が書きことばの言語（「6-3　書きことばの動詞」参照）だからであろうし、*ARTE GRANDE* で接続詞が多いのは、できるだけ豊富な文体、下位言語での言い方を集めたからである。

5-4 修辞法

L-132v DE FIGVRATA
CONSTRVCTIONE.
修辞法について。

G-168 Da construição figurada.
修辞の構成について。

　G-168 は 1 葉程の短い記述であるが、「エレガント」が五つある。この章は、日本語を日本語らしく、そして、エレガントに運用するにはどうすればいいかを論じている。

　L-132v にある節のタイトルは、Eclipsis[15]、Zeugma[16]、Syllepsis（一筆双叙法）、Prolepsis（予弁法）、Archaismos（擬古主義）、Hellenismus（ヘレニズム）などである。G-168 には、このうち ECCLIPSIS（蝕法）と ZEVGMA（軛法）がとりあげられており、前者には「読むまじ」が「読まじ」、「のこぎり」が「のこ」になる、後者には、名詞がならんだときに、最後の語が助詞をとってすべての語の格を示す「Deusua Ten, Tçuqui, Fi, Foxi, Tçuchi, Midzu, Caje, Fiuo gosacu nasareta（デウスは天・月・日・星・土・水・風・火を御作なされた）」、動詞が連用形でならび、最後の動詞の形態がすべての動詞の時と法を示す「Tonde vogorazu, tçunde yoqu fodocoxi, tenni xequigumari, chini nuquiaxiuo xi, voyoso xuni majiuatte arasouazu, quenuo mopparato xite aiyudzuruuo guito yǔ（富んで驕らず、積んでよく施し、天に跼まり、地に踏をし、凡そ衆に交はって争はず、謙を専らとして相譲るを義といふ）」、などの例がある。

5-5 発音

L-137v DE SYLLABARVM

G-173 Dos acentos da lingoa

---

[15] **ellipsis**〘文法〙（統語上の語句の）省略《例えば To err is human, to forgive (is) divine. の中の第二の is の省略》；パラグラフの最後の文の省略。(竹林 (2002))

[16] **zeugma**〘文法〙くびき語法《一つの形容詞または動詞で異種の 2 個の名詞を無理に修飾または支配させること：例えば kill the boys and destroy the luggage とすべきを kill だけ用いて kill the boys and the luggage とする類で destroy の意味は補って解釈される》。(竹林 (2002))

	DIMENSIONE.		Japoa.
	音節の「量」について。		日本語のアクセントについて。
145	DE INCREMENTO NOMINVM.	176	Regras acerca do vso do Sumi nigori.
	名詞における増大について。		清濁の用法に関する規則。
148	DE VERBORVM INCREMENTO.	178	Dos modos de pronunciar a lingoa Japoa.
	動詞における増大について。		日本語の発音法。
150	DE VLTIMIS SYLLABIS.		
	最終音節について。		
155v	DE SYLLABA COMMVNI.		
	音節全般について。		

　西欧世界は、長い年月と努力をもってギリシア語、ラテン語を緻密に記述してきた。それは、形態論、統語論だけではなく、音韻においても同様であった[17]。DE INSTITVTIONE GRAMMATICA の第三巻の多くの部分では、

---

17)　松平（1968）は、ラテン語では、名詞や動詞が変化するとき、また、合成語形成のさい、さまざまな音韻の変化がおきると言い、母音の変化「§846. 母音は質的な変化と量的な変化を行なう。前者にはI. 弱音化、II. 語中母音脱落、III. 母音縮約があり、後者には、IV. 長母音の短音化、V. 短母音の長音化がある。」、母音交替「§861. ラテン語が属する印欧語族全般にわたって広く母音交替（vowel gradation）という現象がみられる。これは、同一の語根の内部において、母音が場合に応じてさまざまに変化する現象である。たとえば英語の sing, sang, sung の如き現象である。」、子音の変化「§863. 子音における変化は、母音間にはさまれた、あるいは語頭などの単子音に起るものと、連続した二つあるいは三つの子音群に起るものとに分けられる。前者には、I. s の r 化（rhotacism）、II. 子音脱落、III. 異化があり、後者に IV. 同化、V. 音挿入（epenthesis）がある。」とのべている。

その音韻規則をのべている。同様に、*ARTE GRANDE* の G-173 ではアクセントの重要性とその種類、開合について、G-176 では連濁などの音の清濁に関する音韻規則についてのべている。さらに、G-178 では、撥音、拗音、また、「Vma（馬）、Vme（梅）」などの語頭の [m] の発音についてのべている。

5-6　詩歌について

　　　L-157v　DE PEDIBVS.　　　　　　G-180　Da Poesia de Japão.
　　　　　「脚（詩の韻律単位）」について。　　　日本の和歌について。
　　　158v　DE VARIIS GENER.
　　　　　CARMINVM.
　　　　　詩歌のいろいろな種類について。
　　　160　DE CARMINVM
　　　　　DIMENSIONE.
　　　　　詩歌の（韻律的）「量」について。
　　　162v　DE CÆSVRA.
　　　　　（韻律的）「休止」について。

　これらの章は、*DE INSTITVTIONE GRAMMATICA* では第三巻、*ARTE GRANDE* では第二巻におさめられている。Rodriguez は、*ARTE GRANDE* の第一、二巻に言語的な事柄を第三巻に言語生活における文化的な事柄を記述している。彼は、日本の和歌を言語に直接かかわる一項目ととらえたのである。
　両文典ともに、それぞれの言語における各種の詩についてのべている。土井は「和歌」と訳しているが、「Da Poesia de Japão」の意味するところは「日本の詩」であって、漢詩では、Gogon faccu（五言八句）、Xichigon faccu（七言八句）、Gogon xicu（五言四句）がとりあげられ、その形式や特徴が、

Cuzŏxi（九相詩）、Nijŭxicŏ（二十四孝）などの具体例とともにのべられている。日本独自の詩にはVta（和歌）とRenga（連歌）をみとめ、VtaにはChŏca（長歌）、Tanca（短歌）、Covta（小歌）の三種があるとしている。

　詩作の技法に関して、*DE INSTITVTIONE GRAMMATICA* では、「caesura, diaeresis, diastole, systole[18]」などについて具体的にのべられている。*ARTE GRANDE* では、図式つきで平仄の規則を説明し、和歌については「Caminocu, Ximonocu, Sanjŭ ichiji, Ii amari」などの用語やその説明、Xiqui（四季）とZŏ（雑）への分類、各季節であつかう題材などについてのべられており、さらには、Chŏca、Covta、Rengaの韻律にもふれている。

5-7　名字について

　　　L-164　DE PATRONYMICIS.　　　G-206　Dos nomes gentilicos de
　　　　　「姓」について。　　　　　　　　　　Japão.
　　　　　　　　　　　　　　　　　　　　　　日本の名字について。

　L-164の「PATRONYMICIS」というのは、父の名をとった名、父祖の名から出た名、あるいは、「姓」、「名字」一般を意味し、G-206の「nomes gentilicos」というのは、異教徒の名前を意味する。Rodriguezの言う「gentilicos（異教徒）」というのは、キリスト教に改宗していない日本人全般のことで、土井（1982）にあるように、「幼名・仮名・唐名・官名・受領名・実名・剃髪者名・姓氏などの人名を述べ」ている。どちらの章も各言語を話す文化における「名前」について記述している。

　G-206は、*ARTE GRANDE* の第三巻にある。第5節「*DE INSTITV-*

18）　竹林（2002）によると、〚古典詩学〛として、**caesura**「休止、《詩脚中の語の末尾、時に詩脚の末尾における分切：通例行の中間近くの特定場所に起る》」、**diaeresis**「一致分節《行中で詩脚の区分と語の区分とが一致すること》」、**diastole**「音節延長」、**systole**「音節短縮」とある。

TIONE GRAMMATICA と *ARTE GRANDE* の章立ての対照」にのべたように、*DE INSTITVTIONE GRAMMATICA* は全3巻が言語的記述、*ARTE GRANDE* は第一巻と第二巻が言語的な記述で、第三巻は文化的である。前者は名字を言語的な項目としてとらえ、後者は文化的なものとしてとらえていることになる。

5-8 語の移入とその発音

L-170 DE GRÆCIS VERBIS.
ギリシア語からの語句について。

170v DE VOCIBVS HEBRACIS.
ヘブライ語からの語句について。

G-179 Do modo de introduzir alguns vocabulos nossos na lingoa Japoa
われわれの或語を日本語の中に取入れる方法について。

L-170、170v はギリシア語、ヘブライ語の語句がラテン語に移入された場合発音上どのような語形変化が生じるかということを述べた章である。そして、G-179 ではポルトガル語を日本語に取り入れた場合にどのような発音上の変化が生じるかを述べている。イエズス会士たちはカトリックの用語を訳さず、できるだけポルトガル語のまま日本語に移入して使おうとした。

第179葉裏には、

¶ *Notase, que posto que os Japõis pronunciam toda a sua lingoa com silabas simples de ũa consoante, & ũa vogal, v. g. Padre, dizem,* Patere, *Trindade, dizem,* Chirindade, *Natal,* Nataru, *Eclesia,* Yequerejia, *&c. Todavia quando escrevermos em nossa letra os taes nomes e bom escrevelos a nosso modo, & não ao seu.*

○注意すべきことは、日本人は一つの子音と一つの母音とからなる単純な音節を以て彼等のあらゆる語を発音するので、Padreを**ぱてれ**といひ、Trinadeを**ちりんだあで**といひ、Natalを**なたる**といひ、Ecclesiaを**えけれじあ**などといふけれども、かかる名詞をわれわれの文字で書く場合には、彼等の式によらないで、われわれの書き方によって書くがよいといふ事である。

とある。

ポルトガル語を移入し、日本人が日本語の音韻体系にあてはめて発音したとき、どのように発音されるか、適確な分析がなされている。

6. *ARTE GRANDE* にあって *DE INSTITVTIONE GRAMMATICA* にはない章について
——言語的な記述——

ARTE GRANDE にはあって *DE INSTITVTIONE GRAMMATICA* にない項目は、*ARTE GRANDE* に独自のものということになる。対照図の ☐ の項目を「形容動詞[19]」、「動詞の否定語根」、「書きことばの動詞」、「待遇」、「助辞」、「格辞」、「後置詞」、「「こゑ」と「よみ」」、「関係詞」、「方言」、「G-79：LIVRO Ⅰのまとめ」にわけて見ていく。

6-1 形容動詞

G-47 Da conjugação dos verbos acabados em Ai, ei, ij, oi, ui.

Ai, ei, ij, oi, ui（アい、エい、イい、オい、ウい）に終る動詞の活用に

---

19) ここで言う「形容動詞」は、土井（1955）における「verbo adjectivo」の訳で、「verbo adjectivo」は、時と法によって活用する日本語のイ形容詞、ナ形容詞の独自性を言い表したRodriguezの用語である（この章の6-1「形容動詞」p.66、第3章の6-2-1「動詞、イ形容詞、ナ形容詞の連用形」p.124を参照）。本論文では、「verbo adjectivo」の訳語として「形容動詞」をもちい、学校文法における「形容詞」、「形容動詞」は「イ形容詞」、「ナ形容詞」と呼ぶこととする。

ついて。

61 De como se devem chamar verbos os que ategora corriam por nomes adjectivos.
今日まで形容名詞として通用したものを何故に動詞と呼ぶべきかといふことについて。

90 Da construição dos verbos adjectivos.
形容動詞の構成について。

　古典文法においては、近代文法における名詞と形容詞[20]の両方を nome に分類し、名詞を nome substantivo、形容詞を nome adjectivo と呼んでいた[21]。確かに、ラテン語でもポルトガル語でも名詞と形容詞の間に形態論的な違いはない。どちらも単複の数と男女（ラテン語は男性、女性、中性）の性とがあり、時制、法による語形変化はない。

　一方、日本語のイ形容詞はその語形からして名詞とははっきり区別され、「ai、ei、ii、oi、ui」の語尾をとって活用する。時と法によって活用するその様相が動詞に酷似していることから、Rodriguez はこれを「**verbos** acabados em Ai, ei, ij, oi, ui」としたのである。ここでは、日本語のイ形容詞が nome adjectivo と verbo「動詞」との両方の性格を持ち、verbo adjectivo とよぶべきであることをイ形容詞「Fucai（深い）」と動詞「Ague（上げ）」の活用を併記しながら説明している[22]。

---

20) この論文では、英語の adjective、ポルトガル語の adjectivo、ラテン語の adiectiuorum の訳を「形容詞」とし、日本語の学校文法で言うところの「形容詞」は「イ形容詞」と呼んでいる。
21) Alvarez の *DE INSTITVTIONE GRAMMATICA* の英訳版、*AN INTRODUCTION TO THE Latin Tongue, OR THE FIRST BOOK OF GRAMMAR* (1735) の冒頭には、ラテン語学習の入門者のための Q & A が用意されている。「How many sorts of Nouns are there? / Two: A Substantive and Adjective. A Noun Substantive is, which cannot agree with another in Sense, but standeth by it self in Speech; as Mensa, Manus, Res; for it is well said, the table supporteth, the hand holdeth, the King governeth. / What is an Adjective? / It is a Noun which must agree with a Substantive wither expressed or understood, to make up Sense, or which cannot stand by itself in Speech; as wise, valiant, great, expressed」。Noun（名詞）に Substantive と Adjective の二つがあり、前者が現代文法でいう名詞、後者が形容詞であることがわかる。

G-47の章では、Fucaiの肯定活用と否定活用、それぞれの直説法、命令法、希求法、接続法、可能法、許容法、不定法の現在、不完全過去、完全過去、大過去、未来の語形を表にしてあげ、動詞と同じだけの活用があることを示している。

G-61では、

¶ E quanto a serem verbos não ha duvida nem ũa pois tem proprias vozes, & tempos, & modos, & raizes[23] como qual quer outro verbo pessoal, o que repugna à natureza do Nome. （第61葉裏）

〇他の如何なる人称動詞とも同じやうに、固有の語形を始め、時、法及び語根を持ってゐるのであって、その事は名詞の性質に反するものであるから、動詞である事は全く疑問の余地がない。　　　　　　（p.243）

とのべながら、「Fucai、Nai、Aguru」の語根「Fucǒ、Nǒ、Ague」をあげ、

---

22) 第86葉裏、「*DO NOME ADJECTIVO, & substantivo.*（形式名詞と実名詞とに就いて）」の「Appendix. I」には、「*Grande parte destes verbos perdendo o derradeiro. i. & outros mudando o em, A, se antepoem aos nomes substantivos, ficando verdadeiros adjectivos indiclinaveis, sem significarem tempo, nem modo. Vt, Xiraito. Seda branca*（この種の動詞の大部分は語末のiを省き、且一部のものはoをAに変へ、実名詞の前に置かれて、時も法も示さない無転尾の真実の形容詞となる。例へば、Xiraito)」とある。Rodriguezにとって、「白糸」の「しら」のように、活用語尾の「い」をうしない、時も法も示さなくなった言語要素こそが「真実の形容詞」だということになる。ほかに、「Moromoro no fito」、「aratamano toxi」など、「の」を介して連体修飾句を作ることの多い名詞、「Macotono Deus」、「nocorino mono」などのように名詞や動詞の連用形に「の」がついたもの、「Mopparano / mopparanaru」、「Cayǒno / cayǒna」などのように「の」、「なる／な」両形のあるもの、そして、「の」も「なる／な」もなくじかに名詞に接続する「vôjei、cojei」、「vôgatana、cogatana」、「namaiuo」の「大」、「小」、「生」をあげている。名詞修飾をする語のうち時や法によって活用するものはverbo（動詞）であり、活用のないもののみが本来のadjectivo（形容詞）だということになる。

23) Rodriguezは、イ形容詞、ナ形容詞の連用形をraiz（語根）と呼んでいる。大野（1974）は、動詞の見出しを連用形とした。「序にかえて」でその理由をいくつかあげ、「これは、連用形が動詞の基本形であるという国語史的事実の反映である」と述べている。大野氏の言う「基本形」が、Rodriguezの言う「raiz」である。Rodriguezは、動詞のみならず、イ形容詞、ナ形容詞の連用形もraizと呼んでいる。

それぞれの語の活用形を列挙して、「深い」、「ない」が「あぐる」と同じ動詞であることを力説している。

Rodriguezの言うverbo adjectivoは、学校文法で言う形容詞、形容動詞、そして、他の言語要素と複合して形容詞、形容動詞を形成する成分、すべてである。G-90には、「Xebai, Firoi, Marui, Firai / Fucasŏna, Xinquiquena（辛気けな）、Quiquitŏ zonzuru（聞きたう存ずる）、Quicamafoxij, Monomonoxij fito, Macotoraxij, Fumbetgamaxij」などの例があげられている。下線の付された語構成要素はverbo adjectivoを形成する助辞である。

6-2　動詞の否定語根

G-7　Da conjugação dos verbos afirmativos, & negativos.
　　　肯定動詞並に否定動詞の活用について。

第7葉表から第38葉裏の「書きことばの動詞の活用について」の前まで、「肯定動詞並に否定動詞の活用について」書かれている。しかし、この章題「Da conjugação dos verbos afirmativos, & negativos.」は、TABOADA（目次）にあって、本文中には見られない。TABOADAにあらわれた章題と本文中の章題とは必ずしも一致していない（本章注11を参照）。

あつかわれているのは、第一種活用の動詞から第三種まで、肯定動詞と否定動詞の両方の活用であり、その記述の冒頭、第7葉表には、「*PRIMEIRA CONJUGAÇÃO AFIRMATI*va pera a pratica.（話しことばに用ゐる肯定第一種活用）」とある。ここから順次、肯定第一種、否定第一種、肯定第二種、否定第二種と動詞活用が示されていく。

西欧語の否定文では文の中に否定辞を入れるのであって、動詞に否定を表す要素がつけ加わるということはない[24]。Rodriguezは西欧語と日本語とのこの差異に着目し、日本語の動詞に「Yomanu / Yomazu / Yomazaru, Narauanu / Narauazu / Narauazaru」などの否定動詞を認めた。活用形の

例としては、直説法大過去「Aguenanda、Agueide gozatta」、命令法現在「Aguruna、Na Agueso」、未来「Agurumai、Agumaji、Agubecarazu」などが見られる。

6-3　書きことばの動詞

G-38　Da conjugação dos verbos da escritura.
　　　　書きことばの動詞の活用について。

　当時のラテン語は、学術の世界[25]とキリスト教界とで使用された公用語であり、日常的に話す言語ではなかった。言語としては死語であり、ただ書き言葉としてのみつかわれていた。だから、*DE INSTITVTIONE GRAMMATICA* では、ことさら「書きことば」を取り上げ、記述することはない。
　一方、日本語には各地の方言をはじめとする「話しことば」と古典からの歴史をもつ「書きことば」とがあった。そして、Rodriguez は書きことばの重要性を認識し、*ARTE GRANDE* にも章をもうけたのだ。民衆に説教するのに「書きことば」は必要なかっただろう。しかし、権力者と交渉し、日本の宗教家と論争する、そんな時には、「書きことば」の知識が大いに役立ったに違いない。
　当時の「書きことば」を身につけるには助動詞の習得が大切なことを見抜き、回想「き、けり」、完了「つ、たり」、伝聞、推量「なり」、過去の事態に関する不確定な想像、推量「けむ」、意志、推量、予想「らむ」、当然「べし」などについて、豊富な例文をあげ、くわしくのべている。

---

24)　sciō「知っている」／nesciō「知らない」、volō「欲する」／nōlō「欲しない」などのように、動詞に否定の助辞「ne」のついた語が存在するが、これらの否定表現は、日本語とことなり、形態論的なものではなく、語構成論的なものである。
25)　西欧世界の学術の言語がラテン語であったことは、第1章「文典成立の歴史的および言語的背景」の3「西欧世界の言語観」pp.15-21 を参照。

6-4　待遇

　　G-52　Da conjugação do verbo Soro.
　　　　動詞 Soro（候）の活用について。

　　 67　De varios graos de pronomes primitivos.
　　　　単純代名詞のいろいろな階級について。

　　 69　De varios generos, & graos de verbos.
　　　　動詞のいろいろな種類と階級について。

　　158　Das particulas de honra.
　　　　尊敬の助辞について。

　　164　Dos verbos honrados de sua natureza.
　　　　本来の尊敬動詞について。

　　165　Dos verbos humildes.
　　　　謙譲動詞について。

　話し相手に対する尊卑の態度を示す表現はどのような言語にもあるが、日本語の待遇表現は、ラテン語とくらべると、はるかに体系的、文法的である。Rodriguez は、これを高く評価し、日本語はエレガントだと言っている（第4章「elegância、elegante、elegantemente」の 7-④「尊敬、礼儀」pp.229-234 を参照）。重視していたからであろう、待遇に関しては記述が多い。

　G-52 では、「Soro、Sŏrŏ」の直説法、命令法、希求法、接続法の現在、不完全過去、完全過去、大過去、未来における活用が示されている。

　G-67 では、天皇しか使わない第1人称の代名詞として「Chin、Maru」があることをのべ、第1人称から第3人称まで多くの人称代名詞を紹介、話者および話し相手の身分、二人の関係、文体、場面などによる使い分けを示している。紹介されている人称代名詞には、以下のようなものがある：Vare / Varera / Vatacuxi, Soregaxi / Mi / Midomo / Midomora, Conofŏ / Conata / Cochi, Sonofŏ / Sonata / Conata, Quixo / Quiden / Vonmi, Vonore /

Sochi、Anofito / Anomono / Care / Are、Aitçu / Aitçume、Vonovono。

G-69 では、名乗りの時の「言う」に関して、待遇の面から、「Yŭ、mǒsu、vôxeraruru、yobu」などのバリエーションをあげている。

G-158 では、名詞に接続する助辞として、「Guio、Go、Von、Vo、Mi、Sama、Vye、Dono」、動詞に接続する助辞として、「Rare、Ruru、Xerare、Nasaruru、Tamǒ、Marasuru、Mǒsu、Tatematçuru、Sǒrǒ、Famberu」などをあげている。

G-164 では、助動詞などの他の言語要素と結合して尊敬の意を表すのではなく、その語自体ですでに敬意を表す動詞について、「MESV、QVICOXIMESV、COXIMESV、VOBOXIMESV、ASOBASV、TAMAVARV、TAMǒRV、GOZARV」などの例をあげて説明している。

G-165 でも、それだけですでに謙譲の意を表す動詞について、「MAIRV、MǒSV、AGVRV、ITASV、TÇVCAMATÇVRV、VQVETAMAVARV、VQVETAMǒRV、ZONZVRV、TABVRV」などの動詞をあげて説明している。

6-5　助辞

　　G-77　Da particula, Artigo, numero, &c.　　助辞、格辞、数などについて。
　　　149　Da Particula.　　　　　　　　　　　　助辞について。
　　　154　Das particulas negativas.　　　　　　否定の助辞について。
　　　158　Das particulas de honra.　　　　　　尊敬の助辞について。

Rodriguez は ARTE BREVE の 第52葉 で「OS Japões comprendem todas as partes da oração da sua lingoa de baixo de tres palavras（日本人は日本語の品詞を三つの言葉でまとめている）」とのべ、その三つを Na（名詞）、Cotoba（動詞）、「Te、Ni、Fa」、あるいは、「Te、Ni、Vo、Fa」であるとしている。国語学会編（1955）によると、「テニヲハ」は「今日の文法上の品詞

から見れば助詞・助動詞のみならず、動詞・形容詞の活用語尾・接尾語および一部の副詞・名詞までを包含する。江戸時代の中ごろ以降は、だいたい今日の助詞・助動詞の類をさし、富士谷成章は副詞の類をはっきりと除外した。明治以降は普通、助詞だけに限定され、時に助詞を言う代りの品詞名として採用されたが、現在は用いられない。なお本居宣長は他に係結の呼応や呼応の法則の意味にも用いた」。Rodriguez の言う「particula」には、動詞・形容詞の活用語尾ははいっていない。しかし、係り結びの呼応や呼応の法則の意味はふくまれていたようである。

　Bluteau（1789）には「Os Grammaticos chamam particulas, as partes indeclinaveis da oração, i. e. ao adverbio, preposição, interjeição, e conjunção」とある。つまり、「particula」とは副詞、前置詞、間投詞、接続詞などの語形変化のない品詞のことである。一方、Rodriguez の言う日本語の「particula（助辞）」というのは、学校文法で言うところの自立できない言語要素である助詞、助動詞、補助動詞、接辞のことであり、当時の日本でもちいられていた「Te、Ni、Fa」とも、ポルトガル語の「partícula」の意味するところともことなる、Rodriguez 独自の品詞分類である。

　G-149 には「artigo（格辞）」についての記述が見られ、例として「Va、Ba、No、Ga、Ye、Vo、Ni、Nite、De、Yori、Cara」があげられている[26]。助動詞については G-77 で「Re、ruru、Rare、ruru」（第 77 葉表）、G-158 で「*RARE、RVRV、RE、RVRV*」（第 161 葉裏）が、補助動詞も G-77 で「Ari、aru」（第 77 葉表）、G-158 で「*ARI、ARV、NASARVRV、TAMŏ、SAXETAMŏ、XETAMŏ*」（第 162 葉表）などが取り上げられている。接辞は、「御」のこゑの「Guio、Go」、よみの「Von、Vo、Mi」、それに、「Cô（公）、Guiŏ（卿）、Sama（様）、Vye（上）、Dono（殿）、Tono（殿）、Tachi（達）、Xu（衆）、

26）「artigo」はポルトガル語で冠詞のことである。名詞に直接つくものということで格助詞の類を「artigo」としたのである。学校文法で、「は」は格を示す助詞には分類されない。しかし、主格補語の名詞についていることがあるからだろう、Rodriguez は「は」を名詞の主格を示す「artigo」であるとしている。

Domo（共）、Ra（等）、Me（め）」などの待遇表現が G-77 と G-158 に、「Mujŏ（無常）、Buin（無音）」の「Mu ／ Bu」、「Fuxŏ fumet（不生不滅）」の「Fu」、「Mirai（未来）、Bimei（未明）」の「Mi ／ Bi」など否定を示す助辞が G-154 にあげられている[27]。

6-6　格辞

　　G-77 Da particula, Artigo, numero, &c.　助辞、格辞、数などについて。
　　149 Da Particula.　　　　　　　　　　助辞について。

　Rodriguez は、G-77、第 78 葉表で「*O Artigo comprende certas particulas, que respondem aos casos latinos*（格辞は、ラテン語の格に相当するいくつかの助辞をふくんでいる：馬場訳）」とのべている。この記述を見ても、5-1 の「Dominus」の語形変化表を見ても、ラテン語の格も日本語の格辞も名詞補語と動詞との関係を示すもので、文法的な機能は同じだということを明確に認識していたことがわかる。

　この節で、Rodriguez は、主格に用いる格辞として「Va、Ga、No」、属格に用いる格辞として「Yori、No、Ga」、対格に用いるものとして「Vo、Voba、Va、Ga」、与格として「Ni、Ye」、奪格として「Yori、Cara、Ni、De、Nite」をあげている[28]。

6-7　後置詞

　　G-73　Da Posposição, Adverbio, Conjunção, &c.
　　　　　　　　　　　　後置詞、副詞、接続詞などについて。

---

[27]　anormal「正常でない」、desadorar「崇拝しない」、inanimado「命のない」など否定の接辞はポルトガル語にもあるが、日本語にはその種類がはるかに多く、また、「無」「不」「未」「非」などの文字素を介して、「こゑ」と「よみ」があり、豊富で複雑である。そのために、Rodriguez は「Das particulas negativas」という章をもうけたのである。

[28]　これは、*ARTE GRANDE* 第 1 葉表の名詞変化表にあげられている助詞といくぶんことなっている。

140　Da Posposição.　　　　後置詞について。

　第73葉表を見ると、Rodriguezは、「em seu significado respondem às nossas preposições（その意味が我々の前置詞[29]に相当する）」言語要素を「後置詞」とよんでいる。

　では、Rodriguezにとっての「preposição（前置詞）」とはどのようなものであろうか。G-73には、「entre、segundo、contra、com」など現代の文法で言う前置詞もあるが、「debaixo、antes、quasi」などの副詞、また、「em lugar」のような連語もある[30]。意味がこれらに対応する日本語としては、それぞれ「Naca（中）、Xitagatte（従って）、Taixite（対して）、To tomoni（と共に）」、「Xita（下）、Maye（前）、Fodo（程）」、「Cauari（代り）」などがあげられている。

　同じく第73葉表には、「algũas são propriamente nomes substantivos, q̃ admitem todos os artigos com os demais: outras são raizes, ou Participios de verbos, q̃ regem os casos dos verbos donde se derivam（あるものは本来実名詞であって、他の実名詞と同じくあらゆる格辞をとる。他のあるものは動詞の語

---

[29]　ここで言う「(nossas preposições) 我々の前置詞」というのは、ポルトガル語とラテン語の前置詞のことであろう。記述の中に、「ab、ad、ex、in」などのラテン語の前置詞があらわれている。
　また、第140葉表には、「*as pomos por parte da oração distinta somente por que por elas se declaram as nossas posposições, posto que na realidade não sejam parte da oração por si distinta*（正しくはそれ自身明確な品詞ではないけれども、葡語等の後置詞がそれで言ひ表されるといふ理由のみによって、一つの品詞に立てるのである）」とある。こちらの「nossas（我々の）」は「葡語等」と訳されており、具体的にはポルトガル語とラテン語のことである。「*posposições*（後置詞）」は「*preposições*（前置詞）」のあやまりであろう。
[30]　Instituto Antônoio Houaiss（2001）からの用例、「entre：tentava salvaguardar a saúde mental entre os muros da prisão（牢獄の壁の中で精神的な健康を守ろうとこころみた）／ segundo：a psicanálise segundo Jung（ユングに従った精神分析）／ contra：só entrega o dinheiro contra recibo（領収書に対してだけ現金を支払う）／ com：vive com a mãe（母と生きる）、anda com o violão debaixo do braço（脇の下にバイオリンをはさんで歩く）／ debaixo：deita debaixo da árvore, para descansar à sua sombra（その陰で休むために木の下に横になる）／ antes：partiu antes do amanhecer（夜が明ける前に出発した）／ quase：tem quase 90 anos（90歳ほどだ）／ em lugar：em lugar de agir, ficou à espera dos acontecimentos（行動する代わりに、ことが起きるのを待っていた）」。

根又は分詞であって、その本源の動詞の支配する格を支配する)」とある。「実名詞」というのは「Naca、Xita、Maye」などであろう。動詞の語根は「Cauari」、そして、分詞は「Xitagatte、Taixite」である。

このうち、「〜に対して」は、寺村 (1982) に格助詞の不足を補う「格助詞＋動詞テ形[31]」の組み合わせとして[32]、また、日本語教育学会 (2005) には「複合格助詞」の例として、あげられている。「Taixite」が posposição にあげられているのは、Rodriguez の分析の鋭さの一つの証である。

第 140 葉以下には、例文があげられ、さらにくわしい記述がなされている。ここにその例文のいくつかを引用する。

> Tocouo furicataguete aru quanno **naca**ye irete voita.
> （とこを振りかたげて或棺の中へ入れて置いた）
>
> Acunindomoua jennin**ni taixite** accôuo faqu.
> （悪人共は善人に対して悪口を吐く）
>
> Tadaxi cono tei**ni xitagatte** quiŏgiŭ arubexi.
> （但し事の体に随って軽重あるべし）
>
> Deusua fitono xiquixinuo tçucuri tamŏ**to tomoni** Animauo ataye tamŏ nari.
> （デウスは人の色身を作り給うふと共にアニマを与へ給ふなり）
>
> Ten**no vye**nimo, gi**no xita**nimo nai.
> （天の上にも、地の下にも無い）

---

31) Rodriguez は、動詞に接続助詞の「て」が接続した形を Participio do verbo（動詞の分詞）と呼んでいる。ここでは、日本語教育での用語を使って動詞の「テ形」と呼ぶこととする。
32) 寺村 (1982) の p.185「ふつうの格助詞の不足を補うものとして、助詞に、動詞のテ形を組み合わせ、全体として一つの格助詞のように使われるものが数多くある。ふつうの「格助詞＋動詞テ形」とは、もとの動詞の実質的意味を失って'形式化'しているか否かを、一応の規準として区分けすればよい。」とあり、例として、「〜ニヨッテ、〜ニ対シテ、〜ニツレテ、〜ニ関シテ、〜ニトッテ、〜ニツイテ、〜トシテ、〜トトモニ」があげられている。

Mayeni arucato sureba, cotnento xite **xiriye**ni ari.
（前に在るかとすれば、忽然として後に在り）

Rodriguezは、ラテン語の名詞の格を日本語の格辞に、そして、ラテン語、ポルトガル語の前置詞を日本語の後置詞に対応させたと考えられる。

6-8 「こゑ」と「よみ」

G-58 Das partes da oração Japoa, & das vozes chamadas Coye, & Yomi.

日本の品詞及び'こゑ'と'よみ'のよみ方について。

次頁に示すように、Rodriguezは *ARTE GRANDE* の冒頭「ADVERTENCIAS」をまず「Coye」と「Yomi」の記述からはじめている[33]。日本語にとって「こゑ」と「よみ」の存在は非常に重要で、Rodriguezはそのことを認識していた。

TABOADAにある「こゑ」と「よみ」をふくむ章題はG-58だけであるが、Rodriguezは他の多くの箇所で繰り返しとりあげている。

上記の章題G-58では、日本語に「こゑ」と「よみ」があることをのべている。Coyeとは漢字の音、Yomiとは訓のことである。漢字の音、訓にはじまり、Can（漢）、Va（和）、つまり、中国語と日本語、漢文と和文があること、そして、「こゑ」に同音異義語が多いこと、「よみ」は「こゑ」を説明

---

33) 土井（1955）、p.5にはこの「ADVERTENCIAS」の訳がある。「一般の日本語は、すべてのことに、支那および日本を意味する'和、漢'（Va, Can）、又は'漢、和'（Can, Va）の二語によって示される二通りの語がある。その一つは'こゑ'（Coye）と呼ばれて、支那語を意味する。他は'よみ'（Yomi）と呼ばれて、固有の日本語を意味する。かくして、日本語は、'こゑ'の混じない本来の純粋な'よみ'であるか、'よみ'に少しく'こゑ'の混じたもので、すべての人に通用するものであるか、'こゑ'の多量に混じたもので、やや荘重であり、日本人が普通には文書に用ゐ、重々しい身分の者とか学者とかが談話に用ゐるところのものであるか、純粋の'こゑ'のみのもので、最も晦渋であり、坊主が仏典の上で使ふところのものであるか、そのいづれかである。」

> ALGV̄AS ADVERTENCI-
> as pera mayor intelligencia do que
> nesta Arte se trata.
>
> TODA a cousa na lingoa Japoa de ordina
> rio tem dous nomes significados por estes
> dous vocabulos, Va, Can, ou Can, Va,
> que quer dizer China, & Japão: hum se chama Co-
> ye, que significa a lingoa China, outro Yomi, que
> significa a lingoa natural de Iapão; & por esta causa a
> lingoa Japoa ou he naturalmẽte puro Yomi, sem mistu-
> ra de Coye: ou he Yomi, com pouca mistura de Co-
> ye, q̃ he acõmũa, & vsada de todos, ou cõ muyta mistura
> de Coye, a qual he mais graue, & de q̃ comũmẽte vsam
> os Iapões ẽ suas escrituras, & de que vsa a gente graue,
> & letrados; ou he soomente para Coye, escurissima,
> da qual vsam os Bonzos nos liuros de suas seitas.

図 2-1　巻頭の ADVERTENCIAS（緒言）の一部
「Va、Can、Yomi、Coye」が重視されていることがよくわかる。

するときに使う、さらには、「こゑ」には時、法、格、数による語形変化がないなど、多面的に説明を加えている。

　他に、第 55 葉表は、漢字についての説明、第 83 葉表と第 186 葉表では、「こゑ＝漢文」と「よみ＝和文」とでは語順が違うこと、そして、第 154 葉裏の「*DAS PARTICVLAS NEGATIVAS*（否定の助辞について）」では、数多くある否定の接辞を「こゑ」と「よみ」に分けて論じている。

　第 171 葉表では湯桶読みについて、第 184 葉裏では「こゑ」と「よみ」、つまり、漢語と和語とのまじり具合でいろいろな文体が生じること、第 185

葉裏では漢音、呉音、唐音の存在、G-188の「Alguns preceitos pera o vso do Coye, & lingoa da escritura（'こゑ'の用法に関する規則と文書の用語の規則若干）」では漢字語の使い方についてくわしくのべている。

6-9　関係詞

G-87　Do modo de explicar o Relativo.
　　　関係句の言ひ表し方について。

第87葉裏でRodriguezは「*A lingoa Japoa carece do relativo, Qui, Quæ, Quod*（日本語には（拉丁語の関係詞）Qui, Quæ, Quodがない）」とのべ、「*a Antecedente. i. a cousa relatada se pospoem imediatamente ao verbo*（先行語即ち叙述せられるものは動詞の直後に置かれ）」る、と言っている。英語で言うところの関係代名詞に相当する言語要素がなく、動詞の連体形がじかに名詞をしたがえて連体修飾節を形成するということである。

さらに、第4章「elegância, elegante, elegantemente」の7-⑦「語、句、形態素」の「ところ」pp.246-247でのべたように、関係句を言い表わす「ところ」にふれ、「*Algũas vezes por causa de elegancia se interpoem ao verbo, & Ante-cendente a particula,* Tocorono（ある場合には上品にする為に、動詞と先行語との間に助辞Tocoronoを挿入することがある）」とつづけている。そして、例外として、先行語がなく動詞が「は」、「を」、「をば」に直結する場合「Cayǒni mǒsitaruua」をあげている。また、被修飾語と修飾節との意味的統語関係において、被修飾語が修飾節の主格となるか、属格か、与格か、対格かによって分類、例をあげて説明している[34]。

これら日本語の連体修飾句に関する分析は適格で、ラテン語、ポルトガル

34）被修飾語と修飾節との意味的統語関係において、被修飾語が修飾節の主格となる例には「学文する人」、属格となる例には「手に墨のついた人」、与格の例には「デウスより患ひを下さるる人を大切に思召す」、対格には「その方のお書きある文」などがあげられている。

語との違いに気づき、連体修飾句の重要性を認識、紙面をさいてくわしく記述している。

「関係詞」は、関係代名詞、あるいは、連体修飾節のことだけではない。二つのことがらの量の関係を示すポルトガル語の「tanto quanto」、「tanto como」と日本語の「ほど」との対応を「Cono iyeua ano yama **fodo** tacai（この家はあの山程高い）」、「Tenno foxiua famano masago **fodo** aru（天の星は浜の真砂程ある）」などの例文をあげて説明している。

6-10　方言

G-169 Dos abusos no falar proprios dalguns reinos.
　　　ある国々特有の言ひ方における誤謬について。

古典ラテン語は、キケロ、ウェルギリウス等の言語作品の中のラテン語であり、Rodriguez の時代には「死語」であった。その発音は話者の母語の影響を強く受け、一方、文法は固定していた。「死語」であるために発音の変異は無視され、文法には変異が存在しなかったことになる。また、カトリック教義の統一のためにも言語の規範は強くまもる必要があった。よって、*DE INSTITVTIONE GRAMMATICA* にはラテン語の方言的変異についての記述は見られない。が、*ARTE GRANDE* は布教のため、現実に運用されている日本語、方言は無視できない。そこで、G-169 の章「Dos abusos no falar proprios dalguns reinos」が加えられた。

6-11　G-79：LIVRO I のまとめ

G-79 Dos casos, genero, tempos, modos, pessoas, &c.
　　　格、性、時、法、人称などについて。

G-79 は、ラテン語の体系の文法範疇の枢要な部分、格、性、時、法、人称などについての LIVRO I のまとめとなっている。

名詞が数で語形変化しないこと、名詞は格によって語形をかえないが格辞があること、名詞に性はないが animado / inanimado、有生無生で二分されること、時制には現在、不完全過去、完全過去、大過去、未来の五つがあるが、過去、現在、未来の三つしか区別しないこと、動詞の法には直説法、命令法、希求法、接続法、不定法の五つがあり、接続法の中に可能法、譲歩法、条件法がある、だから、Alvarez の示すラテン語の法体系と同じであること、日本語の動詞に人称による語形変化はなく、1～3人称がすべて同じ語形であること、などが簡潔にのべられている。

ラテン語との対照言語学的なまとめであり、対応する章は *DE INSTITVTIONE GRAMMATICA* にない。

7. *ARTE GRANDE* にあって *DE INSTITVTIONE GRAMMATICA* にはない章について
―― 文化的な記述 ――

DE INSTITVTIONE GRAMMATICA はカトリックの公用語としてのラテン語を学ぶための文法書であり、これを通してラテン文化を知るという必要性はなかった。しかし、*ARTE GRANDE* は日本での布教を目的とした語学書である。イエズス会士の活動に役立つように、書状について、数、年号、時刻などの文化的なことがらも記述したのである。

7-1　書状

　　G-184　Do estilo da escritura.
　　　　　文書の文体について。

　　　188　Alguns preceitos pera o uso do Coye, & lingoa da escritura.
　　　　　'こゑ' の用法に関する規則と文書の用語の規則若干。

　　　189　Tratado do estilo das cartas.
　　　　　書状の文体の論。

202　Do Xeixi de Japão. i. juramento por escrito.
　　日本の Xeixi（誓紙）、即ち書き物による誓約について。
204　Do voto por escrito.
　　書き物による願書について。
204　De como se escreve apetição, ou acusação.
　　訴訟を如何に書くかといふ事について。
205　Do Mocurocu.
　　Mocurocu（目録）について。

　イエズス会の宣教師たちにとって、時の権力者に出す書状というのは非常に重要な意味を持っていた。G-202「Do Xeixi de Japão. i. juramento por escrito」には文書による誓約の書き方、G-204「Do voto por escrito」には願い事をする場合の手紙の書き方、また、G-204「De como se escreve apetição, ou acusação」には訴訟の書き方が記されている。
　書状によって彼らの活動が大きく左右されたであろうことは想像に難くない。そのため、 *DE INSTITVTIONE GRAMMATICA* には現れない記述が *ARTE GRANDE* にはあり、また、G-38「Da conjugação dos verbos da escritura」のような書きことばや手紙にあらわれる動詞についての章や、G-52「Da conjugação do verbo Soro」のような手紙文に使われた「候」についての章、G-184「Do estilo da escritura（文書の文体について）」、G-189「Tratado do estilo das cartas（書状の文体の論）」が加えられている。
　文化、習慣の異なる地でそれまで知られていなかった宗教を広めるのは大変難しいことである。しかも、ことを行うのには理屈だけでなく、常日頃の人間関係も不可欠となってくる。そこで、その人間関係を作り維持するための「あいさつ」に伴う「贈答」、それに必要となる「目録」を説明する章が第205葉の「Do Mocurocu」である。

7-2　数、年号、時刻

- G-212　Tratado de varios modos de contar.
  いろいろな数へ方の論。
- 229　Tratado do modo de contar os tempos, anos, meses, dias, horas, eras, &c.
  時、年、月、日、時刻、年号などの数へ方の論。
- 231　Dos animais que respondem as horas de Japão, & dos rumos da agulha.
  日本の時刻に該当する動物について、又羅針の方位について。

　時の数え方のことなる人々に対する便宜として第229葉の「Tratado do modo de contar os tempos, anos, meses, dias, horas, eras, &c.」と第231葉の「Dos animais que respondem as horas de Japão, & dos rumos da agulha」が加えられている。第212葉の「Tratado de varios modos de contar」は助数詞についてであり、言語的な違いともとらえられるが、第三巻に入れているところを見るとRodriguezは文化、習慣的なことがらだと考えていたようである。

8.　*DE INSTITVTIONE GRAMMATICA* にあって *ARTE GRANDE* にはない章について

　Rodriguezはラテン語学の体系をもとに、それにあてはめる形で日本語を記述した。日本語の体系の中に対応するものをなんとか見つけ出すように心がけていたが、対応する事項の見つからなかったこともある。

- L-52　DE VERB. DEPON. CONIVGATIONE.
  形式所相動詞の活用について

DE INSTITVTIONE GRAMMATICA、第52葉の章題に見られる「VERB. DEPON.」を英語にすると「deponent verb」であり、大塚（1982）には「異態動詞；ギリシア語・ラテン語文法の用語。形態上、受動態もしくは中間態でありながら、意味は能動態の自動詞・他動詞と変わらない動詞をいう」とある。

　樋口（1963）では、「§62. Dēpōnentia（形式所相動詞）」に、「活用形式が所相でありながら、意味は能相を示す一群の動詞を言う」とあり、「cōnor〈試みる〉、vereor〈恐れる〉、loquor〈話す〉、morior〈死ぬ〉、mentior〈嘘をつく〉」などの例があがっている。日本語には、形態は受身だが、意味は能動だという動詞がみつけられなかったのであろう、*ARTE GRANDE*に「VERB. DEPON.（形式所相動詞）」に対応する章題はない。

　　L-68v DE VERBIS IMPERSONALIBVS.　G-102 Do verbo impessoal.
　　非人称動詞について。　　　　　　　　非人称動詞について。

　樋口（1963）のp.11には「pluit」に対する脚注「天候・気象に関する非人称動詞：英語などと同じく三・単に置かれる。ほかに、ningit.〈雪が降る。〉、lūcescit.〈明るくなる。〉など。」がある。また、§95には「oportet〈べきである〉、decet〈ふさわしい〉、iuvat〈が楽しい〉、piget〈悩ます〉、pudet〈恥じさす〉、miseret〈憐れを起さす〉、libet〈好ましい〉、placet〈喜ばしい、決心する〉、interest〈重要である〉」などの例があげられている。これらは、意味上の動作主の数、人称とは関係なく、三人称単数の形態をとる特殊な動詞である。

　一方、G-102の冒頭でRodriguezは、「日本の動詞は人称の区別がなくて、同一の形がすべての人称に使はれるので、あらゆる時及び法を通じて非人称動詞による言ひ方が多く用ゐられ且広く行はれる」とのべている。日本語の動詞が人称を示さないのは、動詞によるのではないこと、日本語の非人称動

詞とラテン語の非人称動詞が根本的に異なる現象であることを認識していたことがわかる。非人称動詞についての記述は両文典にあるが、これらは対応するものではない。

9. おわりに

16世紀から17世紀にかけて出版されたラテン語の文典と日本語の文典の対応関係を見た。章題を中心に、内容、例文の一つ一つにまでふれていった。Rodriguezは西欧世界の文典の歴史にのっとり、Alvarezの文典を大いに活用して *ARTE GRANDE* をあんだ。

土井（1982）のp.92には「全篇を三巻に分つたのを初として、アルヴァレス『ラテン文典』の影響をば全般に深く強く受けてゐる。殊に最初の第一巻に於て最も密であり、第二巻第三巻と後に進むに従つて次第に疎になつてゐる」とある。「全篇を三巻に分つた」のは間違いなく *DE INSTITVTIONE GRAMMATICA* の影響であり、ギリシア・ローマの文典の影響である。

章立ての対照からわかったことは、「殊に最初の第一巻に於いて最も密であり、第二巻第三巻と後に進むに従って次第に疎になってゐる」わけではない、ということである。*ARTE GRANDE* の第一巻、第二巻は *DE INSTITVTIONE GRAMMATICA* の組み立てにならっている。ただ、イエズス会の使命は布教活動である。布教活動に不可欠な文化的な事柄を記述するため、Rodriguezは第四巻をあむことはせず、第三巻にもりこんだ。そのため、第三巻と *DE INSTITVTIONE GRAMMATICA* との対応関係は希薄となったのである。

参考文献

1. 馬場良二（1995、1996）「ロドリゲス『日本大文典』の成立－「ラテン語学」の与えた影響」『熊本県立大学文学部紀要』Vol.1, 2

2. Alvarez, Manoel（1974）*DE INSTITVTIONE GRAMMATICA*、『天理図書館善本叢書　第五次刊行　語学篇Ⅱ』
3. Alvarez, Manoel（1572）*DE INSTITVTIONE GRAMMATICA*、ポルトガル国立図書館蔵、http://www.bnportugal.pt.
4. （1735）*AN INTRODUCTION TO THE Latin Tongue, OR THE FIRST BOOK OF GRAMMAR*, King's-Arms.
5. 家入敏光（1974）「アルバレス　拉丁文典」『天理図書館善本叢書　第五次刊行　語学篇Ⅱ　解説』
6. 土井忠生（1982）「長崎版『日本大文典』と天草版『ラテン文典』」『吉利支丹論攷』三省堂
7. 寺村秀夫（1982）『日本語のシンタクスと意味　第Ⅰ巻』くろしお出版
8. Bloch, Bernard Miller, Roy Andrew ed.（1970）*Bernard Bloch on Japanese*, Yale University Press.
9. 鈴木重幸（1972）『日本語文型・形態論』麥書房
10. 樋口勝彦、藤井昇（1963）『詳解ラテン文法』研究社
11. 松平千秋（1969）『新ラテン文法』南江堂
12. Bluteau, Rafael de Moraes Silva, António ed.（1789）*DICCIONARIO LINGUA PORTUGUEZA*, Universidade de São Paulo.
13. Instituto Antônio Houaiss（2001）*Houaiss da língua portuguesa*, Editora Objetiva Ltda.
14. Glare, P.G.W.（1996）*Oxford Latin dictionary*, Oxford University Press.
15. Lewis, Charton T.（1891）*Elementary Latin Dictionary*, Oxford.
16. （1910）*BRITANNICA* 11th edition.
17. （1987）*The New Encyclopædia Britannica* 15th edition.
18. 大野晋、佐竹昭広、前田金五郎編（1974）『古語辞典』岩波書店
19. 竹林滋編（2002）『新英和大辞典』研究社
20. 大塚高信、中島文雄監修（1982）『新英語学辞典』研究社
21. 日本語教育学会編（2005）『新版日本語教育事典』大修館書店
22. 国語学会編（1955）『国語学辞典』東京堂出版

	DE INISTITVTIONE GRAMMATICA	LIBER PRIMVS
2	PRÆFATIO.	序文。
3	Auctoris carmen ad librum.	この書に寄せた著者の8行詩。
3	IDEM AD CHRISTIANVM PRÆCEPTOREM.	キリスト教者としての教師へ宛てた7行詩。
3	AVCTOR LECTORI.	読者への序。
3v	AD MONITIO.	注意書き。
3v	DE NOMINVM DECLINATIONE.	名詞変化について。
8v	DE PRONOMINVM DECLINATIONE.	代名詞の変化について。
12v	DE VERBORVM CONIVGATIONE.	動詞活用について。
52v	DE VERB. DEPON. CONIVGATIONE.	形式所相動詞の活用について。
55	DE VERB. COM. CONIVGATIONE.	一般動詞の活用について。
58	DE VERB. DEFEC. CONIVGATIONE.	欠如動詞の活用について。
62v	DE VERBIS ANOMALIS.	変則動詞について。
67v	DE VERBIS DEFECTIVIS.	欠如動詞について。
68v	DE VERBIS IMPERSONALIBVS.	非人称動詞について。
70	RVDIMENTA.	基本。
78v	DE GENERIBVS NOMINVM.	名詞の種類について。
82	DE NOMINVM DECLINATIONE.	名詞変化について。
89	DE VERBORVM PRÆT. ET SVPINIS.	動詞の過去と目的分詞について。

図2-2 *DE INSTITVTIONE GRAMMATICA*、*ARTE GRANDE* 章立て対照図-1

ARTE GRANDE   LIVRO I

① LICENÇA. 允許状。
①v APROVAÇÃO. 認可状。
② PROÊMIO. 緒言。
③ ALGV̄AS ADVERTENCIas pera maior inteligencia do que nesta Arte se trata. 本文典の論述を理解し易からしめんが為の例言数則。

1	Da declinação dos nomes & pronomes.	名詞と代名詞の転尾について。
3	Da conjugação do verbo substantivo.	存在動詞の活用について。
7	Da conjugação dos verbos afirmativos, & negativos.	肯定動詞並に否定動詞の活用について。
38	Da conjugação dos verbos da escritura.	書きことばの動詞の活用について。
45	Dos verbos defectivos, Anomalos, &c.	不完全動詞、変格動詞などについて。
47	Da conjugação dos verbos acabados em Ai, ei, ij, oi, ui.	Ai, ei, ij, oi, ui（アい、エい、イい、オい、ウい）に終る動詞の活用について。
52	Da conjugação do verbo Soro.	動詞 Soro（候）の活用について。
55	Rudimenta, onde brevemente se trata das partes da oração, & se apontam varios preceitos acerca da lingoa Japoa.	品詞論、ここでは品詞の分類を簡単に取扱ひ、日本語に関するいろいろな規則を指摘する。
58	Das partes da oração Japoa, & das vozes chamadas Coye, & Yomi.	日本の品詞及び'こゑ'と'よみ'のよみ方について。
61	De como se devem chamar verbos os que ategora corriam por nomes adjectivos.	今日まで形容名詞として通用したものを何故に動詞と呼ぶべきかといふことについて。
64	De varios generos de adjectivos.	形容詞のいろいろな種類について。
67	De varios graos de pronomes primitivos.	単純代名詞のいろいろな階級について。
69	De varios generos, & graos de verbos.	動詞のいろいろな種類と階級について。
73	Da Posposição, Adverbio, Conjunção, &c.	後置詞、副詞、接続詞などについて。
77	Da particula, Artigo, numero, &c.	助辞、格辞、数などについて。
79	Dos casos, genero, tempos, modos, pessoas, &c.	格、性、時、法、人称などについて。

	DE INSTITVTIONE GRAMMATICA	LIBER II
93	DE CONSTRVCTIONE INTRANSITIVA.	自動詞文の作り方について。
96v	DE CONSTR. TRANSIT. NOMINIS.	名詞を含む他動詞文の作り方について。
102	DE CONSTR. TRANSIT. VERBI.	他動詞文の作り方について。
106	DE CONSTRVCTIONE VERBI ACTIVI.	能動動詞文の作り方について。
110v	DE CONSTRVCTIONE VERBI PASSIVI.	受動動詞文の作り方について。
112	DE CONSTR. COMMVNI OMNIVM VERBORVM.	すべての動詞に共通する文の作り方について。
116	DE CONSTRVCTIONE VERBI INFINITI.	不定法の動詞を含む文の作り方について。
117v	DE CONSTRVCTIONE GERVND. ET SVPIN.	動名詞と目的分詞を含む文の作り方について。
119v	DE CONSTRVCTIONE PARTICIPIORVM.	分詞を含む文の作り方について。
120v	DE CONSTRVCTIONE PRONOMINVM.	代名詞を含む文の作り方について。
122v	DE CONSTRVCTIONE PRÆPOSITIONVM.	前置詞を含む文の作り方について。
125v	DE CONSTRVCTIONE ADVERBII.	副詞を含む文の作り方について。
129v	DE CONSTRVCTIONE INTERIECTIONIS.	間投詞を含む文の作り方について。
130	DE CONSTRVCTIONE CONIVNCTIONIS.	接続詞を含む文の作り方について。
132v	DE FIGVRATA CONSTRVCTIONE.	修辞法について。

図 2-3　*DE INSTITVTIONE GRAMMATICA*、*ARTE GRANDE*　章立て対照図-2

ARTE GRANDE   LIVRO II

83	Da construição intransitiva, & colocação do Nominativo & verbo, &c.	同格構成、及び主格と動詞などとの語順について。
84	Do uso da raiz afirmativa, & negativa dos verbos.	動詞の肯定語根、否定語根の用法について。
86	Do Nominativo com o verbo.	動詞を伴ふ主格について。
87	Do modo de explicar o Relativo.	関係句の言ひ表し方について。
89	De varios nomes interrogativos.	いろいろな疑問名詞について。
90	Da construição dos verbos adjectivos.	形容動詞の構成について。
93	Da construição transitiva do nome.	名詞の異格構成について。
94	Do nome Partitivo, comparativo, & superlativo, &c.	部分名詞、比較級名詞、最上級名詞などについて。
95	Dos pronomes derivativos.	派生代名詞について。
96	Da construição transitiva do verbo activo, &c.	能動動詞などの異格構成について。
99	Do verbo passivo.	受動動詞について。
100	Do verbo neutro.	中性動詞について。
102	Do verbo impessoal.	非人称動詞について。
103	Do verbo infinito.	不定法動詞について。
104	Dos Gerundios, Supinos, Participios, &c.	動詞性名詞、目的分詞、分詞などについて。
106	Da construição comum a todos os verbos.	動詞のすべてに通ずる構成について。
108	Das questões dos lugares, Vbi, vnde, quà, quò.	場所に関する問ひ、どこに、どこから、どこを、どこへについて。
112	Do Adverbio.	副詞について。
125	Da Interjeição.	間投詞について。
130	Da Conjunção.	接続詞について。
137	Do Artigo.	格辞について。
140	Da Posposição.	後置詞について。
149	Da Particula.	助辞について
154	Das particulas negativas.	否定の助辞について。
158	Das particulas de honra.	尊敬の助辞について。
164	Dos verbos honrados de sua natureza.	本来の尊敬動詞について。
165	Dos verbos humildes.	謙譲動詞について。
168	Da construição figurada.	修辞の構成について。
169	Dos abusos no falar proprios dalguns reinos.	ある国々特有の言ひ方における誤謬について。

DE INSTITVTIONE GRAMMATICA	LIBER III
137v DE SYLLABARVM DIMENSIONE.	音節の「量」について。
145　DE INCREMENTO NOMINVM.	名詞における増大について。
148　DE VERBORVM INCREMENTO.	動詞における増大について。
150　DE VLTIMIS SYLLABIS.	最終音節について。
155v DE SYLLABA COMMVNI.	音節全般について。
157v DE PEDIBVS.	「脚（詩の韻律単位）」について。
158v DE VARIIS GENER. CARMINVM.	詩歌のいろいろな種類について。
160　DE CARMINVM DIMENSIONE.	詩歌の（韻律的）「量」について。
162v DE CÆSVRA.	（韻律的）「休止」について。
164　DE PATRONYMICIS.	「姓」について。
168　DE FIGVRIS POET.	韻文における修辞法について。
169v DE PROSODIA.	韻律について。
170　DE GRÆCIS VERBIS.	ギリシア語からの語句について。
170v DE VOCIBVS HEBRACIS.	ヘブライ語からの語句について。

図 2-4　*DE INSTITVTIONE GRAMMATICA*、*ARTE GRANDE*　章立て対照図-3

ARTE GRANDE   LIVRO II

173	Dos acentos da lingoa Japoa.	日本語のアクセントについて。
176	Regras acerca do uso do Sumi nigori.	Sumi nigori（清濁）の用法に関する規則。
178	Dos modos de pronunciar a lingoa Japoa.	日本語の発音法。
179	Do modo de introduzir alguns vocabulos nossos na lingoa Japoa.	われわれの或語を日本語の中に取入れる方法について。
180	Da Poesia de Japão.	日本の和歌について。

ARTE GRANDE   LIVRO III

184	Do estilo da escritura.	文書の文体について。
188	Alguns preceitos pera o uso do Coye, & lingoa da escritura.	'こゑ'の用法に関する規則と文書の用語の規則若干。
189	Tratado do estilo das cartas.	書状の文体の論。
202	Do Xeixi de Japão. i. juramento por escrito.	日本の Xeixi（誓紙）、即ち書き物による誓約について。
204	Do voto por escrito.	書き物による願書について。
204	De como se escreve apetição, ou acusação.	訴訟を如何に書くかといふ事について。
205	Do Mocurocu.	Mocurocu（目録）について。
206	Dos nomes gentilicos de Japão.	日本の名字について。
212	Tratado de varios modos de contar.	いろいろな数へ方の論。
229	Tratado do modo de contar os tempos, anos, meses, dias, horas, eras, &c.	時、年、月、日、時刻、年号などの数へ方の論。
231	Dos animais que respondem as horas de Japão, & dos rumos da agulha.	日本の時刻に該当する動物について、又羅針の方位について。

第 3 章　ADVERBIO「副詞」について

0. はじめに

　ここでは、*DE INSTITVTIONE GRAMMATICA* と *ARTE GRANDE* の副詞に関する記述の構造を対照し、前者から後者への影響と後者の独自性とをあきらかにする。

　ARTE GRANDE は日本語の文典であるが、その基盤となっているのは西欧語学の伝統である。その西欧語学の源と言える Dionysius Thrax の *Téchnē grammatikḗ* にある副詞に関する記述と *DE INSTITVTIONE GRAMMATICA* にある記述とを比較し、*ARTE GRANDE* へと脈打つ西欧語学の伝統を見ていく[1]。

　ARTE GRANDE の独自性は、日本語の独自性だとも言える。西欧語学の枠組みでとらえきれない日本語の特徴、構造を Rodriguez はどのように記述したのだろうか。また、Rodriguez は日本語教師である。日本語教授法、あるいは、言語教育的な工夫と独自性はどのようなものであろうか。

　第 2 章「ラテン語学の与えた影響」で *DE INSTITVTIONE GRAMMATICA* と *ARTE GRANDE* の構成全体を対照、比較した。ここでは、Adverbio（副詞）に関する記述に焦点をあて、Rodriguez にとっての副詞とは何であったのか、解明したい。

---

1)　この 3 文典における記述の変化の流れは p.163 の図 3-1「Dionysius から Alvarez、そして、Rodriguez へ」を、そして、*DE INSTITVTIONE GRAMMATICA* と *ARTE GRANDE* については p.165 の図 3-2「*DE INSTITVTIONE GRAMMATICA* と *ARTE GRANDE* の構成対照図」を参照。

1. *Téchnē grammatiké* と *DE INSTITVTIONE GRAMMATICA*

　第2章「ラテン語学の与えた影響」で見たとおり、西洋文法の源はギリシアの文法家 Dionysius Thrax のあらわした *Téchnē grammatiké* である。その英訳[2]は、全体で14ページ、4500語（ギリシア語テキストでは3000語未満）で、「文法」の定義、古典作品の正確な音読の必要性、アクセント、句読点、ラプソディー、アルファベット、音節、長い音節、短い音節、普通の音節、**語**、**名詞**、**動詞**、**活用**、**分詞**、**冠詞**、**代名詞**、**前置詞**、**副詞**、**接続詞**の20項目、八品詞についてのべられている。この20項目のうち、「文法」の定義、長い音節、短い音節、普通の音節、名詞、活用、副詞、接続詞に関する記述は、それぞれの項目のごく簡単な定義、説明があり、そのあとに箇条書きの下位分類がつづく2部構成となっている。
　「副詞」の項にはまず以下のような説明がある。

> An adverb is a part of the sentence which is uninflected; it qualifies verbs or is added to verbs.
>
> Some adverbs are simple, others compound; simple ones are exemplified by ***palai*** (formerly), and compound ones by ***propalai*** (a longtime ago).

　副詞は文を構成する品詞の一つで、語形変化がないこと、動詞[3]を修飾するか動詞につけ加わることがのべられ、単独のものと複合したものとがあるという**語形成**にふれている。

---

2) Kemp (1986) *THE TEKHNĒ GRAMMATIKĒ OF DIONYSIUS THRAX Translated into English.*
3) 英語「verb」の語源となるラテン語「verbum」の語義は「語」である。ここでの訳も「語」の方が正確かもしれない。しかし、訳出された英語は現代英語なので、「動詞」としておく。

つづいて副詞を 26 に分類している。この分類の最初は「time」で、その記述は以下のとおりである。

1. Some adverbs indicate time, such as **nun**（now），**tote**（then），**authis**（again）; subspecies of these are adverbs which convey the idea of a specific occasion, such as **sēmeron**（today），**aurion**（tomorrow），**tophra**（up to that time），**teōs**（up to this time），**pēnika**（at what time?）.

ここでは、語例が八つ示されている。

26 の分類は以下のとおりで、各分類での語例は一つから八つ、全部で 77 語の副詞があげられている。

1. time　時
2. ōs でおわる副詞
3. manner　やり方
4. quantity　量
5. number　数
6. place　場所
7. wish　願望
8. complaint　不平
9. denial or negation　否定
10. agreement　同意
11. prohibition　禁止
12. analogy or likeness　類似
13. surprise　驚き
14. supposition　推測
15. order[4]　号令
16. aggregation　集合
17. exhortation　勧誘
18. comparison　比較
19. interrogation　疑問
20. intensity　強意
21. collectivity　集合
22. denial on oath　拒否の誓い
23. assertion on oath　主張の誓い
24. assurance　確信

---

[4]　語例は、「**epheksēs**（in a row）」と「**khorīs**（separately）」である。

25. introducing a debate　討論の導入　26. religious ecstasy　宗教的法悦

意味やどのような場合に使うかということで副詞を分類している中、2「ōs でおわる副詞」だけは形での分類である。また、26「宗教的法悦」は、言語、あるいは、言語生活一般からははなれた印象をうける。

4「量」と5「数」、7「願望」と8「不平」、9「否定」と10「同意」、22「拒否の誓い」と23「主張の誓い」がならんでいるのは納得がいく。しかし、1「時」と6「場所」がはなれていることや、11「禁止」と13「驚き」の間に12「類似」が、17「勧誘」と19「疑問」の間に18「比較」があるなど、未整理な点も見られる。

2部構成であること、言語形成に関する記述があること、例があること、これらは歴史をへて DE INSTITVTIONE GRAMMATICA、ARTE GRANDE へと、そして、この26分類は、DE INSTITVTIONE GRAMMATICA の RVDIMENTA の25分類へと引き継がれていった。

2. *DE INSTITVTIONE GRAMMATICA* と *ARTE GRANDE*-1

DE INSTITVTIONE GRAMMATICA も *ARTE GRANDE* も、その記述は「RVDIMENTA[5]」と「CONSTRVCTIONE[6]」の2部にわかれている。前者は語レベル、後者は文レベルの記述である。

---

5)　「RVDIMENTA」はラテン語の中性名詞「rudimentum」の複数主格で、Lewis（1891）によると、「rudīmentum *a first attempt, trial, essay, beginning, commencement*」。ポルトガル語に「rvdimenta」という語はないが、「rudimento」はある。Instituto Antônio Houaiss（2001）によると、「rudimento」は「elemento básico de; o que se apresenta em estado primitivo」で、「基本、入門」ということである。Rodriguez は、ラテン語「RVDIMENTA」を使ったことになる。

6)　Lewis（1891）では、「cōnstrūctiō *a putting together, building, construction*」。Instituto Antônio Houaiss（2001）では、「construção GRAM. TRAD distribuição e encadeamento de vocábulos em frases, orações, períodos, segundo o sentido e conforme as regras de cada idioma（伝統文法で。意味によって、また、各言語の文法法則にしたがって語を並べ、つなげて、句、節、文にすること）」。日本語学における統語論、シンタクスであり、日本語教育における「文型」、「文法」である。

DE INSTITVTIONE GRAMMATICA の RVDIMENTA は、第 70 葉表から第 78 葉裏までと短く、タイトルに「SIVE de octo partibus *Orationis*」とつづく。「もしくは発話の八品詞について」ということで、名詞、代名詞、動詞、分詞、前置詞、副詞、間投詞、接続詞について簡単な説明がある。そのうちの副詞の記述は第 74 葉裏から 75 葉表である。冒頭で副詞の定義と用例を示し、そのあと、副詞の 25 分類を提示している。

一方、*ARTE GRANDE* の RVDIMENTA は、第 55 葉表から 80 葉裏と長く、正書法、発音からはじまって、名詞、代名詞、動詞、分詞、後置詞、副詞、間投詞、接続詞、助辞、格辞の十品詞に関する記述がつづく。副詞の記述は第 73 葉裏から 76 葉表である。冒頭で日本語の副詞の特徴について説明し、それから、イ形容詞の連用形、ナ形容詞[7]の連用形、duplicado「畳語」、-to、-do でおわる副詞など、連用修飾をする言語要素について豊富な語例とともに具体的に記述している。その後、*DE INSTITVTIONE GRAMMATICA* の 25 分類に相当する副詞の 30 分類を提示している。

CONSTRVCTIONE について見ると、*DE INSTITVTIONE GRAMMATICA* では第二巻の全部、第 93 葉表から 137 葉表で、八品詞と修辞法について書かれている。副詞についての記述は第 125 葉裏から 129 葉裏で、冒頭に定義はなく、ラテン語学習で重要と思われる副詞とその用法が古典からの引用例とその著者、文献名とともにあげられている。

ARTE GRANDE の CONSTRUIÇÃO は第 83 葉裏から 169 葉表で、十品詞と、やはり修辞法について書かれている。副詞についての記述は第 112 葉裏から 125 葉表で、冒頭部分に日本語の副詞についての説明、記述があり、その内容を詳述するようにして、活用語の連用形、動詞のテ形、-toxite、畳語、に関してのべられる。CONSTRUIÇÃO の後半は各論で、個別の言語

[7) 「イ形容詞」、「ナ形容詞」というのは、口語の学校文法で言うところの形容詞、形容動詞に対する、形態論的な特徴をとらえた日本語教育的な言い方である。ここでは、ク活用、シク活用の形容詞もふくめて「イ形容詞」、ナリ活用、タリ活用の形容動詞もふくめて「ナ形容詞」と呼んでいる。

要素について「ーとして」、「こそ」、「さへ」、「おいて」、「ところ」、「ほど」に関しては特にくわしく、「結句、却って」、「よも」、「すら、だに、だにも、だし」、「やう、やうだい、やうす、体(てい)、やうに」、「べう、つべう、つべしい、覚しい」、「ばし」、「ばかり」、「だて、ふり、ぶり」、「さま、さまに」、「まま、ままに」、「まい」の記述が加わる。

DE INSTITVTIONE GRAMMATICA の25分類は、*ARTE GRANDE* の30分類に対応し、*DE INSTITVTIONE GRAMMATICA* の *CONSTRVCTIONE* と *ARTE GRANDE* のCONSTRUIÇÃOの後半とは、注意すべき副詞の用法ということで共通している。

3. *DE INSTITVTIONE GRAMMATICA* の RVDIMENTA

冒頭に副詞の定義と用例があげられ、そのあと、意味による25の分類と語例がある。

3-1 冒頭

DE INSTITVTIONE GRAMMATICA の RVDIMENTA にある副詞についての記述は、以下の文章からはじまる。

> ADuerbium est pars Orationis, quæ vocibus addita earum significationem explanat, ac definit: vt **Rarò** loquitur, **bene** peritus, **vehementer** iratus, **parum diligenter**.

副詞に関する概論と言えるのはこれだけで、「副詞は品詞の一つで、副詞という品詞は語を修飾、その語の意味を説明し、さらに、それ(意味)を明確にする」という説明と、「彼/彼女はほとんど話さない」、「よく熟練した」、「ひどくおこっている」、「あまり熱心でなく」という例文である。

ラテン語の副詞は、大部分形容詞から規則的に作られる[8]。例文中の rarò は形容詞 rārus「まれな、珍しい」から、bene は bonus「良い」から、vehementer は vehēmens「激しい」、diligenter は dīligēns「熱心な、勤勉な」から派生した副詞であり、parum「不充分に、少なすぎて」は形容詞からの派生とは考えられない本来の副詞である。つまり、これら四つの例で副詞の語形成の種類四つ（形容詞から派生した語末が -ō、-ē、-ter の副詞、そして、本来の副詞）すべてを提示していることになる。

　これらの副詞のうち、vehementer と parum は「副詞の25分類」と CONSTRVCTIONE でも取り上げられている。前者は表3-1『*DE INSTI-TVTIONE GRAMMATICA* の副詞の25分類』の分類番号15「Intendendi（強意）」と CONSTRVCTIONE の表3-2『*DE INSTITVTIONE GRAMMATICA* の CONSTRVCTIONE』の分類番号22「Per, Perquam, &c.（程度の高いことを示す接辞 per と副詞）」で語例として、そして、parum は表3-2の2「Genitiuus post aduerbium（属格を支配する副詞）」と29「Aduerbia in Vm（um でおわる副詞）」で語例として、さらに、「Aduerbia in Vm」では例文[9]の中でもあげられている。

---

8) 國原（2005）、p.857 から。
§67　ラテン語の副詞は、大部分形容詞から規則的に作られる。
1.　第一・第二変化形容詞では、
　（イ）　男性属格単数形から語尾 -ī をとった語基に、-ē を加える。
　　doctus　　博学の　　（doctī）　　doctē　　学者らしく
　　līber　　　自由の　　（līberī）　　līberē　　自由に
　　　注　例外として、bonus「良い」、(bonī)、benē「上手に」、malus「悪い」、(malī)、male「わるく」。
　（ロ）　第一・第二変化形容詞のあるものは -ē のかわりに -ō をとる。
　　rārus　　まれな　　（rārī）　　rārō　　まれに
2.　第三変化形容詞においては、単数属格の語尾から -is をとった形（語基）に、-iter を加える。
　　fortis　　勇敢な　　（fortis）　　fortiter　　勇敢に
　　ferōx　　狂暴な　　（ferōcis）　　ferōciter　　猛烈に」
とあり、さらに、注として「prūdēns のごとく、主格単数が -ns で終わる形容詞は -tis をとって -ter を加える。
　　prūdēns　　慎重な　　（prūdentis）　　prūdenter」とある。
9) キケロ『アッティクス宛書簡集』から「**Parum** *firma sunt, quae de frater meo feribis*」。

冒頭の例文は、副詞の 25 分類とも CONSTRVCTIONE とも緊密に関連している。同じ語や事項をくり返し提示するのは、言語教育の常道だと言える。Alvarez もこのやり方をとりいれているのである。

3-2　副詞の 25 分類

冒頭の記述のあとすぐに、「¶Adverbiorum varia sunt genera, & significationes（副詞のいろいろな種類とその意味）」というタイトルのもと、25 に分類された副詞のリストがあげられている。それを一覧にし、日本語訳をつけたのが表 3-1 である。各分類の上段にラテン語の語例、下段にその訳をあげている。語例は 82、ほとんどが副詞░░░░░で、░░░░░の語は副詞以外である。分類番号 3 の「quid ita」、6 の「haud quaquam」は副詞句であって、副詞とカウントした。

その分類名は以下のとおりである[10]。

```
 1. Optandi       希求          2. Vocandi              呼掛
 3. Interrogandi  疑問          4. Respondendi affirmatè 応答
 5. Confirmandi   肯定          6. Negandi              否定
 7. Dubitandi     不確実        8. Hortandi             慫慂
 9. Prohibendi    禁止         10. Demonstrandi         指示
11. Eligendi      択出         12. Comparandi          比較
13. Congregandi   総括         14. Separandi           分割
15. Intendendi    強意         16. Remittendi          緩徐
17. Temporis      時間         18. Loci                場所
19. Numeri        度数         20. Ordinis             順序
```

---

10) *ARTE GRANDE* では、日本語の副詞を 30 に分類している。その分類名のうちの最初の 25 は *DE INSTITVTIONE GRAMMATICA* とほぼ同じで、しかも、ラテン語のままである。その日本語訳を土井（1955）からひいてきた。

21. Euentus　偶然　　　22. Similitudinis　類似
23. Diuersitatis　相違　　24. Qualitatis　実質
25. Quantitatis　分量

　分類番号4の「Respondendi affirmatè」のrespondendiは動詞respondeō「答える、返事をする」のgerundium[11]の属格、affirmātēは副詞「きっぱりと断言して、おごそかに誓って」であり、そこにある語例は相手が言ったことを強く肯定する表現である。また、分類番号5の「Confirmandi」は動詞cōnfirmō「請け合う」のgerundiumで、自分の考えを明確に肯定する語があげられている。

　1は話し手の願望で独話である。2で聞き手に呼びかけ、3で問いかけ、4はそれに対する応答とならんでいる。5、6、7は肯定、否定の判断をあらわす副詞で、8、9は誘いと「禁止」、11「択出」－12「比較」、13「総括」－14「分割」、15「強意」－16「緩徐」、17「時間」－18「場所」、19「度数」－20「順序」、22「類似」－23「相違」、24「実質」－25「分量」と表現的に二つずつの対となり、10「指示」と21「偶然」だけが対をなさない。さらに、1は**独話**、2-4と8-10は**聞き手めあて**であり、5-7と11-25は時や場所などの**命題の一部**となる副詞と、ことがらに対する話者の評価やとらえかたを示す**ことがらめあて**の副詞である。*Téchnē grammatikḗ* の26分類とくらべると、紀元前2世紀ギリシアのDionysiusから16世紀のAlvarezへ文典の歴史がひきつがれ、整備されていったこと、そして、言語記述の方法論、副詞の分類の理論的枠組が発達していったことがわかる。

　1「希求」の記述は、「Optandi, vt Vtinam, o vtinam, o si.」で、分類名と例「Vtinam、o vtinam、o si」があるだけである。他の分類も同様で、各分類に関する定義、説明といったものはみられない。表3-1「*DE INSTI-TVTIONE GRAMMATICA*の副詞の25分類」のとおり、25の分類それぞ

---

11)　ラテン語のgerundiumは、英語の動名詞にほぼ相当する。

れに、語例が一つから六つあり、そのほとんどは副詞である。しかし、中に、agite[12]「行こう」(慫慂) のような特定の動詞の一活用形や「o vtinam (〜であればいいのに)」(希求)、「quid ita (どうやって)」(疑問)、「haud quaquam (まったく〜でない)」(否定) のような語の組み合わせ、そして、「heus (ほら)」(呼掛)、「eia (さあ)」(慫慂)、「en (ほら)」(指示) などの間投詞がある。

日本語訳を見ていくと、副詞は分類番号3の「なぜ」、7の「多分」、11「むしろ」、16「ゆっくり、うっかり」、17「きのう、おとといの」[13]、19「しばしば、一度、二度、三度、百回、千回」[14]、21「たまたま」、25「大変」の15語、間投詞が2「おお、ほら、おい」、8「さあ」、9「いいや」、10「ほら」の6語、イ形容詞の連用形が13「等しく」、15「するどく」、16「やさしく」の3語、ナ形容詞の連用形が4と5の「確かに」、15「猛烈に」、24「慎重に、上手に、上品に」、25「十分に」の6語、動詞のテ形が14「わかれて」と20「はじめて」の2語である。名詞は、17「今日、あした」、18「ここ、こちら」などの9語、そして、連語が25ある。連語の中には、5「本当に」、11「絶対に〜でない」、13「同時に」、20「最後に」のように「−ニ」でおわるもののナ形容詞とは考えられないもの、8「行こう」のような動詞に助動詞が接続したもの、その他1「〜であればいいのに」、3「どうやって」、4「なぜいけないのかいいではないか」、6「まったく〜でない」、22「ちょうど〜のように」、23「別の方法で」、25「充分でなく」などがある。

ラテン語の副詞を日本語に訳していくと、訳語の品詞は副詞にとどまらない。副詞をはじめ、間投詞、イ形容詞、ナ形容詞の連用形、動詞のテ形、名詞、連語といろいろである。ただ、共通しているのは、基本的にどれも連用修飾をする言語要素だということである。

---

[12] 動詞 agō「動かす、行かせる」の命令法能相現在の2人称複数。
[13] 「きのう、おとといの」は名詞にも分類されうるが、「キ ノー、オ トトイ」のアクセントなら副詞である。
[14] 「一度、二度、三度、百回、千回」は名詞にも分類されうるが、「一度、二度、三度」は副詞的な用法の頻度が高いことにより、また、「百回、千回」は「ヒャッカイ、センカイ」のアクセントなら副詞であることから、ここでは副詞に分類した。

この 25 分類と *Téchnē grammatikḗ* の 26 分類とを対照し、以下に示す。

DE INSTITVTIONE GRAMMATICA の25分類	*Téchnē grammatikḗ* の26分類
1. Optandi　希求	7. wish
2. Vocandi　呼掛	
3. Interrogandi　疑問	19. interrogation
4. Respondendi affirmatè　応答	24. assurance
5. Confirmandi　肯定	10. agreement
6. Negandi　否定	9. denial or negation
7. Dubitandi　不確実	14. supposition
8. Hortandi　慫慂	17. exhortation
9. Prohibendi　禁止	11. prohibition
10. Demonstrandi　指示	
11. Eligendi　択出	
12. Comparandi　比較	18. comparison
13. Congregandi　総括	16. aggregation、21. collectivity
14. Separandi　分割	
15. Intendendi　強意	20. intensity
16. Remittendi　緩徐	
17. Temporis　時間	1. time
18. Loci　場所	6. place
19. Numeri　度数	5. number
20. Ordinis　順序	
21. Euentus　偶然	
22. Similitudinis　類似	12. analogy or likeness
23. Diuersitatis　相違	
24. Qualitatis　実質	

25. Quantitatis　分量　　　　　　4. quantity

　大体が一対一で対応しているが、順番はことなる。また、*DE INSTITV-TIONE GRAMMATICA* の 2「呼掛」、10「指示」、11「択出」、14「分割」、16「緩徐」、20「順序」、21「偶然」、23「相違」、24「実質」は、*Téchnē grammatiké* に対応するものがなく、13「総括」には、16「aggregation」、21「collectivity」の二つが対応している。

　Téchnē grammatiké の 26 分類は、語形による分類である 2「ōs でおわる副詞」をのぞくと 25 分類となる。*DE INSTITVTIONE GRAMMATICA* では、語形による副詞の分類は CONSTRVCTIONE で別にあつかわれている。この 25 という数字には、ギリシア語文法からの伝統がうけつがれているに違いない。

4. *DE INSTITVTIONE GRAMMATICA* の CONSTRVCTIONE

　CONSTRVCTIONE の副詞に関する記述は第 125 葉裏から第 129 葉裏までで、31 の節がある。これらの節のタイトルとあげられている語例、そして、それぞれの日本語訳を一覧にしたのが表 3-2「*DE INSTITVTIONE GRAMMATICA* の CONSTRVCTIONE」である。

　表の「節のタイトル」は、CONSTRVCTIONE の記述からそのまま引いてきた。「語例／語義」にあげられた語は、各節にあらわれたものである。ただし、8「Abhinc」、18「Antequàm」など、タイトルになっている語の意味用法を記述した節には語例がない。

　表 3-2 の 1、2、6、7、9 は格支配[15]による副詞の分類、4 と 10 から 15

---

15)　例えば、ecce「〜を見よ、ほら」という副詞はあとに主格の語を従え、abunde「〜がたくさん、豊かに」は属格の語を、convenienter「〜に一致して、相応しく」は与格を、propius「〜により近く」は与格と対格を、比較級の副詞は felicius rege「王よりも幸福に」というように比較の奪格を伴う（東京外国語大学、岩崎務教授の御教示による）。

は場所関係の副詞、5、8、18、19は時関係である。3では最上級[16]の副詞について記述されており、29、30は形態論的な語形による分類である。これらは語の派生や語形にかかわる項目と言える。20、21は禁止、否定の副詞「NE」と「NÆ」、16、17は「Vt」の意味と用法、23から28は「Quàm」で、これらは特定の語の意味、用法の記述である。22では、程度の高いことを示す接辞「per-」と副詞について記述されている。程度の高いことを示す副詞に関しては、31「Appendix」にも記述がある。一つは「multo（たいそう）」が最上級の語をさらに強めること、もう一つは「longè（遠くはなれて）」が「非常に」という意味をもつということである。

25分類の3「疑問」では、「どうして、どのように」という意味の疑問詞だけが取り上げられ、「どこ」はCONSTRVCTIONEで取り上げられている（表3-2「*DE INSTITVTIONE GRAMMATICA*のCONSTRVCTIONE」の10を参照）。また、25分類の9「禁止」の「ne」と10「指示」の「en、ecce」はCONSTRVCTIONEでも再度取り上げられている。前者は表3-2の20に、後者は1にある。

RVDIMENTAの記述とCONSTRVCTIONEの記述とが緊密に連関していることがわかる。

第1節をそのままひいてみよう。

Nominatiuus post aduerbium.
*E*N, *Ecce, nominandi, seu accusandi casum admittunt.*
Cic. pro Deiot. *En crimen, en causa.*

---

16) 國原（2005）の§68に「（副詞の）最上級は、形容詞の最上級の語尾を-usから-ēに変えた形である」とある。表3-2の3「最上級の副詞」にあげられた語はmaximè、sæpissime、elegantißimèの3語で、maximèは形容詞「magnus（大きい）」の最上級maximusから、elegantißimèは形容詞「ēlegāns（上品な）」の最上級elegantissimusからきており、sæpissimeは副詞「saepe（しばしば）」の最上級である。

Plaut. Amph. *En tectum, en tegulas, en obductas fores.*
Cic. in Verr. *Ecce noua turba, atq́ ; rixa.*
Idem de Finib. *Ecce miserum hominem, si dolor summū malū est.*

「**Nominatiuus post aduerbium**（主格を支配する副詞）」がこの節のタイトルで、そのあとは、「**EN**（ほら！）、**Ecce**（ほら！）は主格、あるいは、対格をうける」という説明「*nominandi, seu accusandi casum admittunt.*」、その後につづくのは、用例である。「**Cic.**」は Marcus Tullius Cicero（マルクス・トゥッリウス・キケロ、紀元前 106-43）のことで、「**pro Deiot.**」はその作品『Pro rege Deiotaro（デイオタルス王弁護）』の略記号、用例の意味は「見よ、告発だ、見よ、訴訟だ！」。次の「**Plaut.**」は古代ローマの著名な劇作家 Titus Maccius Plautus（ティトゥス・マッキウス・プラウトゥス、紀元前 254 頃 -184）、**Amph.** は『Amphitryon（アンフィトリオン、ギリシア神話の登場人物の名前）』のこと、用例は「屋根を見よ、ほら、かわらだ、ほら、扉がとじられている」。次もキケロで、『In Verrem（ウェッレース弾劾）』、「ほら、見たこともない混乱、そして、争い」。最後の「**Idem**」は「同上」ということで、これも著者はキケロ、作品『De finibus bonorum et matorum（最高善と最大悪について）』、用例「せいぜい痛みが苦しみであるところのみじめな人間を見よ！」である。

以上、各節ともに、簡単な説明があり、その後に、著者と出典が明記され、用例があげられている。

各節に見られる「説明」はどれもごく簡単なものである。第 2 節「属格を支配する副詞」の説明は「Satis（充分に）、abundè（豊富に）、àffatim（豊富に）、parum（充分でなく）、instar（～に等しく）、partim（一部は）、ergô（～のゆえに）は支配する格に属格を要求する」、第 7 節「対格を支配する副詞」は「Propiùs（より近くに）、Proximè（もっとも近くに）は、対格を要求する」、第 10 節「場所の副詞（疑問）」が「私たちが質問するときに使う副詞は、Vbi（どこに）、

vnde（どこから）、quò（どこへ）、quà（どの道をとおって）、quorsum（どこへ）である」で、第11節「ここ、そこ、あそこ、等々」は「Vbi に答えるには以下の副詞を使う、Hic（ここ）、istic（そこ）、illic（あそこ）、ibi（そこに）、inibi（そこに）、ibidem（今言ったその場所に）、alibi（別なところに）、alicubi（どこかある所に）、vbique（いたる所に）、vtrobique（あちらにもこちらにも）、vbilibet（どこでも）、vbiuis（どこでも）、vbicūq́（どこでも）、passim（ちらばって）、vulgò（世界中に）、ītus（中に）、foris（外で）、nusquā（どこにも～ない）、lōgè（遠くはなれて）、peregre（外国に）、suprà（上に）、subtèr（下に）、infrà（下の方に）、antè（前の方に）、pòst（後ろの方に）、extrà（外に）」である。

　第3節「最上級の副詞」の説明は、「名詞[17]から生まれた最上級副詞」、第16節「「～のあとで」、「～してすぐに」の意の Vt」は「postquam「～のあとで」の意の Vt は直説法を要求する」、第17節「Vt と共起する語」は「これらの語、adeò（そこまで）、ita（そのように）、sic（そのように）、tam（～ほど）、talis（～のように）、tantus（～ほど多くの）、tot（～ほど多くの）、ferè（ほぼ）のあとに Quòd がおかれることはなく、接続法をともなった Vt がくる」、そして、第31節「Appendix」にある説明は「Multo は最上級にさらにつく」である。

　CONSTRVCTIONE の大きな特徴は、豊富な用例である。たとえば、第2節「属格を支配する副詞」には、「Cic. de clar. Orat. *Plato mihi vnus instar est omnium.*」という記述が見られる。これは、副詞「*instar*（～に等しく）」の例文で、キケロの著書『De Oratore（弁論家について）』からひいた「プラトンは一人で私にとって万人に価する」という文である。

　第3節「最上級の副詞」には、やはりキケロの『De Oratore』から、「**Sæpissime**（頻繁に）」と「**elegantißimè**（上品に）」の例文で、「*Sæpissime audio, illum omnium ferè Oratorum latinè loqui **elegantißimè*** （ほぼすべて

---

17)　2「*DE INSTITVTIONE GRAMMATICA* と *ARTE GRANDE* - 1」でのべたように、Alvarez の八品詞に「形容詞」はない。ここで言う「名詞」とは現代文法の「形容詞」のことである。

の弁論家に関して彼（弁論家）は限りなく優雅に話すといつもいつも耳にする）」、第5節「前日と翌日」には、キケロの『Ad Atticum（アッティクス宛書簡集）』から、「*Pridie eius diei venit*（その日の前日に彼が来る）」、第8節「今から過去へ」もやはりキケロで、『Ad Quintum fratrem（弟クィントゥス宛書簡集）』からの「*Quo tempore!* **Abhinc** *annis quindecim*（時はどこへ行ってしまったのだ。この15年という時は）」。第9節「奪格を支配する副詞」では、プブリウス・テレンティウス・アフェル[18]の『Hcyra（義母）』から「*Dies triginta, aut* **plùs** *eo in naui fui*（私は30日かそれ以上船にいた）」、第21節「まったく〜でない」は、同じくテレンティウス『Adelphoe（兄弟）』から「**Nœ** *ego homo sum infelix*（私はまったく不幸でないやつだ）」。

以上、どれも古典からの引用であり、その著者と作品名が明記されている。

5. *ARTE GRANDE* の RVDIMENTA

ARTE GRANDE の RVDIMENTA 全体は第55葉表から80葉裏、そのうちの副詞の記述は第73葉裏から76葉表である。*DE INSTITVTIONE GRAMMATICA* と同様に、*ARTE GRANDE* の RVDIMENTA も大きく二つに分かれ、前半は日本語の副詞の特徴の紹介とその語形成についての形態論的な記述、後半は Alvarez の25分類をひきついで、30分類をしるしている。

5-1 冒頭

第73葉裏にある日本語の副詞の特徴は以下のとおりである。

¶ *Tem esta lingoa muita abundancia de Adverbios, & que muito a o*

---

18) Publius Terentius Afer。紀元前 195 / 185 – 159、古代ローマの著名な劇作家。

vivo explicam o modo das cousas, por que não somente tem Adverbios que mostram o modo da acção, mas outros que mostram ate o som, ou estrondo, ou meneo, ou postura da cousa. De sua varia formação diremos algũa cousa.

　ここで Rodriguez は、「*Tem esta lingoa muita abundancia de Adverbios, & que muito a o vivo explicam o modo das cousas*[19]（この国語は副詞を甚だ豊富に持ってゐる。而もそれらは事物の状態を極めて生々と表すのである）」と述べている。そして、生々と表すことのできる理由を、「*não somente tem Adverbios que mostram o modo da acção, mas outros que mostram ate o som, ou estrondo, ou meneo, ou postura da cousa*（動き方を示す副詞があるばかりでなく、音や大音響、身振りやものごとの様子までも示すものがある：馬場訳）」からだ、としている。

　「音や大音響、身振りやものごとの様子までも示すもの」というのは、オノマトペ[20]に違いない。Rodriguez はオノマトペを日本語の大きな特徴ととらえており、RVDIMENTA では畳語50語の単語リスト（5-5参照）、CONSTRUIÇÃO（6-2-4参照）では35語の語義つき一覧に多くのオノマトペをあげている。「faramequ、bitamequ」などオノマトペの半分に「-mequ」のついた動詞にも二度ふれ、そして、第74葉表では「Cororito、Cutto、Fatto、Xicato」などの語をとりあげている。

　上記の「日本語の副詞」に関する記述の最後は、「*De sua varia formação diremos algũa cousa*（その色々な構造に就いて少しく述べよう）」でむすばれている。「少しく述べ」ているのは RVDIMENTA の前半のことで、日本語の副詞の語形成についてである。*DE INSTITVTIONE GRAMMATICA* の

---

19)　「que muito a o vivo」のように「a」と「o」がはなれて表記されているのは、Rodriguez による。
20)　Rodriguez は「オノマトペ」を意味する用語をもちいていない。6-2-4 にある、第113葉裏の記述を見て名づけるなら、「'よみ'の畳語」となろう。

RVDIMENTAでもその前半で語形成を示す四つの例文があげられていたが、*ARTE GRANDE*での記述の方がはるかにくわしい。そして、RVDIMENTAの後半は「*De varios generos, & significações de Adverbios*（副詞の種々なる種類と意義に就いて）」で、*DE INSTITVTIONE GRAMMATICA*を引きうつした副詞の分類である。引きうつしてはいるが、25分類が30分類となっている。つまり、RVDIMENTAにおけるRodriguezの独自性は、副詞の語形成を前半にくわしく取り上げていること、そして、後半での副詞の分類を25から30にふやしていることだと言える。

前半に取り上げられている事象は、イ形容詞、および、ナ形容詞の連用形の副詞的用法、畳語の半分に「-mequ」が接続してできた動詞、畳語の副詞のリスト、「-to」か「-do」におわる副詞、「畳語 + -toxite」、以上である。「「-to」か「-do」におわる副詞」というのは、語末の音形に注目した分類で、*Téchnē grammatikḗ*の「ōsでおわる副詞」、*DE INSTITVTIONE GRAMMATICA*のCONSTRVCTIONEにある「umでおわる副詞」、「oでおわる副詞」に対応している。

以下、前半におけるこれらの項目を一つ一つ見ていき、そのあと、副詞の30分類を分析していく。

5-2 イ形容詞の連用形

日本語の副詞の特徴を記述するにあたり、Rodriguezは「*Primeiramente*（第一に）」として、イ形容詞をとりあげている。

ここでRodriguezは日本語のイ形容詞のことを「*os vebos*[21] *adjectivos acabados em*, Ai, ei, ij, oi, ui（アい、エい、イい、オい、ウいに終る形容動詞）」とし、その「raiz（語根）」が副詞として用いられると言っている。さらに、raizは日常会話では「ŏ、ô、eô、ŭ」で、書きことばでは「Qu」でおわると

---

21)「vebos」は「verbos（動詞）」の誤植であろう。形容詞を「verbo（動詞）」とする理由については、第2章「ラテン語学の与えた影響」の6-1「形容動詞」pp.66-69、を参照。

言っている。つまり、イ形容詞の連用形を副詞だと言っていることになる。語例は、「Amŏ、Amaqu」の2語があげられている。形容詞の派生形を副詞と認める考え方は、ラテン語文法の伝統と言えよう。

5-3　ナ形容詞の連用形

「*Item dos verbos adjectivos acabados em* Na, l. Naru, *se formam Adverbios, em* Ni（Na、又は、Naru に終る形容動詞の語根も亦 Ni の形で副詞となる）」、つまり、ナ形容詞もイ形容詞と同様、その raiz が副詞となるとし、「Aquiracani」を例としてあげて、raiz の語形は「Ni」でおわると説明している。ナ形容詞の連用形を副詞だとしているのである。

もっともよく使われるものとして、以下のリストがあげられている。

Richiguini　律儀に	Inguinni　慇懃に	Fitasurani　一向に
Nauozarini　なほざりに	Tamasacani　たまさかに	Foguaini　法外に
Quiŭni　急に	Niuacani　俄かに	Arauani　露はに
Notoroni　のとろに	Voboroni　朧ろに	
Firani　平に	Carini　仮に	Carisomeni　仮初に
Tonni　頓に		
Tŏcanni　等閑に	Tŏcan Naqu　等閑無く	Tŏcan Nŏte　等閑無うて
Quiacuxinni　隔心に	Quiacuxin Naqu　隔心無く	Quiacuxinnŏte　隔心無うて

「Tŏcan Naqu、Tŏcan Nŏte」、「Quiacuxin Naqu、Quiacuxinnŏte」は、「Tŏcanni」、「Quiacuxinni」の否定の形である。この4語以外はすべて「−ニ」でおわっている。しかし、「−ニ」でおわっていても「Firani、Carini、Carisomeni、Tonni」などナ形容詞でない語もまざっている。「形容動詞の語根も亦 Ni の形で副詞となる」と言いながら、それだけでなく、「−ニ」でおわる副詞、そして、関連する否定の語までをあげているのだ。

5-4 畳語の半分＋-mequ

Rodriguez は、副詞の中には duplicado がある、と言っている。duplicado というのは double ということで、つまり同じ形式の言語要素が二つかさなった語形の語のこと、「畳語」のことである。

「*alguns dos quais se formam verbos acrecentando à primeira palavra a particula,* Mequi, u. (その（畳語）の中のあるものは初の語に助辞 Mequi、u を添へて動詞をつくる)」とある。連用形が「-mequi」、終止形が「-mequ」ということである。ここには、「Farafara（はらはら）」、「Batabata（ばたばた）」、「bitabita（びたびた）」、「guaraguara（ぐゎらぐゎら）」の4語からの派生語として「Faramequ」、「batamequ」、「bitamequ」、「garamequ[22]」があがっている[23]。

5-5 畳語の副詞の語例

「*Destes Adverbios porei aqui alguns mais correntes.* (この種の副詞で最も普通のものを少しくここに示さう)」ということで、畳語が50語列挙されている。

Barabara	ばらばら	Baribari	ばりばり	Bicubicu	びくびく
Batabata	ばたばた	Bichabicha	びちゃびちゃ	Taratara	たらたら
Garagara	がらがら	Gasagasa	がさがさ	Gatagata	がたがた
Soyosoyo	そよそよ	Gosogoso	ごそごそ	Sutasuta	すたすた

---

22) 畳語は「guaraguara」、そこからの派生語は「garamequ」となっている。日葡辞書を見ると、「Garagarato」、「Garameqi」、「Guaraguarato」、「Guarameqi」のどれもが見出し語にある。「guaraguara」からの派生語を「garamequ」としたのは、Rodriguez のあやまりかもしれない。

23) これら4語は、現代語では見ない。土井（1980）では見出し語「Farameqi、Batameqi、Bitameqi、Garameqi」があり、その語義は以下のとおりである。「はらめく：やかましい音がする、または、響きが出る。また、たとえば、飯粒とか、胡麻入りの砂糖菓子とかなどが、よく煮えていないで、ぱらぱらとぱらつく」、「ばためく：鳥が飛ぶ時、または、翼が地面を打つ時、音が出る。また、物が叩かれたりして音が出る」、「びためく：濡れた着物をびちゃびちゃさせて音を立てる、あるいは、揺れ動く、または、魚が水中で動く」、「がらめく：鼠などが音を立てる、あるいは、騒音を立てる」。

Gotogoto　ごとごと	Bacubacu　ばくばく	Bitabita　びたびた
Caxicaxi　かしかし	Dacudacu　だくだく	Cudacuda　くだくだ
Farafara　はらはら	Xeuaxeua　せわせわ	Chicochico　ちこちこ
Chicuchicu　ちくちく	Fixifixi　ひしひし	Chirichiri　ちりちり
Gacugacu　がくがく	Zararizarari　ざらりざらり	Macumacu　まくまく
Sauasaua　さわさわ	Sorosoro　そろそろ	Quanquan　くゎんくゎん
Guetagueta　げたげた		
Farifari　はりはり	Xicoxico　しこしこ	Gajigaji　がじがじ
Gojigoji　ごじごじ		
Caracarato varŏ　からからと笑ふ	Dzubudzubuto saxitouosu	づぶづぶとさし通す
Iroiro　いろいろ	Samazama　さまざま	Toquitoqui　ときとき
Ara ara　あらあら	Yŏyŏ　やうやう	Machimachi　まちまち
Benben　べんべん（便々）	Jenjen　ぜんぜん（漸々）	Yŭyŭ　ゆうゆう（悠々）
Mŏmŏ　まうまう（朦々）	Jinjin　じんじん（深々、深甚、甚深）	

　このうちの多くはオノマトペである。「Barabara、Baribari、Bicubicu、Batabata、Bichabicha、Taratara、Garagara、Gasagasa、Gatagata、Soyosoyo、Gosogoso、Sutasuta、Gotogoto、Caracarato、Dzubudzubuto」などは現在も同じ意味で使われているが、「Farifari、Xicoxico、Gajigaji、Gojigoji[24]」などは一般的でない。

　いくつかは、オノマトペでない。名詞の繰り返しの「Iroiro、Samazama、Toquitoqui[25]」、イ形容詞の語幹の繰り返しの「Ara ara[26]」、読みが音の二

---

[24] Farifari「焙られる物や燃える物の立てる音」（土井（1955）、p.418）。xicoxico「場所がぬかるみになっているさま、または、そこに足がはまり込みそうなさま」、「がじめく：生煮えの芋など、よく煮えていない物が噛み砕かれるとき出る音」、「ごじめく：生の物や固い物を噛む時に音が出る」（以上、土井（1980））とある。「Gajigaji」、「Gojigoji」は、「歯で噛む音」のことをいう（土井（1955）、p.418）。
[25] 土井（1980）に見出しがあり、語義は「それぞれの時」となっている。
[26] 語義は、「片々に、大まかに、粗雑に」（土井（1955））。

字熟語「Benben、Jenjen、Jinjin[27]」などである。
　「Caracara、Dzubudzubu」には「to」がついている。これは、CONSTRUIÇÃO 第113葉裏の、よみの畳語には「-to」がつくという記述と対応している。

5-6　-to、-do でおわる副詞

　ここでは、「To に終るか Do に終るかする」副詞が取り上げられている。以下のとおりである。

Cororito	ころりと	Zararito	ざらりと	Quararito	くゎらりと
Cururito	くるりと	Fararito	はらりと	Zororito	ぞろりと
Cotto	こっと	Zatto	ざっと	Zuito	ずいと
Zutto	ずっと	Quatto	くゎっと	Cutto	くっと
Fatto	はっと	Quitto	きっと	Tçutto	つっと
Fatato	はたと	Xicato	しかと		
Yoppodo	よっぽど	Chǒdo	ちゃうど	Zundo	ずんど
Teido	ていど				

　語末の形に着目するところは、Dionysius の「ōs でおわる副詞」、Alvarez の「um でおわる副詞」、「o でおわる副詞」と同様の分類である。ここでも、伝統的なギリシア、ラテン語学の枠組みの影響をうけている。
　これらの語の語構成をみると、「Cororito、Zararito」など「-rito」におわる語をはじめ、「-to」におわる語の多くはオノマトペに引用の格助詞「と」がついたものである。一方、「-do」におわる4語のうち、「Yoppodo」は、「Yoppo」に「-do」がつづいたのではなく、「よほど」の変化形である。また、

---

27)　土井（1955）p.416 では、「jinjin」は「深々」、土井（1980）では「深甚、甚深」と表記されている。

「Chŏdo」を日葡辞書で引くと、「*Justamente, ou sem tirar nem por*（かっちりと正確に、または、過不足なしに）」と「*Modo de dar pancada. Vt,* Chŏdo vtçu.（打ちなぐるさま。例、丁ど打つ）」の二つの語義がある。前者の意なら「Chŏ」に「-do」がついたものではない。オノマトペに「-to」が後接して副詞となる語が多いところに、音韻的に近い「-do」をもってきて、「-do」におわる副詞をいくつか加えたということか。

5-7　畳語＋ -toxite

「*Outros Adverbios ha que acabam em,* Toxite, *muito usados, que comummente são duplicados*（別に Toxite に終る副詞があって、盛に用ゐられる。それは普通に畳語である）」とあり、以下の 11 語が例としてあげられている（第 74 葉表）。

Benbento xite	便々として	Quenquento xite	涓々として	Yenyento xite	奄々として
Yǔyǔto xite	悠々として	Sacusacuto xite	嘖々として	Satsatto xite	颯々として
Rinrinto xite	凛々として	Tŏtŏto xite	滔々として	Mŏmŏto xite	朦々として
Xeixeito xite	清々として	Mŏmŏ xeixeito xite	朦々清々として		

これら 11 語のうち「Benben、Yǔyǔ、Mŏmŏ」の 3 語は 5-5「畳語の副詞の語例」に、「Benbento xite、Quenquento xite、Yenyento xite、Yǔyǔto xite、Satsatto xite、Rinrinto xite、Mŏmŏto xite、Xeixeito xite、Mŏmŏ xeixeito xite」の 9 語は CONSTRUIÇÃO における畳語の副詞の記述（第 131 葉裏）にあらわれている。ただ、後者において、「Bembento xite、Yenyēto xite、Mômôto xite、Mômô xeixeito xite」の 4 語はつづりがちがっている。土井 (1982) p.80 によると、第 94 葉以前と 95 葉以後とで印刷面に変化があり、作成が一時途切れたと考えられる。版組みが一時中断することによる影響がこれらのつづりにあらわれたと考えられる。

5-8 副詞の 30 分類

　ARTE GRANDE の RVDIMENTA の後半、第 74 葉表から第 76 葉表までは、副詞の 30 分類である。Alvarez の *DE INSTITVTIONE GRAMMATICA* の 25 分類に 5 分類を加え、副詞を 30 に分類している。それが表 3-3「*ARTE GRANDE* の副詞の 30 分類」である。表 3-3 を見ると、1 から 25 までの分類名もその順番も、表 3-1「*DE INSTITVTIONE GRAMMATICA* の副詞の 25 分類」と同じであることがわかる。表には、各分類にあらわれているすべての語例の土井 (1955) による漢字仮名交じり表記とこれらに付された Rodriguez によるポルトガル語訳、あるいは、説明をならべた。空欄は、訳も説明もなかったことを示している。ポルトガル語訳に注目し、副詞、副詞句は▒▒▒▒▒、それ以外を▒▒▒▒▒としている。

　表 3-3 の副詞には「*porque、certamente、logo、antes、não、si*」など、副詞句には「*eisme aqui、por nenhum modo、nesse comenos、por ventura、em verdade*」などがある。「それ以外」は、間投詞の「*oxala、oula、ea*」、連用修飾節を形成する言語要素の「*o se*」[28] と「*que serà*」、「過去を熟考する」意の動詞句「*pesar do passado*」、「お命じになることをいたします、用意はできています」という意味の発話「*Farei o que mandardes, estou prestes*」、形容詞の「*infimo*」と「*caro*」などである。

　基本的にポルトガル語の副詞、副詞句に対応する日本語が分類されていることがわかる。

　分類名で一つだけことなるのが、通し番号 4 の「応答」で、*DE INSTITVTIONE GRAMMATICA* では「respondendi affirmatè」、*ARTE GRANDE* では「respondendi」となっている。具体的な語例を見ると、*ARTE GRANDE* では「きっぱりと断言」するほどの強さはないようである。

---
[28] *DE INSTITVTIONE GRAMMATICA* の 25 分類のラテン語「o si」に対応している。ここにも *ARTE GRANDE* への影響があらわれている。

DE INSTITVTIONE GRAMMATICA になく、*ARTE GRANDE* でふえている五分類は、IVRANDI（誓約）、ÆSTIMANDI（評価）、EXCLVDENDI（限定）、EXPLENDI, ET COMPARANDI（説明・比喩）、REI NON PLANE PER ACTÆ（動作に明瞭を欠くもの）である。このうち、「IVRANDI」は、*Téchnē grammatikḗ* にあって *DE INSTITVTIONE GRAMMATICA* にない 22「denial on oath」、23「assertion on oath」をおぎなったものと考えられる。

　分類の数だけでなく、*ARTE GRANDE* の方が語例も多い。述べ語数で、*DE INSTITVTIONE GRAMMATICA* は 82、*ARTE GRANDE* は 270。後者は前者の 3 倍半である。

　表3-3にあるとおり、3「疑問」、5「肯定」、13「総括」、17「時間」には語数が多い。

　3「疑問」には、「か、ぞ、や」のような係助詞、「なぜに、何の故に、何しに、何とて、何として、何とあって、如何でか、何ぞ」のような類義、同義語、「なぜに／なじょに」のような音韻変化、「何の故に／何の故にか」のような「か」の有無といったバリエーションがある。さらに、日本語には待遇表現が豊富である。5「肯定」には、「御意の如く、仰せの如く、御諚の如く、御意でござる」という待遇、敬意表現がある。これらの存在も、*ARTE GRANDE* の語例を多くしている。

　13「総括」の語例が多いのは、「一つに／一度に」、「何れも／惣々(そうぞう)」のように 'よみ' と 'こゑ' の同義語のペア、「惣々、惣別（sôbet）、惣じて」のように 'こゑ' の中でのバリエーション、「こっと、ずいと」のようにオノマトペ起源と思われる語、「押並べて／押並めて」のような音韻変化によるペアがあるからである。

　17「時間」を見ると、*DE INSTITVTIONE GRAMMATICA* では「hodie（今日）、cras（あした）、perendie（あさって）、heri（きのう）、nudiustertius（おととい）」の 5 語、*ARTE GRANDE* には「一昨日、一昨昨日」があり、「去

年、去々年」、「朝、後々」などもある。DE INSTITVTIONE GRAMMATICA では数をしぼった典型例があげられ、ARTE GRANDE では実用的なものを積極的に集めたのであろう。また、DE INSTITVTIONE GRAMMATICA の 12「比較」の語例は「magis（もっと多く）、minùs（もっと少なく）、fortiùs（もっと力強く）」の 3 語だけだが、ARTE GRANDE には 9 語ある。同じ概念を表す訓の語（'よみ'）と音の語（'こゑ'）とが混在し、比較する対象間の関係を示す格助詞の類「より、よりは、よりも、程」もあるからである。

30 分類の表にあらわれた語例の品詞は多岐にわたっている。学校文法の品詞論で分類してみた。（　　　）の中は、表 3-3 で当該の語が属する分類の名称である。

副詞：多分（動作に明瞭を欠くもの）、必ず（肯定）、いささか（否定）、かつて（否定）

「ーニ」でおわるもの：実に（肯定）、さらに（否定）、常に（総括）

「ート、ード」でおわるもの：しかと（肯定）、よっぽど（動作に明瞭を欠くもの）、ふっと（偶然）

畳語：度々（たびたび、どど：度数）、色々（相違）、様々（相違）

イ形容詞の連用形：賢く（実質）、甚だしう（分量）、高う（評価）、安う（評価）

ナ形容詞の連用形：盛に（強意）、強かに（強意／分量）、静かに（緩徐）

動詞のテ形：定めて（肯定／不確実）、却って（択出／相違）、限って（分割／限定）引きかえって（相違）

連語：希くは（希求）、いかに聞かせらるるか（呼掛）、御意の如く（肯定）ここへ向けて（場所）

名詞：今日（きょう、こんにち：時間）、まま（類似）、八幡（誓約）、程（比較）

代名詞：何れも（総括）

動詞：見よ（指示）、申し（呼掛）、畏った（応答）

間投詞：嗚呼（希求）、おお（希求）、あはれ（希求）、なう（呼掛）
イ形容詞の活用形：なかれ（禁止）
ナ形容詞の語幹：無用（禁止）
格助詞：より（択出／比較）
副助詞：ばかり（分割）、許り（限定）、のみ（分割／限定）
係助詞：ぞ（疑問）、や（疑問）、こそ（択出）
接続助詞：ながら（総括）
終助詞：かし（希求）、がな（希求）、と（禁止）
助動詞の連体形：様な（類似）
助動詞の連用形：如く（類似）
接尾辞：つら（類似）、づれ（類似）

　日本語文法における副詞にかぎらず、幅広い品詞の語が「Adverbio」となっていることがわかる。

6. *ARTE GRANDE* の CONSTRUIÇÃO

　ARTE GRANDE における副詞の CONSTRUIÇÃO は、第112葉裏から125葉表まであり、その最初の項で、Rodriguez は「*notarei algũas cousas que parecem ser mais proveitosas, & tratarei de alguns em particular*（もっとも役に立つと思われるいくつかのことに言及し、いくつかについて個別にふれよう：馬場訳）」と書いている。*ARTE GRANDE* の CONSTRUIÇÃO は、RVDIMENTA と同様、前半と後半に分けられており、「もっとも役に立つと思われるいくつかのこと」とはその前半、「*DO ADVERBIO EM COMUM*（副詞一般に就いて）」の節のことで、日本語の副詞の語形成論、形態論の大枠がのべられている[29]。後半は各論で、具体的な言語要素の意味と用法について書かれている。前者は、表3-4「*ARTE GRANDE* の CONSTRUIÇÃO −

副詞一般について」のとおり本項と Appendix 五つ、そして、Appendix 4 の Nota（ノート）の 8 項目からなり、後者は表 3-5「*ARTE GRANDE* の CONSTRUIÇÃO – 各論」のとおり 16 項目からなっている[30]。

6-1　冒頭

CONSTRUIÇÃO の冒頭は、「*o adverbio seja ũa parte da oração que junta a outras vozes declara distinta, & determinadamente suas significações, ou mostra as qualidades, ou modos das ações, & cousas*（副詞は他の明白な形を備へた語に接続して、その語義を限定し、動作や事物の性質又は状態を示すところの一つの品詞である）」で始まる。これは、*DE INSTITVTIONE GRAMMATICA* の RVDIMENTA の書きだし（3-1 を参照）を忠実にポルトガル語に訳したものである。

DE INSTITVTIONE GRAMMATICA の RVDIMENTA の書き出し	*ARTE GRANDE* の CONSTRUIÇÃO の書き出し
Aduerbium est pars Orationis, **quæ vocibus addita** earum significationem explanat, ac definit.	**o adverbio** seja ũa parte da oração **que junta a outras** vozes declara distincta, & determinadamente suas significações

Aduerbium / adverbio	副詞
est pars Orationis / seja ũa parte da oração	一つの品詞だ
quæ / que	関係代名詞
vocibus / vozes	語
addita / junta	加わる

29）図 3-2「*DE INSTITVTIONE GRAMMATICA* と *ARTE GRANDE* の構成対照図」を見てもわかるとおり、Rodriguez は日本語の語形成論を重視し、RVDIMENTA でだけでなく、CONSTRUIÇÃO でもくり返している。これも、Alvarez には見られない、Rodriguez の独自性である。
30）表 3-4、3-5 の「葉」には「113-1」、「115v-4」などとある。これは、それぞれ「第 113 葉表の第 1 の「¶」」、「第 115 葉裏の第 4 の「¶」」の意である。

earum significationem / suas significações　　　その意味
explanat / declara　　　説明する
ac definit / distincta, &determinadamente　　　明確に

　DE INSTITVTIONE GRAMMATICA の RVDIMENTA にある副詞の定義がそのまま *ARTE GRANDE* の CONSTRUIÇÃO に引き継がれていることがよくわかる。

6-2　副詞一般について

　「*DO ADVERBIO EM COMUM*（副詞一般に就いて）」の節は、「*Todo o adverbio, ou qualquer palavra que tem sentido de adverbio, ou se usa em lugar de adverbio, antecede os verbos, ou vocabulos a que se ajunta, & não rege caso algum*（副詞の意味を持った如何なる語であっても、亦副詞の代りに用ゐられたものであっても、あらゆる副詞はその接続する動詞その他の語に対して先行して居り、或格を支配するといふ事はないものである）」で始まり、そのあとに、「**Xicato** mairŏzu（しかと参らうず）」、「**Bembento xite** cataru（便々として語る）」、「**Aquiracani** yŭ（明らかに言ふ）」、「**Yôitaita**（良う致いた）」、「**Fajimete** mita（始めて見た）」の5文が例文としてあげられている。「**Xicato**」は「-to」でおわる副詞で、「**Bembento xite**」はこゑの畳語に「-toxite」がついたもの、「**Aquiracani**」はナ形容詞の連用形、「**Yô**」はイ形容詞の連用形、「**Fajimete**」は動詞「はじめる」のテ形である。*DE INSTITVTIONE GRAMMATICA* の RVDIMENTA 冒頭の定義にあげられた四つの例文と同様に、*ARTE GRANDE* では CONSTRUIÇÃO の冒頭の例文で、副詞の語形成の全体が示されている。

　日本語もラテン語、ポルトガル語も基本的に語順が自由である。ラテン語、ポルトガル語の場合には、副詞の語順も自由で、被修飾語の前後どちらにもおかれる。が、日本語では、副詞は被修飾語に先行するのが基本である。ま

た、日本語の副詞が名詞の格を支配するということはないが、ラテン語では副詞が名詞の格を支配することがめずらしくない。だから、*ARTE GRANDE*では、日本語の副詞は被修飾語に先行する、そして、格を支配することがないと明記したのである。

これらの例文中の「**Xicato**」は、第74葉表の「-to、-doにおわる副詞」にも例としてあげられている。「**Bembento xite**」は、第74葉表と75葉裏、113葉裏に、そして、「**Benben**」が第74葉表にあらわれている。「**Aquiracani**」は、第73葉裏と113葉表にあげられ、ナ形容詞の連用形は副詞だという記述は6-2-6に見られる。副詞としての「**Yô**」は「**Yô**coso」の形で6-2-1にあらわれ、イ形容詞の連用形は副詞だという記述は第73葉裏にもある。動詞のテ形が副詞となるという記述は6-2-2にあり、そこでも語例として「**Fajimete**」があげられている。各所でくり返しあらわれることにより、学習者に強く印象づけられたはずである。

以下に、Appendix 1から5とNotaの記述を示す。表3-4「*ARTE GRANDE*のCONSTRUIÇÃO－副詞一般について」には、ここにあらわれた語例をRodriguezのローマ字綴りと土井（1955）による漢字仮名交じりとで列挙した。

6-2-1 動詞、イ形容詞、ナ形容詞の連用形

Appendix 1では、「*Toda a* **raiz** *assi dos verbos correntes, como dos verbos adjectivos anteposta a outros verbos imediatamente, ou interposta algũa particula, significa propriamente o modo da acção, ou da cousa*（普通動詞の語根も形容動詞の語根も等しく他の動詞に対して直接にか或助辞を隔ててか先行したものは、すべて本来動作なり事物なりの状態を示すのである）」として、「**quiri**yǒ（切り合ふ）」、「**fiqui**saqu（引き裂く）」、「**tori**sacǒ（取り逆ふ）」、「**yô**coso（ようこそ）」、「**xifajimuru**（し始むる）」、「**ataraxǔ**（新しう）」、「**quireini**（綺麗に）」、「**yô**mo nai（ようもない）」の例があげられている。

Rodriguez の言う **raiz**（語根）[31] というのは用言の連用形のことである。「切り合ふ、引き裂く、取り逆ふ」は動詞の連用形が複合動詞の前部要素となる例、「し始むる」は補助動詞に前接している例、そして、「新しう、ようこそ、ようもない」はイ形容詞の連用形の例で、前者は直接被修飾語にかかっていくもの、後者二つは助辞を隔ててかかっていくものである。「綺麗に」はナ形容詞の例である。

Appendix 1 の説明文には、「我々の国語の言ひ廻しではしばしば不定法かその他の法かによって言ひ表す事ができる」とある。不定法によって表わされるのは、「し始むる」である。ポルトガル語では「começar a **fazer**」となり、「começar」は「はじめる」という動詞、「a」が前置詞で、「**fazer**」は「する」という意の動詞の不定法である。

文法的、形態論的なバリエーションをもたせ、提出する用例に工夫している。

6-2-2 動詞のテ形

「*Alguns participios acabados em,* Te（Te におわるいくつかの分詞）」、つまり、動詞のテ形は、「*regem os casos dos verbos donde se derivam*（派生してきたもともとの動詞が支配する格と同じ格を支配する：馬場訳）」とある。動詞のテ形がその動詞の支配する格を支配するというのは当然のことである。が、格を支配する語を副詞だとするのは、6-2「副詞一般について」での「（副詞は）或格を支配するといふ事はない」との記述と矛盾する。

テ形のうちのいくつかは、「*em nossa lingoa se explicam como adverbios*（我々の言語では副詞だとみなされる）」とある。つまり、日本語のテ形のうちのいくつかはポルトガル語の副詞に相当するというのである。あげられた例を

---

31) 第 8 葉表から 9 葉表の節「*Do verbo simples, ou raiz,* Ague（単純動詞、即ち語根（上げ）に就いて）」にはその rayz の用法が列挙されている。そこにあるのは、普通名詞としての用法、複合動詞の前部要素となる場合、名詞との複合語、助動詞、補助動詞との接続、連用中止法である。

みると、Rodriguezが付したポルトガル語の訳はほとんどが副詞か副詞句である。

ポルトガル語訳が副詞の例

Arauarete（現れて）　*Manifestamente*[32]　　Cacurete（隠れて）　*Ocultamente*

Cayette（却って）　*Antes*　　Itatte（至って）　*Consumadamente*

Isoide（急いで）　*Depressa*　　Saquito xite（先として）　*Primeiramente*

Sugurete（優れて）　*Excelentemente*　　Tçudzuquete（続けて）　*Continuadamente*

Sôjite（惣而）　*Universalmente, geralmente*

Xitagatte（従って）、Xitagŏte（従うて）　*Conforme*

ポルトガル語訳が副詞句の例

Casanete（重ねて）　*Outra vez*　　Fajimete（始めて）　*A primeira vez*

Fabacatte（憚って）　*Com pejo*　　Sucumete（竦めて）　*Por força*

Taixite（対して）　*Por amor doutrem*　　Todoquete（届けて）　*Com perseverança*

Xinôde（忍うで）　*As escondidas*　　Yotte（依って）　*Por tanto*

Naqute（無くて）、Nŏte（無うて）、Nŏxite（無うして）　*Sem haver*

これらのテ形の語のうち副詞と言えそうなのは、「却って、至って、重ねて、相構へて、始めて、急いで、惣而」ぐらいで、「就いて、従って、依って、対して」は複合格助詞、残りは動詞としか思えない。Rodriguezが副詞に分類しているのは、これらの語のポルトガル語訳が副詞、あるいは、副詞句だからなのである。

---

32) ポルトガル語では、形容詞の女性形に「*-mente*」を後接させると副詞となる。

6-2-3 'こゑ'の畳語＋ -toxite

'こゑ'（音読み）の畳語に「-toxite」が後接した副詞の例として以下の12語があげられている。「＊」の語は、RVDIMENTAの第74葉表（5-7「畳語＋ -toxite」）でもあげられているものである。ここでも、語例のくり返しが見られる。

  Quenquento xite[＊] 嶮々として Iinjinto xite 深々として
  Mômôto xite[＊] 朦々として Bembento xite[＊] 便々として
  Chonchonto xite 亭々として Yenyēto xite[＊] 渕々として
  Yŭyŭto xite[＊] 悠々として Yŭyŭ quanquanto xite 悠々緩々として
  Rinrinto xite[＊] 凛々として Xeixeito xite[＊] 清々として
  Mômô xeixeito xite[＊] 朦々清々として Satsatto xite 颯々として

この項には、以下の記述がある。

 ¶ *Alguns destes muitas vezes se podem explicar pelo* Yomi, *& tambem com ũa so palavra sem repetição. Vt,* Bento xite.

 ○これらの中のあるものは多くの場合'よみ'で言ひ換へることが出来、又繰返さないただ一語のみでも用ゐられる。例へば、**便として**。

上記12例はすべて'こゑ'であるが、'よみ'（訓）の場合もあるという。例はない。「深々として」を「ふかぶかと」に言い換えることができるというようなことであろうか。具体例の提示は、教授する教師にまかされているのであろう。
 畳語でない場合もあるとし、「Bento xite」1例があげられている。

6-2-4 'よみ'の畳語

「*Os adverbios que significam o som, ou modo de como se faz a cousa, & c. que comummente são* Yomis *que não tem letra propria*（音響を写したり、ある事が如何になされるかといふ状態を示したりする副詞は、普通に'よみ'の語であって固有の漢字を持たない）」とし、この「'よみ'の語」の場合、「*se ajuntam pola maior parte com os verbos mediante a particula,* To, *posto que algũas vezes a não tem*（大部分は助辞 To に依って動詞に接続するが、時にはその助辞をとらない事もある）」とのべている。

以下が、あげられている語のリストで、35語ある。このうち「*」の24語は、RVDIMENTA の第74葉表（5-5「畳語の副詞の語例」）とかさなっている。RVDIMENTA では'こゑ'の語と'よみ'の語をわけずにリストにしていたのだが、CONSTRUIÇÃO ではわけている。また、RVDIMENTA のリストは語だけであるが、CONSTRUIÇÃO のリストには、すべての語にポルトガル語か日本語の語義・説明、あるいは、日本語の用例がついている[33]。

Ara ara*	あらあら	Barabara*	ばらばら	Baribari*	ばりばり
Bichibichi	びちびち	Bicubicu*	びくびく	Bichabicha	びちゃびちゃ
Bitabita*	びたびた	Caxicaxi*	かしかし	Chicuchicu*	ちくちく
Chichito	ちちと	Chirichiri*	ちりちり	Corocoro	ころころ
Cudacuda*	くだくだ	Dorodoro	どろどろ	Farafara*	はらはら
Farifari*	はりはり	Fitafita	ひたひた	Gacugacu*	がくがく
Gajigaji*	がじがじ	Garagara	がらがら	Gasagasa*	がさがさ
Gatagata*	がたがた	Gojigoji*	ごじごじ	Gosogoso*	ごそごそ
Gotogoto*	ごとごと	Iiyajiya	じゃじゃ	Sarasara	さらさら

---

33) 例えば、「Ara ara. *A pedaços, ou em grosso, & toscamente*（片々に、大まかに、粗雑に）, Vt, Ara arato quizamu, cataru（あらあらと刻む、語る）, &c.」。

Suasua	すあすあ	Sorosoro*	そろそろ	Soyosoyo*	そよそよ
Sutasuta*	すたすた	Taratara*	たらたら	Torotoro	とろとろ
Xicaxica	しかしか	Zarazara	ざらざら		

6-2-5　畳語の半分＋ -mequ

　RVDIMENTA の第 74 葉表（5-4「畳語の半分＋ -mequ」）では、「Faramequ、batamequ、bitamequ、garamequ」の 4 例があがっている。ここでは、以下の 17 例が、「˙よみ˙の畳語＋ -toxite」の項の Nota に、語義、説明、用例とその訳などとともにあげられている。

Vgomequ	うごめく	Vamequ	わめく	Fatamequ	はためく
Fomequ	ほめく	Iiyamequ	じゃめく	Iijimequ	じじめく
Niguimequ	にぎめく	Guiguimequ	ぎぎめく	Zazamequ	ざざめく
Sosomequ	そそめく	Zozomequ	ぞぞめく	Domequ	どめく
Bitamequ	びためく	Guaramequ	ぐゎらめく	Bumequ	ぶめく
Fiximequ	ひしめく	Firamequ	ひらめく		

　「*deixando a derradeira palavra repetida, & acrecentando a particula, Mequi, mequ*（繰返しの第二語を省き助辞 Mequi、mequ を添へて）」一種の動詞が作られる、とあるが、「Vgomequ」、「Fomequ」が「Vgovgo」、「Fofo」から派生したとは考えにくい。「ほめく」の「ほ」は、「ほのお」の「ほ」と同じ、「火」を意味する言語要素に違いない。また、「Iijimequ」、「Guiguimequ」、「Zazamequ」、「Sosomequ」、「Zozomequ」は、「繰返しの第二語を省」いてはおらず、同じ拍の繰り返しに「-mequ」が接続している。

　語形成論から見るといささか大雑把ではあるが、「-mequ」という「形」に注目してまとめていくという方法は、言語教育的に効果的である。

6-2-6 ナ形容詞の連用形、ーニでおわる副詞

この項の説明は、以下のとおりである。

> ¶ *Tambem os adverbios, que se formam dos adjectivos acabados em, Na, l, naru, & de outras palavras são mui usados, & se ajuntam imediatamente antes dos verbos. Vt, Richiguini gozaru. Ser aprimorado. Inguinni mǒsu. Falar com muita reverencia, & cortesia.*

○ Na、又は、naru を語尾とするナ形容詞やその他の語から作られる副詞が多く使はれる。それは動詞の直前に置かれる。例へば、**律儀にござる**。洗練されてゐる。**慇懃に申す**。非常な尊敬と礼儀とを以て話す。

「Richiguini gozaru」は「洗練されてゐる」、そして、「Inguinni mǒsu」は「非常な尊敬と礼儀とを以て話す」の意味だ、ということである。

説明のあと、16 の語例が語義説明や例文とともにあげられている[34]。

Tonni*	頓に	Quiŭni*	急に	Quiacuxinni*	隔心に
Richiguini*	律儀に	Inguinni*	慇懃に	Notoroni*	のとろに
Firani*	平に	Fitasurani*	一向に	Ienjenni	漸々に
Yǒyǒni	やうやうに	Yǒyǒ	やうやう	Yǒyacu	漸く
Samazamani	様々に	Iroironi	色々に	Machimachini	まちまちに
Tamatama	たまたま				

これらのうち「*」の8語は RVDIMENTA の第73葉裏（5-3「ナ形容詞の連用形」）にもあげられている。RVDIMENTA で取り上げた語から8語をえ

---

34) 例えば、「Machimachini. *Diferentemente.* Vt, Quigui machimachini.」。

らび、そこに「Ienjenni、Yǒyǒni、Yǒyǒ、Yǒyacu、Samazamani、Iroironi、Machimachini、Tamatama」の8語を追加したようである。

上記16語のうちはっきりナ形容詞だと言えるのは、「Quiǔni、Richiguini、Inguinni、Samazamani、Iroironi」だけである。「Tonni、Quiacuxinni、Notoroni、Firani、Ienjenni」は「－ニ」でおわるからということで、「Yǒyǒni」は「-ni」がついているからということで、「Yǒyǒ」は「Yǒyǒni」の関連語として、「Yǒyacu」は「Yǒyǒni、Yǒyǒ」からの連想であげられたのであろう。形や意味が似ているからということでひとくくりにするのは大雑把であるが、言語教育的には有効である。

「Tamatama」はナ形容詞でも、「－ニ」でおわってもいない。「Samazamani、Iroironi、Machimachini」との関連から、畳語の副詞であるという理由で加えられたのであろう。

6-3 各論

CONSTRUIÇÃOの後半は、各論である。すべての項目のタイトルとそれに関するポルトガル語の記述、そして、その日本語訳とを一覧にしたのが表3-5「*ARTE GRANDE*のCONSTRUIÇÃO－各論」である。

Rodriguezは「おいて、おいては、とっては、いたっては」(6-3-4)を後置詞だとしている[35]。「－として、－して」(6-3-1)、「ところ、ところに」(6-3-5)も文を構成する要素間の関係を示す機能をもつ。これらと「まい」(6-3-16)は、発話の命題を形成する言語要素である。

一方、「やう、やうだい、やうす、体、やうに」(6-3-9)、「べう、つべう、つべしい、覚しい」(6-3-10)、「だて、ふり、ぶり」(6-3-13)、「さま、さまに」(6-3-14)、「まま、ままに」(6-3-15)は、見た目や様子といった話者の主観にかかわる表現を形成し、また、「こそ」(6-3-2)、「よも」(6-3-8)、「さへ、すら、

---

35) これらの語は、第146葉表の「*DAS POSPOSIÇÕIS QUE REGEM* a particula Ni（助辞Niを支配する後置詞に就いて）」のリストにある。

だに、だにも、だも、だし」(6-3-3)、「ばし」(6-3-11)、「ばかり」(6-3-12)、「ほど、ほどの、ほどに」(6-3-6) は、強調、限定などの主観的なニュアンスを表現するもので、これらはモーダルな言語要素である。

　学校文法で副詞と言えるのは、「結句、却って、よも」ぐらいで、「やうだい、やうす、ふり」は名詞、「覚しい」はイ形容詞、「として、において、にとって、にいたって」は複合格助詞、「こそ、さへ、すら、だに、ばし、ばかり」は副助詞、「ところ、ほど、さま、まま」は形式名詞である。

　ここでは、記述の長い節「－として、－して」、「こそ、結句、却って」、「さへ、すら、だに、だにも、だも、だし」、「おいて、おいては、おいてをや、とっては、いたっては」、「ところ、ところに」、「ほど、ほどの、ほどに」を先に、その後、比較的記述の短い節「却って、結句」、「よも」、「やう、やうだい、やうす、体(てい)、やうに」、「べう、つべう、つべしい、覚しい」、「ばし」、「ばかり」、「だて、ふり、ぶり」、「さま、さまに」、「まま、ままに」、「まい」の記述を分析していく。

6-3-1　－として、－して

　第 115 葉表から 115 葉裏にかけては、「*DO ADVERBIO, TOXITE, ET XITE*（副詞 Toxite 及び Xite に就いて）」という節である。この節は、六つの Appendix をふくむ全 7 項で構成されており、本項と Appendix 1、2、4 は「として」について、Appendix 3、6 は「して」について、そして、Appendix 5 は両方について記述している。

　RVDIMENTA と CONSTRUIÇÃO の前半で畳語に後接する「として」が取り上げられていたが、ここではそれ以外の用法があつかわれている。また、「として」も「して」も「する」のテ形から構成されていること、また、一部の用法で二つが同義となることから、ここでは「として」と「して」の二つが同じ節で取り上げられている。

本項は、以下のとおりである。

> ¶ *Ha um adverbio,* Toxite, *que se escreve com a letra,* Tame, *que significa, Pera, este se pospoem aos nomes, & se usa comummente com verbos de movimento. Vt,* Vonreito xite macarinoboru. Vonmimaito xite fitouo xinzuru. Goinxinto xite donsu fitomaqui guioyni caqueraruru. Aquinaito xite saxivatasu. Buguiŏto xite saxicudasu, & c.
> ¶ *Algũas vezes se explica, Por, idest, por mestre, por capitão, por governador, com os mesmos verbos. Vt,* Taixŏto xite macarivataru. Buguiŏto xite cudaru.

○Toxite といふ一種の副詞がある。それは Pera[36] といふ意味の漢字 '為'（Tame）で書かれる。名詞の後に置かれ、普通には運動を意味する動詞と一緒に用ゐられる。例へば、**御礼として罷上る。御見舞として人を進ずる。御音信として緞子一巻御意にかけらるる。商としてさしわたす。奉行として差下す、等。**
○ある場合には、同じ動詞に続いてゐるものが、葡語の Por を用ゐて、por mestre「師匠として」、por capitão「大将として」、por governador「奉行として」と訳される。例へば、**大将として罷渡る。奉行として下る。**

RVDIMENTA でも CONSTRUIÇÃO の前半でも、「畳語 + -toxite」、「畳語の半分 + -toxite」、「初として」、「先として」など「− toxite」全体で副詞としていた。しかし、この節では、「*Ha um adverbio,* Toxite」と、「Toxite」だけで副詞だと定義している。CONSTRUIÇÃO の各論でとりあげられているほとんどすべてが「-toxite」と同様、連用修飾成分そのものではなく、

---

36) 前置詞「para」の古形。

それを形成する言語要素である。

　ここで Rodriguez は、「Toxite」が「運動を意味する動詞と一緒に用ゐられる」場合について述べ、ある場合には「*pera*（為）」の意味を持ち、ある場合には「*por*（として）」の意味をもつと言っている。例文を見ると、「Toxite」の前に来る名詞が「物事」を示す場合には「*pera*」の意味であり、人の「立場・役職」を示す場合には「*por*」である。上記例文にある「奉行」も、前者は「上の命を奉じて事を執行する」という物事であり、後者は「その立場にある人」のことである。「Toxite」には二つの意味があるということとその使いわけをうまく説明している。

　言語教育でもっとも大切なのは、「場面」をおさえることである。Appendix 2 では、「*livros da China, & sentenças*（支那の書物や格言）」という場面を設定し、そこでは、「として」は「*quasi não acrecenta sentido*（殆ど何らの意味をも加へない）」とし、論語から「人として智なきときんば、木石に異ならず」など五つの用例をひいている。つまり、漢文訓読にあらわれる「として」は動作主につくと辞書的意味を持たない、ということである。

　副詞「として」の前に来る言語要素には、畳語、畳語の半分、物事、立場・役職があることが提示された。そして、Appendix 4 で pronome（代名詞）の場合が示されている。「身として」、「御身として」、「我として」、「己として」がそれで、「*per*[37] *me*」、「*per te*」、「*per se*」、英語で言うと「for me」、「for you」、「for oneself」の意味をもつ。

　「として」に関する記述と「して」に関する記述を一つにまとめるのは、学習者にとっての便宜を考えてのことである。どちらも動詞「する」のテ形をふくみながら、何かを「する」という意味を持たない言語要素であり、その用法はわかりにくい。それらの意味、用法を、まず、「と」の有無で整理し、さらに説明と用例を加えている。

---

37)　前置詞「por」の古形。

Appendix 6 は接続詞としての「して」に関する記述で、「*pois*（さうして）」の意味の「して」は、いつも「*principio do periodo*（文首）」におかれるとのべている。つまり、文頭にある「して」は接続詞「*pois*」の意味をもつのである。

Appendix 3 も「して」に関する項であり、ポルトガル語の「*com*、*por*」の意味をもつ、「文して申す」、「使して言ふ」などの「して」についてのべている。道具、手段を意味する現代語の「で」、英語の「with、by」に相当する。

Appendix 5 にあらわれる用例は、「Fajimeto xite（初として）」、「Saquito xite（先として）」、「Nanto xite（何として）」、「Cato xite（かとして）」、「Cŏxite dŏxite（かうしてだうして）」、「Cŏxitemo dŏxitemo（かうしてもだうしても）」、「Sŏxite（さうして）」の七つである。Rodriguez は、「として」も「して」も副詞であるとし、名詞相当の言語要素には「として」が、副詞相当の言語要素には「して」が後接することを用例によって示している。

「Toxite」のポルトガル語の訳語である「*por*、*pera*、*per*、*com*」は前置詞であり、名詞をしたがえて連用修飾節を形成する。

6-3-2 こそ、結句、却って

第 115 葉裏の最後から第 117 葉裏の最初まで、1 葉半以上が「Coso, Queccu, Cayette」の節である。しかし、そのほとんどが「こそ」の記述にさかれ、しかも、この節のすぐ後に、別に、「*CAYETTE, QVECCV*」の節がもうけられている。この節は実質的に「こそ」の節だと言っていい。

その第 1 項は以下のとおりである。

¶ *O uso, &* **construição** *deste adverbio,* Coso, *nesta lingoa é mui vario, & corrente: pelo que primeiro apontarei suas varias* **significaçõis***, &* **usos***, & depois sua* **construição***.*

○この Coso といふ副詞はこの国語に於いてその用法並に構成が甚だ多様であり且広く行はれてゐる。そこで初にその色々な意義と用法とを示し、然る後にその構成に及ぶ事とする。

「*é mui vario, & corrente*（甚だ多様であり且広く行はれてゐる）」なので、紙面をさいて詳述している。

「Coso, Queccu, Cayette」の節は、大きく二つの部分にわけられ、その前半がさらに二つにわけられる。大きく二つは、o uso（用法）と **construição**（構成）で、さらに o uso が **significaçõis**（意義）と **usos**（用法）にわけられる。この3部構成を順にあつかっていくことを言っているのが上記の、「*primeiro apontarei suas varias **significaçõis**, & **usos**, & depois sua **construição***」である。

3部構成の最初は、1から7の意義で、次が、1から7、+αの用法、そして、構成である。ここで構成というのは、「REGIMENTO DESTE ADVERBIO（この副詞の支配関係）」のことであり、係り結びの法則について、本項、Appenix 1、Exceição（例外）と半葉以上をついやしている。

以下、意義 -1 から7と用法 -1 から7、+αを概観する。七つの「意義」は、一般的、総論的な記述から個別的、各論的記述へとならんでおり、「こそ」をふくむ文型と意味の結びつきが中心である。一方、「用法」は具体的な意味がなく、ニュアンスを加えるだけの場合で、どのような場面で「こそ」が使われるのかを示している。

意義 -1 の記述は、「¶ *Primeiramente significa o mesmo que,* Queccu, Cayette. i. *Antes, pelo contrario. Vt,* Core coso yocarŏzure. i. *Antes isto sera melhor.*（第一には**結句**、**却ってと同じ意義を示す。例へば、これこそ良からうずれ**。「寧ろこの方がよいだろう」といふ意。）」ですべてである。

この節の題には、「こそ」、「結句」、「却って」がならんでいる。日本語でなら「こそ」は係助詞、「結句」、「却って」は副詞ということになり、「こそ」は副詞には分類されない。「こそ」をポルトガル語に訳出すると、「*Antes*（何よりもまず、とりわけ、むしろ）」という副詞か、「*pelo contrario*（むしろ、反対に）」という副詞相当の句になる。だから、この３語がならんでいるのである。

　意義 −2 「Sato chicaquereba **coso** figa miyure（里近ければこそ火が見ゆれ）」や「Naqunaqu tçuquifiuo vocuraretani **coso** xemete cocorozaxino fodomo arauaretare（泣く泣く月日を送られたにこそせめて志の程もあらはれたれ）」などの例をあげ、「*com o conjuntivo, Reba, Ni, é causal, & significa porquanto, porque, com muita enfasi, & energia, & c.*（接続法の Reba, Ni と一緒になって理由を示し、何々だからといふ事を非常に力強く勢をこめて表す）」とある。ここで言う接続法とは、「已然形＋ば」の既定条件のことである。

　同じ意義 −2 で、「Araba**coso**, xinjŏzure（あらばこそ、進ぜうずれ）」の例をあげ、Condicional（条件法）のあとに来ると、ポルトガル語の「*isso era se houvese*」にあたるとのべている。Condicional というのは「未然形＋ば」のことで、そこに Coso が後接すると「現実にはないけれども、もしあったならば、こうであろう」の意味をもつというのである。反実仮想である。「*era*」はコピュラ動詞「*ser*」の直説法不完全過去の１・３人称単数で、条件法「*seria*」のかわりをしている。「*houvese*」は「*houvesse*」のことで、存在していることを表す動詞「*haver*」の接続法過去の１・３人称単数である。

　「Mairŏni **coso** mŏsŏzure（参らうにこそ申さうずれ）」という例もあげられている。「Mairo ni」だけで Condicional だと考えられていることになるが、「*DO MODO CONJUNTIVO CONDICIONAL*（条件的接続法に就いて）」の章の第 19 葉表では「Aguêoni（上げうに）」ではなく、「Aguêoni coso」全体で Condicional だとしている[38]。記述がゆれている例である。

---

38)　第 18 葉裏に Condicional に使われる助辞の一覧がある。「niua（には）」はあるが、「ni」はない。

意義 -3 「Fitonimo xij, varemo nomu**coso** vomoxiroquere（人にも強ひ、我も飲むこそ面白けれ）」という例をあげ、Coso は不定法の助辞だとしている。Coso が動詞の連体形に後接した場合、その動詞が名詞として機能することを言っているのである。Coso がつくと動詞が不定法になるという記述のし方は、ラテン語文法を身につけている学習者にとってわかりやすいであろう。

意義 -4 「Natte **coso**（なってこそ）」、「Vonmayeni monouo mŏsarete **coso**（御前に物を申されてこそ）」などの例をあげ、「*tem sentido de negativo em certos modos de falar, mormente posposto ao participio acabado em, Te. i. Nulo modo, qual falar, não ha, qual haver,* & c.（主として、Te に終る分詞の後に添へた場合であるが、或言ひ方に於いては、否定の意味を持ち、決してない、話すことなどありはしない、有るものか等といふ意を表す）」とある。これは、「てこそ」の形で文をおわった場合の反語の用法である。

例に、「Xite **coso**（してこそ）」、「Xitte **coso**（知ってこそ）」がある。これは、日本語の促音のミニマルペアとなっており、文法説明の例文の中に音声教育、音韻教育をとりいれた例である。

意義 -5 「Sareba **coso**、Fodoni **coso**、Sate **coso**、Soreni yotte **coso**」の例をあげて、Coso には、「*eis ali*（ここにある）、*assi o dizia eu*（私がさう言った）、*pois por isso*（それだから）、*eis que*（それ見よ）、*hão por isso*（それだから）」の意味があると言っている。しかし、これらの意味はCosoにあるのではなく、「Sareba **coso**」以下の言い回しがもつ意味である。

「こそ」をふくんだ表現に対応するポルトガル語を提示することによって、「こそ」が使えるようにしている。

意義 -6 「Coreuo mitaca?（これを見たか）」、「**Coso** mimŏxite gozare（こそ見申してござれ）」、「mite **coso** gozare（見てこそござれ）」などの例を示し、

第3章　139

質問に力強く答える、「*Si pois não*（勿論さうだ）」、「*mais que si*（確かにさうだ）」などの意味合いをもつとのべている。質問に対する答の文頭に用いて「確かに」という気持を表わす用法である。

意義 -7 「Nainai voideuo machimaraxitani, yô**coso** gozattare（内々お出でを待ちまらしたに、ようこそござったれ）」、「Yô**coso** iytçuquetare（ようこそ言ひ付けたれ）」、そして、「富樫の舞」からの「Natçuno muxi tonde fini irutoua, yô**coso** iytçutayetare（夏の虫飛んで火に入るとは、ようこそ言ひ伝へたれ）」という例を示し、「saiuai（幸）」、ポルトガル語で「*A bom tempo, aproposito, ô como*（しあわせな時、折よく、何と：馬場訳）」という意味をもつとのべている。

　例を見ると、3例ともに「yôcoso」となっている。Coso が「saiuai」の意をもつのではなく、「yôcoso」で慣用句的に使われるのである。

　意義の記述の後は**用法**である。Coso は「*em modos que não tem outra significação, mais que de força, ornato, enchimento da oração, energia, & c.*（力を与へ、装飾となり、句の補填をし、勢を増す事以外には何等意義を示さない）」とし、「*de baixo desta significação tem varios sentidos*（その意義の範囲内で色々な心持が表される）」とのべている。

　用法では、Coso が場面、ニュアンスとむすびついている。

用法 -1 「Sa**coso** mŏxitare（さこそ申したれ）」、「Xôxŏ areua tarezoto touaretareba, Rocugiŏ core**coso**to bacari yŭ（少将あれは誰ぞと問はれたれば、六条これこそとばかり言ふ）」など、**私があなたに言ったのはこの事であったのだという心持ちを示す。**

用法 -2 **Aduersatiuo**（反語）で、「*posto que*（-であるけれども）」、「*ainda que*（-であるけれども）」の意をもつとあるが、例は、「mi**coso** sunzunni quirareôzuredomo（身こそ寸々に斬られうずれども）」である。「已然形＋－ども」が逆接の既定条件を表わしているのであって、Cosoが反語表現をになっているのではない。「こそ」は「已然形＋－ども」と組み合わせて使われることが多かった、あるいは、組み合わせると使いやすい、あるいは、両方なのであろう。

用法-3 「それ**敵**が来た。」というときに「Suua tequi**coso** mucaye（すは敵こそ向かへ）」のように使う。Cosoをふくむ表現で、特定の場面と強くむすびついたものをあげている。

用法-4 名詞の強調の用法である。「*Significa alguem de muitos em particular pospondose ao nome de que faz exceição*（多くの中の或ものを特に示す為に、その例外たるべきものを意味する名詞の後に置く）」とある。「alguem」は**誰か**人のことであり、例として、「Feiqueniua Xiguemori**coso** cocoro cŏni, &c.（平家には重盛こそ心剛に、云々）」、「Tada matdaini xŏuo vquete cacaru vquimeni vŏ Xiguemoriga quafôno fodo**coso** tçutanŏ gozare（ただ末代に生を享けてかかる憂き目にあふ重盛が果報の程こそ拙うござれ）」があげられている。

用法-5 話題の中の場所や人や物が**好都合か都合に合わないか**をのべるときに使うとしている。「こそ」に特にこういう用法、意味があるわけではない。便不便を言う時に日本人はよくCosoを使ったのだろう。学習者として、Rodriguezが気づいたことだと言える。

用法-6 **驚駭**を示す場合。

例は3例あり、「Quiŏgiŭno jŏgue Guivŏ**coso** Quiyomorino itoma cudasarete detato yŭni, iza guenzan xite asobŏto yŭte, &c.（京中の上下祇王こそ清盛の暇下されて出たと言ふに、いざ見参して遊ばうと言うて、云々）」、「Iirŏ**coso** maittare,

&c.（次郎こそ参ったれ、云々）」、「Fimega coto**coso** cocoroguruxiqueredomo, soremo iquiminareba, naguequinagara sugosŏzu（姫が事こそ心苦しけれども、それも生き身なれば、歎きながら過さうず）」のように、3例すべてで人についている。だれかがしたことや誰かの状況が驚きの対象となる場合によく使われたようである。

用法 −7　純然たる**装飾**。

「Catajiquenŏ**coso** gozare（辱うこそぞされ）」、「Yô**coso** gozattare（ようこそござったれ）」、「平家」から「Vôxerareta cotodomouo gocôquaide **coso** gozarŏzure（仰せられた事共を御後悔でこそござらうずれ）」などの例があげられている。あいさつの中の習慣的、慣用、決まり文句で、特に強調の気持ちはない。丁寧な態度を示す待遇の一部である。

用法＋α　「*tem outros sentidos, & energias*（（以上の用法とは）違った意味と力とを持ったものがある）」として、**Tasuque cotoba**（助け詞）の例があげられている。例文は、「Nagoriximo**coso** coixicariquere（名残しもこそ恋しかりけれ）」である。

構成　「*a oração em que entra* Coso, *acaba em* Re（Coso の入った文は Re に終る）」ことから、「Mo queri, Zo queru, Coso quere」という言い回しがあるとのべ、この言い回しを「*precedendo,* Mo, *acabara a oração em,* Ri, Zo, *em,* Ru, Coso, *em,* Re（Mo が先行する場合には文が Ri に終り、Zo ならば Ru、Coso ならば Re に終る）」ということだと説明している。

さらに、Coso をうける述部が verbo adjectivo、つまり、イ形容詞であるときは「Quere」で、述部が直説法の動詞のときは「E」でおわるとし、以下のような例をあげている。

Core mina acutŏdomono vazade**coso** are（これ皆悪党共の業でこそあれ）
　　　　　　　　　　　　　　使用頻度の高い存在動詞「ある」が結びの例。
　　　Core**coso** yoquere（これこそ良けれ）　　イ形容詞の「良い」。
　　　Sa**coso** mŏxe（さこそ申せ）　　　　　使用頻度の高い四段動詞「申す」。
　　　Coso mŏxitare（こそ申したれ）　　　　動詞の過去。
　　　Coso mŏsŏzure（こそ申さうずれ）　　　動詞の未来。
　　　Coso yocattare（こそ良かったれ）　　　イ形容詞の過去。
　　　yô**coso** gozattare（ようこそござったれ）謙譲の存在動詞。
　　　Yumitoriua na**coso** voxiqure（弓取は名こそ惜しけれ）「平家」
　　　　　　　　　　　　　　イ形容詞「惜し」。
　　　vonuo xiranuuoba chicuxŏto **coso** iye.（恩を知らぬをば畜生とこそ言へ）
　　　　　　　　　　　　　　　　　　　　　　　　　　　　　　　「平家」
　　　　　　　　　　　　　　動詞「言ふ」。

　使用頻度の高い動詞、イ形容詞を使い、各時制、謙譲表現を示して、例文を網羅し、係り結びの法則をくわしく説明している。

構成：Appendix 1　「¶ *Na escritura maiormente em poesia acaba muitas vezes nas silabas,* Rame, Beranare, Queme（書きことば、主として和歌ではしばしば Rame、Beranare、Queme といふ綴字に終る）」とある。当時の日本語では使われなくなっていた助動詞「らむ、べらなり、けむ」が古典や和歌では使われており、Coso の結びとなるときは、「らめ、べらなれ、けめ」の形をとるということである。

構成：Exceiçam　「Reba」、「Ni」、「Tomo」、可能法、「Te」におわる分詞、過去の「Xi」に先行する場合は「E」に変わることがない、已然形とならないとのべている。「Tomo」、可能法、「Te」におわる分詞の例文はあるが、

「Reba」、「Ni」の例文はない。「Reba」、「Ni」は**意義 -2**で項目として取り上げられているが、「reba coso」、「ni coso」であり、「Reba」、「Ni」に先行した場合ではない。

「Reba」、「Ni」、「Tomo」、「Te」におわる分詞に先行する場合に関しては、係助詞の Coso をうける活用語がこれらの接続助詞「ば、に、とも、て」をしたがえており、結びが流れているから、「E」にならないのである。

一方、可能法で已然形にならないというのは、「こそ＋已然形」の呼応の通時的な変化によるもので、このころすでに推量の助動詞、Rodriguez の言う可能法は已然形で結ばなくなっていたのである[39]。

「E」に変わることのない例外として、過去の「Xi」で文が終わる場合もあげている。当時、用言の言い切りはすでに連体形となっていた。過去の助動詞「き」の Coso に対する結びは已然形「しか」のはずであるが、中世以降は「こそ＋已然形」の呼応の破格化が進み、断定性の強い助動詞にもおよんでいた。それで、連体形の「し」となっていたことを言っているのである。

Coso の意義、用法は数多くあるが、その第一の訳語は「*apenas*、*pelo contrário*」である。対応するポルトガル語が副詞、副詞句であるから、Coso は副詞に分類されている。

6-3-3　さへ、すら、だに、だにも、だも、だし

この節は、第 118 葉表から 119 葉裏までの 2 葉近くの長さがある。ここでは、「さへ、すら、だに、だにも、だも、だし」を「*É adverbio, ou conjunção condicional que compara quando argumentamos de ũa cousa a outra*（ある事に就いて論証する際に他と比較する所の**副詞又は条件接続詞**）」ととらえていて、それぞれの間の違いや使い分けについてはふれていない。当時もっとも使用

---

[39]　可能法の例として、「伊曾保」から「Fara**coso** tattçurŏ（腹こそ立っつらう）」、「Sonatato varera yen **coso** tçuquitçurŏ（そなたと我等縁こそ尽きつらう）」の 2 例があげられている。「立っつらう」、「尽きつらう」の「つらう」は、完了の助動詞「つ」の終止形に推量の助動詞「らむ」の終止形が接続したもので、Rodriguez の言う可能法の完全過去である。

頻度が高かったのは「さへ」のようで[40]、Appendix 1 から 5 までは「さへ」に関する記述である[41]。

本項でポルトガル語での意味、そして、本項と Appendix1、2、4 とでこれらの語をふくんだ**文型**について、3、5 でよく**共起する副詞や言語成分**について、そして、6 で書きことばにおける**同義語**についてのべている。「さへ」の意味はとらえどころがなく習得がむずかしい。それを文型や共起する語といった「形」でおさえ、学習しやすいようにしているのである。

本項には、述部が肯定の場合は、「*Se, se inda, se ate, ate, se apenas, escasamente*」の意味、否定の場合は、「*Se nem, nem ainda*」の意味となる、とある。

「*se*」は、条件節をみちびく接続詞で英語の「if」にあたる。「*se inda*」は「*se ainda*」のことで、「*ate*」は副詞で「さえ、すら」、「*se ainda*」、「*se ate*」、「*se apenas*」は「〜さえ〜なら」、「せめて〜だったら」、「少なくとも〜なら」の意である。「*escasamente*」は副詞「*escassamente*」のことで、「乏しく、不足して」などの意をもつ。また、「*se nem*」は「もし〜でないなら」、「*nem ainda*」は「〜でさえない」の意である。上記の語句「*Se, se inda, se ate, ate, se apenas, escasamente*」、「*Se nem, nem ainda*」は、副詞、接続詞、あるいは、両者の組み合わさった言い回しである。

Rodriguez が「さへ、すら、だに、だにも、だも、だし」を「副詞」と言っているのは、これらのかかっていく述部が明示されている場合のことで、「**条件接続詞**」というのは、Appendix 2 のおわりにのべられている**接続助詞的用法**のことである。

---

40) 「さへ」は、類義の副助詞に「だに」「すら」があり、この3語は上代それぞれ独自の意義を有していたが、徐々に変遷し、結果的に「さへ」1語に収斂した。室町期には「さへ」が「だに」、「すら」の意をも含む三つの意義をあわせもつことになる。
41) Appendix 3 に 1 文だけ「すら」の例がある。

第 3 章　145

文型

本項　「－ saye ＋－ ni、－。」

Appendix 1　他の文が後続しない場合。

　　　Vma**saye** nacatta.（馬さへなかった。）

　　　Fitotçu**saye**mo nai.（一つさへも無い。）

　　　Cotoba **saye** xiranu mono（言葉さへ知らぬ者）

　　　Tŏfucuji bacari vadzucani nocoredomo, sore**saye** xodŏ catafaxini cudzure yuqu.（東福寺ばかり纔に残れども、それさへ諸堂片端に崩れ行く。）

　　　　　　　　　　　　　　　　　　　　　　　　　　　　「物語」

Appendix 2　「－ saye ＋－ wa ／－ ba、－。」、助詞「は、ば」によって文が後続する場合。

　　　Conata**saye** vocutabirenaqu**ua**, &c.（こなたさへお草臥れなくは、云々。）

　　　Fune**saye** mairu nara**ba**（舟さへ参るならば）

　　　Cono niuatori**saye** nai nara**ba**, cafodo fuqeôniua vocosaremajijmonouoto yŭte, &c.（この鶏さへないならば、かほど払暁には起されまじいものをと言うて、云々。）「伊曾保」

「－ saye ＋－ fodoni ／ vyeua、－。」、「ほどに、うへは」によって文が後続する場合。

　　　Nifonno xôcocuni **saye** cayŏna cotoga gozaru **fodoni**, &c.（日本の小国にさへかやうな事がござる程に、云々。）「物語」

　　　Inochiuo tçugaruru vxiuo **saye** xocu xeraruru **vyeua**, maxite iuan, &c.（命をつがるる牛をさへ食せらるる上は、況していはん、云々。）「伊曾保」

「－ saye。」、「さへ」で言いさしとなっている場合。

　　　Sono nacani vadzucano cŏbaco fitotçuuo aqueraruruni **saye**, &c.（その中に僅かの香合一つを開けらるるにさへ、云々。）「黒船」

「－ saye、－。」、「さへ」の**接続助詞的用法**。

　　　Xoxŭno vchiniua jenxŭuo daiichito yŭ **saye**, cacuno gotoqu areba,

&c.（諸宗の中には禅宗を第一と言ふさへ、此の如くあれば、云々。）

「豊後の物語」

Appendix 4 「引用の to ＋ saye ＋申せば／言えば」。

Quidento **saye** mŏxeba, &c.（貴殿とさへ申せば、云々。）

Soreni yotte Quiyomorino goicqueno fitobitoto**saye iyeba**, cugue buquetomoni vomoteuo mucaye, catauo naraburu fitomo gozanacatta.（それによって清盛の御一家の人々とさへ言へば、公家武家共に面を迎へ、肩を並ぶる人もござなかった。）「平家」

|共起する副詞・言語成分|

Appendix 3 「－**saye** ＋－**ni**,－。」という文型は、ポルトガル語の「*quanto mais*（況して）」、「*muito mais*（更に一層）」、「*com muito mais rezão*（一層多くの理由を以て）」などの意味を含意している。なくてもいいが、ここに、「maxite iuanya（況していはんや）」、「maxiteya iuan（況してやいはん）」、「iuanya（況や）」、「icani iuanya（如何にいはんや）」、「icadeca（如何でか）」、「nauo motte（なほ以て）」という副詞を加えることがある。そして、主として「iuanya」、「icadeca」が先行する場合には、文末を「voya」、「ni voitevoya」（6-3-4 参照、第120葉表）でむすぶことがある。

Cŏxite iru**saye** farano tatçu**ni**, vaga meno mayede betno tçumauo motaxeteua arareô monoca?（かうして居るさへ腹の立つに、わが目の前で別の妻を持たせてはあられるものか。）「伊曾保」

Corefodo xeiuo iruru **saye** coto naricanuru**ni**, vcato xiteua **icadeca** banji canŏbequi?

（是程精を入るるさへ事なりかぬるに、うかとしては如何でか万事かなふべき。）

「伊留満パウロ」

Fito **saye** côquai suru monouo yurusu**ni**, **iuanya** Deus**ni voiteuoya**?（人さへ後悔する者を許すに、いはんやデウスに於いてをや。）

Appendix 5　補助動詞、補助形容詞の「canuru（かぬる）」、「gatai（難い）」、「nicui（にくい）」、「ye（え）」、「yenu（得ぬ）」、また、副詞の「yǒyǒ（漸々）」。

Core**saye** mǒxi**cane**tani, &c.（これさへ申しかねたに、云々。）

Core**saye** xi**gatai**ni. Mǒxi**nicui**ni. **Ye**cacanuni. Caqui**yenu**ni, &c.（これさへし難いに。申しにくいに。え書かぬに。書きえぬに、云々。）

Core**saye yǒyǒ** caita（これさへ漸々書いた。）

書きことばにおける同義語

Appendix 6　「すら、だに、だにも、だも、だしも」は「さへ」と意味、用法が同じであり、当時書きことばでしか使われなくなっていた（注40参照）。「さへ」の同義語として、これらの語が紹介されている。

Vofaxiuo **danimo** taterarenanda.（お箸をだにも立てられなんだ。）「平家」
Nhôbǒ samurai vouocattaredomo, monouosaye tori xitatamezu, mōuo **daximo** voximo tatezu.（女房侍多かったれども、物をさへ取認めず、門をだしも押もたてず。）「平家」
Yono chirini quegasarezaru fito**sura**, &c.（世の塵に汚されざる人すら、云々。）「発心集」

6-3-4　おいて、おいては、おいてをや、とっては、いたっては

　この節は、本項とAppendixの1から3でなっており、本項とAppendix 1は「於いて」と「於いては」の記述、Appendix 2は「取っては」、3は「至っては」についてのべられている。Appendix 2に「Totteua, *Participio do verbo,* Toru（Totteuaは動詞Toruの分詞であ）」る、Appendix 3に「Itatteua, *Participio do verbo,* Itaru（Itatteuaは動詞Itaruの分詞であ）」るという記述がある。つまり、動詞のテ形である。

　*ARTE GRANDE*の第一巻の冒頭の名詞変化表にあるように、Rodriguez

は与格と奪格に格助詞の「ニ」をみとめている。それで、本項の冒頭「*Este adverbio,* Voite*, rege Dativo, ou Ablativo com a particula,* Ni（この副詞 Voite は、助辞 Ni を伴ふ与格又は奪格を支配する）」という記述になる。

Appendix 1 では、「於いて」、「於いては」の意味、用法にふれ、以下の四つをあげている。

第一　ポルトガル語の「*se*（条件を示す接続詞、英語の「if」）」、日本語の「Naraba」の意味をもつ。
Iǒjǒni **voiteua** vquetori mǒsubequ soro.（上々に於いては受取り申すべくそろ。）
Curuxicarazaruguini **voiteua**, mǒxi ageôzu.（苦しからざる儀に於いては、申し上げうず。）

第二　場所を示す「Ni」、「Nite」と同じ。この用法では、「*Comũmente não leva a particula,* Va（普通には助辞 Va をとらない）」とある。
Cocomotoni **voite**（ここ許に於いて）
Condono gofattoua Fuximini **voite** vôxe idasareta cotogia.（今度の御法度は伏見に於いて仰せ出だされた事ぢゃ。）

第三　「Maxite iuanya、Icadeca、Icani iuanya」に呼応して、文末に「－に於いてをや」とおかれる（6-3-3 参照）。

第四　「*quanto a isso*」、「*quanto a tal cousa*」の意味、つまり、「－に関して／について」。
Sono guini **voiteua** zonjenu.（その儀に於いては存ぜぬ。）
Firayamani **voiteua**, fitoaximo fiqumai monouo.（平山に於いては、一足も引くまいものを。）「平家」

Appendix 2 で「Totteua」は第四の意味をもつ、Appendix 3 で「Itatteua」は第一と第二、第四の意味をもつとしている。例は、以下のとおりである。

Totteua	第四	Vôxeua mottomo naredomo, vagamini **totteua** canaigatai.（仰せは尤もなれども、わが身にとっては叶ひがたい。）「伊曾保」
Itatteua	第一	Mata daiquanni **itatteua** ichininnomi sadamubequi nari.（又代官に至っては一人のみ定むべきなり。）「式目」
	第二	Fuximini **itatte** vôxe idasareta.（伏見に至って仰せ出だされた。）
	第四	Cano daiquanni **itatteua** mexi quinjerarubequi nari.（彼の代官に至っては召し禁ぜらるべきなり。）「式目」

　Appendix 1 で、第二の意味では「於いて」は「Va」をとらないとしている。例をみると、「至って」にもあてはまるようだ。「Va」の有無という「形」で意味、用法をおさえようという意図がここにも見られる。

　すべて、動詞のテ形が文法化し複合格助詞となっていること、ニ格支配であること、そして、意味にも共通点が多いことから、これらの語句をあわせて一つの節にしたと考えられる。

6-3-5　ところ、ところに

　Rodriguez は、「ところ」に「*nome substantivo, que significa lugar, ou parte*（場所や部分を意味する実質名詞）」としての用法と「Tenifa. i. *adverbio, ou particula*（'てには'、つまり、副詞か助辞）」としての用法とを認め、後者の場合は、「*se pospoem a verbos, & Nomes substantivos*（動詞と実名詞の後におかれ：馬場訳）」、非常にエレガント[42]である、としている。

　「*TOCORO, TOCORONI, &c.*」の節は、本項と Appendix 1 から 6 までで構成されており、第 120 葉裏から 121 葉裏まで、ほぼ 1 葉半をしめている。

42）第 4 章「elegâcia, elegante, elegantemente」の 7-③「副詞」pp.225-229、を参照。

とりあげられているのは、上記の後者の用法で、「名詞＋の＋ところ」、「動詞＋ところ」、「動詞＋ところ＋の＋名詞」、「ところに、ところで、ところへ、ところを」、名詞や動詞の後にくる「ところ」、「Fodoni」と同じように理由を示す「ところで」、述部の一部となっている「ところ」、「名詞＋の＋及ぶ＋ところ」、「ところ」の'こゑ'の「しょ」についてで、以下のように論じている。

名詞＋の＋ところ　この「の＋ところ」は、「*especificar, & particularizar o nome a que se pospoem*（その前に立つ名詞を提示し明示する）」、そして、ポルトガル語の「*o cativeiro*（捕虜）」、「*o entendimento*（理解）」の定冠詞「*o*」に相当すると言っている。つまり、名詞の指し示す事物、人を特定するのであり、「Carega acuxinno tocoroniua dôxin xemai（かれが悪心の所には同心せまい）」、「Fitono acuno tocoroniua cumixezu（人の悪の所には与みせず）」などの例、また、「伊曾保物語」からの引用例が二つ、「Soreni yotte xujinuo fajimete fŏbaimo Esopoga fumbet**no tocoro**uo mina fometato mǒsu（それによって主人を始めて傍輩もイソポが分別の所を皆褒めたと申す）」と「Nangi coreuo arauasuni voiteua, fuda**ino tocoro**uo xamen xôzu（汝これを表すに於いては、譜代の所を赦免せうず）」がある。

動詞＋ところ　「*posposto às vozes do Indicativo*（直説法の形をとった動詞の後に置かれ）」ると、不定法と同じように機能すると言っている。

作例に「Mǒsu **tocoro**（申す所）」、「Yǔ **tocoro**（言ふ所）」、「Nasu **tocoro**（為す所）」、引用例に「Ima vtagǒ **tocoro**mo naito vôxerareta（今疑ふ所もないと仰せられた）」「伊曾保」などをあげ、「*as particulas articulares conforme ao verbo que se segue*（これに続く動詞に応じてその要求する助辞をとる）」とのべている。「Mǒsu **tocoro**」、「vtagǒ **tocoro**」は、これをうける動詞によって自由に格助詞をとる、ということである。

第 3 章　151

動詞＋ところ＋の＋名詞　「式目」からは、「Vdaixŏgue igo daidaino Xŏgun, narabini Nijdonono vontoqui atetamŏ **tocorono** xoriŏtô fonxuno soxôni yotte caifu xeraruruya inayano coto（右大将家以後代々の将軍、并に二位殿の御時宛て給ふ所の所領等本主の訴訟に依って改補せらるるや否やの事）」、「伊曾保」からは「Iinenni xŏzuru **tocorono** sŏmocuua yaxinai sodatçuru coto naqueredomo, vôquini fanjŏ suru（自然に生ずる所の草木は養ひ育つる事なけれども、大きに繁昌する）」と「Esopo noburu **tocorono** tatoyeniua, aru finja inagouo torŏzurutote yuqu roxini voite xemiuo mitçuque, sunauachi coreuo totte corosŏto suru tocorode, cano xemino mŏsu yŏua, &c.（イソポ述ぶる所の譬には、ある貧者蟲をとらうずるとて行く路次に於いて蟬を見つけ、即ちこれを取って殺さうとする所で、かの蟬の申すやうは、云々）」の 2 例を引用し、「ところ」は関係句を作る、これがなくても意味はよく理解できる、としている。

ところに、ところで、ところへ、ところを　二文をつなげる接続助詞の役割をはたすものとして、「ところに、ところで、ところへ、ところを」をあげている。

「*comummente tem ũa relação, ou respeito ao verbo que se segue na oração*（普通は、文中で後ろにくる動詞と関係や関連をもつ：馬場訳）」として、「*Vejase o que se notou nas conjugações no modo conjuntivo*（活用論の接続法に就いて注意した所を見よ）」とある。これは、接続法の記述の第 16 葉裏にある「Tocoroni, Tocorode, Tocorouo, Tocoroye」[43]に関する記述のことである。

以下、名詞や動詞の後にくる「ところ」、「Fodoni」と同じように理由を示す「ところで」、Appendix 6 では、「動詞ル形＋ **tocoro nari / tocorogia / tocorodeua nai**」のように述部の一部となっている「ところ」、「名詞＋の＋及ぶ＋ところなり／にあり」、「名詞＋の＋及ばぬ＋ところなり」、「所望、

---

43)　第 4 章「elegância, elegante, elegantemente」の 7-⑦「語、句、形態素」pp.245-248 を参照。

所存、所作、所詮」の「しょ」がとりあげられている。形式名詞というのは使い方がむずかしいが、ここでは「ところ」の用法が文型や連語によって学習できるように工夫されている。

6-3-6　ほど、ほどの、ほどに

「*FODO, FODONO, FODONI*」の節は、第123葉裏から124葉表まで、本項と六つの Appendix と Appendix 6 に対する Appendix、そして、Exceiçam からなっている。その本項の第一段落を見てみよう。

> ¶ *Este adverbio tem vario regimento, &uso dificultoso de acomodar ao nosso modo. E propriamente nome substantivo que significa quantidade, grandeza assi em cousa continuada como discreta. s. espaço de tempo, ou de lugar, & tambem em cousas de qualidade e usado, & admite algũas das particulas articulares, &c.*

「*Este adverbio tem vario regimento*（この副詞はいろいろな支配をする）」というのは、本項以下、Appendix と Exceiçam にある多くの型のことを言っているのだろう。「*uso dificultoso de acomodar ao nosso modo*（ポルトガル語のやり方ではぴったり合わない用法）」は、ポルトガル語にうまく対応する言い回し、表現がないことを言っている。

平安期以降、形式名詞、副助詞的な用法が発達し、その結果、用法は多岐にわたり、「*que significa quantidade, grandeza assi em cousa continuada como discreta. s. espaço de tempo, ou de lugar, & tambem em cousas de qualidade e usado*（連続的であれ、離散的であれ、つまり、時間の長さであれ、場所の広さであれ、量や大きさを意味し、また、fodo は物事の質に関しても使われ）」ていた。用法によって「Fodo」は自由に格助詞をとることもあれば、制限のあることもある。それで、「*admite algũas das particulas articulares, &c.*（fodo はいく

つかの格助辞などをとる）」（以上、馬場訳）、「*algũas*（いくつかの）」や「*&c.*」のついた記述となっている。

あげられている文型、表現は、以下のとおりである。

本項	名詞＋**fodo**	同じ程度、これ位という意。
Appendix 1	名詞＋**no**＋**fodo**	物の大きさ、性質がその程度であることを意味する。
Appendix 2	指示詞＋**fodo**	Arefodo、Corefodo、Safodo、Sorefodo。
Appendix 3	直説法の動詞＋**fodo**	愈々益々という意。
Appendix 4	動詞＋**fodo**＋**no**／**na**＋実名詞　関係句となる。	

　　　　　　　Fuxeru **fodono** yamaideua nai.（臥せる程の病ではない。）
　　　　　　　Voide nasaruru **fodono** yôdeua nai.（御出でなさるる程の用ではない。）
　　　　　　　Xicô itasu **fodono** guigia.（伺候致す程の儀ぢゃ。）

Appendix 5	**fodo**＋ならば／ないならば、**fodo**＋あらば　しようとする状態にあるならとか、能力があるならとかの意。	
Appendix 6	色々な物事の量とか大きさ。Tacasa no **fodo**、chiyeno **fodo**、Chicarano **fodo**。	

　　　　　　　時を意味する名詞に接続して、時間の長さ。
　　　　　　　場所の長さ、広さ。
　　　　　　　疑問詞に後接して：ica**fodo**, l, nambô **fodo** tacai, l, asai（いかほど高い／あさい、なんほうほど高い／あさい）。

Appendix	動詞＋**fodoni**　理由を示し、「Niyotte」と同意。「**sarufodoni**」は突然に文段を始める場合に使う。	
Exeiçam	名詞＋**fodoni**	量を示す。

「ところ」と同様、文型や連語によって学習しやすいように工夫している。

「ほど」が原因・理由の用法で多く使われるようになり、助詞化して体言を直接受けるようになったのも、程度を表わす用法（「ぐらい」の意）、限度を表わす用法（「だけ」の意）、打消しの語と呼応して程度を比較する上での基準を表わす用法（～ほど～ない）、一つの事柄に比例して結果が現れることを表わす用法（「～につれてますます」の意）が発達したのも中世以降であった。Rodriguez が *ARTE GRANDE* を執筆しているまさにその頃、「Fodo」はその用法を飛躍的にひろげていたのである。

6-3-7　却って、結句

「こそ」についての記述の節題は「Coso, Queccu, Cayette」である。この節のすぐ後には、「*CAYETTE, QVECCV*」という短い節が来る。この2語の解釈、理解、運用はそれほど難しいとは思われない。ポルトガル語訳が「こそ」と同じになるので参考までに直後に置いた、という印象が強い。

記述はごく簡単で、「*Pelo contrario, Antes*（反対に、寧ろ）」の意味だということ、そして、「左近物語」、「教化物語」、「伊曾保」から引用が各1例ずつあげられている。

6-3-8　よも

「Yomo」の語義を「*Por nenhum modo, ou assi como assi, &às vezes provavelmente duvidando. i. parece que não, provavelmente não*（決してないとか、兎も角もとかといふ意を示し、又時には、ないやうに思はれるとか多分ないだらうといふやうな、疑はしいが多分ないだらう）」という意味だとし、「*pede sempre futuro negativo*（常に未来の否定の語を伴ふ）」と言っている。「未来の否定の語」というのは否定動詞の直説法の未来のことで、「mai」と「ji」をとった動詞のことである。ここでは、「よも」が否定の助動詞「まい」や「じ」と呼応することが多いことを言っている。

作例として、「**Yomo** sŏua gozaru**mai**（よもさうはござるまい）」、「**Yomo**

fune demaito zonjitareba, sateua detayo?（よも舟出まいと存じたれば、さては出たよ）」、「**Yomoyomo mairu**mai（よもよも参るまい）」があげられている。すべて打消の助動詞「まい」と呼応している。第一例は単文、第二例は引用の「と」の節の中、第三例は「よも」を重ねた言い方というように用例に変化をもたせている。

引用例は、「八島」からが1例、「昌尊の舞」からが2例で、「まい」ではなくすべて「じ」と呼応している。作例は実用的な当時の口語で「まい」、引用例は学習すべき古典で「じ」を使用したのである。

Appendix 1 には、「この副詞の支配する否定動詞は省略されてゐることが屢々ある」という記述がある。「**Yomo voxini arumai**to zonjitareba, voxini attayo（よもお死にあるまいと存じたれば、お死にあったよ）」の意で「**Yomo-yomo**to zonjitareba, voxini attayo」（よもよもと存じたれば、お死にあったよ）が、「**Yomo vomairi arumai**to mǒxitareba, vomairiatta（よもお参りあるまいと申したれば、お参りあった）」の意で「**Yomoyomo**to mǒxitareba, vomairiatta（よもよもと申したれば、お参りあった）」がもちいられると言う。重複しているところの前出部分とそれにつく「mai」とを省略し、「yomo」をかさね、引用の「To」はその「yomoyomo」につける。重複をはぶき、そして、「yomoyomo」が装飾的で、かっこうがよかったに違いない。この言い方は「'都'（Miyaco）に於いて多く用ゐられる言ひ方である」とのべられている。

Appendix 2 には、「この副詞に支配される動詞は往々肯定動詞であるが、然しその意味は否定である」とあり、例として「**yomo** cayeximaraxôzo?（よも返しまらせうぞ）」、「**yomo** gozarǒzo?（よもござらうぞ）」があげられている。これは、肯定文で「よも」が使われると反語表現になることを言っているのである。

6-3-9 やう、やうだい、やうす、体（てい）、やうに

第122葉表から裏にかけて、「Yǒ, Yǒdai, Yǒsu, Tei, Yǒni」について、本

項と Appendix 1、2がある。

本項では「やう、やうだい、やうす、体」、それに、「Teitaracu（体為）」があげられ、「やう」の意味は「*modo, como, maneira, feição, &c.*（状態・類似・方法・形状等）」であり、使い方として「*Pospoemse às vozes do indicativo*（直説法の形の後に置かれる）」とある。「やうだい、やうす、体、体為」は「やう」と意味、用法が同じ、「体」だけが「異常な状態にあることを表す」とし、「やうだい、やうす、体為」の例文はなく、「体」の引用例だけが四つあがっている。

Appendix 1 の記述は「やう」が接尾辞として動詞の連用形の後におかれる用法で、「Fune**no** noriyǒ（舟の乗り様）」、「Fumi**no** caquiyǒ（文の書き様）」などの作例と「伊曾保物語」からの引用例「Quexicaranu sacanadǒgu**no** caiyǒ（怪しからぬ肴道具の買ひ様）」とがあげられている。例には、動詞連用形の前にくるのはノ格の名詞であることも示されている。

Appendix 2 では「Yǒni（様に）」の用法の第一から四、そして、+αが記述されている。まず、「やうに」は「やう」と同様、直説法の後におかれるとのべられ、その後、第一「やう」と同じ「方法で、状態で、形で」という意味、第二「Gotoqu. i. *Assi como, a modo de*（「ごとく」、つまり、～のように：馬場訳）」という意味、第三「*Parece que, como que*（さうらしい、であるかの如くである）」、第四は命令文の中で引用の「To」の意味をもつとされている[44]。

最後に、「Noyǒni（の様に）」、「No gotoqu（の如く）」が地方によって、「Ye（へ）」のかわりに方向を表わすのにつかわれるとし、「Miyaco**no** yǒni noboru（都のやうに上る）」、「Quantô**no** gotoqu cudaru（関東の如く下る）」の例をあげている。

---

[44] 例文は、「Mairu y**ǒ**ni vôxerarei（参るやうに仰せられい）」、「Mexiuo c**ǔ**y**ǒ**ni iye（飯を食ふやうに言へ）」、「Yagate cocomotoye mairu y**ǒ**ni mesarei（やがて此所許へ参るやうに召されい）」「加津佐物語」。「To」との違いについてはふれられていない。命令文では「と」でなく「やうに」を使え、と指導していたであろう。

似た意味の語句を一つにまとめて記述している。語学教育的な工夫と言える。

6-3-10　べう、つべう、つべしい、覚しい

「Beô, Tçubexij, Voboxij」すべて、意味は日本語の「Sŏna」、ポルトガル語の「*Parece*（見たところ～だ）」だとしている。「Tçubeô」の意味はふれられていないが、他の3語と同じだと考えられているようである。意味は同じだが、「Voboxij」は「*antes de si quer, To, & propriamente é verbo adjectivo*（その前に To をとり、元来は形容動詞である）」ところが他とことなるとしている。

「べう、つべう、つべしい」のうち、「べう、つべう」は否定をとることが多いとし、「Ima iru**beô**mo nai（今要るべうもない）」、「Mairi**tçube**ômo nai（参りつべうもない）」の例をあげ、「つべう」は肯定のこともあるとして、「So at**tçube**ô miyete gozaru（そあっつべう見えてござる）」の例をあげている。

ここでも、6-3-9 と同様、似た意味の語句を一つにまとめて記述している。日本語学的にはあらっぽい記述だが、言語教育的には学習者のニーズとレベルにあわせた書き方と言える。

6-3-11　ばし

動詞の前におかれ、時に疑問詞をともなう。ある場合には「多分」の意、ある場合には品位[45]を加えるだけ、とある。例は3例あり、すべて引用例で、「何とした」、「どなた」、「何といふ」という疑問詞をふくんでいる。

6-3-12　ばかり

動詞や名詞に後置され、意味は「*somente*（～だけ）」である。続く動詞の支配する格辞をとるとあり、引用例が2例、一つは「を」をとり、一つは「に」

---

[45]　第4章「*elegância, elegante, elegantemente*」の7-③「副詞」の「ばし」の項、pp.227-228 を参照。

をとっている：「Imayori Europano vocataguiniua vrafara chigǒta coto **bacari-uo** goranjerareôzu（今より欧羅巴の御気質には裏腹違うた事ばかりを御覧ぜられうず）」「加津佐物語」、「Nenraino voyucaxijuo mǒxi vquetamǒru tame **bacarini** icanimo sosǒna teiuoba gomen nasareôzu（年来のおゆかしいを申し承うる為ばかりに如何にも粗相な体をば御免なされうず）」「客物語」。

格助詞にまで気をくばって例をひいている。

6-3-13 だて、ふり、ぶり

「*Estas vozes pospostas aos nomes, ou verbos tem significação de dar mostras de tal, ou tal cousa, ou mostrar ostentação, ou mostrar mais do que e na verdade com excesso*（これらの語は名詞又は動詞の**後に接**して、これこれである事又はこれこれの物を殊更見せるとか、誇示するとか、事実以上に誇張して見せるとかの意を表す）」とあり、例として、「**Date** suru, **Dateni** suru, **Date**mono」があげられている。「**Date** suru」はサ変動詞の名詞部分、「**Dateni** suru」はナ形容詞の語幹、「**Date**mono」は複合名詞の前半部分である。これらはどれも名詞にも動詞にも「**後に接して**」いない。後接している例には、「Gacuxǒ**date** suru（学匠だてする）」、「Christan**date** itasu（吉利支丹だていたす）」、「Iennin**date** itasu（善人だて致す）」などがあるが、動詞に後接している例はない。また、「Ricon**date** suru（利根立てする）」は「Gacuxǒgamaxij（学匠がましい）」、「Gacuxǒmequ（学匠めく）」の意だとの記述があり、「－だてする」と「－がましい」、「－めく」とが同義であるということを示している。

「Furi」、「Buri」の意味は「*geito, ou ar, graça, meneo, & c.*（様子、雰囲気、優美さ、身振り等：馬場訳）」であるとし、「Date」ほど力強くないと指摘、「Yôy xeraretaredomo, cudaranandareba, mina fito iranu quenjin**date**to vomouareta（用意せられたれども、下らなんだれば、皆人要らぬ賢人立てと思はれた）」の例と「Fitomo meuo sobamete banji minu **furi**uo xeraretato mǒsu（人も眼を側めて万事見ぬ振りをせられたと申す）」、「Tǒzano chijocuuo nogareôzuru tameni catanauo saita **furi**uo fitoniua mixerareta（当座の恥辱を遁れうずる為に刀を差いた振りを人には見せられた）」の例（すべて「平家」から）とをならべて提示している。上記の記述のとおり、「Date」は名詞に後接しており、「Furi」の例 2 例はどちらも動詞に後接した引用例である。

　Rodriguez の指摘通り、「Date」は誇示する意味合いがあるが、「Furi」はその意味合いがないか、あるいは、ひかえめな印象を与えるようだ。

　「Furi」と「Buri」とは同じ形態素の異形態であるが、Rodriguez は別語としてあつかっている。語形が違うので、二つを別語として、「Furi」はいつ使い、「Buri」はいつなのかを一々おぼえたほうが学習者には容易だ、という判断であろう。ただし、その使いわけは教師が教えなくてはならない[46]。

6-3-14　さま、さまに

　「様子、〜してすぐ、その時に」等の意味を表わし、動詞連用形に後置されるとあり、「Nesama」、「Voquisama」、「Mairisama」、「Noborisama」の例があげられている。列記された語義の順番通り、「寝様」は「modo（様子）」、「起き様」、「参り様」は「logo que（〜してすぐ）」、「上り様」は「no tempo（その時に）」の意味を持つものと考えられる。

　「話すとか言ふとかいふ意の動詞」の連用形の後についたときは、「言ひながら、言ふや否や直ちに」という意味を持つとのべ、「言ひ様に」の引用例を 2 例、「思ひ様に」を 1 例ひいている[47]。

---

[46]　日葡辞書には「Furi」の見出ししかなく、その記述に「Buri」はあらわれていない。
[47]　第 123 葉表「Tada iqueto iy**samani**, torumonomo toriayezu, faxirigidameite iyeni cayeru（ただ行けと言ひ様に、取るものも取り敢へず、走りぢだめいて家に帰る）」「伊曾保」、「Cochiye vocoxei miôto iy**samani**, fittacutta（こちへ遣せい見うと言ひさまに、ひったくった）」「惚け物語」、「Madzu noye faxiri idete, todoquetaca miôzuto vomoi**samani**, catanauo saite tadabaxirini faxitta（先づ野へ走り出でて、届けたか見うずと思ひ様に、刀を差いてただ走りに走った）」「惚け物語」。

6-3-15　まま、ままに

「名詞＋の＋まま」、あるいは、「動詞＋まま」の形で、「*assi como, de modo, conforme, da mesma maneira*（それと同じく、その通りに、に従って、同様に）」という意味をあらわす。「平家」と「伊曾保」からの引用例「Vomoino **mamani** tadzune vŏte, &c.（思ひのままに尋ね合うて、云々）」と「Vomô**mamani** nôde nochi, &c.（思ふままに呑うで後、云々）」があり、「思ひ」なら名詞だから「の」が必要、「思ふ」ならいらないということがよくわかる。

「名詞」の中でも、「人称代名詞」、「固有名詞」の場合は「*à vontade da pessoa*（その人の意志のままに）」という意味になり、「動詞」の中でも、「言う」という意味の動詞の場合には「*logo que disse, em dizendo*（言うや否や、言って後）」の意となる。

Appendixでは、その本義からはなれ、書状の場合に、「動詞＋まま」で「*causal*（理由）」の意を持つとのべ、「Yagate socomotoye mairubequ soro **mama**, vonmeni cacari, &c.（軈て其所許へ参る可く候儘、御目に懸り、云々）」の例があげられている。

品詞や品詞の下位分類、また、書状の場合はどうかということで、意味、用法の使い分けを明確にしている。

6-3-16　まい

「*MAI*」という題目だが、記述されているのは「Mai」と「Goto」の両方である。「Mai」は「毎」の'Coye'の語形で、'Coye'の語に前接し、「Goto」は'Yomi'の語形で、'Yomi'の語に後接する。このことは、「**Mai**nichi（毎日）／Fi**gotoni**（日毎に）」、「**Mai**ya（毎夜）／Yo**gotoni**（夜毎に）」、「**Mai**do（毎度）／Tabi**gotoni**（度毎に）」の例で明確にわかりやすく示されている。また、解説には書かれていないが、「－ごと」には「に」がつくことが多いことも例からわかるようになっている。

「Mai」に関しては、「*anteposto aos nomes, Coyes, como de tempo, &*

alguns outros（時その他或種の名詞の前に接）」するとある。「時その他或種の名詞」とあるが、「度」も「時」を示すと考えると、あげられている例はすべて時を示している。一方、訓、'Yomi' の場合には、「時」など名詞の語義に関する限定はなく、例にも「Coto**gotoni**（事毎に）」があげられている。

　Appendix 2 では、「*Este mesmo sentido faz a regra da repetição das palavras*（これと同じ意味を言ひ表すのに、語を繰返すといふ規則が出来てゐる）」とのべ、「Finifini（日に日に）」、「Iyeiyeni（家々に）」、「Chŏchŏ（町々）」などの例をあげている。そして、この規則については、「*os acidentes da oração no cap. do numero*（品詞の属性に就いて数の事を説いた章）」、および、「*na Rudimenta, onde se fala do nome partitiuo*[48]（品詞論で部分名詞を説いた条）」でもふれているとある。前者は第 2 葉表にある記述で、「*NOTAÇÃO ACERCA DA DECLINAÇÃO DOS NOMES*（名詞の転尾に関する註記）」の章、「Fitobito（人々）」、「cuniguni（国々）」、「teradera（寺々）」などの例があげられ、後者は第 66 葉表にある記述で、「*Os que significam um entre muitos são estes*（多数の中の一部を意味するのは次のものである）」の節で、「Iye iyeni（家々に）」、「Finifini（日に日に）」、「Xoxo zaizai（所々在々）」などの例がある。

6-4　ポルトガル語の品詞について

　表 3-5 では、日本語の言語要素に対するポルトガル語の訳、説明を、副詞と副詞句▨▨▨▨▨とそれ以外▨▨▨▨▨に色分けした。副詞には、「*antes*、*escasamente*、*porventura*」など、副詞句には「*pelo contrario*、*a modo de*、*quanto mais*」などがある。副詞、副詞句以外には、接続詞に「*pois*、*se*、*como*、*que*、*conforme*」など、動詞の活用形に「*continuando*」がある。その他には、前置詞「*pera*、*por*、*com*、*em*」、動詞「*parece*」、形容詞「*cada*」、関係代名詞「*que*」、指示代名詞「*aquilo*」、そして、冠詞の「*o*」がある。形

---

48)　原文では「*partititiuo*」となっているが、これは誤植であろう。

態論的な説明は、「ーとして」に対する「*participio de verbo substantivo*」、「*o participio de verbo, xi, suru*」、「ところ」に対する「*oração relativa*」、「*modo do conjuntivo*」などであり、意味的な説明には「こそ」の「*porquanto, porque, com muita enfasi, & energia*」や、「ところ」の「*não significa mais que ser elegancia, ou especificar, & particularizar o nome a que se pospoem*」、「だて」の「*mostrar ostentação*」など、当該の語をふくんだ文型や表現に対する意味的な説明には、「こそ」の「*isso era se o houvese*」や「*a bom tempo, aproposito, ô como*」、「ほど」の「*quando começa algum paragrafo ex abrupto*」がある。そして、会話における返答は「こそ」の「*si pois nam*」と「*mais que si*」である。

　ポルトガル語において副詞、副詞句である語が日本語の副詞だとする原則がくずれている。Rodriguez は、日本語のすべてを西欧語の記述体系にあてはめることはできないと気づいていたに違いない。そして、副詞に関する記述の最後、CONSTRUIÇÃO の各論で大きく原則をはみだした。日本語から連用修飾成分と連用修飾成分を形成する言語要素をとりだし、そこにポルトガル語の訳と説明を加えていったのである。その結果、CONSTRUIÇÃO の各論にとりあげられた日本語のポルトガル語訳は、副詞や副詞句ばかりでなく、接続詞、動詞、前置詞、形容詞、指示代名詞、冠詞にまでわたっている。

　ポルトガル語を軸とする言語観から、記述対象である日本語そのものを軸とする言語観への大きな転換であった。

7. Dionysius から Alvarez、そして、Rodriguez へ

　副詞の記述に関して、*Téchnē grammatikē* から *DE INSTITVTIONE GRAMMATICA*、*ARTE GRANDE* への流れを図3-1「Dionysius から Alvarez、そして、Rodriguez へ」に図式化した。

　Téchnē grammatikē の副詞の記述は、副詞の定義、語形成の用例、意味

図3-1　Dionysius から Alvarez、そして、Rodriguez へ

用法による副詞の分類で、この構成は、Dionysius から Alvarez をへて Rodriguez に受け継がれている。*Téchnē grammatikḗ*、*DE INSTITVTIONE GRAMMATICA* での語形成に関する記述は、語例、用例の提示だけであったが、*ARTE GRANDE* にいたって、説明があらわれ、例の量も格段に多くなった。

　紀元前2世紀のギリシア語文典で分類された副詞は異なりで77語、それが時代をくだるにつれ、16世紀のラテン語文典では82語、17世紀の日本語文典では270語にふえている。後者の2文典では、分類以外の記述もふえており、そこにあらわれた副詞をふくむと、*DE INSTITVTIONE GRAMMATICA* では187語、*ARTE GRANDE* では451語となっている。時とともに記述が精緻になり、語数がふえていったのである。ラテン語文典から日本語文典にかけて大幅にふえたのは、ポルトガル語の副詞に対応する日本語の言語要素とそれ以外の連用修飾成分、および、連用修飾成分を形成する言語要素までも広範に採取したことによる。

　精緻化の結果の一つが RVDIMENTA と CONSTRVCTIONE の2部構成

の出現である。分類された単語リストだけで副詞のすべてをカバーすることはできないと判断、文型を重視して、例文を豊富に記載するようになったのである。

DE INSTITVTIONE GRAMMATICA での例文はもっぱら古典からの引用であったが、*ARTE GRANDE* ではそこに作例が加えられている。日本語の精髄は古典にあるのだが、日常的な語法、表現も大切である。後者に関しては、作例でおぎなっている。

副詞の定義やその分類、記述のし方は、Dionysius から Alvarez、そして、Rodriguez へとくり返され、改良されてきた。時と世界をこえ、らせん状に変化、進展していったのである。

8. *DE INSTITVTIONE GRAMMATICA* と *ARTE GRANDE* – 2

DE INSTITVTIONE GRAMMATICA と *ARTE GRANDE* の構成を RVDIMENTA、CONSTRVCTIONE にわけて対照、図3-2「*DE INSTITVTIONE GRAMMATICA* と *ARTE GRANDE* の構成対照図」に図式化した。

DE INSTITVTIONE GRAMMATICA にある副詞の25分類は、分類名もその並び順も *ARTE GRANDE* にひきつがれ、30分類に発展している。

DE INSTITVTIONE GRAMMATICA には RVDIMENTA の冒頭に副詞の**定義**があるが、*ARTE GRANDE* では、RVDIMENTA の冒頭（**定義1**）と CONSTRUIÇÃO の冒頭（**定義2**）、そして、「副詞一般について」の節（**定義3**）の3か所にある。6-1で見たように、*DE INSTITVTIONE GRAMMATICA* の**定義**は、*ARTE GRANDE* の定義2にほぼそのままの形でひかれている。

語形成に関する記述は *DE INSTITVTIONE GRAMMATICA* では四つの例文だけであるが、*ARTE GRANDE* では大幅にふえ、RVDIMENTA

第 3 章　165

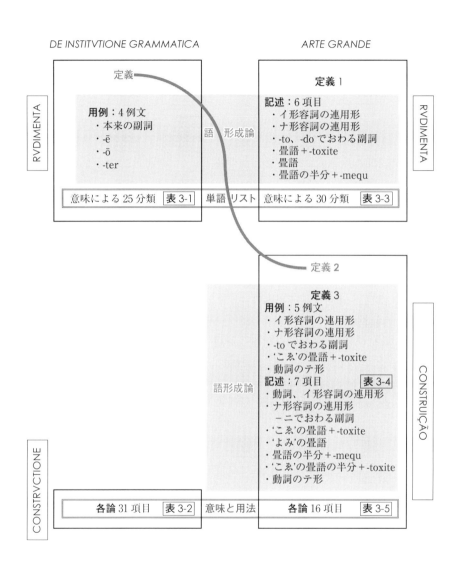

図 3-2　*DE INSTITVTIONE GRAMMATICA* と *ARTE GRANDE* の構成対照図

での6項目の記述とCONSTRUIÇÃOでの5例文と7項目の記述とに発展している。

9. *ARTE GRANDE* におけるくり返し

DE INSTITVTIONE GRAMMATICA では四つの例文で示されただけの語形成論が、*ARTE GRANDE* では丁寧にくり返されている（図3-2参照）。RVDIMENTAの6項目、「イ形容詞の連用形」、「ナ形容詞の連用形」、「-to、-doでおわる副詞」、「畳語＋-toxite」、「畳語」、「畳語の半分＋-mequ」のうち、初めの4項目はCONSTRUIÇÃOの冒頭にある**用例**で再度あつかわれ、「-to、-doでおわる副詞」以外はどれもCONSTRUIÇÃOの記述7項目でとりあげられている。さらに、**用例**であらわれた「動詞のテ形」は7項目の**記述**の中ででくわしく論じられている。

また、個々の語にもくり返しが多い。*ARTE GRANDE* にあらわれる言語要素でもっとも多くくり返されているのは、「benben」である。第74葉表では畳語の副詞の語例として「benben」、同じ第74葉表で「-toxiteにおわる副詞」の例として「benbento xite」、30分類の16「緩徐」では「benbentoxite」（表3-3を参照）、第113葉表のCONSTRUIÇÃOの定義にある用例の中で「bembento xite」（表3-4を参照）、第113葉裏の「'こゑ'の畳語＋-toxite」の「bembento xite」、そして、第113葉裏の「'こゑ'の畳語の半分＋-toxite」の例の「bento xite」（表3-4を参照）である。

30分類にあってCONSTRUIÇÃOの各論でくり返される語には、「日毎に、毎日」（時間）[49]が6-3-16に、「こそ」（択出）が6-3-2、「結句、却って」（択出／相違）が6-3-2と6-3-7に、「ほど」（比較）が6-3-6、「ばかり」（分割／限定）が6-3-12、「まま」が6-3-15にある[50]。

---
49) （　）の中は、表3-3「*ARTE GRANDE* の副詞の30分類」にある分類名。
50) ほかに、「gotoqu（如く）」が30分類の「偶然」と6-3-9「やう、やうだい、やうす、体、やうに」にある。ただ、6-3-9の「gotoqu」は方向の助詞「Ye（へ）」と同義の用法である。

Duplicado「畳語」も、'よみ'の畳語、'こゑ'の畳語、「-toxite」のつく場合、つかない場合、畳語の半分 + -mequ など、多方面からとりあげられている。さらに、畳語が名詞の複数を示すことも記述され、それは 6-3-16「まい」でだけでなく、「数」についての章や部分名詞に関する記述にもくり返されている。

適宜くり返すことによって、語句の意味、用法を有機的にとらえ、学習しやすいように工夫されている。

10. *ARTE GRANDE* の Adverbio「副詞」について

Rodriguez にとって、日本語の「副詞」とはどのようなものなのであろうか。

ARTE GRANDE には、副詞の定義と考えられる記述が三つある。**定義1**（第73葉裏）のポルトガル語文は全文を「5-1 冒頭」にかかげた。ここでは、定義1の日本語訳全文、**定義2**（第112葉裏）と**定義3**（第113葉表）のポルトガル語と日本語訳、それぞれの全文を見ていこう。

定義1
○この国語は副詞を甚だ豊富に持ってゐる。而もそれらは事物の状態を極めて生々と表すのである。何故かといふに、ただに動き方を示す副詞があるばかりでなく、音や大音響、身振りやものごとの様子までも示すものがあるからである。その色々な構造について少し述べよう。（一部、馬場訳）

定義2
¶ *Como o adverbio seja ũa parte da oração que junta a outras vozes declara distinta, & determinadamente suas significações, ou mostra as*

qualidades, ou modos das acções, & cousas, esta lingoa Japoa é mui abundante de adverbios os quaes não regem casos, mas tem mui varios, & elegantes usos, que mais se aprendem com o exercicio de falar, que com regras que acerca disso com dificuldade se podem dar: com tudo neste capitulo notarei algũas cousas que parecem ser mais proveitosas, & tratarei de alguns em particular, deixando os de mais à curiosidade dos que aprendem a lingoa.

○副詞は他の明白な形を備へた語に接続して、その語義を限定し、動作や事物の性質又は状態を示すところの一つの品詞であるから、この日本語には副詞が甚だ豊富である。その副詞は格を支配することはないが、極めて上品にして且多趣多様な用法を持ってゐる。その点に関して法則を立て得るとしても甚だ困難が伴ふので、さういふ法則よりも会話の経験による方が多く教へられるのである。然しながら、この章では最も有益であると思はれるいくつかの点を注意し、日本語を学ぶのに甚だしく珍奇なものは除いて、特にいくつかのものに就いて述べよう[51]。

定義3

¶ *Todo o adverbio, ou qualquer palavra que tem sentido de adverbio, ou se usa em lugar de adverbio, antecede os verbos, ou vocabulos a que se ajunta, & não rege caso algum. Vt,* Xicato mairŏzu. Bembento xite cataru. Aquiracani yŭ. Yô itaita. Fajimete mita, &c.

○副詞の意味を持った如何なる語であっても、亦副詞の代りに用ゐられたものであっても、あらゆる副詞はその接続する動詞その他の語に対し

---

51) 「本で勉強するだけではなく、実地に体でおぼえなさい。でも、骨組みだけはここに示しましょう」ということで、日本語教育における Rodriguez の一貫した姿勢がのべられている。

て先行して居り、或格を支配するといふ事はないものである。例へば、**しかと参らうず、便々として語る、明かに言ふ、良う致いた、始めて見た、等。**

5-1でのべたように、Rodriguezは日本語のオノマトペに注目し、その重要性に気づいていた。よほど印象的だったのであろう、副詞の記述の冒頭、定義1に「音や大音響、身振りやものごとの様子までも示すもの」とある。

定義3に「副詞の意味を持った如何なる語であっても、亦副詞の代りに用ゐられたものであっても」とある。「副詞の意味をもった語」というのはポルトガル語の副詞を日本語に訳したもののことであり、「副詞のかわり」というのは、イ形、ナ形、動詞の連用形や動詞のテ形のことである。Rodriguezにとっての日本語の副詞というのは、第一に、ポルトガル語の副詞の意味をもった語句のことである。そして、さらに、イ形容詞、ナ形容詞であっても、動詞であっても、連用修飾成分として機能すれば副詞とみとめている。また、CONSTRUIÇÃOの各論では連用修飾成分を形成する言語要素も副詞としている。

それが、定義1、定義3の「日本語は副詞が豊富だ」、および、定義2の「多趣多様な用法を持ってゐる」ということの理由の一つである。

文法的な特徴として、定義2、定義3で格を支配しないことを、そして、定義3では被修飾語に対して先行することを指摘している。

11. Rodriguezの独自性とその工夫

*ARTE GRANDE*は、ラテン語学の影響を強くうけている。それは、言語記述の方法論がそれしかなかったからであり、また、ラテン語の枠組みにあてはまること自体が、日本語の優秀性を証明することだとRodriguezが考えたからである。しかし、いかなる2言語であっても、一方の言語がぴっ

たり他方の言語の枠組みにあてはまるはずがない。

　Rodriguezは原則的にポルトガル語の副詞の訳となる語を日本語の副詞とみとめた。しかし、CONSTRUIÇÃOの各論にいたり、その言語観を大きく転換、ポルトガル語での副詞ではなく、日本語での副詞をとりあげた。その際、当時用法をひろげ、さかんに使われるようになってきていた重要語句を網羅するため、語だけではなく、連用修飾成分を形成する要素にまで、副詞の枠をひろげたのである。だから、CONSTRUIÇÃOの「副詞一般について」までは「副詞の一部」であった「－として」が、各論では副詞そのものとして記述されている。

　CONSTRUIÇÃOの各論に形式名詞、副助詞、係助詞、複合格助詞、助動詞、接辞「まい、ごと」などがあげられているのはRodriguezの到達した新たな枠組みによるものなのである。

　副詞を分類するのはDionysiusからの、古典からの用例を豊富にひくことと重要項目をくり返すこととはAlvarezからの伝統であった。その分類を25から30にまでふやし、また、オノマトペの重要性に着目したのはRodriguezの独自性である。

　Rodriguezは、学習者のわかりやすいように西欧語学の伝統にのっとり、しかも、工夫をしながら、西欧語とは系統のことなる日本語をそこにあてはめたのである。

参考文献

1. 馬場良二（1995）「『日本大文典』におけるジョアン・ロドリゲスのADVERBIO（副詞）について」、『日本語の研究と教育』専門教育出版
2. Alvarez, Manoel (1974) *DE INSTITVTIONE GRAMMATICA*、『天理図書館善本叢書　第五次刊行　語学篇Ⅱ』
3. Alvarez, Manoel (1572) *DE INSTITVTIONE GRAMMATICA*、ポルトガル国立図書館蔵、http://www.bnportugal.pt.
4. Kemp, Alan (1986) *THE TEKHNĒ GRAMMATIKĒ OF DIONYSIUS THRAX*

Translated into English, University of Edinburgh, Historiographia Linguistica 13:2-3, John Benjamins Publishing Company.
5. 土井忠生、森田武、長南実編訳（1980）『邦訳　日葡辞書』岩波書店
6. 樋口勝彦、藤井昇（1963）『詳解ラテン文法』研究社
7. Glare, P.G.W.（1996）*Oxford Latin dictionary,* Oxford University Press.
8. Lewis, Charlton T.（1891）*Elementary Latin Dictionary,* Oxford.
9. 國原吉之助（2005）『古典ラテン語辞典』大学書林
10. Instituto Antônio Houaiss（2001）*Houaiss da língua portuguesa,* Editora Objetiva Ltda.
11. 土井忠生（1982）「ロドリゲス著『日本大文典』」、『吉利支丹論攷』三省堂
12. 日本語教育学会編（2005）『新版日本語教育事典』大修館書店
13. 日本国語大辞典第二版編集委員会（2001）『日本国語大辞典　第二版』小学館
14. 大野晋、佐竹昭広、前田金五郎編（1974）『岩波　古語辞典』岩波書店

表 3-1 *DE INSTITVTIONE GRAMMATICA* の副詞の 25 分類

通し番号	分類	語例／語義			
1	Optandi	vtinam	o vtinam	o si	
	希求	〜であればいいのに	〜であればいいのに	〜であればいいのに	
2	Vocandi	o	heus	eho	
	呼掛	おお！	ほら！	おい！	
3	Interrogandi	cur?	quare?	quid ita?	quamobrem?
	疑問	なぜ？	どうやって？	どうやって？	なぜ？
4	Respondendi affirmatè	etiam	ita	maximè	quidni?
	応答	確かに	そのように	もっともだ	なぜいけないのか、いいではないか？
5	Confirmandi	profectò	fanè	certè	
	肯定	本当に	本当に	確かに	
6	Negandi	non	nequaquam	minimè	haud
	否定	〜でない	まったく〜でない	もっとも〜でなく	まったく〜でない
		haud quaquam まったく〜でない			
7	Dubitandi	forsan	forsitan	fortassis	fortasse
	不確実	多分	多分	多分	多分
8	Hortandi	eia	age	agedum	agite
	慫慂	（催促）さあ！	行こう！	行こう！	行こう！
9	Prohibendi	ne			
	禁止	いいや			
10	Demonstrandi	en	ecce		
	指示	ほら！	ほら！		
11	Eligendi	potiùs	imò		
	択出	むしろ	絶対に〜でない		
12	Comparandi	magis	minùs	fortiùs	
	比較	もっと多く	もっと少なく	もっと力強く	
13	Congregandi	simul	vnà	pariter	
	総括	同時に	同時に、同じ場所で	等しく	

通し番号	分類	語例／語義			
14	Separandi	seorsum	separatim		
	分割	わかれて	わかれて		
15	Intendendi	acriter	studiosè	vehementer	
	強意	するどく	熱心に	猛烈に	
16	Remittendi	segniter	remißè	oscitanter	
	緩徐	ゆっくり	やさしく	うっかり	
17	Temporis	hodie	cras	perendie	heri
	時間	今日	あした	あさって	きのう
		nudiustertius			
		おととい			
18	Loci	hîc	huc	hac	horsum
	場所	ここ	ここへ	こちら	こちらへ
19	Numeri	semel	bis	ter	sæpe
	度数	一度	二度	三度	しばしば
		centies	millies		
		百回	千回		
20	Ordinis	primùm	deinde	postremò	
	順序	はじめて	その時	最後に	
21	Euentus	fortè	fortuitò		
	偶然	たまたま	たまたま		
22	Similitudinis	sicut	sicuti	vt	vti
	類似	ちょうど ～のように	ちょうど ～のように	～のように	～のように
23	Diuersitatis	aliter	secus		
	相違	別の方法で	そうでなく		
24	Qualitatis	prudenter	peritè	eleganter	
	実質	慎重に	上手に	上品に	
25	Quantitatis	parùm	multùm	satis	nimiùm
	分量	充分でなく	大変	充分に	～すぎる

表 3-2 *DE INSTITVTIONE GRAMMATICA* の CONSTRVCTIONE

通し番号	葉	節のタイトル						
1	125v	Nominatiuus post aduerbium.	en	ecce				
		主格を支配する副詞	ほら！	ほら！				
2	125v	Genitiuus post aduerbium.	satis	abundè	àffatim	parum	instar	partim
		属格を支配する副詞	充分に	豊富に	豊富に	充分でなく	〜に等しく	一部は
3	125v	Aduerbia superlatiua.	maximè	sæpissime	elegantißimè			
		最上級の副詞	きわめて	頻繁に	上品に			
4	125v	Aduerbia loci.	vbi	vbinam	vbicunque	ùbiuis	quouis	quoquò
		場所の副詞	〜するところ	一体どこに	どこでも	どこでも	どこでも	どこでも
5	126	Pridie, & postridie.						
		前日と翌日						
6	126	Datiuus post aduerbium.	congruenter	conuerienter				
		与格を支配する副詞	〜に応じて	〜にしたがって				
7	126	Accusatiuus post aduerbium.	propiùs	proximè				
		対格を支配する副詞	より近くに	もっとも近くに				
8	126v	Abhinc.						
		今から過去へ						
9	126v	Ablatiuus post aduerbium.	citiùs	sapiētiùs	plùs			
		奪格を支配する副詞	よりはやく	よりかしこく	もっと			
10	126v	Aduerbia loci.	vbi	vnde	quò	quà	quorsum	
		場所の副詞（疑問）	どこに	どこから	どこへ	どの道をとおって	どこへ	
11	126v	Hic, istic, illic, & cætera.	ibi	inibi	ibidem	alibi	alicubi	vbique
		ここ、そこ、あそこ、等々	そこに	そこに	今言ったその場所に	別なところに	どこかある所に	いたる所に
			lōgè	peregre	suprà	subtèr	infrà	antè
			遠くはなれて	外国に	上に	下に	下の方に	前の方に
12	126v	Hinc, istinc, & cætera.	illinc	inde	indidem	aliunde	vndelibet	vndeuis
		ここから、そこから、等々	あそこから	そこから	あそこから	別なところから	どこからでも	どこからでも
			peregre	intus	foris			
			外国から	中から	外から			
13	127	Huc, istuc, & cætera.	eò	illuc	eòdē	illò	aliquò	aliò
		ここへ、そこへ、等々	そこへ	あそこへ	同じ所へ	あそこへ	どこかへ	どこか他の所へ
			longè	nusquam				
			遠くへ	どこへも〜ない				

第 3 章　175

語　例　／　語　義								
ergô 〜のゆえに								
nusquam どこにも 〜ない								
vtrobique あちらにも こちらにも	vbilibet どこでも	vbiuis どこでも	vbicūq́ どこでも	passim ちらばって	vulgò 世界中に	ītus 中に	foris 外で	nusquā どこにも 〜ない
pòst 後ろの方に	extrà 外に							
vndique いたる 所から	vndecunque どこから でも	vndequaque どこから でも	alicunque 別の所 からでも	vtrinque 両方から	eminus 遠くから	cominus 間近から	supernè 上の方から	infernè 下の方から
neutrò どちらの 方にも〜ない	vtròque 両方へ	quoquò どこかへ	quocūque どこへでも	quòuis どこへでも	quòlibet どこへでも	intrò 内側へ	foras 外へ	peregre 外国へ

通し番号	葉	節のタイトル						
14	127	Hàc, istac, & cœtera.	illác	aliquà	quàlibet	quacùnque		
		こちら、そちら、等々	その道を通って	どの道をとおって	いたる所に	どんな道を通っても		
15	127	Horsum, istorsum, & cœtera.	illorsū	aliorsū	deorsū	sursū	dextrorsū	sinistrorsum
		こちらへ、そちらへ、等々	あちらの方へ	どこか他の所へ	下の方へ	上の方へ	右の方へ	左の方へ
16	127	VT, pro Postquàm, Quomodo.						
		「〜のあとで」、「〜してすぐに」の意のVt						
17	127v	VT.	adeò	ita	sic	tam	talis	tantus
		Vtと共起する語	そこまで	そのように	そのように	〜ほど	〜のように	〜ほど多くの
18	127v	Antequàm.						
		〜より先に						
19	127v	Priusquam.						
		〜より先に						
20	127v	NE, vetandi.						
		禁止のne						
21	128	NÆ.						
		まったく〜でない						
22	128	Per, Perquam, & c.	sanè	valde	oppidò	imprimis	cūprimis	apprime
		程度の高いことをしめす接辞perと副詞	慎重に	力強く	絶対に	まず第一に	とりわけ	きわだって
23	128	Quàm, affectibus seruiens.						
		Quàmのいろいろな使い方						
24	128v	Quàm, pro Quantum.						
		「どれほどたくさん」という意のquàm						
25	128v	Exceptio.						
		例外						
26	128v	Quàm vt.						
		「Quàm vt」で一つの比較の表現						
27	128v	Quàm, pro Valde.						
		程度の高いことをしめすQuàm						
28	128v	Tam, Quàm.						
		Tam, Quàm.						
29	129	Aduerbia in Vm.	parum	multùm	nimiùm	tantùm	quantùm	aliquantum
		umでおわる副詞	充分でなく	非常に	あまりに〜すぎる	〜ほど多く	〜ほど多く	少し
30	129	Aduerbia O, finita.	paulò	nimiò	aliquantò	tantò	eò	quò
		oでおわる副詞	少しだけ	おおいに	いくらか	〜ほど多く	そこへ	どこへ
31	129	Appendix.	multo	longè	facilè			
		附則	たいそう	たいそう	たいそう			

語 例 / 語 義								
læuorsum 左の方へ	prorsum 前の方へ	rursum 後ろの方へ	introrsum 中の方へ	vel introrsus 中の方へでも	retrorsum 後ろの方へ	vel retrorsus 後ろの方へでも	quoquouersṽ あらゆる方へ	vel quoquouersus あらゆる方へでも
tot ～ほど多くの	ferè ほぼ							
admodùm 非常に	vehementer 猛烈に							
multò とても								

表 3-3　*ARTE GRANDE* の副詞の 30 分類

通し番号	項目					
1	OPTANDI	嗚呼	願はくは	あはれ	あはれあはれ	希くは(こひねがはくは)
	希求	o, aà				oxala, praza a Deos
2	VOCANDI	なう	なうなう	いかに聞かせらるるか	申し	やれ
	呼掛		a, ou foão, oula			oula, pera gente baixa
3	INTERROGANDI	なぜに	なじょに	何の故に	何の故にか	何しに
	疑問			porque?		
		何とあって	如何でか	何ぞ		
				porque?		
4	RESPONDENDI	あう	あう中々	中々	畏(かしこま)った	
	応答		si		Farei o que mandardes, estou prestes.	
5	CONFIRMANDI	尤も	げにも	げに	げにげにさうもあらうず	さう
	肯定		com muita rezão, tendes rezão			
		御意でござる	誠に	真実に	実に	必らず
		assi e como dizeis	assi e certamente	assi e certamente		sem falta,
6	NEGANDI	いや	いささか	いやいや	さらに	少しも
	否定		não		por nemhũa via, ou modo	nem um pouco
7	DVBITANDI	如何様	自然	若し	定めて	何と
	不確実	por ventura	pode ser, a caso	por ventura	pode ser	que serà
8	HORTANDI	で	いでいで	さ	いでいで	いざ
	慫慂		ea, pera singular			ea, pera plural,
9	PROHIBENDI	な	そ	なまいそ	なかれ	べからず
	禁止		não			
10	DEMONSTRANDI	即ち		折節	見よ	即時に
	指示	logo, eis aqui em continente		comenos, conjunção	eis aqui	logo

語　例							語　義
かし	がな	物を	たいものぢゃ	希(こひねが)ふ所にそろ	仰(あふ)ぐ所にそろ		
		pesar do passado	o se				
	如何に						
oula na escritura, e se usa assi pera baixos como altos							
か	ぞ	や	何とて	何とてか	何として	何としてか	
interrogativo, por ventura				porque?			
やっ	あっ						
Eisme aqui.	Si. Eis me aqui.						
真(ま)っ然(ぞ)う	真(ま)っ斯(す)う	左様に	その分	御意の如く	仰せの如く	御諚(ごぢょう)の如く	
assi e				assi e como dizeis			
必らずしも	一定(いちじょう)	必定(ひつじょう)	定めて	しかと		ていど	
certamente	certamente		sem duvida, provavelmente	certamente, sem discrepancia, certo		firmemente, certo	
かつて以て	かつて	一円					
	por nenhum modo						
いざや	いざさらば						
& singular							
無用	と						
砌(みぎり)	砌に	刻(きざみ)	端的に				
	nesse comenos, l. tempo		logo nesse instante				

通し番号	項目					
11	ELIGENDI	こそ		結句	却って	より
	択出	*quidē, equidē*		*antes, pelo contrario*		
12	COMPARANDI	より	よりは	よりも	猶(なほ)	上
	比較			*mais*		*melhor*
13	CONGREGANDI	諸共に	ながら	同じう	一度に	一つに
	総括				*simul, l. unà. juntamente*	
		惣別 (sôbet)	惣じて	常に	都合	
		universalmente, geralmente			*em suma*	
14	SEPARANDI	別けて	一方に	かつうは	ばかり	のみ
	分割	*dividindo, separadamente*	*a ũa parte*	*a ũa, a outra*		*somente*
15	INTENDENDI	一段	一入(ひとしお)	一向に(ひたすら)	余りに	ひしと
	強意	*excelentemente*	*muito em grande maneira*	*por todas as vias*	*sobejamente*	*total, & rijamente*
			言語道断			
			modo de encarecer. i. não se pode dizer			
16	REMITTENDI	しして	便々として	静かに	ぬるぬると	無精に
	緩徐	*perfeitamente*	*descansadamente, de vagar*	*devagar*	*dormindo, tibiamente*	*prigriçosamente*
17	TEMPORIS	今日	毎日	日毎に	今日(こんにち)	昨日(きのう)
	時間	*hoje*		*cada dia*	*hoje*	*ontem*
		今朝	明日(みょうにち)	朝		
		esta menhã	*amenhã*	*amenhã*		
18	LOCI	此処に	此方に	これに	こち	そこに
	場所		*aqui*		*pera cà*	*ali*
19	NVMERI	始めて	始め	一度(ひとたび)	度々(たびたび)	度々(どど)
	度数	*a primeira vez*		*ũa vez*	*muitas vezes*	

語 例 ／ 語 義

よりも							
手上	下(した)	下(げ)	程				
	menos, somenos	infimo	tanto, tão				
共に	こっと	ずいと	何れも	惣々(そうぞう)	押並べて	押並めて	
	tudo	sem ficar nada, tudo		todos	universalmente, geralmente		
限って	限らず						
	não somente						
じょうに	とっと	如何にも	懇(ねんごろ)に	近頃	強(したた)かに	散々	
muito	mui	encarecida, & miudamente		muito bem, ou mal	grandemente	pessimamente	
悠々として	緩(ぬる)う	粘(ねば)う		そろりと	次第次第に		
descansada-mente	com tibeza	vagarosamente, com consideração, tibiamente		sem se sentir	pouco a pouco		
昨日(さくじつ)	一昨日	一昨昨日	去年(きょねん)	こぞ	去々年	後々(ごご)	
	antontem	aoutra antontem	o ano passado		ha dous anos		
こなたへ	あなたへ	あちに	ここへ向けて				
pera cà	pera la	ali	pera cà				
千度(せんび)	万度	千度(ちたび)	幾度(いくたび)も				
mil vezes	dez mil vezes	mil vezes	muitas vezes				

通し番号	項目					
20	ORDINIS	一番	二番	一つには	二つには	先づ
	順序	*primeiro*	*segundo*	*primeiro*	*segundo*	*primeiramente*
		畢竟				
		finalmente				
21	EVENTVS	天然	自^{じねん}然	生^{しょうとく}得	自^{おのづか}ら	不^{ふりょ}慮
	偶然	*a caso*		*naturalmente*	*a caso*	*a caso, de*
22	SIMILITVNDINIS	如く	つら	様な	連^{つれ}	づれ
	類似			*assi como, l. deste modo*		
23	DIVERSITATIS	却って	結句	引きかえって	違うて	各^{かっかく}々
	相違	*pelo contrario, antes*		*ao contrario*	*discrepando*	*diversos*
24	QVALITATIS	一段		勝れて	賢く	媚びて
	実質	*muito bem, ou muito encarecendo*		*excedendo*	*prudentemente*	*estravagantemente*
25	QVANTITATIS	ちっと	そっと	まっと	大きに	甚だしう
	分量	*um pouco*	*mais um pouco*			*grandemente*
26	IVRANDI	誓文	誠に	真実	天^{てんどう}道	愛宕
	誓約	*juro, com juramento*	*em verdade*		*polo Deos do ceo*	*por este Demonio*
27	ÆSTIMANDI	高う	安う	高直に		
	評価	*caro*	*barato*	*caro, preço alto*		
28	EXCLVDENDI	許り	のみ	限って	限らず	
	限定	*somente*			*não somente*	
29	EXPLENDI, ET COMPARANDI	例へば	例はば	物ならば	言はば	申さば
	説明・比喩	*assi como, comparando*		*assi como, verbigratia*	*como se disermos*	
30	REI NON PLANE PER ACTÆ	大略	よっぽど	よっぽどに	大方	しかしか
	動作に明瞭を欠くもの	*pola maior parte*				*quasi*

語例 / 語義

次には	第一	第二	所詮	終(つい)に	今一つ	ま二つ
conseguintemente	*primeiro*	*segundo*	*finalmente, em conclusão*	*finalmente*	*mais outro*	*mais dous*
ふっと	思ひの外	所存の外				
repente	*fora do que cuidava*					
まま	さながら					
色々	様々	品々				
de muitos modos, ou laias						
夥(おびただ)しう	殊の外	強(した)かに	過分			
muito, ou e de sobejo, ou excede						
八幡	白山(はくさん)	首にならう	御勘当	白癩(ばくらい)		
pelo Deos das batalhas como Marte	*por este Demonio*	*cortado seja*	*castigado seja*	*leproso me torne*		
凡そ	多分	やうやうに		大目		
pola maior parte		*quasi*		*das tres partes duas, pola maior parte*		

表 3-4　*ARTE GRANDE* の CONSTRUIÇÃO －副詞一般について

通し番号	葉	項目					
1	113-1	動詞その他に先行、格を支配しない	Xicato	Bembento xite	Aquiracani	Yô	Fajimete
		本項	しかと	便々として	明かに	良う	始めて
2	113-2	動詞、イ形容詞、ナ形容詞の連用形	Quiri (yǒ)	Fiqui (saqu)	Tori (sacŏ)	Yô (coso)	Xi (fajimuru)
		Appendix 1	切り（合ふ）	引き（裂く）	取り（逆ふ）	よう（こそ）	し（始むる）
3	113-3	動詞のテ形	Cacurete	Cacuite	Cayette	Casanete	Arauarete
		Appendix 2	隠れて	隠いて	却って	重ねて	現れて
			Nŏte	Nŏxite	Saquito xite	Sugurete	Saiguitte
			無うて	無うして	先として	優れて	遮って
			Xitagatte	Xitagŏte	Yotte	Yugŏde	
			従って	従うて	依って	ゆがうで	
4	113v-1	'こゑ' の畳語＋toxite	Quenquento xite	Iinjinto xite	Mômôto xite	Bembento xite	Chonchonto xite
		Appendix 3	嶮々として	深々として	朦々として	便々として	亭々として
5	113v-2	'こゑ' の畳語の半分＋toxite	Bento xite				
		Appendix 3	便として				
6	113v-3	よみの畳語	Dacudacuto	Ara ara	Barabara	Baribari	Bichibichi
		Appendix 4	だくだくと	あらあら	ばらばら	ばりばり	びちびち
			Corocoro	Cudacuda	Dorodoro	Farafara	Farifari
			ころころ	くだくだ	どろどろ	はらはら	はりはり
			Gosogoso	Gotogoto	Iiyajiya	Sarasara	Suasua
			ごそごそ	ごとごと	じゃじゃ	さらさら	すあすあ
7	114v-1	畳語の半分＋-mequ	Vgomequ	Vamequ	Fatamequ	Fomequ	Iiyamequ
		Nota	うごめく	わめく	はためく	ほめく	じゃめく
			Bitamequ	Guaramequ	Bumequ	Fiximequ	Firamequ
			びためく	ぐゎらめく	ぶめく	ひしめく	ひらめく
8	114v-2	ナ形容詞の連用形、ーニでおわる副詞	Tonni	Quiŭni	Quiacuxinni	Richiguini	Inguinni
		Appendix 5	頓に	急に	隔心に	律儀に	慇懃に
			Samazamani	Iroironi	Machimachini	Tamatama	
			様々に	色々に	まちまちに	たまたま	

語例	/	語義					
Ataraxǔ	Quireini	Yô (mo nai)					
新しう	綺麗に	よう（もない）					
Aicamayete	Fajimete	Fajimeto xite	Itatte	Fabacatte	Isoide	Naqute	
相構へて	始めて	初として	至って	憚かって	急いで	無くて	
Sucumete	Sôjite	Todoquete	Tçudzuquete	Tçuite	Taixite	Xinôde	
竦めて	惣而	届けて	続けて	就いて	対して	忍うで	
Yenyêto xite	Yǔyǔto xite	Yǔyǔ quanquanto xite	Rinrinto xite	Xeixeito xite	Mômô xeixeito xite	Satsatto xite	
渕々として	悠々として	悠々綴々として	りんりんとして	清々として	朦々として	颯々として	
Bicubicu	Bichabicha	Bitabita	Caxicaxi	Chicuchicu	Chichito	Chirichiri	
びくびく	びちゃびちゃ	びたびた	かしかし	ちくちく	ちちと	ちりちり	
Fitafita	Gacugacu	Gajigaji	Garagara	Gasagasa	Gatagata	Gojigoji	
ひたひた	がくがく	がじがじ	がらがら	がさがさ	がたがた	ごじごじ	
Sorosoro	Soyosoyo	Sutasuta	Taratara	Torotoro	Xicaxica	Zarazara	
そろそろ	そよそよ	すたすた	たらたら	とろとろ	しかしか	ざらざら	
Iijimequ	Niguimequ	Guiguimequ	Zazamequ	Sosomequ	Zozomequ	Domequ	
じじめく	にぎめく	ぎぎめく	ざざめく	そそめく	ぞぞめく	どめく	
Notoroni	Firani	Fitasurani	Ienjenni	Yǒyǒni	Yǒyǒ	Yǒyacu	
のとろに	平に	一向に	漸々に	やうやうに	やうやう	漸く	

表 3-5 *ARTE GRANDE* の CONSTRUIÇÃO —各論

通し番号	葉	項目	ポルトガル語			
1	115-1〜115v-4	—として、—して	*pera*	*por*	*participio de verbo substantivo*	
		本項、Appendix 1、2、3、4、5、6	〜のため	〜として	存在動詞の分詞のやうなもの	
2	115v-5〜117v-1	こそ、結句、却って	*antes, pelo contrario*	*porquanto, porque, com muita enfasi, & energia*	*isso era se o houvese*	
		本項、REGIMENTO DESTE ADVERBIO、Appendix 1、Exceiçam	寧ろ、反対に	何々だからといふ事を非常に力強く勢をこめて表す	若しもそれがあるならばかうであらう	
			eis que	*hão por isso*	*si pois não*	*mais que si*
			それ見よ	それだから	勿論さうだ	確かにさうだ
3	117v-2	却って、結句	*pelo contrario*	*antes*		
		本項	反対に	寧ろ		
4	117v-3〜117v-5	よも	*por nenhum modo*	*ou assi como assi*	*parece que não*	*provavelmente não*
		本項、Appendix 1、2	決してない	兎も角も	ないやうに思はれる	多分ないだらう
5	118-1〜119v-2	さへ、すら、だに、だにも、だも、だし	*se*	*se inda*	*se ate*	*ate*
		本項、Appendix 1、2、3、4、5、6	若しも〜ならば	若しも〜さへ〜なら	若しも〜までも〜なら	までも
6	119v-3〜120-5	おいて、おいて、おいてをや、とっては、いたっては	*se*	*modo condicional*	*em*	*por estada em lugar*
		本項、Appendix 1、2、3	若しも〜ならば	条件法	〜（場所）で	ある場所にあって
7	120v-3〜121v-3	ところ、ところに	*não significa mais que ser elegancia, ou especificar, & particularizar o nome a que se pospoem*		*o*	*o que*
		本項、Appendix 1、2、3、4、5、6	上品であるとか、その前に立つ名詞を提示し明示するとか以外の意味はない		定冠詞	〜であること
			por quanto	*por ser necessario*	*convir*	*ser ja tempo*
			〜程に	必要である	好都合である	正にその時である
8	122-1〜122-4	やう、やうだい、やうす、体（てい）、やうに	*modo*	*como*	*maneira*	*feição*
		本項、Appendix 1、2	状態	類似	方法	形状

での記述 / その日本語訳						
polas partículas	*com, por*	*o particípio de verbo*, xi, suru	*pois interrogativo*			
にして、に、にて、ながら、ありながら	～（道具）で	動詞「し」、「する」の分詞	問ひかけの「さうして」			
partícula de infinito	*nulo modo, qual falar, não ha, qual haver*		*eis ali*	*assi o dizia eu*	*pois por isso*	
不定法の助辞	決してない、話すことなどありはしない、有るものか		ここにある	私がさう言った	それだから	
a bom tempo, aproposito, ô como						
さいわい						
se apenas	*escasamente*	*se nem*	*nem ainda*			
若しも～でも～なら	せめて～だけでも	若しも～でないなら	さへない			
	quanto atal cousa	*conforme ao que falar a oração*				
「況していはんや」等に呼応	これに就いて	これこれの事に関しては				
aquilo	*tal passo*	*tal lugar*	*oração relativa*	*modo do conjuntivo*	*em quanto*	
そのこと	かかる条	かかる所	関係句	接続法	かくかくの点に就いては	
conjunção pera algũa cousa						
ある事をなすべき時期である						
de modo	*de maneira*	*de feição*	*assi como*	*a modo de*	*parece que*	
方法で	状態で	形で	～の如く	～の如く	そうらしい	

通し番号	葉	項目	ポルトガル語			
			como que	*que*	*de modo que*	*ad locum*
			であるかの如く	（引用の）と	（引用の）と	（引用の）と
9	122v-2	べう、つべう、つべしい、覚しい	*parece*			
		本項	さうな			
10	122v-4	ばし	*porventura*			
		本項	多分			
11	123-1	ばかり	*somente*			
		本項	ただそれだけ			
12	123-2	だて、ふり、ぶり	*dar mostras de tal*	*dar mostras de tal cousa*	*mostrar ostentação*	*mostrar e na verdade*
		本項	これこれである事を見せる	これこれの物を殊更見せる	誇示する	事実以上に誇張
13	123-4	さま、さまに	*modo*	*logo que*	*no tempo*	
		本項	様子	直ちに	時に	
14	123v-2〜124v-2	ほど、ほどの、ほどに	*tanto quanto*	*tanto como*	*tanto que*	*quanto mais*
		本項、Appendix 1、2、3、4、5、6、Exceiçam	同じ程度	これ位	これ位	愈々益々
			quantidade em varias cousas	*grandeza em varias cousas*	*por quanto*	*quando começa ex*
			色々な事物の量	色々な事物の大きさ	〜に依って	去程に
15	124v-4〜125-1	まま、ままに	*assi como*	*de modo*	*conforme*	*da mesma maneira*
		本項、Appendix	それと同じく	その通りに	〜に従って	同様に
16	125-2〜125-4	まい	*cada*	*continuando*		
		本項、Appendix 1、2	おのおの	引続いて		

での記述 / その日本語訳

mais do que com excesso	geito	ar	graça	menco
して見せる	身振り	様子		
tanto mais	todos quantos	os que	se estiver pera fazer	em desposição pera algũa cousa
愈々益々	する程のもの全部	する所のもの	しようとする状態にあるならば	ある事に対する能力があるならば
algum paragrafo abrupto	quantidade			
	量			
à vontade da pessoa	logo que disse	em dizendo	por quanto	
その人の意志のままに	言ふや否や	言って後	間(あいだ)	

第4章　elegância、elegante、elegantemente

　日本語の文典をあむに際し、Rodriguez は **elegância**（エレガントさ）を非常に重視している。*ARTE GRANDE* には 104 個の、そして、*ARTE BREVE* には 32 個の名詞 **elegância**、形容詞 **elegante**、副詞 **elegantemente** が使われている。ここでは、品詞に関係なくこれらの語に言及する場合はカタカナで「エレガント」と表記する。

　計 136 個の「エレガント」を一覧にした。それが、表 4-1「*ARTE GRANDE*、*ARTE BREVE* の「エレガント」一覧　出現順」である。以下、「**G**-1、G-2、……」は *ARTE GRANDE* の、「**B**-201、B-202、……」は *ARTE BREVE* のエレガントに付された通し番号である。*ARTE BREVE* のエレガントの番号は「B-201」からはじまっている。

　第 1 節では「エレガント」の由来、第 2 節ではその語義を考える。第 3 節「「エレガント」な日本語とは」では「古典、古語」、「下位言語、文体」にかかわるエレガントを、第 4 節「日本語教育の見地から」では「都、公家のことば」、「言語教育」に、第 5 節では言い誤りと直訳にかかわるエレガントを一つ一つ見ていく。そして、第 6 節では一覧表の説明をし、「エレガント」と並列、修飾関係にある語句を、第 7 節では「エレガント」の 17 分類を考察する。

　「エレガント」が、どのような項目でどのように使われているかを考えることによって、Rodriguez の持っていた日本語観、言語観をさぐってみたい。

1. elegância の由来

1-1　ラテン語の歴史的変遷

　人類が誕生し、言語が使われるようになって以来、そこには formal な言語と informal な言語とが並行して存在した。ラテン語はかつてラティウム地方で話されていた日常の言語であった。ローマが紀元前 510 年に共和制をとると、ラテン語は formal な場面でも使われるようになった。そして、帝国がその版図をひろげるにつれ、ラテン語が話される地域もひろがった。ローマが地中海世界に君臨する紀元 2 世紀には、ローマ帝国の西半分に通用する国際語となった。帝国が強大になるにつれ、経済力が増し、経済力によって支えられる文化と文化を成長させる欲求とが強くなっていった。

　地中海に面していたローマにとって、当時の政治、経済、文化、そして、言語の規範はギリシアであった。ローマの貴族たちは、当時すでに爛熟した文化をそなえていたギリシアを手本とし、ラテン語を文化の担い手とすべく、書き言葉として磨き洗練させていった。そして、一つの語に非常に多くの意味とニュアンスを付与し、それらを使い分けられるように複雑な語法を発達させた。

　散文が Cicero（紀元前 106-43）によって、詩が Vergilius（紀元前 70-19）によって最高に達した頃のラテン語を古典ラテン語と呼ぶ。古典ラテン語の黄金時代は紀元前 70 年から紀元後 14 年と言われている。古典ラテン語は極度に人工的に磨かれることによりすばらしい創造力を発揮した。が、最盛期を過ぎるとその緻密さゆえにマンネリズムにおちいった。表現の方法や修辞、文体などの形式的なものばかりでなく、内容、主題までも過去の作品の模倣となってしまったのである。そして、ラテン語の話されていたローマ帝国も国家としての力を衰微させていった。

　國原吉之助はその著『中世ラテン語入門』の中で、古典ラテン語は「特に

urbanitas、venustas、**elegantia** といった理想を追求して行く過程で、文体上の、あるいは語形や語彙や統辞法の上で、自らに厳しい規則を課していた」と、述べている。urbānitās というのは「都会的」、つまり、「ローマ風であること」、venustās は「魅惑的であること」、そして、ēlegantia は「優雅であること」である。「野卑な」、「耳障りな」という語義を持つ語 barbarus には「ラテン語、ギリシア語以外の言語の」という語義がある。ēlegantia はこの barbarus の対極にある語義を持つ語と考えられよう。これらの理想を追求するうち、ラテン語はローマ人でも長年の学習後に初めて自由に使用しうる複雑かつ難解な言語となった。古典ラテン語は雄弁と芸術のための言語としての地位を得、ローマ帝国の人々が日々もちいたのは informal な話しことばのラテン語であった。

　ローマ帝国が支配力を、古典ラテン語が言語的な創造力を衰退させていった頃、キリスト教がラテン語を公用語とし、ラテン語に影響力をおよぼしはじめた。

　帝国の都であったローマには世界中から人々が集まっていた。パレスティナで生まれたキリスト教をローマに伝えたのは東方からやってきた貧しい階層の人々であり、彼らはギリシア語を日常語としていた。キリスト教はギリシア語を母語とする人々から同じ階層のラテン語を母語とする人々に伝えられ、ローマ、そして、帝国内へと広まっていった。帝国各地の教会がキリスト教を伝えたギリシア語をすて、ラテン語を公用語として採用しはじめたのは 2 世紀の中頃からであった。

　キリスト教は、ローマに伝えられてからも長い間迫害されたが、313 年 Constantinus 帝（274-337）が Edictum Mediolanum（ミラノ勅令）を発することによって信仰の自由が認められ、迫害の歴史に終止符が打たれた。さらに 391 年に Theodosius 帝（346 頃 -395）はキリスト教を国教となし、かつてのローマの神々の崇拝を禁止した。

　4 世紀にはいると Ambrosius[1]、Hieronymus[2]、Augustinus[3] など、当時

の最高の知識人が社会に進んで入り込み、大衆の教師となって、キリスト教の教義をラテン語で説き、思想界を指導し大衆を啓蒙した。こうしてラテン語はかつてギリシア文学を手本として、それを模倣し、それと張り合い、それを越えんとして自らを鍛え磨き、豊かにしたように、今度は、キリスト教の信仰と思想と情熱を伝える真の道具たらんとして、自らを洗練し深めひろげたのである。

キリスト教が広まったのは第一に貧困層であり、彼らは informal なラテン語しか知らなかった。そのため、教会のラテン語は俗ラテン語の影響も強く受けることとなった。さらに、ローマ帝国が崩壊しはじめると、各地方でそれぞれの言語が発達していった。各言語はラテン語に影響を与え、国際共通語あるいはキリスト教の公用語してのラテン語は地方によってその差異を大きくしていった。

13世紀にはスコラ哲学が隆盛を見た。キリスト教の公用語として、ローマ帝国の領土よりさらに広範な地域の国際共通語として通用していたラテン語は、俗ラテン語や各地方の言語を旺盛に取り込み、宗教、そして、論考や考察の言語としても確立していた。

スコラ哲学の思索と論理は表現の正確さのみを追求し、修辞学の規範にしたがった表現の変化性、多様性を無視し、あるいは意識的にさけて、ラテン語にただ理性的になることをひたすら要求した。アリストテレスの哲学と出合い、ギリシア語の原典を翻訳するにあたっては、かつて聖書を翻訳する時にそうであったように、基本的に逐語訳を固守した。その結果、ギリシア語の抽象名詞が沢山借用され、また、ラテン語に新しい哲学の意味が負荷された。

---

1) Aurelius Ambrosius。西暦340頃-397、キリスト教教父、ミラノの司教。
2) Eusebius Sophronius Hieronymus。西暦347頃-420、キリスト教教父、カトリック教会公認のラテン語の標準聖書『ヴルガタ』を作成。
3) Aurelius Augustinus。西暦354-430、キリスト教教父、正統キリスト教の基礎を確立。

話しことばとしての informal なラテン語は民衆の生活に根づいたものであり、ロマンス諸語へと変容をとげた。一方、書きことばとしてのラテン語は古典ラテン語の黄金期をへたのち、キリスト教の公用語となり、また、哲学その他の学術のための道具となり、「urbānitās, venustās, ēlegantia」という本来の理想からはなれていったのである。

1-2　Lorenzo Valla

西欧世界の文法の起源は紀元前120年頃に活躍した Dionysius Thrax のギリシア語文典にさかのぼる。これが、伝えられているギリシア語の文法書では最古のものである。当時の文法書はギリシア人たちが彼らにとっての古典を読み解くためにあまれたものである。Dionysius Thrax の文法書はローマ人たちに伝えられ、ローマ人が自分たちの黄金期の古典を読み解くために、また、古典ラテン語を身につけるために必要なラテン語文典を編纂する際の手本となった。そうやって作られたのが、Varro Marcus Terentius（紀元前116-27）の *De lingua Latina* であり、紀元4世紀中頃に活躍した Aelius Donatus の文法書、また、紀元500年頃に活躍した Priscianus Caesariensis の *Institutiones grammaticae* である。*Institutiones grammaticae* は時代と伝統をへて音声、語形成、活用、統語論等によって構成される体系的な文法書となっている。

15、6世紀の人文主義者によってあまれたラテン文典では Lorenzo Valla（1407-1457）の **Elegantiae** *Linguae Latinae* と Antonio de Nebrija（1444-1522）の *Introductiones Latinae* とが知られている。

Valla は強烈な個性の持ち主であった。キリスト教化され、各国の言語の影響を受け、あるいは、スコラ哲学によって生命力を束縛された当時のラテン語を痛烈に批判し、黄金期のラテン語を本来目指すべき理想のラテン語とし、著述にはげんだ。すでに述べたように、古典ラテン語の追求した理想は urbānitās, venustās, ēlegantia であった。彼は、この三つのうちの

ēlegantia を古典ラテン語の学習の真髄としたのである。この著で Valla は古典ラテン語にない語、句、表現を批判し、古典作家の作品から数多くの例を引いている。1471年から1536年の間に60近くの版を重ねていることから、西欧諸国で広く盛んに読まれたことがわかる。

　Rodriguez の **elegância** は直接的には Lorenzo Valla の **ēlegantia** に、また、さらには伝統的ラテン語学の理想にその源を見ることができる。

2.「エレガント」の語義

　まず、2-1「古典ラテン語におけるエレガントの語義」、ついで、2-2「語源辞典によって知りうる16世紀のポルトガル語での語義」、最後に、2-3「現代ポルトガル語での語義」、以上を概観し、Rodriguez、あるいは、イエズス会士、当時のヨーロッパ人たちの思い描いていた「エレガント」の語義をさぐってみたい。

2-1　古典ラテン語におけるエレガントの語義

　　ēlēgantia, f. goût, délicatesse, distinction, correction

　　ēlĕgans, adj. I home raffiné dans son genre de vie et sa toilette
　　　　　　II 1 [personnes] distingue, de bon gout
　　　　　　　　3 [écrivain ou style] châtié, correct

Félix Gaffiot（2000）

　前者は名詞、後者は形容詞の語義である。日本語ではそれぞれ、「趣味のよいこと、繊細、際立っていること、適切であること」、「生き方や身なりが洗練された、趣味が良くて際立っている、文章やことばづかいが洗練されていて適切な」となる。

さらに、

> **ēlegantia**, f. 1 Fastidiousness, choosiness.
> 2 Fineness of taste, manners, feeling, etc., correctness or refinement.
> 3 Refinement as shown in the effect made on the senses, elegance of appearance, etc.
> 4 Skill or good taste in the choice of words, presentation of ideas, etc., neatness, felicity.
>
> **ēlegans**, adj. 1 Careful in choosing, fastidious, particular.
> 2 Correct and delicate in one's tastes, refined, cultivated, or similar.
> 3 (reffering to the effect made on the senses, esp. the sight) Tastefully, attractive, graceful, elegant, etc.
> 4 (of speakers or writers, their style, works, etc.) Apt or skillful in choice of words, presentation of ideas or similar.
> 5 (of learning) Minute, exact; (of a distinction) fine, subtle.
>
> P. G. W. Glare (1996)

ここにも「適切なことばづかい」があげられている。エレガントには、大きく「優雅で上品」、そして、「ことばつかいが適切」の二つの語義が考えられる。

2-2　語源辞典によって知りうる16世紀のポルトガル語での語義

elegância *sf.* distinção de porte, de maneiras, garbo XVI.
　Do lat. **ēlegantia** *–ae*

elegante XV. Do lat. **ēlĕgāns** *–antis*

Antônio Geraldo da Cunha (1982)

語義は「態度や流儀のきわだっていること、優美さ」である。また、名詞 **elegância** はラテン語 ēlegantia から派生して 16 世紀に、形容詞 **elegante** は同 ēlegāns から派生して 15 世紀に、それぞれ初出していることがわかる。

2-3　現代ポルトガル語での語義

elegância s.f. **1** disposição marcada pela harmonia e leveza nas formas, linhas, combinação e proporção das partes, e no movimento; donaire, garbo, graça.

　　1.4 adequação e fineza na escolha das palavras e no modo de dispôlas; apuro, correção.

elegante adj. **1** que se caracteriza pela harmonia, leveza ou naturalidade na apresentação e nos movimentos.

3 requintado na escolha das palavras, revelando naturalidade no modo de as dispor ou no estilo; apurado, correto, fino.

Instituto Antônio Houaiss (2001)

現代のポルトガル語にも、「ことばの選び方においてすぐれた／洗練された」という語義があることがわかる。

Rodriguez は、「エレガント」を「**優雅で上品**」と「**ことば遣いが適切**」の二つの意味で使っていた。文化のことなる国で布教するには「**優雅で上品**」[4] であることが必要であり、言語の運用というのはつきつめれば「**適切なことば遣い**」である。当時のイエズス会にとっての日本語学習の目的を「エレガント」ということばにたくし、Rodriguez は文法書をあんだのである。

3.「エレガント」な日本語とは

　ARTE GRANDE の PROÊMIO（序文）の2ページ目には、「O que resta e q̃ depois de aprendidos estes principios necessarios, quem quiser falar polida, & **elegãtemente**（G-2）se dê muito á lição dos livros que os autores graves de Japão compuserã de suas cousas, por q̃ neles està encerrada a pura, & **elegãte**（G-3）lingoa, aqual nem ainda os mesmos naturaes sem este estudo sabem perfeitamente（残されてゐる事と言へば、この書によって必要な原理を学んだ後に、洗練された上品な会話に上達しようと望む者は、日本の権威ある著述家が日本のことを書いた書物によって大いに勉強できるといふ事である。かかる書物には純粋にして典雅な言葉が含まれてゐるのであって、さういふ言葉は、本国人自身でさへ、この学習法を用ゐなければ完全に知ることはないのである。土井（1955）p.4）」、とある。また、本文第168葉表には「*as palavras boas,* & **elegantes** *são as antigas*（立派で上品な言葉は古語である。土井（1955）p.602）」、とある。「権威ある著述家」や「古語」に学ぶ、これはまさにギリシア語学、ラテン語学の伝統を引き継いだ考え方である。

　彼らの必要とした日本語力、そして、Rodriguez の求めた日本語力は非常にレベルの高いものだった。彼はそれを達成する上で大切なことを *ARTE BREVE* の第3葉表に三つあげている。「A primeira & principal e os mestres, que hão de ensinar, quaes hajam de ser. A segunda（não de

---

4）　*ARTE GRANDE* を書くいきさつを説明した部分（G-1）で、Rodriguez は、「me ordenaram os mesmos Superiores q̃ compusesse esta Arte, na qual alem das conjugações, & rudimenta, se declarassem com a facilidade possivel as regras, & preceitos que ensinam a falar certo, & com **elegancia**（同長老達は私にこの文典を編纂するやうに下命なさった。さうしてその文典では、活用や品詞論の外に、正確にして且上品に話す事を教へる規則と法式とを出来るだけ平易に説明せよとの事であった。土井（1955）p.4）」と言っている。布教のためには、「エレガント」であることがかかせないのである。

menor momento que esta) e os livros, por que hão de estudar logo que começam a ouvir lição de livros. A terceira e o modo de aprender, & ordem, que nisso se tera, assi no ouvir, estudar a arte, & preceitos dela, como nos exercicios de compor, & exercitar a lingoa quaes hajam de ser(その第一にして最大のものは教授にあたる教師で、これはだれが教師になってもかわらない。第二は（これには第一のものに劣らぬ重要性がある）、学習者が書物の講読に参加するようになった初期の段階で学習に用いる書物である。第三は学習の方法とその順序で、これは文法書の講義をうけ文法書にある規則を学習する場合にも、文を綴る練習やことばを運用する練習——それがどのようなものであれ——にも妥当する。池上（1993、上）p.34）」。

第一が教師、第二が講読に使う書物、第三が学習全体のやり方や順序である。文法訳読法なのだから、講読に使う書物が重要なのは当然である。そのための書物は権威ある著述家が著した古語であるべきで、西欧世界の文章の翻訳ではだめだ、としている[5]。彼らイエズス会士自身が作成した『SANCTOS NO GOSAGVEONO VCHI NVQIGAQI（サントスの御作業の内抜書）』、『CONTEMPTVS mundi（コンテムツス・ムンヂ）』、『GVIA DO PECADOR（ぎゃ・ど・ぺかどる）』などのキリスト教の宗教書の訳や、『ESOPONO FABVLAS（イソホ物語）』などの西欧世界の文学の訳は適さないことになる。さらに、学習しやすいようにと文語体を会話体に改めたものもだめだと言っている。『Royei Zafit（朗詠雑筆）』、『太平記抜書』、天草版の『Feiqe no monogatari（平家物語）』も適さないわけである。

ARTE BREVE の第4葉表には、「Quanto aos livros, q̃ hão de aprender, hão de ser do estilo da escritura, & de autores classicos antigos estimados entre os Japões por seu **elegante**（B-209）estilo, em q̃ esta todo o primor, **elegancia**（B-210）& propriedade da lingoa Japoa, pelos quaes ainda os

---

5) *ARTE BREVE* の第4葉表から裏を参照。

mesmos Japões pera se perfeiçoarem aprendem de proposito（つぎに生徒が学ぶべき書物であるが、これは文章体の書物、しかも文体[6]が美しいため日本人のあいだでしかるべき評価を得ている過去の古典的著者の手になる書物でなければならない。こうした書物であれば、そこには日本語のもつ優美・高雅・端正なるものがすべて存するのであって、日本人でさえこの種の書物によって積極的に学んで自分のことばを磨いているのである。池上（1993、上）p.38）」、とある。読むべき書物は、手の加えられていない日本の作品で、古典でなければならない[7]。

　Rodriguez は、*ARTE BREVE* の「Do modo que parece mais acomodado pera aprender & ensinar esta lingoa（日本語の学習と教授にふさわしいと思われる方法について）」という章、第4葉裏から5葉表で古典を5種類に分けている。もっともやさしいものが、「*May*（幸若舞）」、「*Sŏxi*（草子）」、次が、*Saighiŏfôxi*（西行法師）の『*Xenjixo*（撰集抄）』、*Camono chŏmei*（鴨長明）の『*Foxxinjŭ*（発心集）』、三つ目が、『*Feike monogatari*（平家物語）』、『*Fôghen Feigi monogatari*（保元平治物語）』、そして、もっとも難しいとしているのが『*Taifeiqui*（太平記）』である。他には、*Vta*「歌」、*Xirengu*「詩聯句」、『*Ixe monogatari*（伊勢物語）』、『*Ghenji monogatari*（源氏物語）』、いくつかの消息集が、カリキュラムに織り込むべき、特殊な文体のものとしてあげられている。

　このうちの「幸若舞」については、*ARTE GRANDE* でも *ARTE BREVE* でもエレガントだと言っている。*ARTE GRANDE* には、第185葉表「*DO ESTILO, GVEDEN*（'外典'の文体に就いて）」の章に次のような記述が見える、「*O estilo dos* Mais *é falar corrente de Japã mui cortes &*

---

6)　ここにある「文体」とは、Rodriguez による「estilo」である。「口語体」、「文語体」、「である体」などの「文体」とはことなる。書きことばの「estilo」、古典の「estilo」、手紙の「estilo」などの使い方から、「型」とか「様式」などに近いものだと思われる。
7)　古典を重視していることは表4-2の⑫古典、古語」を見てもわかる。*ARTE GRANDE* では、冒頭の「PROÊMIO」で2回、*ARTE BREVE* では、教授法の記述の箇所で5回「エレガント」があらわれている。

elegāte, *misturado de pratica & escritura de modo que todos o entendem* (G-103)（'舞'の文体は、日本で通用してゐる甚だ丁寧で上品な談話のと同じである。話し言葉と書き言葉とを混合したものであって、誰にでも理解される）」。*ARTE BREVE* では、第75葉表に「O estilo dos, *Mai*, é falar corrente mui cortes, & **elegante** misturado de pratica, & escritura, de modo que todos o entendem（B-232）(Mai（舞）の文体は話し言葉的で非常に上品かつ美しい文体であり、会話体と文章体との混淆体でもある。このためどのような人にも理解できる）」とある[8]。

「幸若舞」以下『太平記』までは、鎌倉、ないし、室町時代の成立である。*ARTE GRANDE* の印刷が、1604年であるから、『保元平治物語』成立の鎌倉初期からは400年以上のへだたりがある。しかし、16、17世紀であっても「幸若舞」、「草子」は広く一般庶民に親しまれ、『撰集抄』、『発心集』、『平家物語』、『保元平治物語』、『太平記』は和漢混淆文としてその価値を確立し、継続的に読まれていた。とくに、『太平記』の文体は和漢混淆文の一つの極致であり、室町時代における最高の文体として当時すでに認められていた。Rodriguez の言う「学ぶべき書物」、「日本人から高く評価されている古典作品」というのは、当時の日本人に広く読まれ、日本文化の中枢に位置していたような、中世以降の作品ということになる。

和語による韻文である「歌」、漢語による韻文である「詩聯句」、平安時代に成立した宮廷文学である『伊勢物語』、『源氏物語』、そして、書簡も重要なものと判断された。布教活動をおこなうには日本文化についての教養が不可欠であり、これらの言語作品、書簡集はその教養を身につけるために必要だったのだ。

Rodriguez は *ARTE GRANDE* 第184葉裏で第三巻の執筆の目的を「文

---

[8] 表4-2「⑬下位言語、文体」を見ると、幸若舞以外に和歌、物語の文体がエレガントだという記述があることがわかる。

書に見られる色々な文体に就いて述べる事」とし、書きことばの文体を「極めて荘重且典雅な（G-101）一種の文体であって、書くといふ方法をとる場合にのみ使はれ、その形では、話す場合の日常の文体として使はれることはない」（土井（1955）p.661）、としている。ARTE BREVE 第73葉表の、「Do estilo da escritura em geral（文書体一般について）」では、「この言語では、書きことばの文体は、話しことばとしては、動詞の活用語尾や独特の助辞、言い回しにおいて日常の話しことばと異なる、別格で重々しくエレガントな（B-231）文体である」とし、この話し方は「書くときつねに、また、上記のような重々しい話しことば（だれもが容易に理解はする）でも用いられるが、それ以外では、実用的日常の文体ではいかなる場合にも用いられない」（馬場訳）としている。

　すなわち、Rodriguez は日本語の中に文語体と口語体を認め、前者は、書くときと特殊な場合の話すときに用いられるとし、そして、この文語体を身につけるべき日本語、エレガントな日本語としている。さらに、その文体の中でも、手紙の文体をもっともエレガントなものだと述べている。「Bunxŏ（文章）」、つまり、手紙の文体は他の文体と大きく異なり、そこには日本語の秩序とエレガントさとの、すべてがある（G-102）、そして、この文体を学ぶには Vŏrai（往来）と呼ばれる本がある（G-104）としている。乱世の時代、九州を根城に西日本各地で宣教、布教、教育活動を続けていくには、中央、および、各地方の権力者、実力者から協力を得るか、少なくとも、禁止されないようにしなければならず、そのためには、説明、釈明や嘆願、依頼の多くの部分を書状によらねばならなかった。また、受け取った書簡から正確に多くの情報が得られるように、その作法を学んでおく必要もあった。それで、Rodriguez は日本人の書く書状の類を重視し、文体のみならず、書状の種類や作法についても ARTE GRANDE 第189葉表から第206葉裏にくわしく書いている。こうすることによって、書状の文面や体裁から、差し出し人のあて先に対する敬意の度合や力関係、あるいは、感情まで見当をつけること

が可能となるからである。

　当時のイエズス会士が知っておくべきであったと考えられるもう一つの事項に、日本人の歌好きがある。時の権力者との人間関係を構築、維持するには和歌の知識が不可欠だったのであろう。ARTE GRANDE 第 180 葉表から第 184 葉裏で日本の詩歌全体にふれ、その中、G-99 で和歌は「一定の音節又は韻脚から成る極めて優美且**典雅な言葉から出来てゐる**」詩であるとしており、G-100 では、「エレガントさのために」Iiamari（字余り）の技法を用いるとしている。

　以上を要約すると、Rodriguez の求めた日本語、エレガントだと考えた日本語は、古典の主要作品に見られる文語体ということになる。しかし、それだけでは実用的でない。そこで、Mai、Sŏxi の日本語も学ぶべき日本語としている。さらに、実利的な面からは書状の作法、教養面からは和歌に関する知識が大切だ、ということになる。

4. 日本語教育の見地から

　ARTE GRANDE と ARTE BREVE とでは「エレガント」の使い様がことなる。ARTE GRANDE では偏りが少なく全体的に数多く使われているが、ARTE BREVE では総数が少なく、かつ、日本語教育の方法論の部分、つまり、第 2 葉裏から第 5 葉裏に集中している。総数 32 個のエレガントのうち 13 個が、全体で 96 葉の ARTE BREVE の 3 葉に、つまり、全体の 13/32 の「エレガント」が 3/96 の紙面に集中しているのである。もともと「エレガント」というのは古典ラテン語の求めた理想の一つであり、その後、ラテン語を学習する際の理想となったものである。Rodriguez はラテン語学習の理想を日本語教育にあてはめ、方法論の部分に集中させたのだ。

　先にあげた「学ぶべき書物」を熟読し古語に精通しても、イエズス会士たちの目的は達成されない。彼らの目的は、日本語の学習や分析、記述ではな

く、権力者と交渉しながら許可を求め、布教していくことなのである。そのためには、権力者を説き伏せ、歓心を買い、一方では、人心を引き付ける力強い語調が必要となる。その話す力は、「これらの書物をはじめ同種の他の書物によって、そこに見られる、誤りを含まぬ美しいことば、優美な言葉遣いの基礎を自分のものとし、澄んだ泉に立って日本語の水を飲んでいれば、必ずや短期間で日本語に熟達」(B-213)することができるとしている。そして、習得すべき話しことばは、「Miaco（都）」で「Cungues（公家）」の用いるものである（G-36、37、52、B-223参照）。

では、古典から日本語の真髄を汲み取りつつ、都の公家たちの用いる話しことば[9]を習得するにはどうしたらよいのであろうか。

ARTE GRANDE には、日本語という言語に関する、あるいは、日本文化に関する膨大な量の記述がなされている。一方、*ARTE BREVE* では、それらの多くが整理され、あるいは、削られる中、時とともに深められたRodriguezの考察が反映され、「Do modo que parece mais acomodado pera aprender & ensinar esta lingoa（日本語の学習と教授にふさわしいと思われる方法について）」という章が7ページ[10]にわたってつけ加えられている。この章では、学習者の国籍、年齢、能力から、学習の目的、その期間、文法書、教師、テキスト、カリキュラムに関するまで、今日、語学教育で言われるところの「コース」のすべてがあつかわれている。

日本語の教育には、三つの要素が必要だとしている。まず、第一に重要な

---

9) *ARTE BREVE* 第59葉裏からはじまる章「SINTAXI BREVE COM ALguns preceitos geraes pera começar a compor（文章を綴るための統語の概要と若干の一般則）」では、「統語」を「品詞を一定の順序で正確に組み合わせること」として、その重要性をといている。そして、正しい統語は古典作品の中にあって、都のCugheはその統語を身につけている、だから、「純粋で美しいことばと日本語本来の発音とを伝えているCugheがたがいに用いている都のことば」の統語は正しい、と言っている。

　Rodriguezが古典作品の日本語と都の公家のことばとを重要視するのは、後者が前者を反映していると考えていたからなのである。

10) *ARTE BREVE* の第2葉裏から第6葉表。

のは教師である。話し方、書き方、発音すべてがエレガントで適切であり、しかも、これらに対する客観的な知識がある日本人で、しかも、深い教養があって日本の歴史にも博学であること、としている。ヨーロッパ人はいくら能力があってもエレガントな日本語を教えるほどにはならない、と言っている。

　書物も日本人が書いたものを使うべきであり、イエズス会の書物を日本語に訳したものも、日本の書物を日本語教育用にやさしく書き改めたものもよくないとしている。具体的には、3「「エレガント」な日本語とは」にあげた書物を読むべきものとし、これらから、日本語のすばらしさを汲み取るべきだとしている。

　第三の要素、カリキュラム、で一番重視しているのは、教師が文典に精通することである。適切な時に、文典の適切な箇所を繰り返し読んでやる、あるいは、暗唱させることができなければならない。また、作文の重要性も説いている。日本語の書物からの引用ができるようになったり、ポルトガル語の影響を受けた表現をしないようにするためにも、作文には時間をさくべきだとしている。特に、日本語の学習には文字の習得が大きな鍵となるので、その意味でも作文練習は重要だと考えていたようである。

　発音については、悪いくせがついてしまわないよう、初心者のころから気をつけなければならないとしている。実際、外国語なまりのしみついた発音というのは、聞きづらいものである。そして、発音指導は日本人によらなければならない。そして、講読する書物は「古典」、作文も日本の古典作品の中の文をポルトガル語に訳し、さらにそれを日本語に訳し直させて練習せよ、と述べている。

　Rodriguez は、言語観、言語の記述の枠組みだけでなく、その教授法、学習法までラテン語のものを日本語にあてはめている。*ARTE BREVE* の学習法、教授法に関する章は、第2葉裏の「Dous modos principaes ha pera aprender esta lingoa Japoa, & sair um perfeito nela（日本語を学びこれに熟達

する方法には主なものが二つある）」ではじまる。一つは、「aprendela naturalmente com o uso, & trato quotidiano com os mesmos naturaes（この地の人びとと日常的に交際してこのことばを用い、自然にこれを修得する）」方法であり、もう一つは、「por via de arte, & preceitos de gramatica com bons mestres ouvindo a lição dos livros（良き教師の指導のもとで文法書を用い文法規則から始め、同時に書物の講義を受け）」る方法である。

　前者の方法の長所は、日本人と同じような自然な日本語が身につけられることであり、短所は、時間がかかる、「ūa diligencia extraordinaria pera um em menos tempo se perfeiçoar na lingoa, & poder exercitar nossos ministerios（並外れた努力をしないかぎり、通常より短い期間で日本語に熟達してわれわれの任務を果たせるようにはならない）」ことだ、と言っている。後者の方法は、「ao modo dos que aprendem Latim, Grego, ou Hebraico（ラテン語、ギリシア語あるいはヘブライ語を学ぶ）」方法とある。当時のヨーロッパですでに確立されていた文法訳読法と呼ばれる方法で、長所は、ヨーロッパで広く行われている言語学習法なので慣れている、また、最低限の職務をこなすだけの日本語なら短期間に修得できる、この二つがある。一方、短所は、どうにもなおしようのない癖がついてしまい、日本人と同じほどの日本語力を身につけることはほとんど不可能となることだとしている。

　Rodriguez は日本語の学習方法にこれらの二つを考えており、両方の長所と短所を見た結果、後者の方法、それも、現状のやり方に改良を施したやり方がもっともすぐれた学習方法、ないしは、教授法だと考えていた。

　それは、「教師が文法書に精通していて、講義中機会あるたびに、文法書の規範・規則、品詞の用法を口頭で説明し、生徒にそれを復誦させて規則を記憶させるよう努めること、あるいは書物の講読中にそうしたものを指摘してやることである。また文法書も時に応じてあちこちの部分を講義すべきであるが、文法書そのものの講義にはあまり時間をかけず、書物の講読をしながらしだいに記憶してゆけるような方法を採るべきで、動詞の活用と少数の

規則を除いて文法書のなかにあるそれ以外の規則は棒暗記させるようなことをしてはならない。そのようなことをしているかぎり、そうした規則がいわば自然なかたちで記憶に定着することはないからである。」、*ARTE BREVE* の第5葉表にあるこの記述を見ると、次のような手順で授業を進めるべきだ、ということになる。

触れる日本語は、エレガントで純粋な日本語にあふれた May、Sŏxi、Feiqe monogatari、Taifeiqui などの古典で、これらから提供される場面をもちいて導入、*ARTE GRANDE* と *ARTE BREVE* に精通した教師が、講読をしながら適切なタイミングで両文典の適切な箇所を学習者に説明していく。そうやって、文典にある規則を自然に体得させ、運用能力の養成までも実現させるのである。

当時の日本におけるイエズス会士たちの仕事は多岐に渡った。Rodriguez は豊臣秀吉とも謁見している。彼らの活動を続けるためには、権力者の許可や協力が不可欠だったのである。ポルトガル船が問題を起こした時には通訳として、日本人権力者同士の争いに第三者として仲介にはいることを依頼されもした。戦国時代に異形の外国人がなじみのない宗教を広めようという時には、直接には自分たちの利益にならないことであっても引き受けざるをえなかったようである。

そんな中で Rodriguez は学習者を、その目指すところの違いによって大きく二つにわけている。一方の学習者に対しては、

> Não tratamos aqui dos que somente pretendem entender a lingoa em breve tempo, de modo que possam confessar, & praticar aos Christãos as cousas de suas almas & as de mais necessarias pera o trato comum[11].

ここでは、したがって、キリスト教徒の告解を聴くこと、キリスト教徒にたいしてそれぞれの魂にかかわる事柄を語ること、そして日常の交際に必要なことを話すこと、こうしたことができるようになるためだけに短期間で日本語の理解力を身につけようと考えている人たちについては論じない。

と述べている。もう一つは、キリスト教を敵とみなしている仏教徒と論争し、相手の言い抜けやことばのあいまいさを指摘し、また、言いたいことは何でも立派な文体の日本語で書き表すことができ、日本のあらゆる事柄に精通している人、「茶」や「舞」、「七芸」、「八能」、「歌」、「漢詩」、日本の歴史の知識もあって権力者と交渉のもてる人、である。宗教改革という、カトリックの存在自体をかけた大きな変革の時期を乗り越え、大航海時代という、地球全体をおおう西欧からの波とともにやってきた宣教師たち、彼らの意志と目的を達成するためには、日常生活に困らず、キリスト教徒となら宗教の話もできる、という程度の日本語力では不十分であった。宗教の専門家と議論をして論破し、知識人たちと日本の文化について語り合えるほどの日本語力を必要とした。だから、一般の日本人の中に入って見よう見まねで日本語を体得する「独学」ではなく、規範的な「文典」を使いながら、優秀な教師の指導のもと、**elegância** を備えた「古典」を読むことを強く説いたのである。

Rodriguez にとって、日本語とは *ARTE GRANDE* と *ARTE BREVE* にある規則と記述の総体だった。書物を読み、その際に、両文典の記述を手がかりとし、そうすることによって、逆に文典の記述を理解していく。この、文典の記述を理解していくことが、そのまま日本語を修得することだった。文法訳読法で、当時死語であったラテン語を学習する時と同じ手順である。言語の規則は確固としてそこにある。その規則の知識を言語能力にまで引き

---

11) *ARTE BREVE* の「Do modo que parece mais acomodado pera aprender & ensinar esta lingoa (日本語の学習と教授にふさわしいと思われる方法について)」、第3葉裏。

上げるのが具体的な言語作品を読む作業なのである。

　イエズス会が必要とした能力、Rodriguez が養成しようとした人材のレベルは非常に高かった。日本語の力ばかりでなく、日本の文化・習慣についての一般常識から、歴史、茶や歌の知識、さらには、日本的感じ方やものの考え方が理解できるところまで要求している。一般常識や各種の知識は ARTE GRANDE にも見られ、これらはポルトガル語の記述でもすまされる。しかし、日本語の高度な言語能力と日本人の感じ方、ものの考え方は他の言語にうつしかえることができない。

　ルネサンス期に再評価されたギリシア、ローマの文化・芸術、それを生んだ精神世界を知るにはギリシア語、ラテン語を学習する必要があった。言語を学習し、作品を読むことによって知り得たものが彼らにとってのギリシア、ローマの世界だった。また、当時のヨーロッパでは、ラテン語の学習はその言語を修得するばかりでなく、思考の方法や論理の組み立て方を身につけるためにも行われた。Rodriguez は日本人の精神世界、感じ方や考え方までも理解し、身につけるための言語作品として『太平記』以下の「古典」をあげていたのである。

　ポルトガル語の語源辞典、da Cunha (1982) には、

> clássico *adj.* relativo à arte, à cultura dos antigos gregos e romanos; da mais alta classe; XVII. Do lat. *classĭcus*

とある。「clássico」の品詞は「形容詞」で、17世紀に「古代ギリシア、ローマの芸術や文明に関連した」、「最上級の」という意味での用法があり、語源はラテン語の「classĭcus」であるとしている。Rodriguez にとっての clássico も古代ギリシア、ローマの古典作品であり、日本の Soxi、Taifeiqui であったのだ。

　時代と状況が非常に高い日本語力を求めていた。それに、応えようとし、

第4章　211

また、応えることは可能だと考えた Rodriguez は、その実現方法として文法訳読法を採用し、講読に取り上げる書物として『太平記』以下の「古典」をよしとした。ラテン語学習の伝統にのっとり、日本語の **elegância** の真髄を会得することを目指したのである。

5. 言い誤り、直訳

　ARTE GRANDE 第 168 葉表から裏にかけての節、「*DOS VICIOS QVE FAZEM A ORA*çam barbara, & rustica（文章を粗野にし且野鄙ならしめる缺陷に就いて）」には、避けるべきことがらとして三つの誤り「ポルトガル語化すること、はっきりしないこと、そして、装飾のないこと」をあげている。G-93 と G-97 は、この 3 点のうちの「ポルトガル語化すること」に関する記述である。

G-93
　ポルトガル語の文法や語法の影響による間違いが、以下のようにあげられている。

i.「～ともに」、「～へ」、「うれしう」。
　「そなたともに参ろう」を「そなたを以って参ろう」、また、「筆を以って書く」を「筆ともに書く」としてしまう。「そなたともに参ろう」はポルトガル語では「Vamos **com** você」であり、「筆を以って書く」は「Escrevo com o pincel」である。つまり、「(人)ともに」と「(道具)を以って」とが「**com**（英語では with）」一つで言い表わされるのである。そのため、日本語ではまったくことなる言語形式で表現される「～ともに」と「～を以って」をとりちがえてしまう。
　「都へ参る」を「都のため参る」としてしまう。「都へ参る」は「Vou

para Miaco」である。この「**para**」はほぼ英語の「for」にあたり、移動、動作の方向を示すと同時に「〜のため」の意味も持つ。それで、「都のため参る」と言ってしまうのである。

「うれしう存ずる」を「うれしうに存ずる」としてしまう。ポルトガル語の形容詞が副詞に品詞転換する場合、普通は女性形の語末に「-mente」をつけることから、「うれしう」というイ形容詞の連用形をうしろに何もつけないでそのままにしておくことができず、ナ形容詞連用形の活用語尾である「に」を無意識においてしまう例であろう。

ii.「は」、「が」、「の」、「に」、「を」、「へ」などの「てには（Tenifa）」を忘れる。

「てには」を忘れるのは、「てには」を持たぬ言語の話者によく見られる。ラテン語は屈折言語で、名詞と他の語との間の格関係はその名詞の語尾変化で示される。また、ポルトガル語では主として前置詞で示される。どちらの言語も、日本語の「てには」にあたるもの、後置詞にあたるものは持たない。

iii. 語順間違い。

「こればかりある」を「ばかりこれある」、「おのれが人を知らざることをうれへよ」を「うれへよおのれが人を知らざることを」とする。ラテン語において、文中の語句の順番はほとんど自由である。名詞、形容詞の語尾変化が大幅に単純化したポルトガル語においても、ラテン語ほどではないにしろ、その語順は基本的に自由である。一文の中の語順が基本的に自由であるという点では、日本語とポルトガル語はよく似ている。しかしながら、日本語の「これ」と「ばかり」は「ばかりこれ」とはならないし、一方、ポルトガル語の「só isso（ばかり これ）」は、「isso só」とはならない。基本的に自由であるはずの語順が、部分的に自由ではなく固定されていることによるズレから生じた誤りである。

もう一つの、「おのれが人を知らざることをうれへよ」であるが、ポルト

ガル語の述部動詞は文頭、文中、文末どこに来てもよい。その位置がかわることによって異なるのはニュアンスであり、非文になることはない。しかし、命令文の時だけは文頭に来るのが原則である。そのため、日本語においても動詞部分の「うれへよ」を文頭に持って来たのであろう。これも、ポルトガル語の言語体系からの影響によるものである。

G-97

「IESV Christo Nosso senhor pelo grande amor que teve aos homens, **quis morrer** na cruz」と言いたいとき、直訳して「ゼズ・キリシト　人間を思召す御大切深きが故に、クルスにかかりて死したく思召す者也」と言ってはいけない。「死に給う者也」と言わなくてはいけない。そうしないと、「死んだ」のではなく、「死ぬ希望を持っていた」だけになってしまう、と Rodriguez は述べている。

　これは、動詞のあらわす意味の完結性にかかわることである。「**quis morrer**」は「querer（欲する）」の直説法完全過去の「quis」に「morrer（死ぬ）」の不定法が続いたもので、「死ぬ」ことを「欲する」ことがなされ、成就された、つまり、死んだことを意味する。一方、日本語の「死にたかった」では、「死にたい」と思ったことはわかるが、実際に死んだかどうかはわからない。明確にしたいなら、「なくなった」と言わなくてはならない。

　ポルトガル語では、欲して死んだのなら「quis morrer」であり、「思っただけでそうはならなかった」意なら直説法不完全過去の「queria」を使って「queria morrer」とする。こうすれば、「死ぬのは思っただけ」ということになる。ポルトガル語でなら、実際に成就されたのか否かが動詞の活用形で表わせるのだが、日本語では動詞の活用では言い分けができない。そこで、ポルトガル語の直訳ではだめで、表現自体をかえねばならないのである[12]。

---

12) 英語：「彼は死にたかった」の直訳「He wanted to die」は日本語同様、死んだかどうかわからない。死にたかったが死ななかった場合は、「He would like to have died」で表現される。死に

「エレガント」の語義は、「**上品**」、そして、「**適切**」、Rodriguez の考えていた「エレガントな日本語」は都で公家の話す日本語、また、「日本人から高く評価されている古典作品」の日本語であった。そして、習得をめざす日本語は、日本語に対する明確な知識と広い教養に根ざしていて、基礎のしっかりした、外国語風でない日本語、ということになる。

6.「一覧表」について

ARTE GRANDE、*ARTE BREVE* に出てくる「エレガント」を一覧表にした。

表の「通し番号」を見てわかる通り、*ARTE GRANDE* では 104、*ARTE BREVE* では 32 あらわれている。この数の差は、*ARTE GRANDE* が 239 葉、*ARTE BREVE* が 96 葉という文典の分量の差にもよるが、それだけではなく、この語の「使い方」の差にもよる。*ARTE GRANDE* では、「この項目は重要だからよく学習するように」という、重要項目のマークとしての使い方が多い。

表の第 2 欄は「つづり」である。文中にあらわれる「エレガント」は品詞でいうと名詞、形容詞、副詞である。各々のつづりと、出現個数は以下の通りである。

ARTE GRANDE
  1. 名詞 **elegancia** 15、**elegãcia** 2
  2. 形容詞 **elegante** 28、**elegãte** 4、**elegantes** 17、

たく思い、そして、実際に死んだ、というのは動詞の形だけでは表現しきれない。この点で、英語は日本語と同じである。

　　　　　　　　　　elegãtes　1
　　　3.　副詞　　　elegantemente　34、elegãtemente　1、
　　　　　　　　　　elegantemête　1、elegãtemête　1
ARTE BREVE
　　　1.　名詞　　　elegancia　10、elegãcia　1
　　　2.　形容詞　　elegante　12、elegãte　1、elegantes　3
　　　3.　副詞　　　elegantemente　3、elegantemête　2

　表記中の「~」は母音が鼻音であることを示していて、「an」、「en」はそれぞれ「ã」、「ê」と同じ音価をもち、語義の違いなどはない。この時代、つづりに関する規範、規則は未発達で、上記の程度のばらつきが一冊の書物の中にみられるのはごく普通のことであった。
　次の欄は原本での位置である。数字は原本にふられている葉番を、丸数字は表紙を第1葉としたときの葉番を、数字の右横の「v」はその葉の裏であることを示す。さらに、その右側の欄は土井 (1955)、池上 (1993) における位置を示しており、「z」は後者の上巻を、「g」は下巻を示している。
　続いて、各「エレガント」がどのような「事項」であらわれているか。さらに、「分類」、「説明、または、例」がある。「事項」が「日本語はエレガントな言語だ」などのように一般論の場合には「説明」を、「名詞の畳語」などの個別のことがらの場合には具体例を記した。そして、一番右端の欄は、「「エレガント」を含む文の要約」である。この要約はかなり荒っぽいものであるが、原文においてエレガントの前後にどんな語があるかを見る手がかりとした。
　表4-2「*ARTE GRANDE*、*ARTE BREVE* の「エレガント」一覧　分類」は、表4-1「*ARTE GRANDE*、*ARTE BREVE* の「エレガント」一覧　出現順」のデータを「分類」ごとに並べ替えたものである。表4-1のG-9の「分類」が「尊敬、礼儀 / 複合述語」であるように、いくつかのエレガ

ントは二つのことなる分類に分類されている。だから、表 4-2 のほうが表 4-1 より項目数が多くなっている。

　Rodriguez は「エレガント」をどのような意味で使ったのか、表 4-1 の右端の欄が参考になる。例えば、通し番号 G-1 の「「エレガント」を含む文の要約」には、「falar certo e com **elegância**」とある。ここでは、「エレガント」が「certo（正しく）」と並べられている。同様にして、**elegância**、**elegante**、**elegantemente** と同格で並ぶ語を調べてみた。以下の通りである。

ARTE GRANDE

i.「種々の」、「よく使われる」、「一般的である」といった意味の語

　　　　　　　　　　　　　　　　　　　　　　　計 18 個

　　　　a. vário（種類の豊富な）　　　7
　　　　b. usado（よく使われる）　　　5
　　　　c. muito（よく使われる）　　　2
　　　　d. comum（普通の）　　　　　1
　　　　e. geral（一般的な）　　　　　1
　　　　f. universal（一般的な）　　　1
　　　　g. corrente（通用している）　1

　b. の「usado」は形容詞で、出現形は「usado、usados、usada、usadas」のように性、数によってかわる。しかし、ここでは男性単数の語形「usado」ですべてを代表させている。性、または、数による語形の違いを捨象して考えるのは、他のすべての語において同様である。

ii. 敬意、尊敬に関連した語　　計 6 個
　　　　h. polidamente（礼儀正しく）　1
　　　　i. cortês（礼儀正しい）　　　　3

j. cortesia（礼儀正しさ）　　　　　1

k. cortesmente（礼儀正しく）　　　1

iii. その他　　計 13 個

l. puro（純粋な）　　　　　　　　2

m. energia（エネルギー）　　　　　2

n. bom（良い）　　　　　　　　　2

o. certo（正しく）　　　　　　　　1

p. copioso（豊かな）　　　　　　　1

q. próprio（独自の）　　　　　　　1

r. claro（はっきりした）　　　　　1

s. brando（柔和な）　　　　　　　1

t. grave（重々しい）　　　　　　　1

u. polícia（文明、文化）　　　　　1

　最も多くあらわれている「vário」がエレガントとともにどんな語を形容しているかというと、「uso」を2回、「usos」を3回、「modos」を1回、「sentidos」を1回である。「uso」は「用法」、「modo」は「方、方法」、「sentido」は「意味」である。つまり、「用法や話し方、意味が豊富でエレガントだ」という文脈であらわれている。この文脈ではエレガントの語義が見えてきにくい。同様のことは、「usado」や「muito」など、上記の i. に分類されている語と共起する場合すべてについて言える。i. にあげられた語と並べられて、同格に使われることから判断されるエレガントの語義は「用法がいろいろあって、しかもよく使われる事項だから、学習者は使い方をしっかり習得しておくと日本語らしくきこえるだろう」とでもなろう。つまり、「重要事項のマーク」である。

　一方、ii. の「敬意、尊敬に関連した語」と iii. の「その他」に列記され

た語と同格に並べられた場合には、エレガントの「上品、洗練、適切」などの「辞書的」語義が意識される。

ARTE BREVE

i.「種々の」、「よく使われる」、「一般的である」といった意味の語

                                                        計4個

      a. vário（種類の豊富な）   2
      b. usado（よく使われる）   1
      c. corrente（通用している）   1

ii. 敬意、尊敬に関連した語　　計1個

      d. cortês（礼儀正しい）   1

iii. その他　　計16個

      e. puro（純粋な）   5
      f. propriedade（それらしさ）   4
      g. primor（完璧）   2
      h. artifício（技巧）   1
      i. cópia（豊かさ）   1
      j. subido（みごとな）   1
      k. grave（重々しい）   1
      l. certo（正しい）   1

エレガントとならぶ語は、*ARTE GRANDE* では約半分が言語の、あるいは、言語使用の量的な側面について言う語、逆に、*ARTE BREVE* では大半が言語の、あるいは、言語使用の質的な側面について言う語である。

次に、同格ではなく、修飾、被修飾の関係でどのような語と結びついているか見てみよう。

ARTE GRANDE　　　計 31 個
 a.　modo（方法、やり方）　　　　15
 b.　uso（用法）　　　　　　　　　10
 c.　usar（使う）　　　　　　　　　6

ARTE BREVE　　　計 23 個
 a.　língua（言語）　　　　　　　　7
 b.　falar（話す、話し）　　　　　　4
 c.　estilo（文体、スタイル）　　　　3
 d.　uso（用法）　　　　　　　　　2
 e.　usar（使う）　　　　　　　　　2
 f.　modo（方法、やり方）　　　　　1
 g.　frase（句）　　　　　　　　　1
 h.　japonês（日本語の）　　　　　1
 i.　voz（語形）　　　　　　　　　1
 j.　To（「と」）　　　　　　　　　1

ARTE GRANDE では総数 104 個のエレガントのうちの 31 個が体言か用言かを修飾し、そのすべてが「modo」、「uso」、「usar」のどれかと結びついている。つまり、*ARTE GRANDE* でエレガントという場合には、「エレガントな使い方」を言うことが多いのである。特定の語とか言語要素それ自体がエレガントなのではなく、それをいかに使うかがエレガントにかかわってくる。一方、*ARTE BREVE* では、「日本語」「（日本語の中の）下位言語」といった意味の「língua」と結びつくことが多い。

両文典ともに、「エレガントな日本語」を「身につけるべき日本語」としているが、*ARTE GRANDE* では、どのような使い方が「エレガント」かをマークし、*ARTE BREVE* では日本語の中の学ぶべき下位言語をマークしているのである。

7.「エレガント」の分類

Rodriguez は、*ARTE GRANDE* の冒頭の「ADVERTÊNCIAS（注意書き）」で、日本語は名詞に格がない、数の単複の別も性の別もない、動詞には人称、単複の別がないなど、ヨーロッパの言語には見られない欠点があるが、一方では、非常に豊かでエレガントな言語である、と述べている。そして、その日本語の特徴として以下の四つをあげている。

① **同義語**が多く、一つのことを言うのに多くの語があり、しかもその中で使い分けがある。
② 複合動詞や名詞同士の**複合語**が種々あり、ヨーロッパの言語では回りくどくなってしまうようなことがらも、端的に力強く表現することができる。
③ ヨーロッパの言語でなら身振りや手振りで表わすしかないような物事や動作の様子、状況を適確に表わす**副詞**が数多くある。
④ 日本語において、きわめて洗練され、注意を払うべきは、言語のほぼすべてのことがらに見られる**尊敬と礼儀**の表現である。

ARTE GRANDE、*ARTE BREVE* には合計 136 個のエレガントがあらわれる。その中から、以上の四つの特徴の具体例と思われるものを分類した。ほとんどの「エレガント」はこの四つの特徴のどれかに入るだろうと予想していたが、表 4-2「*ARTE GRANDE*、*ARTE BREVE* の「エレガント」

一覧　分類」にあるとおり、その数は意外に少なく①は G-7、46、51 と B-215、228 の 5 個、②は G-5、6、8、34、35、40 と B-225、230 の 8 個、③は G-53〜63 の 11 個、④は G-9、10、12、13、43、44、90、91 と B-201、229 の 10 個、計 34 個であった。そして、残りの「エレガント」は、以下のように分類した。

⑤　**複合述語**：G-8〜11、13、22、28〜31、40、48〜50、61、75、81、87、B-216、219、226。
⑥　現在の日本語教育において、「**中級文型**」と呼ばれている文型かそれに近いもの：G-14、17、23、41、45、64、82、B-227。
⑦　それの使用自体がエレガントだと考えられている**語や句や形態素**：G-21、27、33、42、67、72、74、78〜80、89、95、96。
⑧　**助詞の類**：G-19、24、32、46、68〜71、73、76、77、83〜86、88 B-217、220、221。
⑨　**文末要素**：G-18、65、66、91。
⑩　**語順**：G-38、39、47、94、98、B-224。
⑪　**動詞の活用形と法との対応関係**：G-15、16、20、25、26、B-218。
⑫　**古典、古語**：G-2、3、92、B-209、210、212〜214。
⑬　**下位言語、文体**：G-99〜104、B-211、231、232。
⑭　**都、公家のことば**：G-36、37、52、B-223。
⑮　**言語教育**：B-202〜208、222。
⑯　**言い誤りと直訳**：G-93、97。
⑰　**その他**：G-1、G-4。

以下、表 4-2「*ARTE GRANDE、ARTE BREVE* の「エレガント」一覧　分類」にしたがって、「エレガント」を見ていく。

7-① 同義語

　ADVERTÊNCIAS にある①は、すなわち「同義語」のことである。*ARTE GRANDE* および *ARTE BREVE* のエレガントの一覧表にある「事項」のうち、同義語を扱っていると考えられるのは次の3項目だけである。

G-7、B-215

　連用形が「-ye」で終わる動詞、たとえば「ataye（与へ）」には「Atayuru, atayeru, atŏru, atŏ」の四つの終止形がある。このうち、「-ayuru」で終わる語形「atayuru」は室町時代にあらわれた。「atŏru」は、「-ŏ」で終わる動詞「atŏ」の連体形で、動詞連体形が終止形に転用されるようになって使われだした。書きことばで使われ、エレガントだとされている。「-ŏ で」終わる語形は上代での四段活用で、「Atayuru, atayeru, atŏru, atŏ」の中で最も古い語形である。*ARTE GRANDE* では「書きことば」とされている。そして、「-yeru」で終わる動詞は関東の方言であり、都でも一部の者に使われているとある。これら四種の語形は、同一の語の異形態であり、「同義語」と考えられる。

G-46、B-228

　受身文の動作主は、「平家は天からはなされたと見えてある」のように「から」、または「より」、「に」で表わされる。この場合の「から」、「より」、「に」は同義語だと考えられる。たとえば「人に殺された」を例にあげ、Rodriguez は「から」、「より」より「に」の方がエレガントだと指摘している。

G-51

　「落つる、逃ぐる、去る、しりぞく、のく、たつ、出づる、出る」などの、場所から離れる意を持つ動詞は、「月は草より出でて草に入る」のように「よ

り」、または「から」、「を」をとる。Rodriguezは、その中でも「を」がエレガントだとのべている。

　136個も「エレガント」がある中で、日本語の特徴の筆頭にあげられている同義語に関する箇所がこれだけというのは、腑に落ちない。しかも、上記3項目は、動詞の活用と助詞についての項目で、典型的同義語の項目とは言いがたい。
　そこで考えられるのが、CoyeとYomiの存在である。Rodriguezは *ARTE GRANDE* の冒頭のADVERTÊNCIASでも *ARTE BREVE* 冒頭の「Noticia geral da lingoa Japoa（日本語について心得ておきべき一般的事項）」でも、その初めにまずCoyeとYomiにふれている。
　Coyeとは漢字の音であり、中国語からの借用語を示し、Yomiは漢字の訓であり、つまり、日本固有の語、和語のことである。そして、CoyeとYomiとのまざり具合によって日常的だったり、非常に日本的だったり、むずかしく重々しかったりといろいろな文章が形成され、日本語の中に豊富な下位言語が形作られると指摘している。
　ARTE BREVE では、*Vôjin Tennŏ*（応神天皇）の15年、または、20年に中国から文字が伝わったこと、その前には文字を持たなかったこと、また、「*Ten*、*Chi*、*Iin*」はCoyeであり、そのYomiは「*Ame*、*Tçuchi*、*Fito*」だという具体例も示している。
　漢語と和語、CoyeとYomiとの存在がRodriguezに「一つのことを言うのに多くの語があ」ると言わしめた大きな理由であろう。日本語におけるCoyeは、ローマ時代のラテン語にとってのギリシア語、あるいは、俗ラテン語にとっての古典ラテン語、そして、ポルトガル語にとっての古典ラテン語と同様の役割を果たしていた。よりかしこまった、堅い語句や表現を提供していたのである。
　CoyeとYomiとの存在による、この言語体系の二重構造、また、下位言

語の豊富さが ADVERTÊNCIAS にある「同義語が多い」という記述になったのだろう。

7-② 複合語

ARTE GRANDE の ADVERTÊNCIAS での複合語に関する記述には、「*varias composições de ũs verbos com outros, & dos nomẽs entre si: as quaes composições com brevidade, & energia exprimem cousas, & acções q̃ em nossas lingoas não se podem bem exprimir, ou não sem rodeos*（ある動詞と他の動詞との間、また名詞相互の間で作られる種々な複合語があって、我々の国語ではうまく言ひ表せないか廻りくどい言ひ方をしなければならないかする事柄や動作を、その複合語を使って簡潔にしかも力強く言ひ表すのである）」とある。動詞連用形と他の動詞が複合する例は G-8、40、B-225 に、名詞同士の複合する例としての畳語は G-5、34、35 に見られる。そして、名詞に「する」の結びついたサ変動詞の例が B-230 に、形容詞の語幹と名詞が結びつく例が G-6 にある。

ARTE GRANDE の第8葉表には複合動詞の前半部分の構成要素となる動詞の連用形に関して、「Fiquisaqu（引き裂く）」、「Fumitçuquru（踏みつくる）」などの例があげられ、以下の記述がある。

> *O segundo uso se acha na composição que faz com outros verbos, & então significa somente o modo da acção do tal verbo a que se junta.*

> 第二の用法は、他の動詞と結合して出来る複合語の中に見出される。その場合には接続する動詞の示す動作の模様を意味するだけである。

複合動詞は前半部分が後半部分をさらに細かく説明しているということで、これなら、ADVERTÊNCIAS の中の「我々の国語ではうまく言ひ表せ

ないか廻りくどい言ひ方をしなければならないかする事柄や動作を、その複合語を使って簡潔にしかも力強く言ひ表す」という記述と一致する。

二つの動詞を組み合わせて新しい表現をつくりだす様子を見て、Rodriguez は新鮮な驚きをおぼえたに違いない。

7-③ 副詞

ARTE GRANDE の第 112 葉裏から第 125 葉表には「adverbio（副詞）」の種類や具体例、その語義や使い方が記述されている。しかし、扱われているのは現在我々が普通に「副詞」と考えるものとはかなり異なっている。Rodriguez が adverbio とする語の中で、現在「副詞」と呼ばれるものは、「かえって、初めて、結句、よも（よもさうはござるまい）、ひたすらに、ひらに」など数少ない。「ばらばら、ごとごと、そよそよ」といった擬声語、擬態語の類や、「朦々として、清々として、颯々として」のような語が adverbio に入っているのは、ADVERTÊNCIAS の「我々なら身振り手振りで表わすしかないような物事や動作の様子、状況を適確に表わす副詞が数多くある」という記述からも予想される。以下に示すように、我々が「副詞」と呼ぶことのないものが数多く分類されているのである。

　i.「切り合ふ、引き裂く、取り逆ふ」などの複合動詞における前要素である、動詞の連用形。
　ii.「ようこそ言うた、新しう作った、綺麗にござる」など、動詞を修飾するイ形容詞、ナ形容詞の連用形。
　iii. 動詞のテ形のうちのいくつかで、ポルトガル語でなら動詞ではなく、副詞かそれに類する語や句で言い表わされるもの。たとえば、「隠れて」は副詞に分類されているが、この語は、ポルトガル語では「ocultamente」（副詞）、あるいは、「às escondidas」（前置詞と名詞によって構成された副詞句）である。他に「はばかって、重ねて参ろう、したがっ

て、〜に対して、〜について」等々が「副詞」にいれられている。
　iv.「若輩として、都において、少将の上にとっては、代官にいたっては」
　　など、後置詞の類。
　v.「さへ、すら、だに、ばし、ばかり」などの副助詞。
　vi. 形式名詞の「ところ、よう（文の書く様）、ほど、まま」等。
　vii. 接尾辞の「よう（文の書き様）、だて（学匠だて）、さま（寝様）」等。
　iix.「べう、ように」などの助動詞。
　ix. 接頭辞の「毎」。

　ここでは、これら「副詞」の中でエレガントだとされているものについて見てみよう。
　副詞に分類されている要素の中では、「さへ」、「ほど」、「ばし」、「よう」、「ところ」の五つについて、それを使った言い方がエレガントである、あるいは、使うことによってエレガントになる、と、述べられている。

さへ……G-54、55、56

　G-54で、Rodriguezは、「こなたさへおくたびれなくは、〜」、「舟さへ参るならば、〜」、「福人にさへなるならば、人の思はくにかまはぬ」などの例に見られるような「〜さへ〜は／ば、〜」の文型はエレガントである、そして、ポルトガル語の「*se, seja, se fôr, contanto que seja*」に対応する、と述べている。「*se*」は英語の「if」にあたる接続詞、「*seja*」はこれ一語で英語の「would be」にあたるbe動詞、そして、「*se fôr*」は「if it would be」に、「*contanto que seja*」は「as long as it would be」にそれぞれあたる。また、上記の例「福人にさへなるならば、〜」を「*seja eu rico,* 〜」としている。英語に直訳すると、「If I would be rich, 〜」である。
　G-55の例は、「貴殿とさへ申せば、〜」、「それによって清盛の御一家の人々とさへ言へば、公家武家共に面を迎え、肩を並ぶる人もござなかった」、「清

盛の召使はるるかぶろとさへ言へば、道を過ぐる馬、車をよけて通す」の三つである。これら三つに共通の部分「〜とさへ申せば／言へば、〜」、という文型は非常にエレガントだとしている。ポルトガル語での意味は「*em se dizendo que*」あるいは「*so com se dizer que*」で、英語の直訳は「in saying that」、「only with saying that」である。

G-56 では、「これさへやうやう書いた」、「舟でさへやうやう着いたに、かちはなかなかなるまい」の2例をあげ、「*As vezes se lhe segue o adverbio, Yǒyǒ, mui* **elegantemente** *o qual tem correspondencia com* Saye（「さへ」と correspondência を有する副詞の「やうやう」が「さへ」に続くとエレガントである）」（馬場訳）としている。「correspondência」は英語の「correspondence」で、ポルトガル語では「呼応、対応」といった意味を持つ。ここでは、「「やうやう」と「さへ」は組になって一つの言い回しをなす」つまり、「文型」をなす、ということだろう。

ほど……G-63

「ほど」という要素自体がエレガントだという記述はどこにもない。ここでエレガントだと言っているのは動詞の条件法の前におかれた「ほど」、具体的には「〜ほどならば／ないならば、〜」の文型のことである。

例文としては、「船に召さるるほどならば、我も乗らうず」、「迎に参るほどならば、よからうず」など、用言の連体形に続いてあらわれるものがいくつかあげられている。どういう場面で使うのかがのみこめさえすれば、外国人にとっても使いこなすのはそれほどむずかしい文型ではない。むずかしくないわりには、非常に日本語的で、外国人が使うと、「うまい」という印象を強く与えたことであろう。

ばし……G-62

原文での説明は、

> *Este adverbio se antepoem a alguns verbos às vezes com interrogação, & às vezes sem ela, & algũas vezes significa, Porventura, & outras e somente* **elegancia**.

直訳すると、「この副詞はある時は疑問の意味を持って、ある時はそうではなく、いくつかの動詞の前に来る。ある時は、「多分、偶然に (Porventura)」ということを意味し、ある時は単にエレガントなだけである」。

よう……G-61

「舟の乗り様」「文の書き様」などの例を出し、「名詞＋の＋動詞連用形＋様」という言い方はエレガントだと言っている。

ところ……G-57、58、59、60

ARTE GRANDE の中に tocoro「ところ」は88回あらわれる。実質名詞としての用法（所より立てられた）、形式名詞としての用法（参るところなり）、また、語の一部としての用法（ひとところ）と、いろいろな箇所であらわれている。Rodriguez は、この語の用法、使い方にかなり興味を持ち、重視していたようである。

第112葉裏からは、「*CONSTRUIÇÃO DO ADVER*bio quinta parte da oraçam（第五の品詞　副詞の構成）」という章がはじまり、その中、第120葉裏から「ところ、ところに等」の節が第121葉裏までつづく。その冒頭がG-57であり、「*nome substantivo, que significa lugar*（場所を意味する実名詞）」の用法、と、「Tenifa（てには）」の用法とがある、としている。「てには」とは、助詞や助動詞、接辞、形式名詞などのことで、「*se pospoem a verbos, & Nomes substantivos*（動詞や実名詞の後に置かれ）」、そして、いろいろな意味をもつ、とし、その用法が書きつらねられている。そこに、含まれているのが、G-58、59、60である。このうち、G-58については、第3章「ADVERBIO

「副詞」について」の 6-3-5「ところ、ところに」pp.149-152、を参照。

G-59
　「言ふ所の儀ども」、「自然に生ずるところの草木」などの「ところ」について述べている。動詞につづき、うしろに来る名詞に「の」を介してつながっていく「ところ」は、oração relativa、英語で言うところの関係詞節を形成する。

G-60
　現代日本語の「出てきたところをつかまえる」、「いいところで終わってしまった」などの「ところ」は、少なくともロマンス系、ゲルマン系の言語では訳しづらく、その使い方や持っているニュアンスを学習者にわからせるのはむずかしい。と同時に、一方では、それだけ日本語らしい表現だと言える。いくつかの段階や場面が連続するうちの「出てきたところ」や「いいところ」、その段階、場面「〜をつかまえる」、「〜で終わってしまった」ということを表わす。G-60 だけでなく、G-21 でもこの「ところ」を扱っている。例をかなり豊富にあげていることから、知識として知っておくだけでなく、運用できるところまでを目指していたことがわかる。
　G-60、*ARTE GRANDE* の第 121 葉表には、「Dangui itasu tocoroni furiono quenquaga xuttai xita（談義致す所に不慮の喧嘩が出来した）」、「Missauo asobasaruru tocoroye vôjei faxe atçumatta（ミサを遊ばさるる所へ大勢馳せ集った）」、「Nusubitoga niguete cadouo idzuru tocorouo vchicoroita（盗人が逃げて門を出づる所を打殺いた）」などの例があげられている。

7-④ 尊敬、礼儀[13]

　ここでは、「エレガント」があらわれている箇所のうちの待遇表現をあつかった記述を取り上げる。そのうちの G-90 と B-201、229 の記述は一般論

である。これら3箇所にあることがらをまとめ直して箇条書きにすると以下のようになる。

　i. 日本語のエレガントはすべて、敬意表現をいかに使いこなすかにかかっている。
　ii. 敬意表現には、いくつかの段階がある。
　iii. 敬意の度合は、誰が、誰に、誰の前で、何について話すか、以上によって決定される。
　iv. 敬意表現は、尊敬や謙譲の度合を表わす動詞とその他の語句、それに、尊敬や謙譲を表わすことのない動詞、以上によってなされる。
　v. partícula（助辞）には、名詞に接続して尊敬や謙譲を表すものと、動詞に接続して表わすものとの2種類がある。
　vi. 動詞には、助辞がついて初めて尊敬や謙譲を表わすものと、助辞なしに、それだけで表すものとがある。
　vii. すべての動詞があらゆる度合の敬意を、あらゆる法とあらゆる時とで表わす語形を有する。

　Rodriguezは、エレガントという語を使うかどうかにかかわらず、多くの箇所で日本語における敬意表現の重要さを説いている。尊敬や謙譲の度合の幅の広さや、それを表わす手段の豊富さにも驚いていたようである。
　Rodriguezは、日本語は敬意表現が特別発達している、とは言っていない。異教徒であり、東のはての未開の民族でありながら、敬意表現を持っている、それも、ヨーロッパの言語にひけをとらないほどの豊富さである、と言いたかったのではないだろうか。ヨーロッパ人の学習者に対して、敬意表現が存

13）　待遇表現を含めた対者的特徴、および、位相と関係の深い文体的特徴、この二つの特徴について、ブラジル人インフォーマントの協力のもと日本語とポルトガル語の対照研究をした。馬場（1991）を参照。

第 4 章　231

在すること、しかも、単純ではなく、そして、非常に重要だから何としても身につけなくてはならない、そのことをわからせたかったのだと考えられる。

　前記 i.～vii. のうち、iv. の「その他の語句」にあたると思われるのが以下の G-43、v. の「名詞につく助辞」にあたると思われるのが G-44、同じく v. の「動詞につく助辞」G-12、91、そして、vii. にあたると思われるのが、G-9、10、13 である。

G-43

　ここでは、「わが、みずから、わが身、身(み)、わたくし」の五つの語を代名詞であるとし、これらの代名詞は「わが心、わが家(いえ)、身の上、私の事」などのように、ポルトガル語の meu（第1人称単数）、teu（第2人称単数）、seu（第3人称単数）と同様の possessivos（所有代名詞）として使われる、とある。

　この記述の次の葉、第 96 葉表には、「DO USO DOS RECIPROCOS（再帰詞の用法に就いて）」という節がある。現代では recíproco が品詞名として使われることはなく、普通は、pronome reflexivo（再帰代名詞）という用語が使われる。この再帰代名詞とは、たとえば「Eles se amam」の「se」である。意味するところは、「彼ら（eles）は、お互いに(se) 愛し合っている（amam）」または、「彼らは彼ら自身を愛している」である。前者は recíproco（相互的）であり、後者は reflexivo（再帰的）である。

　G-43 であげられている五つの語は単なる possessivo（所有代名詞）ではなく、「わが、みずから、わが身、身、わたくし」が第1人称にも第2、第3人称にも使われるという記述と、「新大納言成親卿は山門の騒動によって私の宿意をば暫く抑へられけり」、「大納言わが身の上とは露知らず」という例とを見ると、再帰代名詞の所有格に対応すると考えていたように思われる。

　再帰代名詞はポルトガル語文法で確立した一項目をなしていて、現代のブラジル人にとっても使いこなすのはむずかしい。あるべきところでおとしてしまったり、不必要なところにはさんでしまったりすることがあり、正確に

使えれば、まさにエレガントである。Rodriguezは、ポルトガル語において重きをおかれる語法が日本語にもあるということを強調し、その表現を使うとエレガントだと言っているのである。

G-44

「御意、御剣、御恩、御状、御文、御出、御足、貴報、尊報」などにおける「ぎょ、ご、おん、お、み、き、そん」を尊敬やかしこまりを示すときの「as particulas de honra（尊敬の助辞）」とし、ポルトガル語の所有代名詞「teu、seu」に相当すると述べている。名詞について敬意を表わす接頭辞が話し相手、もしくは、第3者の所有を表わしているというのである。たしかに、「御意」は話し手自身の「意」を示すことはなく、「御手」は普通、尊敬する相手の「手」である。Rodriguezの機能主義的、実用的な分析、記述はいたるところにみられるが、「ぎょ、ご」以下の分析もまさにそうである。

Rodriguezはこれらの接頭辞に対する観察、考察をさらに深め、第1人称の所有するものにもつけ加えられる場合に言及している。*ARTE GRANDE*第159葉表裏に見られるのがその記述である。つまり、敬意を示すべき人物に何かを「進上」するとき、「御太刀、御馬」などと言う、という記述である。我々の感覚で言えば、進上するものはすでに相手の所有物だということになるのだろうが、Rodriguezにとって、まだ手渡していないものの所有権は第1人称の持ち主にあり、そこに「御」をつけるのは奇異に見えたのである。だから、わざわざ記述をつけ加えたと考えられる。

G-12

節の題目「*DE ALGUMAS PARTICULAS QUE JUNtas com as raizes dos verbos suprem todos os modos, & tempos mui* **elegantemente**」の中に「エレガント」が見られる。これは「動詞の語根（*as raizes dos verbos*）と一緒になって（*juntas com*）、すべての法と時（*todos os modos e tempos*）を非常

にエレガントにカバーする (suprem) いくつかの助辞 (algumas particulas) について」と訳される。Rodriguez の言う「動詞の語根」とは、「連用形」のことである。

　「いくつかの助辞」として、具体的には、「上げらるる、上げさせらるる、上げ給ふ、上げ参らする、上げ申す、上げ奉る、上げさする、上げそろ、上げ申しそろ、上げ侍る、上げさぶらふ、上げさしむる、上ぐるなり」をあげている。「すべての法と時をカバーする」というのは、動詞に助動詞が接続したものが1語として機能して、「上げらるれば、上げられた、上げられうず」などのようにさらに活用し、また、他の言語要素と結びつくことを言っている。

G-91

　「上げそろ」、「読みそろ」などの助辞「そろ」について述べられている。「そろ」、「さうらふ」については、両文典ともに数箇所でとりあげ、活用を中心にくわしく記述している。

G-9

　ARTE GRANDE 第9葉表にある節の題目は「*DE VARIOS MODOS DE FALAR COM QUE se suprem os modos, & tempos de qualquer verbo a fora a conjugação posta*」である。これは、「掲げてある活用表 (*a conjugação posta*) のほかで (*a fora*)、すべての動詞の法と時 (*os modos e tempos de qualquer verbo*) をカバーする (*se suprem*) 各種の言い方について (*de varios modos de falar*)」ということである。Rodriguez の「活用」は、動詞それだけの語形変化ではなく、現実の文に使われる語句、「上げたる、上げなんだ、上ぐるらう、上げつらう、上げうずらう、上げてござった、上げたいものじゃ、上げたいことであったものを、上ぐるなかばに、上げたところに、上げぬ先に」などのように、助動詞や形式名詞等を伴った形のことである。

Rodriguez は、日本語の述部を、主として古典ラテン語の文法の枠組を使って分類し、いくつかの法（modo）と時（tempo）とに整理している。それが「活用表」である。この活用表に取り入れることはしないが、エレガントでよく使われる言い方が数多くある、と言っている。そのうちの二つについて、エレガントという語をまじえて記述している。それが、以下に示す G-10、13 である。

<u>G-10、13</u>

　G-10 では、「お聞きなさるる、お聞きなされた、お聞きなされう、お聞きなされい」、「御存じなさるる、御存じなされた、御存じなされう、御存じなされい」などのような、「お／おん／ご＋動詞連用形＋なさるる」という言い方、G-13 では「あげてござる、読うでござる」などのように、「動詞のテ形＋ござる」という言い方があつかわれている。この二つの言い方は、「なさるる」、「ござる」を活用させればよく、それぞれ各種の法、時に対する形を持っている。しかし、この形は活用表にはいっていない。これが、G-9 でのべられていたことである。

　G-10、13 の言い方は、どちらも、丁寧で耳に心地よい。さらに、日本語教育上大事なことは、丁寧で気がきいていて、外国人が使えばずいぶんとうまそうに聞こえるのに、その実、形を作るのは簡単だということである。連用形やテ形を作りさえすれば、法や時を示すための語形作りという、一番やっかいなところは「なさるる」、「ござる」の 2 語に習熟しさえすればよいからである。

　7-①から 7-④では、*ARTE GRANDE* の *ADVERTÊNCIAS* にある四つの「日本語の特徴」を基準に「エレガント」の項目を分類し、説明した。以下では、この節の冒頭にある⑤から⑪の分類を取り上げる。

7-⑤ 複合述語

7-④「待遇表現」の最後にふれた G-10、13 のような言い回しを、「複合述語」と呼ぶ。

国立国語研究所 (1963) では「次のような類 (〜の部分をふくむ全体) を、2 文節以上で一つの述語をなすものと認め、複合述語とよぶ」とし、「〜シテイル、〜シテシマウ、〜シテヤル、オ〜ニナル、オ〜スル、〜シタリスル、〜ワケデス」等々をあげている (同書 p.5)。また、p.170 では、「ココニ イチバン 大キナ 問題ガ アルト 思イマス」の「「思イマス」は、意味上の主体が話し手 (質問のばあいは相手) に限られ、話し手 (相手) の断定をひかえる表現として使われている」とし、「イチバン 大キナ 問題ガ」が主語で、「アルト 思イマス」全体が一つの複合述語だと考えることもできる、としている。文を構成する要素の統語論的機能を固定したものととらえる構文観ではなく、現実に発話された文の構造における各要素の役割り、機能に立脚した構文観、そこから生れたのが「複合述語」という考え方である。

両文典に「複合述語」ないしは、これと似通った概念を示す語は見えない。しかしながら、膠着言語的側面を持つ日本語にとってこの考え方は必然であり、Rodriguez の日本語観の中に「複合述語的構造」がふくまれていたであろうことは想像に難くない。

「複合述語」に組み込まれる用言にはテ形、連用形、そして、ル形とタ形の 4 種類がある。両文典でテ形は te に終わる particípio (分詞)、連用形は raiz (語根)、ル形とタ形は indicativo (直説法) とそれぞれ呼ばれている。

テ形をその構成要素としてふくむ複合述語としては、G-13「動詞のテ形＋ござる」、G-22「動詞のテ形＋下さるる／くるる／賜うる／頼む」、G-48「動詞のテ形＋下さるる／頼む／くるる／進ずる／賜うる」、G-49「動詞のテ形＋良い／悪い／然るべい／理に適うた／もっともぢゃ／おもしろい」、G-50「動詞のテ形＋こそござれ」、以上があげられる。複合述語からは離れるが、他のテ形の用法としては、G-75「動詞のテ形＋の儀／事、動詞のテ

形＋から／後／よりの事、動詞のテ形の否定＋はの事」がある。例としては、「参っての儀ぢゃ、参っての事にせう、書いてからの事、申して後の談合、上げてよりの事である、参らではの事」があげられている。

B-219 には、動詞のテ形の用法が列挙してある。複合述語の「動詞のテ形＋ある：求めてある、求めてあった、求めてあらうず、求めてあれかし、求めてあれば、求めてあれども、求めてあらば」、「動詞のテ形＋も／は：求めても、求めては、あやまってはあらたむるにはばかることなかれ」、「動詞のテ形＋から／より／のち：求めてから、求めてより、求めてのち」、「動詞のテ形＋動詞：これをただしてみるに、書いている、求めて来た、求めて進ぜう」。

連用形を使うものには、7-④「待遇表現」でふれた G-10「お／おん／ご＋動詞連用形＋なさる」や、G-29, 30「イ形容詞連用形＋ござる：深うござれかし、深うござれば、深うござらば、深うござらぬ、深うおぢゃらぬ」、G-31「ナ形容詞連用形＋ござる：明らかにござる、あたたかにござる」などがある。

ARTE BREVE の第 26 葉表にはじまる節「Notação necessaria acerca das raizes dos verbos（動詞の語根に関して心得ておく必要のある事項）」では、「日本語の語根には美しい用法がいくつもある」（B-216）とし、「ここでは活用にかかわる限りでその用法を述べることにする」としている。そして、「君子はみっつのおそれあり。天命をおそれ、大人をおそれ、聖人のことをおそる」のような中止法と、「お求めある、お読みある、お習ひある」のような複合述語的用法、この二つがあげられている。どちらも連用形の部分は固定していて他の活用形をとることなく、前者は文末の部分が、後者は「ある」の部分が、それぞれ文中での機能に合った活用をひきうけている。

同じ *ARTE BREVE* の第 59 葉裏からは、「SINTAXI BREVE COM ALguns preceitos geraes pera começar a compor（文章を綴るための統語の概要と若干の一般則）」が第 66 葉裏まで続く。その「規則」の 4 番目が「動詞の

語根の用法について」であり、その節の中の Exceção「例外」に **elegante-mente** があらわれる。「これら語根は、Tai、Tomonai、Sŏa、Tçubexij、Fajimuru、Taito vomô、To zonzuru、Nauosu、Fatasu、Sumasu、Yasui、Yoi、Nicui、Gatai 等の動詞の前におかれ、非常にエレガントに（ポルトガル語の）不定法の語法の意味を表わす」（馬場訳）とある。そして、ポルトガル語の「不定法の語法」としては、動詞「querer（～したい）」の直説法1人称単数現在の「quero」と動詞「comer（食べる）」の不定法「comer」とがあわさった「quero comer（くいたい）」と、「quero」と動詞「fazer（する）」の不定法「fazer」に否定辞「não」がついた「Não quero fazer（しともない）」などがあがっている。

　ル形を含む複合述語は形式名詞の「こと」と結びついた形で、G-11 にある。例として、「上ぐることがある、上ぐることもござる、上げぬことない」、「上げぬことある、上ぐることない」があげられ、前者は「上ぐる」と、後者は「上げぬ」と、それぞれ意味が同じだとされている。辞書的な意味は同じかもしれないが、用いる場面は異なるはずである。肯定表現相互間、否定表現相互間のニュアンスの違いについては「上ぐる」より「上ぐることがある、上ぐることもござる、上げぬことない」の方が、「上げぬ」より「上げぬことある、上ぐることない」の方がそれぞれエレガントだ、としかふれられていない。少し乱暴な気もするが、そんなことより、適当に発話にはさむことによって日本語らしさを増す、ないしは、うまく聞こえることの方に重きをおいているのだろう。

　「複合述語」ではないが、動詞が他の言語要素と組み合わさって文の構成要素となる場合がある。ル形、タ形に助詞が接続する場合である（G-28、81、87）。以下に、その例をあげる。

　　そこを通る<u>は</u>たそ。
　　参った<u>は</u>誰か。

眠る<u>を</u>御覧じて。

書く<u>を</u>以って。

なんじに知れらんことをしへんや。知れらん<u>をば</u>知れりとせよ、知れざらん<u>をば</u>、知らずとせよ、是知也。

これらの文では動詞のル形、タ形が名詞として文中に組み込まれている。ポルトガル語では、以下のように、動詞の不定法が名詞として主語や補語になるのはごく普通で、この場合の不定法の用法は日本語動詞のル形、タ形の上記の用法とよく似ている。

É proibido **proibir**.（禁止することは禁止されている）
Gosto de **dançar**.（踊ることが好きです）
Esperava **eoncontrá**-lo dentro de poucos dias.（数日内に彼に会えるのを楽しみにしていた）

最初の例では、「A is B」のAにあたる「禁止すること」に動詞「proibir」の不定法が使われており、2例目では、好きな対象に前接する前置詞「de」に動詞「dançar（踊る）」の不定法がつづいている。そして、最後の例では、楽しみにしているという意味の他動詞に動詞「encontrar（会う）」の不定法がつづいている。

7-⑥ 中級文型

16、17世紀のイエズス会士たちの残した日本語教育に関する書物は、辞書と講読用のテキストと文法書、の三種である。これらは、どれも、まったくの初学者用にはできていない。文法書に関していえば、日本語の体系、構造の根幹となる部分、基本的な格助詞の使い方や助動詞の使い方などはどのように教えたのであろうか。

ARTE GRANDE の PROÊMIO（序文）には、

> 新に日本語を学び始める者に対しては、本書の論述の全部を簡単に抄出して、色々な規則や説明の為に混乱を来すことのないやうなものが作られるであらう。　　　　　　　　　　　　　　（土井（1955）p.6）

また、*ARTE BREVE* の Ao Leitor（読者へ）には、

> 日本語を初めて学ぶ人には、前著に示した多岐にわたる規範・規則も混乱の種となるおそれがあるため、〔私としては〕本書のごとく大文典から要点を抽き出して簡潔にまとめ、初心者にとっていわば大文典への手引きとなるようなものをつくる必要があると考えた。このことはすでに大文典のなかで約束したことであり、このたびあらためて上長から命じられたことでもある。　　　　　　　　　（池上（1993）pp.23-24）

とある。「大文典のなかで約束したこと」というのは、*ARTE GRANDE* の PROÊMIO にある記述のことであろう。

ARTE BREVE の Ao leitor は、

> われわれが意図するところは、初めて日本語の基礎を学ぶ人にやさしい手ほどきを提供することであって、それ以上のものではないから、本書のなかで触れていない規則・規範についてはすべて大文典の詳細な記述に譲る。健闘を祈る。

で終わっている。

ARTE BREVE は「初めて日本語の基礎を学ぶ人にやさしい手ほどきを提供する」ものであり、また、*ARTE GRANDE* の繁雑さをおぎなうもの

である、ということになる。確かに全体によく整理されており、*ARTE GRANDE* では同一項目に関する記述が散らばって見られることがあったが、それも減ってすっきりしている。初学者に対する考慮がなされたのだろう。しかしながら、「文典」であることにかわりはなく、読んだり参照したりして知識を増やすことはできても、日本語ができるようにはならない。

　ARTE GRANDE はどうであろうか。

　ぶつ切れで、不自然ではあるが、意味だけはきちんとわかる、といった日本語を「初級」日本語とするなら、*ARTE GRANDE* にはその部分の記述が欠けている。一方、最低限の情報伝達機能は満足した上で、表現を豊富にし、日本語にふくらみをもたせたり、日本語らしさを加える段階、「中級」レベルの事項の記述は、するどく、詳細である。全編の「エレガント」は中級レベルの項目につけられていると言っても過言ではない。7-⑤では、その項目の中でも「中級文型」と呼べそうなものに焦点をあてた。

G-14　（動詞連用形＋も＋）動詞連用形＋たり

　「さても、写しも写いたり、書きも書いたり」、「先づは射たり射たりとどっと笑うた」、「ああ読うだり。遊ばされたり」などの例を出しながら、「たり／だり」に終わる形のこの用法をエレガントだと言っている。動詞に「たり」の接続した形自体がエレガントだと言っているのではなく、「o como leste / leu / lia[14]（ああ、なんとうまく読んだことでしょう）」に対応する用法のことを言っている。「o」は間投詞、「como」は英語の「how」にあたる疑問詞である。「o como〜」という言い方は非常によく使われ、その使い方、使う場面、驚きのニュアンスは「さても／ああ、動詞連用形＋たり」と非常に近い。ポルトガル語で「o como〜」と言うところを「さても／ああ、動詞連用形＋たり」と言うのはごくたやすく、たやすいながらまわりの日本人にはさぞか

---

14)　「leste」は動詞「ler（読む）」の直説法完全過去 2 人称単数、「leu」は直説法完全過去 3 人称単数、「lia」は直説法不完全過去 1・3 人称単数。

し流暢に聞こえたことであろう。

G-17　動詞＋てもなほ＋動詞＋べきは

　例は、「いそぎてもなほはやくいそぐべきは」、「申してもなほ申すべきは」、「忘れてもなほ忘れべきは」、「悲しみてもなほ悲しむべきは」、「憂へてもなほ憂ふべきは科を犯すべきことなり」であり、相当するポルトガル語は「*Por mais que apresemos, o que se deve mais apresar é*（いそいだとしても、もっといそがねばならぬのは〜）」、そして、「*isto é o que se deve apresar*（これはいそがねばならないことである）」、などであるとしている。相当するポルトガル語もよく使われる点、そして、日本語で言えば、まさにエレガントで気がきいてうまそうに聞こえる点などが、G-14 の表現と共通する。

G-23　動詞＋たりとも、〜

　G-23 のエレガントは、第 17 葉表からの「*OUTRO CONJUNTIVO PROPRIO da lingoa Japoa, & Portuguesa*（日本語及び葡萄牙語に固有な別の接続法）」という章にある。

　「*A voz* Taritomo, *serve ao preterito, & ao futuro mui* **elegantemēte**, *assi como a voz do condicional do preterito*（Taritomo の形は、条件法の過去の形がそうであるように、過去にも未来にも極めて上品に使われる）」（馬場訳）という記述が、そして、「今は命ながらへたりとも、誰があはれとも問はうぞ」という例があり、そこに、「futuro（未来）」という注意書きが加えられてある。この文全体の時制は未来であり、「たりとも」の形は未来の文の中でも使われる、と述べているのである。

　ARTE GRANDE の第 7 葉から「*PRIMEIRA CONJUGAÇÃO AFIRMATI-va pera a pratica*（話しことばに用ゐる肯定第一種活用）」の章がはじまり、第 7 葉裏には以下のような「*Preterito perfeito*（完全過去）」の表と解説があげられている。

```
                              ¶ Preterito perfeito.
Agueta.                ⎫                              ¶ Ta, taru, tçu, tçuru.
Aguetaru.              ⎬  Eu, Tu, &c. Offreci, &c.    se ajunta a rayz. Vt, Ague,
Aguetçuru.             ⎪                              agueta, aguetçu, aguera-
Aguete gozaru.         ⎪                              ru, aguetçuru.
Aguetçu.               ⎭
```

　上右の解説は、「○ Ta（た）、taru（たる）、tçu（つ）、tçuru（つる）が語根に添へられる。例へば、Ague（上げ）、agueta（上げた）、agetçu（上げつ）、aguetaru（上げたる）、aguetçuru（上げつる）」（土井（1955）の pp.31-32）ということで、Rodriguez にとって、「taru（たる）／tari（たり）」は過去を示す言語要素であったことがわかる。一方、それに「tomo」が加わった「動詞 + taritomo」は、未来時制の文にもあらわれる。Rodriguez はこの「動詞 + taritomo」をエレガントだと言っているのである。

G-24　条件的接続法

　Nomenclatura Gramatical Brasileira によればポルトガル語動詞の modo（法）には、modo indicativo（直説法）、modo imperativo（命令法）、modo subjuntivo（接続法）がある。直説法は思ったこと考えたことをそのまま言うとき、命令法は人に何かを命令するときに使われる。modo subjuntivo は、何らかの条件を課すような場合に使われる。たとえば、「Se você quiser, vai agora（もし行きたいなら、今行きなさい；quiser は動詞 querer「欲する」の接続法未来）」、あるいは、「um japonês que saiba falar português（ポルトガル語が話せる日本人；saiba は動詞 saber「できる」の接続法現在）」。なお、Rodriguez はこの法を subjuntivo と呼ばずに、conjuntivo と呼んでいる。

　さて、Rodriguez の言う日本語の conjuntivo（接続法）とはどのようなものかというと、文を中止するための用言の形と言えそうである。Sono xenzouo **tadzunureba** nanigaxitoyŭ（その先祖をたづぬれば某と言ふ）、Riðbŏni **tachivacareyru tocoroni**, quitçunega yosocara coreuo mite futatçuno nacani vacareta fitçujiuo totte curŏta（両方に立ち別れて居る処に、狐がよそからこれを見て二つの中に置かれた羊を取って喰うた）[15]の「**tadzunureba**」、「**tachivacareyru tocoroni**」などのように、用言に接続助詞や形式名詞などがついてそのあと文が続けられる、そんな用言の形のことを conjuntivo と呼んでいる。つまり、接続するための法で、conjunção（接続詞）という用語と意味も語形もつり合っている。

　この接続法の中の条件的接続法（conjuntivo condicional）というのは「～ば、～らば、～は、～ならば、～においては、～には、～なば」で終わる用言の形のことである。この法はラテン語にもどんな言語にもないとし、だから、法として認める必要がないかというとそんなことはなく、形式として確立しているから、ここでは法として認めて活用に加える、としている。G-23 は日本語とポルトガル語に固有の接続法であり、G-24 の conjuntivo condicional は日本語にしかない接続法である。例としては、「上げば、上げたらば、上げずは、上ぐるならば、上ぐるにおいては、上げうには、未だ今生にあらば問はうずる子細あまた有り、又死してもあらば、孝養をよくせうずる」があげられている。

G-41、B-227　二重否定

　ARTE GRANDE では「*Mui* **elegantemente**, *dous negativos em varios tempos, & modos fazem bom afirmativo*（色々な時や法に立つ二つの否定は極めて上品に一つの肯定をつくる）」、*ARTE BREVE* では「Mui **elegantemente** dous negativos fazem ũ afirmativo（二つの否定は極めて上品に一つの肯定をつくる）」（馬場訳）とある。例としては、「上げいではかなはぬ、上げぬことあるまい、上げずんばあるべからず」等がある。両文典では一貫して二重否定を重視している。

---

15)　翻字は、土井（1955）のまま。

ポルトガル語で二重否定がもっとも問題となるのは、否定代名詞や否定形容詞と否定辞が一緒に使われる場合である。たとえば「ninguém」は英語の「nobody」にあたり、「だれも…ない」という意味を持つ：「Ninguém vai ao japão（だれも日本へ行かない）」。この否定代名詞が動詞のうしろに来ると、否定の意味は動詞の前の否定辞nãoで示さなくてはいけなくなる「Não vai ninguém ao japão（だれも日本へ行かない）」。ポルトガル語も、他の西欧語と同様、一般的に二重否定は肯定にならない。

否定の否定が肯定となる日本語と、二重の否定はそのまま否定というポルトガル語。日本語にも二重否定はあるという事実と、ありはするが意味、用法が異なるという事実、この二つがRodriguezに注意を向けさせたのであろう。

G-45　名詞＋を限りと／の／で／に〜

「はやむつかり声も弱り果てさせられ、今を限りと見えさせられ」、「あすを限りとなる」、「今日を限りの別れなれば、その期を知られぬことは深い悲しみでござらうず」、「これを限りでまた御覧ぜられうことやあらうずるとして、〜」、「今日を限りに都を出でて」などの、「名詞＋を限りと／の／で／に」は、最後の機会という意味で使われ、非常にエレガントな言い方だとされている。

G-56　「〜さへやうやう〜」

「さへ」だけでも「やうやう」だけでも、その意味や使い方、ニュアンスは説明しにくい。どちらも、辞書的な意味はあまりなく、話者の心情、主観を言い表わすための語句だからである。しかし、「舟でさへやうやう着いたに、徒歩はなかなかなるまい（舟でさへ漸く着いたのだから、陸地を来たならば尚一層むづかしいであろう）」という例とともに、「〜さへやうやう〜」という言い回しを発話の一つの型として提出すれば、その意味、用法を理解させること、

そして、運用できるところまで持っていくのはそれほどむずかしくない。

G-64　あはれ〜かな

　ARTE GRANDE 第126葉裏に、「Auare, *quando se lhe segue* Cana, *e exclamação mui* ***elegante***」とある。これは、「Auare はそれに Cana が続く時、感歎する事を甚だ上品に示す」ということである。この記述では、「あはれ」という語の気分やニュアンスはわからない。しかし、上記のひどく簡単な記述であっても、この言い回しをつかえるようにするには、充分的を射た説明だと言える。

　他にこの「中級文型」に分類される項目には、G-54「〜さへ〜ば、〜」、G-55「〜とさへ言えば／申せば〜」、G-63「〜ほどならば／ないならば、〜」、そして、G-82がある。G-82では、「命を失はるる<u>まで</u>はあるまじ」、「都の外へ出させられう<u>まで</u>であろう」、「いやいやそれ<u>まで</u>は思ひもよらぬ儀ぢゃ」などの例文とともに、「までは／までであらうず／まではあるまい」をあつかっている。

7-⑦　語、句、形態素

　7-⑥で、「全編の「エレガント」は中級レベルの項目につけられていると言っても過言ではない」と述べた。ここでは、「中級レベル」と考えられる、語、句、形態素についての記述を列挙する。どれも「ちょっと気がきいた」表現をなすものである。

中級レベルの語

　中級レベルの語で、それを使うとエレガントだという記述は、G-21、33、42、43、44、57、58、59、60、95、96の11箇所に見られた。G-43、44は7-4「待遇表現」でふれた「所有代名詞」関係、G-57、58、59、60は形

式名詞の「ところ」についてで、7-③「副詞」でふれた。ここでは、形式名詞の「ところ」(G-21、33、42)、そして、語や句の短縮形 (G-95、96) についてふれる。

ところ

G-33 は partículas（助辞）の一覧表で、その表の最後に、「Tocoro, *se ajunta* **elegantemente** *com estas particulas.* Ni. De. Va. Vo.」とある。Tocoro（ところ）は一覧表の中の助辞の一つであり、次の助辞 (estas partículas)「に、で、は、を」とエレガントに結合する（se ajunta）ということである。

G-21 と G-60 はともに「〜ところに／で／を／へ」についての記述で、G-21 は「接続法」の節の一部、G-60 は「副詞の構成」という章の中の「ところ、ところに等」の節の一部である。同じ「〜ところに／で／を／へ」でありながら、G-21 ではそこで終わらずにさらに文が続いていく場合、「接続」していく場合の動詞の形の一部分として「ところ」をとらえ、G-60 ではその接続法の形を作る副詞としてとらえている。そして、どちらの場合にも、「ところ」、「に／で／を／へ」はそれぞれ助辞でもあるとしている。

ARTE GRANDE の記述では、文中での機能による分類とそれ自体の品詞による分類とがしばしば重層的に錯綜している。とくに、「ところ」は実質名詞的用法から形式名詞的用法まで、用法が多いので、記述が煩雑である。この煩雑さは、一方から見れば記述の未熟、未整理の結果であり、また、他方から見れば当時の社会でなされていた現実の言語運用をできるだけ学習者にそのまま伝えようとした結果である。

G-42 は、「*DO MODO DE EXPLICAR O RE*lativo nesta lingoa（この国語に於ける関係詞を葡語で言ひ換へる方法に就いて）」という節の一部であり、G-59 と同様関係代名詞に相当する「ところ」をあつかっている。「ルシヘルと同心したる<u>ところ</u>のアンジョは皆天狗となるなり」、「自然に生ずる<u>所</u>の草

木」に見られる「ところ、所」はあってもなくても文意をかえない。しかし、あるとエレガントだと Rodriguez は言っている。

短縮

G-95 は「*Tem esta lingoa algũas pronunciações abreviadas, ou sincopadas*」、「この言語は短くされた（*abreviadas*）、あるいは、中の音をはしょった（*sincopadas*）いくつかの発音（*algũas pronunciações*）がある」ではじまり、その発音として Xŏriacu（上略）「算を削いた、物を削いた→削いた」、Chŭriacu（中略）「読むまじ、あるまじ→読まじ、あらじ」、Cariacu（下略）「たいまつ、のこぎり→たい、のこ」をあげている。

次の G-96 では、書きことばで、「上洛す、すべき、すべからず」のように動詞の「する」が非常にエレガントに「す」となる、とある。

中級レベルの句

その個々の句自体がエレガントだというのは、G-72「それにつき、したがって、しかれば、よって、殊に、ことさら」、G-80「ことのほか、もってのほか、思ひのほか、存じのほか、分別のほか、沙汰のほか」であり、ある特定の要素を使った言い回しがエレガントだというのは G-74「はばかりながら、我ながら、旅ながら、おそれながら、盲目ながら」などの「名詞＋ながら」の表現や、7-③「副詞」でふれた「名詞＋の＋動詞連用形＋様」である。また、G-27 では本の章の題にあらわれる「こと」で終わる言い回し、「デウスおはしますこと」、「アニマ不滅なること」、「デウス御一体の外なきこと」、をエレガントだと言っている。

G-72 はおもに手紙にもちいられる語句であり、G-27 は章の題である。日本語の体系の根幹というよりはかなり周辺的な分野の表現について述べているのであり、Rodriguez、あるいは、イエズス会士たちの勤勉さがうかがえる。日本語教育でいえば「中級」、後者に関してはそれ以上のレベルにはいる事

項である。

中級レベルの形態素

G-78、79、89 の三つを取り上げる。

G-78 は「*DA POSPOSIÇÃO, NONA* parte da oração（第九の品詞　後置詞に就いて）」の中の「まへ、うしろ、しりへ、あと、さき、のち、まへ」の節の一部で、「理の前、分別の前、思案の前、覚悟の前、御推量の前」をエレガントな言い方だとしている。同じ節の中で「まへ」の Coye である Ien（ゼン）だけを取り上げているのが G-79 で、「御前にまかりいる」、「御前がよい」、「御前をはばかる」、「前後覚えぬ」がエレガントな言い方であるとしている。

G-89 は「*DAS PARTICULAS NEGATIVAS*（否定の助辞）」の「*MV*（無）、*BV*（無）、*V*（有）について」という節の一部である。「有情／非情、有情／無情、有色／無色」はエレガントだとしている。

7-⑧ 助詞

Rodriguez は、日本語の言語要素を十の品詞にわけている。日本語の助詞はその Rodriguez の品詞分類の第十の品詞「partícula（助辞）」にかさなるところが多い。そして、Rodriguez はその助辞について第 77 葉で「統辞論で甚だ多様且**典雅**な用法に就いて述べる場合なりに見られるであろう」（G-32）と述べている。

日本語の「助詞」に相当する具体的な言語要素で、エレガントだとされているのは「は」、「も」、「と」、「をば」、「ば」、「の」、「に」、「より」である。このうち、「は」、「も」、「と」の三つの要素に関する記述を見ていこう。

<u>は</u>……G-76、83、84

G-83 には、「*não tem outra significação mais que ser pura particula que se ajunta a todas as partes da oração, ainda aos de mais artigos com varios, e elegantes sentidos*（純粋の助辞としてあらゆる品詞なり更に又他の助辞なりに接続して、色々変ったそして上品な心持を添へる以外には何等意味を持たないものである）」とある。が、「色々変ったそして上品な心持」の内容は書かれていない。

G-84には、「今日<u>は</u>」、「当世<u>は</u>」、「今<u>は</u>何を包み申すべきや」などの例とともに、「*Mui elegantemente serve posposta a nomes que significam tempo*（時を意味する名詞の後に置いて使ったものは非常に上品である）」とある。

G-83、84に、「は」の有無による意味の違いとか、その使い分けや用法に関する記述は見られない。ただ、おけばエレガントだといったふうに読みとれる。G-76でだけは、「*tem certa energia, & elegācia*（一種の勢と上品さを持ってゐる）」という記述のあとに、「*significam quanto a tal cousa*（かかる事に関してはといふ意味を示す）」とある。トピックの「は」のことである。以上3箇所に見られる記述だけでは、実際に「は」が使えるようになるとは思えない。G-76には、「は」の力やエレガントさは「*o vso ensinarà*（使用が教える）」とある。使っているのをよく聞き、また、自分で使ってみているうちに覚えるということだろうか。

日本人はよく使うし、何かしらの効果は生むが、いつどうしたらどんな効果が生まれるのかうまく説明できなかったのだろう。しかし、何とも教えにくい「は」について、「これといったはっきりした意味はないが、よく使うし、上手に使えばとてもエレガントだ。その使い方は、自然にわかるようになる」という言い方は、かえって効果的かもしれない。

<u>も</u>……G-71

「いくら<u>も</u>」、「何事<u>も</u>かごと<u>も</u>」、「いづれ<u>も</u>」、「仰ぎて<u>も</u>尚仰ぐべきは」、「申して<u>も</u>、しかって<u>も</u>、やませて<u>も</u>聞かぬ」などの例をあげ、nomes（名詞）、verbos（動詞）、adverbios（副詞）、そして、outras patrículas（他の助辞）に接続し、いろいろな用法があるとしている。

と……G-19、68、69、70、73、B-217

　「と」は ARTE GRANDE 第131葉表から第132葉裏まで「Da conjunção, To（接続詞 To に就いて）」という節が設けられるほど、重視されている。G-70 では、「と」がいろいろな品詞に接続すること、G-68 では、「あれと、これとを取る」などのように、「と」を繰り返す言い方があること、G-69 では、「言ふ、申す、号す、名乗る、名づくる」などの動詞の前に「と」をおくこと、G-19、B-217 では「参れかしと思ふ、上げいかしと申す、衣無ければおほふばかりの袖もがなと」などのように「かし」または「がな」に「と」が接続することがあること、そして、それぞれが非常にエレガントであることが述べられている。また、ARTE GRANDE 第135葉表の「Da conjunção, Ca（接続詞 Ca に就いて）」では、「参るまいかと存ずる」、「書かうかと思ふ」などに見られる「かと」の言い方はエレガントだとしている。

　助詞の類に関する記述のうち上記以外のもの、G-85 では、「前車のくつがへるを見て後車のいましめを知る」の例とともに主格の「の」が示され、G-86 では数多くある「に」の用法のうち、「旅の衣裳に、その日の出立に」などはエレガントだとしている。G-88 では、「参りしより」、「天地出来せしよりこのかた」などのように、「〜したあと」の意で「より」が過去形に接続したものはエレガントだとしている。G-77 で述べているのは、「よりは、からは、へは、には、のが、への、よりの、からの、での」など、助詞の二つ重なった言い方についてである。具体的な事や物、動作や状態を表わすのではなく、物事の関係やニュアンスを示す助詞を重ねるというのは、決して単純なことではなく、教えるのも学ぶのも骨が折れたことであろう。

7-⑨ 文末要素

　文末の要素をあつかっている項目で、エレガントという語があらわれるのは、G-18、65、66、91 の4箇所である。このうちの G-91 は「そろ」についての記述で、7-④「待遇表現」ですでに取り上げた。

G-18 では、法律や規則を決めたり、何かを禁止したりするときに、「酒は根機に従うべし」や「厳科に処せらるべきものなり」といった言い方が使われること、G-65 では、感動を示すために文末に「かな、かなや、あい、な、や、やなう、よ」などが使われることが述べられ、G-66 では、和歌における「や」の各種の用法が列挙されている。

7-⑩ 語順

　5「言い誤り、直訳」で述べたが、ラテン語では文中の語順はかなり自由である。ポルトガル語でも、語順は基本的に自由で、語順で文意がかわることはあまり多くない。文意がかわらないからといって、実際に運用する時にいつも語順がバラバラだというわけではない。基本的に主語は動詞の前に来るし、形容詞は名詞のあとに来る。このような目安があるから、ポルトガル語においても語順は意味を持つ。たとえば、「まぶしい光を浴びて、娘は髪をとかしていた」と「まばゆい光の中で、乙女は髪をくしけずっていた」の違いを前者は日常語的で後者は文学的だとし、訳し分けるなら、前者は「A moça penteava os cabelos na luz brilhante」、後者は「Banhada na brilhante luz, moça se penteava」、となる[16]。両者の間には、動詞「banhar（浴する）」の過去分詞「banhada」の使用の有無や、再帰動詞「se penteava」の使用の有無などの違いのほかに、「luz brilhante」か「brilhante luz」かの違いがある。「luz」は「光」、「brilhante」は「明るい、まぶしい」である。ポルトガル語では、普通、形容詞が名詞を修飾する場合、「名詞＋形容詞」の語順となる。よって、「luz brilhante」は日常的な言い方ということになり、一方、「brilhante luz」という語順には日常的でないニュアンスが加わる。ここではそのニュアンスを文学的な表現であることを示すのに用いているのである。

---

[16]　くわしくは、馬場（1991）の pp.15-16 を参照。

第168葉表からの節、「*DOS VICIOS QUE FAZEM A ORAção barbara, & rustica*（文章を粗野にし且野鄙ならしめる缺陥に就いて）」では、語順を間違えるなと言っている。その記述のあとで、「Appendix（附則）」として、「*Muitas vezes assi na pratica ordinaria como nos autores graves que em Japão escreveram, achamos alguns modos de falar, ou a ordem das partes mudadas*（日常の話し言葉に於いても、権威ある作家が日本で書いたものに於いても、品詞配列の順序を変へたりした一種の言ひ方がなされてゐることを我々はしばしば見出すのである）」、しかし、これは、「*solecismos*（言ひ誤り）」ではなく、「*modos mui elegantes de falar*（極めて上品な言ひ方）」なのだ、としている。日本語においても、修辞法としての語順変更があることを知っていたのである。

ARTE GRANDE の第二巻のタイトルは、「*SE trata da Sintaxis das partes da Oração Japoa*（日本語品詞の統辞論を取扱ふ）」であり、「Colocação do Nominativo, & verbo com seus casos（主格に立つ語と動詞と動詞の格に立つ語との排列）」の節には、主語が最初、次に、補語、最後に動詞が来ると記されている。この記述のあとで、動詞の後ろに主語や補語の来る例をあげ、「*cousas graves*（荘重な物）」とか「*sentenças*（金言、格言）」では、エレガントにするためにこの語順をとることがある、とし、「論語」から「患へざれ人の己を知らざる事を、患へよ己が人を知らざる事を」、「エワンゼリョ[17]」から「誰も叶はず二人の君に仕ふる事は」を引用している。

G-39、B-224 の「エレガント」は、「〜ば、〜」、「〜ために〜」、「〜ことを〜」、「〜と思う」など、述語とおぼしきものが二つ含まれる文の、その二つの順序についての記述の中にある。この２箇所でも、「論語」の「患へざれ人の己を知らざる事を、〜」を引用し、語順変更の例としている。G-47 は動詞の不定法「動詞のル形＋こと」の使い方の章の一部をなし、やはり「論語」と「エワンゼリョ」から例をあげている：「甚だしいかな、吾が衰へた

17）「evangelho」。「福音」、「福音書」のこと。

ること。久しいかな、吾復夢にだにも周公を見ざること」(論語)、「誰もかなはず二人の君に仕ふる事は」(エワンゼリョ)。

G-98は統辞論的な語順の変更に関する記述ではない。「鍛冶番匠（かんじばんじょう）」、「尻頭（しりかしら）」、「野山」、「とりけだもの」、「ここかしこ」などの例をあげ、二つの語が並ぶときは、音節数の少ない方が先、多い方がうしろになることが多いとしている。

7-⑪ 動詞と法

ARTE GRANDE にあらわれる日本語の動詞の法は、modo indicativo（直説法）、modo imperativo（命令法）、modo optativo（希求法）、modo conjuntivo（接続法）、modo potencial（可能法）、modo permissivo（許容法）、modo infinitivo（不定法）である。これらの法のどれかに属する活用形が他の法の表現に使われるということはしばしばある。

たとえば、直説法の未来形「語根 + ô（エウ）/ ôzu（エウず）/ ôzuru（エウずる）」は、命令法の未来形（G-15）、あるいは、可能法（G-16、25、B-218）として用いられる。この形は、もともと、活用語の未然形に助動詞の「む」が接続したものである。英語の「I will ～」の「will」に見られるように、そもそも「意思、推量」と「未来」というのは隣り合わせのものである。Rodriguez は、日本語で「意思、推量」を示すと考えられる助動詞「む」が動詞に接続した形をラテン文法の体系にあてはめ、「意志、推量」法ではなく「直説法の未来」としたのである．

その「直説法の未来」の「上げう、ず、ずる」の形が、G-15ではエレガントで礼儀にかなった命令法の未来形になるとしている。そして、*ARTE GRANDE* 第13葉裏では、「*Para o numero plural de primeira pessoa se usa da voz do futuro do Indicativo*（（命令法の）第一人称の複数には直説法の未来形が使はれる）」とあり、「いざ参らう / いざ上げう / いざ行て聞かう」の例があげられている。これは、文語文法で「む」の用法の一つとされる「勧

誘」にあたる。「勧誘」の用法が、命令法の1人称複数と解釈されるのである。

　G-16、G-25、B-218では可能法としての用法があつかわれている。あげられている例文は「習ひさへ思召いたらば、教へうず／教へてあらうず／教へた事もあらうず／教へうもの」で、これらの「うず、う」は助動詞「む」の変化形である。日本語例文のポルトガル語訳は、「*Ensinara-vos, se quiséreis*」、「*Podera-vos ter ensinado, se quiséreis*」となっている。「ensinara」は動詞「ensinar（教える）」の大過去1・3人称単数、「vos」は2人称複数の人称代名詞の目的格、「se」は英語の「if」、「quiséreis」は動詞「querer（欲する）」の大過去2人称複数、「podera」は動詞「poder（できる、可能性がある）」の大過去1・3人称単数で、「podera ter ensinado」は「poder ensinar」の大過去完了形である。ポルトガル語文の前者は現在に対する反実仮想であり、後者は過去に対する反実仮想である。当時の助動詞「うず、う」、つまり、助動詞「む」は反実仮想の帰結文で使われていたことになる。

　ARTE GRANDE 第14葉裏からは、Optativo（希求法）が取り上げられている。日本人はこの法を「Negai（願い）」と呼ぶ、とし、この法の過去、および、大過去の形は「*são por circunloquios, que mais tem sentido de pesar de não ter feito aquilo, que desejo*（婉曲な言ひ方であって、寧ろ望んだ事が実現しなかったのを後悔する意を示す）」としている。その中で、「命令形＋かし」での形のOptativoにふれ（G-20）、非常にエレガントなPermissivo（許容法）としても用いられるとして、「何ともあれかし、同心致すまい」の例があげられている。この形はG-26でもエレガントなPermissivoであるとしてふれられている。ここでの例は、「上げもせよかし」、「参りもせよかし」、「何ともおしやれかし」、「誰でもあれかし、知音でもあれかし」である。

7-⑫〜⑰の「エレガント」

　エレガントの17分類のうち、「⑫ 古典、古語」と「⑬ 下位言語、文体」の「エレガント」は3「「エレガント」な日本語とは」で、「⑭ 都、公家の

ことば」と「⑮ 言語教育」は4「日本語教育の見地から」で、そして、「⑯ 言い誤りと直訳」は5「言い誤り、直訳」で見た。

「⑰ その他」のG-1では、文法を説明するだけでなく、エレガントに話せるように教えることが目的だというように使われ、G-4では、日本語はエレガントな言語だと言っている。

8. Rodriguezの「エレガント」

Rodriguezは才能ある理想家で、常に情熱を持って精力的に働いていた。13歳か14歳のころ祖国ポルトガルを離れた彼にとって日本は母国に近く、日本語に対する愛情も強かった。また、彼は現実的な実務家であり、執筆にあたっても姿勢がはっきりしている。第一に日本語学習の意欲を鼓舞すること、第二により効率よく学習させることである。

いつの時代でも、伝道活動に従事するカトリックの僧侶はその地の言語の習得、習熟に努力する。努力はするものの、未開の地、文化の存在しない野蛮な言語となると軽んずる者も出てくる。布教のためなのだから言語を選り好みはしていられないのだが、そのように理性的に考えることのできない者ほど、「言語の価値」にまどわされたことだろう。そこで、Rodriguezはラテン語文法の枠組みを使って日本語文法を記述した。ほかに記述する術を持たなかったのが第一の理由であろうが、学問の対象となる言語はラテン語だけ、自分たちの使用するヨーロッパの言語さえ学問、研究の対象とはならなかった当時において、ラテン語文法の枠に入らないとなれば、それだけで価値のない言語と見られたことであろう。名詞は性、数を表わさない、動詞は数、人称を表わさない、それを「defectos（欠陥）」としていること自体、ラテン語文法の枠組みを用いることを前提としている。

畳語となれば名詞も数を表わしうる、日本語とポルトガル語にしかない接続法、あるいは、日本語にしかない接続法がある、待遇表現などというヨー

ロッパでも使いこなすのがやっかいなものが確固としてある、不定法も、再帰代名詞も、倒置法、関係代名詞、韻文、古典もあり、その上、日本語独特の言い回しや助辞もふんだんにある。ほかには、代々の天皇の系譜を示し、歴史の長さまで書き記した。以上の記述の姿勢やその内容は、日本語や日本そのものに対する愛情に裏打ちされた、学習意欲の鼓舞をめざす態度によるものである。

　執筆の第二の姿勢は、「より効率よく」である。日本語学習の目的は日本に対して感じている愛情を満足させるためでもなく、日本文化を研究するためでもない。布教のためである。布教のためには、人民の心をつかむばかりでなく、異教の僧侶をやりこめることも、権力者の怒りをしずめたり庇護を勝ち取ることも重要であった。日本人一般の文化習慣をよく知る努力もしたであろうし、和歌、歴史といった教養も身につけた。そして、言語の面で一番重視したのが「エレガント」である。

　時代的には古典、地理的には都、社会階層的には公家、話しことばよりは書きことば、それぞれがエレガントだとされている。そして、これらの下位言語の形成にはCoyeと呼ばれる中国語起源の日本語が大きな役割を果している。日本語にとってのCoyeは、ローマにとってのギリシア語、俗ラテン語にとっての古典ラテン語、そして、ポルトガル語にとっての古典ラテン語のようなものであった。めざすべきもの、規範とすべきものなのである。ポルトガル語に古典ラテン語があるように、日本語にはCoyeがあり、これが日本語の「エレガント」の形成に一役買っていた。

　「エレガント」には、正確でポルトガル語風にならないこと、という意味合いがあった。これは語学教育の基本である。さらに、これさえ使えばうまそうに聞こえるというもの、各種の中級文型とか、複合述語、気のきいた言い回し、二つ重なった助詞なども取り上げられている。「エレガント」を学習すべき重要項目のマーカーとし、効率よくうまく聞こえる言い回しを盛り込んで、語学教師の力量をいかんなく発揮している。

「さへ」、「ほど」、「やう」、「ところ」など意味、用法の示しにくいものは文型の中に入れてしまうやり方や、使用頻度が高く用法の多い「テ形」や「連用形」は特に丁寧に記述するところなどは、現代の日本語教育の手法と同じである。一方、助詞「は」や「あげることない」、「あげぬことある」の記述に説明らしい説明のない大雑把さは、教師にとっての一つのテクニックと言える。

西洋世界には、ギリシアのDionysius Thrax、そして、ローマのVarro Marcus Terentiusらのころから「言語には規範とすべき1冊の文典がある」という伝統があった。その伝統にのっとり、Rodriguezは日本語の文典をあみ、そこに「エレガント」をちりばめた。それらの「エレガント」はRodriguezがイエズス会士たちを鼓舞するためのマーカーであり、時代がRodriguezをとおして日本語に要求したものなのである。

参考文献

1. 馬場良二（1992、1993）「ロドリゲスの『日本文典』における「エレガント」について」『熊本女子大学学術紀要』Vol.44、45
2. 馬場良二（1995）「ロドリゲスの日本語教授法－なぜ古典なのか」『日本語と日本語教育』三省堂
3. 馬場良二（1991）「ポルトガル語に関する調査結果」文部省特定研究「言語情報処理の高度化」報告書「連語構造における意味組成の適合に関する言語間比較」の別冊
4. 福島邦道（1990）「キリシタンの日本語学習」『国語学』161
5. 國原吉之助（1975）『中世ラテン語入門』南江堂
6. （1963）『国立国語研究所報告23 話しことばの文型(2)－独話資料による研究』国立国語研究所
7. Valla, Lorenzo (1544) *Elegantiae Linguae Latinae*.
8. Bluteau, Rafael de Moraes Silva, António ed. (1789) *DICCIONARIO LINGUA PORTUGUEZA*, Universidade de São Paulo.
9. da Cunha, Antônio Geraldo (1982) *DICIONÁRIO ETIMOLÓGICO NOVA FRONTEIRA DA LÍNGUA PORTUGUESA*, Editora Nova Fronteira.
10. Instituto Antônio Houaiss (2001) *Houaiss da língua portuguesa*, Editora Objetiva

Ltda.
11. Gaffiot, Félix (2000) *Le Grand Gaffiot Dictionnaire Latin-Français*, Hachette.
12. Glare, P. G. W. (1996) *Oxford Latin Dictionary*, Oxford University Press.
13. Lewis, Charlton T. (1891) *ELEMENTARY LATIN DICTIONARY*, Oxford.
14. 國原吉之助 (2005) 『古典ラテン語辞典』大学書林
15. 京大西洋史辞典編纂会 (1993) 『新編西洋史辞典　改訂増補』東京創元社

表4-1 ARTE GRANDE、ARTE BREVE の

通し番号	つづり	原本葉	訳書ページ	事項	分類
G-1	elegancia	③	4	文典編纂の目的	その他
G-2	elegãtemente	③v	4	エレガントに話せるようになるには	古典、古語
G-3	elegãte	③v	4	古典には純粋でエレガントな日本語	古典、古語
G-4	elegante	④v	5	日本語はエレガントな言語だ	その他
G-5	elegantemente	2	11	名詞の畳語(複数)	複合語
G-6	elegantemente	2v	13	形容詞語幹+名詞	複合語
G-7	elegante	7	29	動詞活用語尾 へ・え→ふる・うる	同義語
G-8	elegante	8	35	複合動詞	複合語／複合述語
G-9	elegantes	9	40	複合述語	尊敬、礼儀／複合述語
G-10	elegante	9v	40	お／おん／ご+動詞+なさる	尊敬、礼儀／複合述語
G-11	elegantemente	9v	41	動詞+ことがある	複合述語
G-12	elegantemente	10	43	尊敬、使役、その他の助動詞	尊敬、礼儀
G-13	elegantemente	11	47	動詞のテ形+ござる	尊敬、礼儀／複合述語
G-14	elegantes	11	47	動詞+たり／だり	中級文型
G-15	elegãcia	12	52	直説法未来形→命令法未来形	動詞と法
G-16	elegante	12	52	直説法未来形→可能法	動詞と法
G-17	elegantes	12v	54	動詞+てもなお+動詞+べきは	中級文型
G-18	elegantemente	13v	59	法令等で使われた「べし」	文末要素
G-19	elegantemente	15v	67	～かし／がな+と～	助詞
G-20	elegante	15v	68	命令法+かし→許容法	動詞と法
G-21	elegante	16v	72	～ところに／で／を／へ	語、句、形態素
G-22	elegante	17	73	～て下さるる／呉るる／賜うる	複合述語
G-23	elegantemête	18	78	～たりとも、～	中級文型

「エレガント」一覧　出現順

説明、または、例	「エレガント」を含む文の要約
文法を説明するだけでなく、エレガントに話せるように	falar certo e com elegância
エレガントに話したいなら、古典を勉強せよ	falar polida e elegantemente
古典の日本語は日本人でさえ学ぶことによって身につける	a pura e elegante língua
ヨーロッパの言語に比べて欠陥は多いが、一方、豊かでエレガント	japonês é copioso e elegante
人々、国々、寺々、度々、様々、処々	usa-se elegantemente
白壁、深手、薄茶、赤地、白地	ficam elegantemente adjetivos com substantivos
与へ→与ふる、聞え→聞うる、有らえ→あらうる、加え→加ふる	outra terminação elegante
引き裂く、踏みつくる、読み合はする、書き立つる、書き集むる	universal e elegante
お上げある、御存知ある、お聞きなさるる、参りはする	modos de falar usados e elegantes
お聞きなさるる／れた／れう／れい、御存知なさるる／れた／れう／れい	modo de falar elegante e cortês
上ぐる事がある／もござる／ない、上げぬ事ある／ない	supre elegantemente em confissões
読まるる、読ませらるる、読まする、読みそろ、読むなり	suprem elegantemente
上げてござる、読うでござる	elegantemente serve de pretérito perfeito
さても写しも写いたり、書きも書きたり。先ずは射たり亀井。	sentidos e linguagens elegantes
「上げう」の形は「いざ上げう」のように丁寧な命令法の未来にもなる	serve com elegância e cortesia
「上げう」の形は可能性を含んだ疑問の過去の意味も表す	com certa potência elegante
急ぎてもなほ急ぐべきは。申してもなほ申すべきは。	modos de falar elegantes
読むべき者也。酒は根機に従うべし。厳科に処せらるべき者也。	se usa elegantemente
参れかしと思ふ。上げいかしと申す。のぼせよかしと言ひて。	se acrescenta elegantemente 'to'
何ともあれかし、同心致すまい。	permissivo elegante
両方に立別れて居る所に～。さうある処へ～。家を出づる処を～。	é elegante
書いて下されい。参ってたまうれ。してくれい。	usado e elegante modo
取繕ひしたりとも～。今は命ながらへたりとも～。	serve elegantemente

通し番号	つづり	原本葉	訳書ページ	事項	分類
G-24	elegante	19	81	〜ば／たらば／ならば	助詞
G-25	elegante	19v	85	婉曲表現としての可能法	動詞と法
G-26	elegante	20v	89	命令法＋かし→許容法	動詞と法
G-27	elegãtemẽte	21v	93	書物の章の題目に「〜こと」	語、句、形態素
G-28	elegantemente	24	105	動詞＋は／に／を／をば	複合述語
G-29	elegante	47v	193	形容詞連用形＋ござる	複合述語
G-30	elegante	50	202	形容詞連用形＋存在動詞	複合述語
G-31	elegantemente	51	207	形容動詞連用形＋存在動詞	複合述語
G-32	elegãte	77	302	助辞には色々ある	助詞
G-33	elegantemente	78	306	〜ところに／で／は／を	語、句、形態素
G-34	elegantemente	78v	308	名詞の畳語（複数）	複合語
G-35	elegantemente	79	309	名詞の畳語（「それぞれ」の意味で）	複合語
G-36	elegantemente	83	316	都で公家の用いていることば	都、公家のことば
G-37	elegante	83	316	都で公家の用いていることば	都、公家のことば
G-38	elegancia	83v	319	倒置	語順
G-39	elegancia	84v	321	倒置	語順
G-40	elegante	85	323	動詞／形容詞連用形＋動詞	複合語／複合述語
G-41	elegantemente	86	326	二重否定	中級文型
G-42	elegancia	87v	333	関係代名詞的「ところ」	語、句、形態素
G-43	elegantemente	95v	362	わが、自ら、わが身、身、私	尊敬、礼儀
G-44	elegante	95v	363	御（ぎょ、ご、おん、お、み）	尊敬、礼儀
G-45	elegãtes	96v	366	〜を限りと／の／で／に	中級文型
G-46	elegantemente	99	375	受身文の動作主は　より／から→に	同義語／助詞
G-47	elegancia	103v	388	倒置	語順
G-48	elegantemente	105v	393	〜て下さるる／呉るる／進ずる	複合述語

説明、または、例	「エレガント」を含む文の要約
この語形は条件的接続法で、この法はラテン語その他の言語にもない	formação elegante e usada
ある事柄を是認するのに、なお一種の疑いの存することを示す	modo elegante e usado
参りもせかし。誰でもあれかし、知音でもあれかし。	permissivo elegante
デウスおはしますこと。アニマ不滅なること。	usamos elegantemente
そこを通るはたそ。参ったは誰か。眠るをご覧じて。	muitas vezes usamos elegantemente
深うござれかし。深うござれば。深うござらば。	elegante e cortêsmente se suprem
深うない／ござない／おりない／ござらぬ／おじゃらぬ	cortês e elegante usado modo de falar
niに終る形に存在動詞を添えた言い方がエレガント	suprem elegantemente
用法は多様でエレガント	uso vário e elegante
「ところ」は格助詞「に、で、は、を」とエレガントに接続する	se ajunta elegantemente com partículas
在々所々、下々、色々、代々、思ひ思ひ、細々、日々に、夜々	usam elegantemente
町々に、家々に、門々に、日に日に、夜々に	singular elegantemente
日本全国の権威ある人々や文学者に認められている	pura e elegantemente
純粋でエレガントな日本語は都の公家の間にある	pura e elegante língua
歌、荘重な文章、格言等で補語と述語の語順が入れかわる	por causa de maior elegância
エレガントにするために不定法の句を後に置く	por causa de elegância
読み合はする、習ひ読む、深う掘る、よう申す	regra elegante e geral
上げいで叶はぬ、上げぬ事あるまい、上げずんばあるべからず	2 negativos elegantemente fazem 1 afirmativo
ルシヘルと同心したるところのアンジョは皆天狗となるなり。	por causa de elegância
所有代名詞として使われる。わが心、身の上、私の事、わが家	servem elegantemente
第二・三人称の所有代名詞。御意、御恩、御文、御出、御手	corrente e elegante o uso
夕を／今日を／ここを限り。今を限りと見えさせられ。	modos de falar elegantes
敷くべきものに敷かれこそすれ。昌尊にかどはかされた。	elegantemente regem dativo ou ablativo
エレガントにするために不定法の句を後に置く	por causa de maior elegância
参って下さるるな。書いてくれうず。読うでおまらせうず。	elegantemente se ajunta

通し番号	つづり	原本葉	訳書ページ	事項	分類
G-49	elegantes	105v	394	〜て良い／悪い／然るべい	複合述語
G-50	elegante	106	395	〜てこそござれ	複合述語
G-51	elegante	109	405	場所から離れる	同義語
G-52	elegante	110	408	都	都、公家のことば
G-53	elegantes	112v	414	副詞	副詞
G-54	elegantemente	118	432	〜さへ〜ば、	副詞
G-55	elegantemente	119	436	〜とさへ言えば／申せば、	副詞
G-56	elegantemente	119	437	〜さへやうやう	副詞
G-57	elegancia	120v	441	「ところ」	副詞
G-58	elegancia	120v	441	名詞＋の＋ところ＋助詞	副詞
G-59	elegante	121	443	関係代名詞的「ところ」	副詞
G-60	elegantes	121	444	〜ところに／で／へ／を	副詞
G-61	elegantemente	122	447	名詞＋の＋動詞連用形＋様	副詞／複合述語
G-62	elegancia	122v	449	「ばし」	副詞
G-63	elegantemente	124	453	〜ほどならば／ないならば、	副詞
G-64	elegante	126v	462	あはれ〜かな。	中級文型
G-65	elegancia	128v	468	文末の感動詞	文末要素
G-66	elegantes	129v	471	和歌の「や」	文末要素
G-67	elegantes	130v	476	接続詞	語、句、形態素
G-68	elegantemente	131	477	〜と〜と	助詞
G-69	elegantemente	131v	478	引用の「と」	助詞
G-70	elegante	132v	482	「と」の用法	助詞

第4章　265

説明、または、例	「エレガント」を含む文の要約
動詞のテ形にはエレガントな用法がいろいろある	vários e elegantes usos
見てこそござれ。こそ見てござれ。	elegante com grande ênfase
「落つる、逃ぐる、去る、しりぞく、のく」等は より／から→を	mais elegante é usar acusativo
用いるのは都のことばで、それ以外は理解できるだけでいい	por ser a própria e elegante
用法が豊富でエレガントである	vários e elegantes usos
こなたさへおくたびれなくは。舟さへ参るならば。	se segue elegantemente condicional
清盛の御一家の人々とさへ言へば。禿とさへ言へば。	se ajunta elegantemente com 'to'
これさへやうやう書いた。舟でさへやうやう着いたに。	se segue o advérbio elegantemente
場所を意味する名詞としてでなく、助詞的に使われるとエレガント	com elegância em vários sentidos
汝が分別の所がよい。譜代のところを免す。人の悪の所には与みせず。	não significa mais que ser elegância
述ぶる所の讐は。言ふ所の儀ども。自然に生ずる所の草木。	modo comum e elegante
談義致す所に。ミサを遊ばさるる所へ。門を出づる所を。	usadas e elegantes no conjuntivo
舟の乗り様、文の書き様、人の従ひ様、物の申し様	se pospõem elegantemente às vozes dos verbos
これは奥へ申し入られいとばし申さうか。磯遊びにばしござるか。	umas vezes é sòmente elegância
船に召さるる程ならば。迎えに参る程ならば。渡す程ならば。	elegantemente se antepõem ao condicional
あはれ難しき世の中かな。あはれはかなき天が下かな。	exclamação elegante
かな、かなや、あい、な、や、やなう、よ、よな、たり、は、ぞ	tem energia e elegância
雪や花。散る花や。鳥帰る雲や霞に日は入りて。君は知らずや。	muitos e elegantes usos e sentidos
豊富な意味とエレガントな用法がある	vários sentidos e usos elegantes
あれと、これとを取る。パアテレと、アントニヨと両人参れ。	elegantemente se repete o 'to'
〜と言ふ／申す／号す／名乗る／名づくる／呼ぶ／ある／ござる	antepõem-se elegantemente aos verbos
「と」の用法はすべての品詞にあり、エレガントである	o uso deste 'to' é vário e elegante

通し番号	つづり	原本葉	訳書ページ	事項	分類
G-71	elegantes	133v	487	「も」の用法	助詞
G-72	elegãte	134	489	主に手紙に使われる語句	語、句、形態素
G-73	elegante	135	491	引用の「と」の前の「か」	助詞
G-74	elegantemente	136v	496	実名詞＋ながら、～	語、句、形態素
G-75	elegantemente	139	505	動詞のテ形＋の	複合述語
G-76	elegãcia	139v	506	「をば」と「は」	助詞
G-77	elegantes	140	508	ふたつつながった格辞	助詞
G-78	elegante	141v	514	～の前（マエ）	語、句、形態素
G-79	elegantes	142	515	「前（ゼン）」	語、句、形態素
G-80	elegantes	144v	518	「外（ほか）」	語、句、形態素
G-81	elegantemente	147	526	動詞（－る、－た）＋をもって	複合述語
G-82	elegancia	148	529	～までは／であらうず／はあるまい	中級文型
G-83	elegantes	149	533	助辞「は、ば」	助詞
G-84	elegantemente	149v	534	時の名詞の後の「は、ば」	助詞
G-85	elegante	151v	541	主格の「の」	助詞
G-86	elegantes	152v	546	揃い物の並列の「に」	助詞
G-87	elegantemente	154	551	動詞（－る、－た）＋を	複合述語
G-88	elegantemente	154v	553	過去の「し」＋より	助詞
G-89	elegantemente	155v	557	有（ウ）、無（ム、ブ）、非（ヒ）	語、句、形態素
G-90	elegancia	158	568	敬語と助辞	尊敬、礼儀
G-91	elegantemente	164	588	「そろ」	尊敬、礼儀／文末要素

説明、または、例	「エレガント」を含む文の要約
豊富な用法がエレガントで、名詞、動詞、副詞、その他の助辞につく	vários usos e elegantes
それにつき、したがって、しかれば、よって、ことに、ことさら	elegante uso
参るまいかと存ずる。書かうかと思ふ。	modo elegante com verbos negativos
はばかり／緩怠／聊爾／無礼／悪人／善人／われ／身／貧／人／旅ながら	se ajunta com substantivos elegantemente
動詞のテ形＋の儀／事、動詞のテ形＋から／後／よりの事	se segue elegantemente e é usado e corrente
一種の勢いとエレガントさを持っていて、かかる事に関してはという意	certa energia e elegância
よりは、への、からに、からは、よりの、にから、へは、からの	vários e elegantes modos de falar
理／分別／思案／覚悟／御推量の前	modo de falar elegante
御前にまかりいる、御前がよい、御前をはばかる、前後覚えぬ	bons e elegantes usos
殊（こと）／もって／思ひ／存じ／分別／沙汰の外	modos elegantes
参るをもって、書くをもって、従ふをもって	se pospõem ao indicativo elegantemente
命を失はるるまではあるまじ。それまでは思ひもよらぬ。	tem elegância
他のあらゆる語に接続しエレガントだが、それ以外の意味は持たない	vários e elegantes sentidos
今日は、今程は、今度は、当世は、明日は	elegantemente serve posposto aos nomes
前車の覆るを見て後車のいましめを知る。	elegante e com particular sentido
旅の衣装に、その日の出立ちに。かちんのはばきに藍皮のもみ足袋を召し。	modos de falar elegantes
仰せらるるを見まらした。参るを止められた。	elegantemente se pospõem ao indicativo
参りしより、よめしより、天地できせしよりこのかた。	se ajunta elegnatemente com o pretérito
有情、非情、無情、有色、無色	se antepõem elegantemente a palavras
日本語のエレガントさの習得は敬意表現にかかっている	toda elegância desta língua
演劇狂言、話しことば、古風な老人、いくつかの地方	se usa muito e elegantemente

通し番号	つづり	原本葉	訳書ページ	事項	分類
G-92	elegantes	168	602	古語	古典、古語
G-93	elegantemente	168	602	言い誤りと卑語	言い誤りと直訳
G-94	elegantes	168v	603	倒置	語順
G-95	elegancia	168v	604	省略、縮小	語、句、形態素
G-96	elegantemente	168v	605	書きことばで「する→す」	語、句、形態素
G-97	elegante	171v	615	直訳はよくない	言い誤りと直訳
G-98	elegancia	178v	640	短い要素が前にくる	語順
G-99	elegante	181	650	和歌	下位言語、文体
G-100	elegancia	181v	651	字余り	下位言語、文体
G-101	elegante	184v	661	文書語	下位言語、文体
G-102	elegancia	185	663	手紙	下位言語、文体
G-103	elegãte	185	664	幸若舞	下位言語、文体
G-104	elegantes	189v	678	『往来』	下位言語、文体
B-201	elegancia	2	z30	敬意の表現	尊敬、礼儀
B-202	elegancia	2v	z31	文字の学習	言語教育
B-203	elegante	2v	z31	外国語の学習法	言語教育
B-204	elegancia	3	z32	外国語の学習法	言語教育
B-205	elegancia	3v	z35	教師の知っておくべきこと	言語教育
B-206	elegancia	3v	z36	教師の知っておくべきこと	言語教育
B-207	elegãcia	3v	z36	教師は日本人	言語教育
B-208	elegancia	4	z36	日本語話者の教師	言語教育
B-209	elegante	4	z38	古典	古典、古語
B-210	elegancia	4	z38	古典	古典、古語

説明、または、例	「エレガント」を含む文の要約
エレガントな語句は古語だ	as palavras boas e elegantes são as antigas
純粋でエレガントに話すためには、言い誤りと卑語を避けよ	falar pura e elegantemente
言い誤りではなく修辞法に属するものが、日常語にも古典にも見られる。	figuras e modos elegantes de falar
上略（算を）削いた、中略 読（む）まじ、下略 たい（まつ）	não são vícios mas elegância
上洛す／すべき／すべからず	'suru' na escritura faz elegantemente 'su'
翻訳では、意味に注意して日本語の言い方に置きかえよ	para que fique clara e elegante
鍛冶番匠、尻頭、野山、鳥獣、ここかしこ	elegância da língua
一定数の音節、柔和でエレガントなことばでできている	o verso é língua branda e elegante
エレガントさのため、詩の上での許容内で音節をふやす	por causa de elegância
日本語の文書語は書くときにしか使われず、非常に荘重でエレガント	estilo grave e elegante
手紙の文体は秩序立ってエレガントで、他のすべての文体と非常に異なる	a polícia e elegância
誰もが理解する丁寧でエレガントな通用語である	falar corrente cortês e elegante
手紙の文体を学ぶには『往来』と呼ばれる本がある	livros epistolares elegantes
種々の助辞が名詞と一緒になって、尊敬や謙譲を表す	com artifício e elegância
ことばの語基、語源、正しい発音、エレガントさはすべて文字でわかる	o primor e elegância da língua japonesa
ラテン語と同じに教師と書物、作文、練習を通して短期間で学ぶ	a pura e elegante língua
書物による方法は大まかで、上品さは身につけられない	tanta cópia e elegância da língua
教師はエレガントさ、日本語らしさ、優れた文体、発音に博学であること	a elegância e propriedade da frase
エレガントに日本語らしく話し、ある通りのアクセントで発音できるように	a propriedade de falar com elegância
今までのようにヨーロッパ人を教師とすべきではない	a elegância e propriedade da língua
よりはやく、よりよく教えられる	a elegância da língua
学ぶべき書物は日本人が尊重している古代の著者のもの	elegante estilo
古典には日本語の完璧さやすばらしさのすべてが含まれている	o primor, elegância e propriedade

通し番号	つづり	原本葉	訳書ページ	事項	分類
B-211	elegãte	4v	z40	「物語」の文体	下位言語、文体
B-212	elegancia	5	z40	日本語のエレガントさ	古典、古語
B-213	elegante	5	z41	古典	古典、古語
B-214	elegantes	5	z41	ラテン語と比較	古典、古語
B-215	elegantes	21	z108	-ye で終わる動詞	同義語
B-216	elegante	26	z131	動詞の語根の用法	複合述語
B-217	elegantemente	27v	z138	希求法 かし／がな＋と	助詞
B-218	elegante	29v	z150	可能法	動詞と法
B-219	elegantes	31v	z159	動詞のテ形	複合述語
B-220	elegante	59v	g50	助辞	助詞
B-221	elegante	59v	g50	助辞	助詞
B-222	elegantemẽte	59v	g51	統語論	言語教育
B-223	elegante	59v	g51	公家	都、公家のことば
B-224	elegancia	61	g57	倒置	語順
B-225	elegãte	61v	g59	複合動詞、用言の連用形＋動詞	複合語
B-226	elegantemente	62	g60	動詞に後続する成分	複合述語
B-227	elegantemente	62v	g63	二重否定	中級文型
B-228	elegantemẽte	64	g71	受身文の動作主は より／から→に	同義語
B-229	elegancia	65v	g76	敬意表現	尊敬、礼儀
B-230	elegante	66v	g82	漢字二字熟語＋する	複合語
B-231	elegante	73	g117	書きことば	下位言語、文体
B-232	elegante	75	g124	幸若舞の文体	下位言語、文体

第 4 章　271

説明、または、例	「エレガント」を含む文の要約
『平家物語』、『保元平治物語』は一層優れたきわめて優美な文体	elegante estilo
古典の中に日本語のエレガントと適確さがある	a elegância e propriedade japonesa
古典から汲み取り、会話に組み入れれば、短期間で目的を達成	a pura e elegante língua
ラテン語も生きている著者の書物からだけ学習したのでは充分ではない	elegantes que sejam
与へ、与ふる、与ふ。答へ、答ふる、答ふ	duas vozes elegantes
語根の用法にはいろいろあり、エレガントである	o uso das raizes é vário e elegante
求めよかしと思ふ。	elegantemente se acrescenta 'to'
ある種の事柄、可能性、あるいは、能力に対する一種の疑いを示す	modo usado e elegante
求めてある、求めても、求めてから、これをただしてみるに、書いている	vários e elegantes usos
「てにをは」の使い方は重要である	elegante falar
助辞の使い方によって優雅か野卑かが決まる	o certo, direito e elegante falar
統語論は純粋で典雅に話したり書いたりするときの規範だ	falam ou escrevem pura e elegantemente
宮廷で公家の使っている日本語	a pura e elegante língua
接続法、不定法が文のうしろに置かれることがある	por elegância
読み合はする、書き集むる、引き裂く、深うする、よう申す	a regra elegante
たい、とうもない、そうな、つべし、始むる、たいと思ふ、と存ずる	se explicam elegantemente
求めいで戻るまい、求めずんばあるべからず、求めいでかなはぬ	elegantemente 2 negativos fazem 1 afirmativo
人に殺された、ぬすびとにはがれた、悪党の者共にたばかられた	mais elegantemente se usa de 'ni'
すべてのエレガントさは尊敬や卑下の助辞を使いこなせるか否かに	a elegância consiste em saber usar
分別する、拝見する、上洛する、見物する	uma composiçã elegante e corrente
動詞活用、各種助辞などで話しことばとおおいに異なる	estilo subido, grave e elegante
話しことばと書きことばの混合で、誰もが理解でき、丁寧である	falar corrente cortês e elegante

表 4-2　ARTE GRANDE、ARTE BREVE の

分類	通し番号	つづり	原本葉	訳書ページ	事項
① 同義語	G-7	elegante	7	29	動詞活用語尾 へ・え→ふる・うる
	G-46	elegantemente	99	375	受身文の動作主は より／から→に
	G-51	elegante	109	405	場所から離れる
	B-215	elegantes	21	z108	-ye で終わる動詞
	B-228	elegantemẽte	64	g71	受身文の動作主は より／から→に
② 複合語	G-5	elegantemente	2	11	名詞の畳語（複数）
	G-6	elegantemente	2v	13	形容詞語幹＋名詞
	G-8	elegante	8	35	複合動詞
	G-34	elegantemente	78v	308	名詞の畳語（複数）
	G-35	elegantemente	79	309	名詞の畳語（「それぞれ」の意味で）
	G-40	elegante	85	323	動詞／形容詞連用形＋動詞
	B-225	elegante	61v	g59	複合動詞、用言の連用形＋動詞
	B-230	elegante	66v	g82	漢字二字熟語＋する
③ 副詞	G-53	elegantes	112v	414	副詞
	G-54	elegantemente	118	432	～さへ～ば、
	G-55	elegantemente	119	436	～とさへ言へば／申せば、
	G-56	elegantemente	119	437	～さへやうやう
	G-57	elegancia	120v	441	「ところ」
	G-58	elegancia	120v	441	名詞＋の＋ところ＋助詞
	G-59	elegante	121	443	関係代名詞的「ところ」
	G-60	elegantes	121	444	～ところに／で／へ／を
	G-61	elegantemente	122	447	名詞＋の＋動詞連用形＋様

「エレガント」一覧　分類

説明、または、例	「エレガント」を含む文の要約
与へ→与ふる、聞え→聞うる、有らえ→あらうる、加え→加ふる	outra terminação elegante
敷くべきものに敷かれこそすれ。昌尊にかどはかされた。	elegantemente regem dativo ou ablativo
「落つる、逃ぐる、去る、しりぞく、のく」等は より／から→を	mais elegante é usar acusativo
与へ、与ふる、与ふ。答へ、答ふる、答ふ	duas vozes elegantes
人に殺された、ぬすびとにはがれた、悪党の者共にたばかられた	mais elegantemente se usa de 'ni'
人々、国々、寺々、度々、様々、処々	usa-se elegantemente
白壁、深手、薄茶、赤地、白地	ficam elegantemente adjetivos com substantivos
引き裂く、踏みつくる、読み合はする、書き立つる、書き集むる	universal e elegante
在々所々、下々、色々、代々、思ひ思ひ、細々、日々に、夜々	usam elegantemente
町々に、家々に、門々に、日に日に、夜々に	singular elegantemente
読み合はする、習ひ読む、深う掘る、よう申す	regra elegante e geral
読み合はする、書き集むる、引き裂く、深うする、よう申す	a regra elegante
分別する、拝見する、上洛する、見物する	uma composiçã elegante e corrente
用法が豊富でエレガントである	vários e elegantes usos
こなたさへおくたびれなくは。舟さへ参るならば。	se segue elegantemente condicional
清盛の御一家の人々とさへ言へば。禿とさへ言へば。	se ajunta elegantemente com 'to'
これさへやうやう書いた。舟でさへやうやう着いたに。	se segue o advérbio elegantemente
場所を意味する名詞としてでなく、助詞的に使われるとエレガント	com elegância em vários sentidos
汝が分別の所がよい。譜代のところを免す。人の悪の所には与みせず。	não significa mais que ser elegância
述ぶる所の譬は。言ふ所の儀ども。自然に生ずる所の草木。	modo comum e elegante
談義致す所に。ミサを遊ばさるる所へ。門を出づる所を。	usadas e elegantes no conjuntivo
舟の乗り様、文の書き様、人の従ひ様、物の申し様	se pospõem elegantemente às vozes dos verbos

分類	通し番号	つづり	原本葉	訳書ページ	事項
③副詞	G-62	elegancia	122v	449	「ばし」
	G-63	elegantemente	124	453	〜ほどならば／ないならば、
④尊敬、礼儀	G-9	elegantes	9	40	複合述語
	G-10	elegante	9v	40	お／おん／ご+動詞+なさる
	G-12	elegantemente	10	43	尊敬、使役、その他の助動詞
	G-13	elegantemente	11	47	動詞のテ形+ござる
	G-43	elegantemente	95v	362	わが、自ら、わが身、身、私
	G-44	elegante	95v	363	御（ぎょ、ご、おん、お、み）
	G-90	elegancia	158	568	敬語と助辞
	G-91	elegantemente	164	588	「そろ」
	B-201	elegancia	2	z30	敬意の表現
	B-229	elegancia	65v	g76	敬意表現
⑤複合述語	G-8	elegante	8	35	複合動詞
	G-9	elegantes	9	40	複合述語
	G-10	elegante	9v	40	お／おん／ご+動詞+なさる
	G-11	elegantemente	9v	41	動詞+ことがある
	G-13	elegantemente	11	47	動詞のテ形+ござる
	G-22	elegante	17	73	〜て下さるる／呉るる／賜うる
	G-28	elegantemente	24	105	動詞+は／に／を／をば
	G-29	elegante	47v	193	形容詞連用形+ござる
	G-30	elegante	50	202	形容詞連用形+存在動詞
	G-31	elegantemente	51	207	形容動詞連用形+存在動詞

説明、または、例	「エレガント」を含む文の要約
これは奥へ申し入られいとばし申さうか。磯遊びにばしござるか。	umas vezes é sòmente elegância
船に召さるる程ならば。迎えに参る程ならば。渡す程ならば。	elegantemente se antepõem ao condicional
お上げある、御存知ある、お聞きなさるる、参りはする	modos de falar usados e elegantes
お聞きなさるる／れた／れう／れい、御存知なさるる／れた／れう／れい	modo de falar elegante e cortês
読まるる、読ませらるる、読する、読みそろ、読むなり	suprem elegantemente
上げてござる、読うでござる	elegantemente serve de pretérito perfeito
所有代名詞として使われる。わが心、身の上、私の事、わが家	servem elegantemente
第二・三人称の所有代名詞。御意、御恩、御文、御出、御手	corrente e elegante o uso
日本語のエレガントさの習得は敬意表現にかかっている	toda elegância desta língua
演劇狂言、話しことば、古風な老人、いくつかの地方	se usa muito e elegantemente
種々の助辞が名詞と一緒になって、尊敬や謙譲を表す	com artifício e elegância
すべてのエレガントさは尊敬や卑下の助辞を使いこなせるか否かに	a elegância consiste em saber usar
引き裂く、踏みつくる、読み合はする、書き立つる、書き集むる	universal e elegante
お上げある、御存知ある、お聞きなさるる、参りはする	modos de falar usados e elegantes
お聞きなさるる／れた／れう／れい、御存知なさるる／れた／れう／れい	modo de falar elegante e cortês
上ぐる事がある／もござる／ない、上げぬ事ある／ない	supre elegantemente em confissões
上げてござる、読うでござる	elegantemente serve de pretérito perfeito
書いて下されい。参ってたまうれ。してくれい。	usado e elegante modo
そこを通るはたそ。参ったは誰か。眠るをご覧じて。	muitas vezes usamos elegantemente
深うござれかし。深うござれば。深うござらば。	elegante e cortêsmente se suprem
深うない／ござない／おりない／ござらぬ／おじゃらぬ	cortês e elegante usado modo de falar
ni に終る形に存在動詞を添えた言い方がエレガント	suprem elegantemente

分類	通し番号	つづり	原本葉	訳書ページ	事項
⑤複合述語	G-40	elegante	85	323	動詞／形容詞連用形＋動詞
	G-48	elegantemente	105v	393	～て下さるる／呉るる／進ずる
	G-49	elegantes	105v	394	～て良い／悪い／然るべい
	G-50	elegante	106	395	～てこそござれ
	G-61	elegantemente	122	447	名詞＋の＋動詞連用形＋様
	G-75	elegantemente	139	505	動詞のテ形＋の
	G-81	elegantemente	147	526	動詞（－る、－た）＋をもって
	G-87	elegantemente	154	551	動詞（－る、－た）＋を
	B-216	elegante	26	z131	動詞の語根の用法
	B-219	elegantes	31v	z159	動詞のテ形
	B-226	elegantemente	62	g60	動詞に後続する成分
⑥中級文型	G-14	elegantes	11	47	動詞＋たり／だり
	G-17	elegantes	12v	54	動詞＋てもなお＋動詞＋べきは
	G-23	elegantemēte	18	78	～たりとも、～
	G-41	elegantemente	86	326	二重否定
	G-45	elegãtes	96v	366	～を限りと／の／で／に
	G-64	elegante	126v	462	あはれ～かな。
	G-82	elegancia	148	529	～までは／であらうず／はあるまい
	B-227	elegantemente	62v	g63	二重否定
⑦語、句、形態素	G-21	elegante	16v	72	～ところに／で／を／へ
	G-27	elegãtemēte	21v	93	書物の章の題目に「～こと」
	G-33	elegantemente	78	306	～ところに／で／は／を
	G-42	elegancia	87v	333	関係代名詞的「ところ」

説明、または、例	「エレガント」を含む文の要約
読み合はする、習ひ読む、深う掘る、よう申す	regra elegante e geral
参って下さるるな。書いてくれうず。読うでおまらせうず。	elegantemente se ajunta
動詞のテ形にはエレガントな用法がいろいろある	vários e elegantes usos
見てこそござれ。こそ見てござれ。	elegante com grande ênfase
舟の乗り様、文の書き様、人の従ひ様、物の申し様	se pospõem elegantemente às vozes dos verbos
動詞のテ形＋の儀／事、動詞のテ形＋から／後／よりの事	se segue elegantemente e é usado e corrente
参るをもって、書くをもって、従ふをもって	se pospõem ao indicativo elegantemente
仰せらるるを見まらした。参るを止められた。	elegantemente se pospõem ao indicativo
語根の用法にはいろいろあり、エレガントである	o uso das raizes é vário e elegante
求めてある、求めても、求めてから、これをただしてみるに、書いている	vários e elegantes usos
たい、とうもない、そうな、つべし、始むる、たいと思ふ、と存ずる	se explicam elegantemente
さても写しも写いたり、書きも書きたり。先ずは射たり亀井。	sentidos e linguagens elegantes
急ぎてもなほ急ぐべきは。申してもなほ申すべきは。	modos de falar elegantes
取縮ひしたりとも〜。今は命ながらへたりとも〜。	serve elegantemente
上げいで叶はぬ、上げぬ事あるまい、上げずんばあるべからず	2 negativos elegantemente fazem 1 afirmativo
夕を／今日を／ここを限り。今を限りと見えさせられ。	modos de falar elegantes
あはれ難しき世の中かな。あはれはかなき天が下かな。	exclamação elegante
命を失はるるまではあるまじ。それまでは思ひもよらぬ。	tem elegância
求めいで戻るまい、求めずんばあるべからず、求めいでかなはぬ	elegantemente 2 negativos fazem 1 afirmativo
両方に立別れて居る所に〜。さうある処へ〜。家を出づる処を〜。	é elegante
デウスおはしますこと。アニマ不滅なること。	usamos elegantemente
「ところ」は格助詞「に、で、は、を」とエレガントに接続する	se ajunta elegantemente com partículas
ルシヘルと同心したるところのアンジョは皆天狗となるなり。	por causa de elegância

分類	通し番号	つづり	原本葉	訳書ページ	事項
⑦語、句、形態素	G-67	elegantes	130v	476	接続詞
	G-72	elegãte	134	489	主に手紙に使われる語句
	G-74	elegantemente	136v	496	実名詞＋ながら、〜
	G-78	elegante	141v	514	〜の前（マエ）
	G-79	elegãtes	142	515	「前（ゼン）」
	G-80	elegantes	144v	518	「外（ほか）」
	G-89	elegantemente	155v	557	有（ウ）、無（ム、ブ）、非（ヒ）
	G-95	elegancia	168v	604	省略、縮小
	G-96	elegantemente	168v	605	書きことばで「する→す」
⑧助詞	G-19	elegantemente	15v	67	〜かし／がな＋と〜
	G-24	elegãte	19	81	〜ば／たらば／ならば
	G-32	elegãte	77	302	助辞には色々ある
	G-46	elegantemente	99	375	受身文の動作主は より／から→に
	G-68	elegantemente	131	477	〜と〜と
	G-69	elegantemente	131v	478	引用の「と」
	G-70	elegante	132v	482	「と」の用法
	G-71	elegantes	133v	487	「も」の用法
	G-73	elegante	135	491	引用の「と」の前の「か」
	G-76	elegãcia	139v	506	「をば」と「は」
	G-77	elegantes	140	508	ふたつつながった格辞
	G-83	elegantes	149	533	助辞「は、ば」
	G-84	elegantemente	149v	534	時の名詞の後の「は、ば」

説明、または、例	「エレガント」を含む文の要約
豊富な意味とエレガントな用法がある	vários sentidos e usos elegantes
それにつき、したがって、しかれば、よって、ことに、ことさら	elegante uso
はばかり／緩怠／聊爾／無礼／悪人／善人／われ／身／貧／人／旅ながら	se ajunta com substantivos elegantemente
理／分別／思案／覚悟／御推量の前	modo de falar elegante
御前にまかりいる、御前がよい、御前をはばかる、前後覚えぬ	bons e elegantes usos
殊（こと）／もって／思ひ／存じ／分別／沙汰の外	modos elegantes
有情、非情、無情、有色、無色	se antepõem elegantemente a palavras
上略（算を）削いた、中略 読（む）まじ、下略 たい（まつ）	não são vícios mas elegância
上洛す／すべき／すべからず	'suru' na escritura faz elegantemente 'su'
参れかしと思ふ。上げいかしと申す。のぼせよかしと言ひて。	se acrescenta elegantemente 'to'
この語形は条件的接続法で、この法はラテン語その他の言語にもない	formação elegante e usada
用法は多様でエレガント	uso vário e elegante
敷くべきものに敷かれこそすれ。昌尊にかどはかされた。	elegantemente regem dativo ou ablativo
あれと、これとを取る。パアテレと、アントニヨと両人参れ。	elegantemente se repete o 'to'
〜と言ふ／申す／号す／名乗る／名づくる／呼ぶ／ある／ござる	antepõem-se elegantemente aos verbos
「と」の用法はすべての品詞にあり、エレガントである	o uso deste 'to' é vário e elegante
豊富な用法がエレガントで、名詞、動詞、副詞、その他の助辞につく	vários usos e elegantes
参るまいかと存ずる。書かうかと思ふ。	modo elegante com verbos negativos
一種の勢いとエレガントさを持っていて、かかる事に関してはという意	certa energia e elegância
よりは、への、からに、からは、よりの、にから、へは、からの	vários e elegantes modos de falar
他のあらゆる語に接続しエレガントだが、それ以外の意味は持たない	vários e elegantes sentidos
今日は、今程は、今度は、当世は、明日は	elegantemente serve posposto aos nomes

分類	通し番号	つづり	原本葉	訳書ページ	事項
	G-85	elegante	151v	541	主格の「の」
	G-86	elegantes	152v	546	揃い物の並列の「に」
	G-88	elegantemente	154v	553	過去の「し」＋より
	B-217	elegantemente	27v	z138	希求法 かし／がな＋と
	B-220	elegante	59v	g50	助辞
	B-221	elegante	59v	g50	助辞
⑨文末要素	G-18	elegantemente	13v	59	法令等で使われた「べし」
	G-65	elegancia	128v	468	文末の感動詞
	G-66	elegantes	129v	471	和歌の「や」
	G-91	elegantemente	164	588	「そろ」
⑩語順	G-38	elegancia	83v	319	倒置
	G-39	elegancia	84v	321	倒置
	G-47	elegancia	103v	388	倒置
	G-94	elegantes	168v	603	倒置
	G-98	elegancia	178v	640	短い要素が前にくる
	B-224	elegancia	61	g57	倒置
⑪動詞と法	G-15	elegãcia	12	52	直説法未来形→命令法未来形
	G-16	elegante	12	52	直説法未来形→可能法
	G-20	elegante	15v	68	命令法＋かし→許容法
	G-25	elegante	19v	85	婉曲表現としての可能法
	G-26	elegante	20v	89	命令法＋かし→許容法
	B-218	elegante	29v	z150	可能法
⑫古典、古語	G-2	elegãtemente	③v	4	エレガントに話せるようになるには
	G-3	elegãte	③v	4	古典には純粋でエレガントな日本語
	G-92	elegantes	168	602	古語
	B-209	elegante	4	z38	古典
	B-210	elegancia	4	z38	古典

説明、または、例	「エレガント」を含む文の要約
前車の覆るを見て後車のいましめを知る。	elegante e com particular sentido
旅の衣装に、その日の出立ちに。かちんのはばきに藍皮のもみ足袋を召し。	modos de falar elegantes
参りしより、よめしより、天地できせしよりこのかた。	se ajunta elegnatemente com o pretérito
求めよかしと思ふ。	elegantemente se acrescenta 'to'
「てにをは」の使い方は重要である	elegante falar
助辞の使い方によって優雅か野卑かが決まる	o certo, direito e elegante falar
読むべき者也。酒は根機に従うべし。厳科に処せらるべき者也。	se usa elegantemente
かな、かなや、あい、な、や、やなう、よ、よな、たり、は、ぞ	tem energia e elegância
雪や花。散る花や。鳥帰る雲や霞に日は入りて。君は知らずや。	muitos e elegantes usos e sentidos
演劇狂言、話しことば、古風な老人、いくつかの地方	se usa muito e elegantemente
歌、荘重な文章、格言等で補語と述語の語順が入れかわる	por causa de maior elegância
エレガントにするために不定法の句を後に置く	por causa de elegância
エレガントにするために不定法の句を後に置く	por causa de maior elegância
言い誤りではなく修辞法に属するものが、日常語にも古典にも見られる。	figuras e modos elegantes de falar
鍛冶番匠、尻頭、野山、鳥獣、ここかしこ	elegância da língua
接続法、不定法が文のうしろに置かれることがある	por elegância
「上げう」の形は「いざ上げう」のように丁寧な命令法の未来にもなる	serve com elegância e cortesia
「上げう」の形は可能性を含んだ疑問の過去の意味も表す	com certa potência elegante
何ともあれかし、同心致すまい。	permissivo elegante
ある事柄を是認するのに、なお一種の疑いの存することを示す	modo elegante e usado
参りもせよかし。誰でもあれかし、知音でもあれかし。	permissivo elegante
ある種の事柄、可能性、あるいは、能力に対する一種の疑いを示す	modo usado e elegante
エレガントに話したいなら、古典を勉強せよ	falar polida e elegantemente
古典の日本語は日本人でさえ学ぶことによって身につける	a pura e elegante língua
エレガントな語句は古語だ	as palavras boas e elegantes são as antigas
学ぶべき書物は日本人が尊重している古代の著者のもの	elegante estilo
古典には日本語の完璧さやすばらしさのすべてが含まれている	o primor, elegância e propriedade

分類	通し番号	つづり	原本葉	訳書ページ	事項
⑫古典、古語	B-212	elegancia	5	z40	日本語のエレガントさ
	B-213	elegante	5	z41	古典
	B-214	elegantes	5	z41	ラテン語と比較
⑬下位言語、文体	G-99	elegante	181	650	和歌
	G-100	elegancia	181v	651	字余り
	G-101	elegante	184v	661	文書語
	G-102	elegancia	185	663	手紙
	G-103	elegãte	185	664	幸若舞
	G-104	elegantes	189v	678	『往来』
	B-211	elegãte	4v	z40	「物語」の文体
	B-231	elegante	73	g117	書きことば
	B-232	elegante	75	g124	幸若舞の文体
⑭都、公家のことば	G-36	elegantemente	83	316	都で公家の用いていることば
	G-37	elegante	83	316	都で公家の用いていることば
	G-52	elegante	110	408	都
	B-223	elegante	59v	g51	公家
⑮言語教育	B-202	elegancia	2v	z31	文字の学習
	B-203	elegante	2v	z31	外国語の学習法
	B-204	elegancia	3	z32	外国語の学習法
	B-205	elegancia	3v	z35	教師の知っておくべきこと
	B-206	elegancia	3v	z36	教師の知っておくべきこと
	B-207	elegãcia	3v	z36	教師は日本人
	B-208	elegancia	4	z36	日本語話者の教師
	B-222	elegantemẽte	59v	g51	統語論

説明、または、例	「エレガント」を含む文の要約
古典の中に日本語のエレガントと適確さがある	a elegância e propriedade japonesa
古典から汲み取り、会話に組み入れれば、短期間で目的を達成	a pura e elegante língua
ラテン語も生きている著者の書物からだけ学習したのでは充分ではない	elegantes que sejam
一定数の音節、柔和でエレガントなことばでできている	o verso é língua branda e elegante
エレガントさのため、詩の上での許容内で音節をふやす	por causa de elegância
日本語の文書語は書くときにしか使われず、非常に荘重でエレガント	estilo grave e elegante
手紙の文体は秩序立ってエレガントで、他のすべての文体と非常に異なる	a polícia e elegância
誰もが理解する丁寧でエレガントな通用語である	falar corrente cortês e elegante
手紙の文体を学ぶには『往来』と呼ばれる本がある	livros epistolares elegantes
『平家物語』、『保元平治物語』は一層優れたきわめて優美な文体	elegante estilo
動詞活用、各種助辞などで話しことばとおおいに異なる	estilo subido, grave e elegante
話しことばと書きことばの混合で、誰もが理解でき、丁寧である	falar corrente cortês e elegante
日本全国の権威ある人々や文学者に認められている	pura e elegantemente
純粋でエレガントな日本語は都の公家の間にある	pura e elegante língua
用いるのは都のことばで、それ以外は理解できるだけでいい	por ser a própria e elegante
宮廷で公家の使っている日本語	a pura e elegante língua
ことばの語基、語源、正しい発音、エレガントさはすべて文字でわかる	o primor e elegância da língua japonesa
ラテン語と同じに教師と書物、作文、練習を通して短期間で学ぶ	a pura e elegante língua
書物による方法は大まかで、上品さは身につけられない	tanta cópia e elegância da língua
教師はエレガントさ、日本語らしさ、優れた文体、発音に博学であること	a elegância e propriedade da frase
エレガントに日本語らしく話し、ある通りのアクセントで発音できるように	a propriedade de falar com elegância
今までのようにヨーロッパ人を教師とすべきではない	a elegância e propriedade da língua
よりはやく、よりよく教えられる	a elegância da língua
統語論は純粋で典雅に話したり書いたりするときの規範だ	falam ou escrevem pura e elegantemente

分類	通し番号	つづり	原本葉	訳書ページ	事項
⑯言い誤りと直訳	G-93	elegantemente	168	602	言い誤りと卑語
	G-97	elegante	171v	615	直訳はよくない
⑰その他	G-1	elegancia	③	4	文典編纂の目的
	G 4	elegante	④v	5	日本語はエレガントな言語だ

説明、または、例	「エレガント」を含む文の要約
純粋でエレガントに話すためには、言い誤りと卑語を避けよ	falar pura e elegantemente
翻訳では、意味に注意して日本語の言い方に置きかえよ	para que fique clara e elegante
文法を説明するだけでなく、エレガントに話せるように	falar certo e com elegância
ヨーロッパの言語に比べて欠陥は多いが、一方、豊かでエレガント	japonês é copioso e elegante

第5章　sonsonete

1. sonsonete

土井（1955）の事項索引 p.15 には見出し語として「ソンソネーテ」が上げられ、そこに次のような記述がある。

Sonsonete（皮肉な言ひ方などに於ける鼻にかかるやうな抑揚のある発音）
62・79・90・608・610・620・637

「**Sonsonete**」とは「ソンソネーテ」の原文でのつづりであり、62 以下の数字は「ソンソネーテ」という語が現れる土井（1955）のページ数である。そして、「皮肉な言ひ方などに於ける鼻にかかるやうな抑揚のある発音」は土井氏が付け加えた「ソンソネーテ」の語義である。

1932 年には、橋本進吉氏が「國語に於ける鼻母音」を『方言』第 2 巻第 1 号に発表している。橋本（1950）に再掲された「國語に於ける鼻母音」の第 3 ページには、*ARTE GRANDE* の第二巻、第 177 葉裏にある節「*REGRA TERCEIRA DA VOGAL,* ante, D, Dz, G.（第 3 の法則、D, Dz, G の前の母音）」から以下の訳がある（ポルトガル語原文は、p.294 を参照）。

　　D Dz G の前のあらゆる母音は、常に、半分の til（葡萄牙語に於ける鼻音化の符號である〜）あるもの、又は[1]、til に幾分近い、鼻の中で作られる

---

1) この「又は」は、原文の「ou」、英語の「or」である。ポルトガル語の「ou」には、「または／あるいは」の意味のほかに「すなわち／言い換えれば」という意味がある。ここでは、後者の意味

sosonante[2]（反語をあらはす演説上の調子）の如く發音する。例、māda, mídǒ, mádoi, ndame, nādete, nído, mādzu, āgiuai, águru, ágaqu, cága, fánafáda, fágama, 等

　ここにある「反語をあらはす演説上の調子」というのが日本で最初に明記された sonsonete の解釈である。土井氏の「皮肉な」は橋本氏の「反語をあらはす」に対応し、「鼻にかかるやうな抑揚」は「鼻の中で作られる sosonante」が対応する。

　同第5ページには「我々は、右の口氏の語典を根據として、室町末期に近畿、其他の國々に右のやうな鼻母音があつた事を信じてよからうと思ふ」という橋本氏の記述がある。

　現在の日本の国語学の世界、または、キリシタン資料をあつかう学問分野では橋本氏の、そして、土井氏の記述が通説として受け入れられ、15、6世紀の日本のいくつかの方言に鼻に抜ける母音のあったことの大きな論拠となっている。しかし、そもそも sonsonete という語に「鼻にかかるような発音」という意味はない。

　ここでは、日本語音声の歴史的変遷の解明のために非常に重要な João Rodriguez の *ARTE GRANDE* と *ARTE BREVE* に現れる sonsonete という語について、この語が具体的にどのような文脈でどのように使われているか、そして、それぞれの場合どのような意味で使われているかを考える。

2. sonsonete とは？；辞書にある記述

　まず、辞書の記述を見てみる。なお、訳は馬場による。

だと考えられ、本来なら「半分の til, すなわち、鼻の中で作られる sonsonete の如く発音する」と、訳されるべきである。
[2]　p.294にあるとおり、原文でのつづりは「sonsonete」である。ここでは、橋本からそのままをうつした。

2-1 *DICIONÁRIO ETIMOLÓGICO*[3]

ブラジルで出版されているポルトガル語の語源辞典である。その **sonsonete** の項には、

'inflexão especial com que se profere uma ironia' XVI. Do cast. **sonsonete**.

それによって皮肉を示すところの特別な抑揚 16 世紀、カスティリヤ語の **sonsonete** を起源とする。

とある。

もともとポルトガル語ではなく、スペイン語起源の語であり、ロドリゲスの時代にはまだ新しかったであろうことがわかる。

2-2 *Diccionario crítico etimológico castellano e hispánico*[4]

Corominas によるスペイン語の語源辞典で、「**sonsonete**」の語義を見ると、

[1604, *G. de Aljarache*, *Aut.*] con el sentido 'repetición molesta de palabras o razones'

とある。「1604, *G. de Aljarache*」というのは、1604 年に出版された Mateo Alemán 著の *Vida del pícaro Guzmán de Aljarache* に初出ということで、言葉やへりくつのうんざりするくり返し という語義を持つ、とある。

---

3) da Cunha (1982).
4) Corominas (1991-1997).

2-3 *DICCIONARIO LINGUA PORTUGUEZA*[5]

Padre D. Rafael Bluteau が編集し、1712 年から 10 数年をかけて刊行されたものを Antônio de Moraes Silva が改訂、1789 年に出版した。

SONSONETE, s. m., o acento oratorio com que se profere alguma ironia, ou reflexão maliciosa.

上の「oratorio」には、「演説の」という意味[6]がある。橋本氏は、その語義をとったのだ。しかし、論文で橋本氏の主張する「母音の鼻音化」と「演説上の調子」との間には、関連が見られない。

Bluteau (1789) で「acento」をひくと、以下のような記述が見られる。

ACENTO, s. m. o tom de voz, com que se pronunciam as vogaes, mais, ou menos fortemente. § O sinal ortografico, com que indicamos o tom das vogaes. § **A inflexão da voz, com que se pronuncia alguma fraze interrogativa, admirativa, patetica**, e este se diz *acento Oratorio*, diverso do das vogaes, que e *prosódico*.

おおよその場合強く発音される母音にともなう声の調子。§ 母音の調子を示すために使う正書法上の記号。§ 質問だとか、感嘆や嘆願だとかのときの声の抑揚。韻律的であるところの母音のアクセントとはことなり、*acento Oratório* とよばれるもの。

「acento」の語義は三つ、強勢のおかれている母音の調子、母音の調子を示す記号、そして、「acento oratorio」のことである。ここでの「oratorio」

---

5) Bluteau (1789).
6) 池上 (1996)。

は、「演説の」という意味ではない。「acento oratorio」で、「質問だとか、感嘆や嘆願だとかのときの声の抑揚」、つまり、イントネーションを意味する。Instituto Antônio Houaiss（2001）では、「**sonsonete**」の語義を「entonação característica de uma frase maliciosa ou irônica（悪意のある、あるいは、皮肉な発言に特徴的なイントネーション）」としている。18世紀の辞書の記述「acento oratorio」を、21世紀の辞書が「entonação」と言い換えていることになる。そうすると、上記 Bluteau（1789）の「**sonsonete**」の語義は、「何か皮肉なことや腹黒いたくらみを口に出して言うときの発話のイントネーション」となる。

　ここでは、これを sonsonete の**語義**としておこう。

3. *ARTE GRANDE* と *ARTE BREVE* の記述

　ARTE GRANDE には **sonsonete** が全部で9回、そして、*ARTE BREVE* には1回現れる。これらすべてを一覧にしたのが表5「**sonsonete 一覧**」である。Sonsonete があらわれる葉、ページ、あらわれる箇所の項目名、そして、引用を原文と日本語訳とで対照させている。上の段が *ARTE GRANDE* と *ARTE BREVE* からの引用、下の段が土井（1955）、池上（1993）からの日本語訳の引用である。通し番号9のみ橋本（1950）の訳も併記した。

　通し番号1から3の記述では、**sonsonete** は持って回ったような、もったいぶった言い方のことを示しており、4から6では中国、九州のなまりのことを、7と8はポルトガル語なまりについて、8から10では有声閉鎖子音の前の鼻音性のことを言っている。

　Sonsonete の意味するところが単一のものではないことがわかった。

3-1 もったいぶった調子、皮肉っぽい響き

　第14葉表からはじまる章「*DE ALGUNS MODOS DE FALAR QUE servem de Imperativo*（命令法に用ゐられるある言ひ方に就いて）」には、「尊敬すべき人と命令法を用ゐて話す場合には、尊敬及び丁寧さを増す為に」、「〜て下さるる」、「〜て賜うる」を使う、これはポルトガル語の「*Peçovos que façais*（あなたがすることを私はあなたに請う）」、「*rogovos que façais*（あなたがすることを私はあなたに請う）」、「*concedei me fazerdes isto*（あなたがこれをすることを私に与えてくれ）」、「*fazeime mercè de fazer isto*（これをすることに関して私に恩恵をしてくれ）」などに相当するとある。

　「*vos*」は2人称複数の人称代名詞「vos」の間接目的格、「*façais*」は動詞「fazer（する）」の接続法2人称複数、「*fazerdes*」は「fazer」の人称不定法2人称複数、「*concedei*（許可する）」、「*fazei*」は「conceder」、「fazer」の命令法2人称複数である。聞き手をさすのに2人称複数の代名詞をつかうこと、また、動詞の接続法や人称不定法などの高等文法をつかうことは非日常的で、丁寧である。これらはどれも持って回った言い方で、もったいぶった響きをもつ。

　その同じ章にあらわれる記述が表5「**sonsonete** 一覧」の1番で、「あの経をこなたへ取りたい」、「何某を呼びたい」には **sonsonete** があると言っている。誰かに何かを依頼するときに「――たい」と言ったら、ずいぶん持って回った言い方になる。前者のポルトガル語訳は「*Folgara que me desejo aquele livro*」で、「*folgara*」は動詞「folgar（喜ぶ）」の直説法未来の3人称単数「*folgará*」、「*desejo*」は動詞「desejar（望む）」の直説法現在1人称単数、「*me*」は1人称の人称代名詞で「私に対して」といった意味を持つ間接目的格である。後者の訳は「*Peçovos que o chameis*」、「*chameis*」は動詞「chamar（呼ぶ）」の接続法2人称複数である。どちらの訳も、やはり持って回った言い方である。

　第17葉表からはじまる章「*OUTRO CONJUNTIVO PROPRIO da lingoa Japoa, & Portuguesa*（日本語とポルトガル語に固有な別の接続法）」では、「Agurutomo」

のように接続助詞「とも」がついた動詞の形を接続法とし、章の最後で「有ったとも」、「言ふとも」、「参らうとも」には sonsonete があると言っている。

　第 20 葉表からの節「*MODO PERMISSIVO, OU CONCESSIVO*（許容法あるいは譲歩法）」では、「上げうまで」、「上げうまでよ」、「上げたらば」、「上げたまでよ」の例があげられ、「一種のソンソネーテをとる」とする。

　1 番から 3 番までの sonsonete に音声学的な記述はない。発音のし方は、1 で「実際の用法に就いて学ばれるだろう」、2 で「実地に観察する事によって会得される」とだけある。それは、明確に記述できるものではなく、特定の表現にともなった独特の「調子」だからにちがいない。Sonsonete のもつ「皮肉っぽい」という意味から、ここでは、この調子を「もったいぶった調子」と推定しておく。

3-2　いなかくさいゆるんだ調音

　第 169 葉表からの章「*DE ALGUNS ABUSOS NO FALAR, E pronunciar proprios de alguns reinos*（ある国々に特有な言ひ方や発音の訛に就いて）」では、都、中国、九州、関東の方言、なまりについてふれており、その発音は「*barbaros, & perniciosos nesta lingoa*（この国語に於いては粗野であり有害である）」から、「*se devem saber pera os entender & evitar*（理解し、さうして避ける為に知って置かねばならない）」としている。

　その中で sonsonete だと言っているのは、中国地方で「なるまい」を「なるまぁ」とする発音、豊後で「礼」を「りい」、「塀」を「ひい」、「良い」を「いい」、「ひいき」を「平気」、「Missa」を「メイサ」、「Lino」を「レイノ」、「Catarina」を「カタレイナ」とする発音、肥前、肥後、筑後で「世界」を「せかえ」、「良い」を「よえ」、「甘い」を「あまえ」、「大事」を「だえじ」、「Taixet」を「Taexet」、「広い」を「ほろえ」、「黒い」を「くろえ」とする発音である。どれも母音連続における音韻変化を言っている。いなかくさくゆるんだ調音

に聞こえたのだろう。

3-3　ポルトガル語なまり

　ARTE GRANDE の第 172 葉裏には「Cǒno mono（香の物）を Cono mono（このもの）、Xǒtocu（生得）、Dancǒ（談合）、Dôbucu（胴服）、Dôjucu（同宿）、Chauan（茶碗）、Cogatana（小刀）などを Xotocu（しょとく）、Danco（だんこ）、Dobucu（どぶく）、Dojico（どじこ）、Chauana（ちゃわな）、Concatana（こんかたな）と言う」とある（表の 7 番）。「Xotocu、Danco、Dobucu、Dojico」は長い母音を短く発音した例や母音がかわってしまった例、「Concatana」は有声子音を無声にしてしまい、また、鼻濁音の鼻音性が 1 拍分の撥音になってしまった例である。第 172 葉裏に「*É erro pronunciar muitas palavras Japoas* **aportuguesadamente** *a nosso modo com nosso* **sonsonete**（多くの日本語を発音するのに、われわれの仕方でわれわれのソンソネーテを以て葡萄牙語風に発音するのは誤りである）」とあるように、ここでの **sonsonete** は「ポルトガル語なまり」の意味である。

3-4　有声子音の前の鼻音

　表の 9 番、第 177 葉裏の記述は、以下のとおりである。

Toda a vogal, antes de, D, Dz, G, sempre se pronuncia como com um meio til, ou **sonsonete** *que se forma dentro dos narizes o qual toca algum tanto no til. Vt,* Māda, mídǒ, mádoi, nādame, nādete, nído, mādzu, āgjuai, águru, ágaqu, cága, fanafáda, fágama, &c.

　「Māda, nādame, nādete, mādzu, āgjuai」の「ā」には補助記号「－」がついている。「「～」（ティル）のようだが「～」ではない」、「完全な鼻音ではない」ということを明確に示したくて、「－」を Rodriguez は用

いたのだろう。

これを橋本は、以下のように訳している。

> D Dz G の前のあらゆる母音は、常に、半分の til（葡萄牙語に於ける鼻音化の符號である〜）あるもの、又は、til に幾分近い、鼻の中で作られる sosonante（反語をあらはす演説上の調子）の如く發音する。例、māda, mídǒ, mádoi, ndame, nãdete, nído, mādzu, āgiuai, águru, ágaqu, cága, fánafáda, fágama, 等

「反語をあらはす演説上の調子」という sonsonete の語義説明は、橋本が書き加えたものである。訳はポルトガル語に忠実であるが、ポルトガル語の表記に間違いがある。「sonsonete」が「sosonante」となっている。「Māda」の「M」を小文字にしている。「nādame」の「ā」がおちている。「āgjuai」の「j」が「i」になっている。「fanafáda」の一つ目の「a」に「´」が加えられ「fánafáda」になっている。

中でも大きな間違いは、「Māda、nādete、mādzu、āgjuai」の「ā」を「ã」にしていることである。Rodriguez の意図とは関係なく、鼻音であることを強調したかったのだろう。

同じ箇所の土井（1955）の訳は、

> D, Dz, G の前のあらゆる母音は、常に半分の鼻音かソンソネーテかを伴ってゐるやうに発音される。即ち、鼻の中で作られて幾分か鼻音の性質を持ってゐる発音なのである。例へば、Māda（未だ）、Mídǒ（御堂）、mádoi（惑ひ）、nādame（宥め）、nādete（撫でて）、nído（二度）、mādzu（先づ）、āgiuai（味はひ）、águru（上ぐる）、ágaqu（足掻く）、cága（加賀）、

fanafáda（甚だ）、fágama（羽釜）、など。

である。

　ポルトガル語のつづりの誤りは、「āgjuai」以外なおっているが、今度は、「mídŏ」を「Mídŏ」にしてしまっている。また、この訳だと、「鼻の中で作られて幾分か鼻音の性質をもってゐる発音」が「半分の鼻音」と「ソンソネーテ」の両方のことを言っているように解釈される。しかし、原文の「*que se forma dentro dos narizes o qual toca algum tanto no til*」は、「**sonsonete**」にのみかかっている関係節である。そして、「ou」は「〜か〜か」ではなく、「すなわち」の意味で使われている。つまり、「D、Dz、Gの前のあらゆる母音は、常に半分の鼻音、即ち、鼻の中で作られて幾分か鼻音の性質を持ってゐる発音、ソンソネーテを伴ってゐるやうに発音される」とすべきである。

　表の10番、*ARTE BREVE* 第12葉裏の記述は、以下のとおりである。

As vogaes, *A, E, I, O, V*: antes de, *D, G,* & ás vezes, *I, Z,* na pronunciação comunicam o folego aos narizes com certo **sonsonete** como se tiveram meio til. Vt, *Aghuru, Caghu, Tada, Fidamasa, Adanaru.* mas não se ha de prnunciar com til distinto, nem secamente, como no Portugues se pronuncia, Fado, Geada, Imagino.

母音 A、E、I、O、V のつぎにD、G、時に I、Z が続くと、これらの母音を発音する時に息を鼻腔に送る。その結果いずれの母音も波型記号が半分ついているかのごとくやや**鼻声の音**となる。例、Aghuru（上ぐる）、Caghu（嗅ぐ）、Tada（唯）、Fidamasa、Adanaru（徒なる）。つまり完全な波型記号を伴ったものとして発音してもならないし、ポルトガル語のFado、Geada、Imagino を発音する時のようにまったく波型記号なしで

発音してもならないのである。

　池上（1993）は、「**sonsonete**」を「鼻声の音」と訳している。*ARTE BREVE* での **sonsonete** はこれ一つであるし、確かに、ここではポルトガル語の鼻母音の半分ほどの鼻音性を言っている。だから、*ARTE BREVE* での訳は「鼻声の音」でいいだろう。しかし、Rodriguez が **sonsonete** を複数の意味で使っていることを忘れてはならない。

　ARTE GRANDE では、「D、Dz、G」の前、*ARTE BREVE* では「D、G、時に、I、Z の前」で母音が「**sonsonete**」をともなうとあり[7]、語例は「Māda, mídŏ, mádoi, nādame, nādete, nído, mādzu, āgjuai, águru, ágaqu, cága, fanafáda, fágama」と「*Aghuru, Caghu, Tada, Fidamasa, Adanaru*」で、「**da、gj、dzu、de、do**」と「**ga、gu**」のつづりの前の母音であることが明示されている。

　ARTE GRANDE は第57葉の表と裏、*ARTE BREVE* は第9葉の裏のつづり字表から、「D、Dz、G、I、Z」ではじまる拍を一覧にした。この一覧で、上記のつづりをゴシック体にすると以下のようになる。上記「**gj**」は、「Gi」と表記されている。

　　D：**Da** だ、**De** で、**Do** ど
　　Dz：**Dzu** づ
　　G：**Ga** が、Ge げ、Gui ぎ、Go ご、**Gu** ぐ　　Gia ぢゃ、Gi ぢ、Gio ぢょ、
　　　　Giu ぢゅ　　Gua ぐゎ　　Guio ぎょ、Guiu ぎゅ
　　I：Ia じゃ、Ie じぇ、Ii じ、Io じょ、Iu じゅ
　　Z：**Za** ざ、**Zo** ぞ、**Zu** ず

---

7) *ARTE BREVE* で「Dz」がなくなったのは、「D」の前と言えば「Dz」の前をふくむからだろう。

ARTE GRANDE の第57葉裏に、「gia、gi、gio、giu の綴字は伊太利語の Giorno（日）、Giapon（日本）等に於けると同じやうに発音されるべきものである」とあることから、これらの子音は摩擦音 [ʒ]、[z̴] ではなく、破擦音 [dʒ]、[dz̴][8] で発音されていたことがわかる。

　ARTE BREVE 第10葉裏には、「I および V は次に母音が続き、それぞれその母音と一体となると子音になる。例えば Iin（仁）、Iama（邪魔）、Iŏgo（上戸）などはポルトガル語の *Ia, Ie, Ii, Io, Iu* の場合とひとしい[9]」とある。この記述から「*Ia, Ie, Ii, Io, Iu*」の示す音が破擦音 [dʒ]、[dz̴] でなく、摩擦音 [ʒ]、[z̴] であったことがわかる。また、「ず」は「Zu」、「づ」は「Dzu」と書きわけられていることから、「Za、Zo、Zu」は摩擦音 [z] であったことがわかる。

　「時に、I、Z の前」ということは、閉鎖がない「Ia じゃ、Ie じぇ、Ii じ、Io じょ、Iu じゅ」、「Za ざ、Zo ぞ、Zu ず」の場合でも、母音が鼻音化することがあったということになる。

　つまり、Rodriguez の記述から閉鎖音と破擦音「Da だ、De で、Do ど、Dzu づ、Ga が、Gu ぐ、Gia ぢゃ、Gi ぢ、Gio ぢょ、Giu ぢゅ」の前では規則的に、そして、摩擦音「Ia じゃ、Ie じぇ、Ii じ、Io じょ、Iu じゅ、Za ざ、Zo ぞ、Zu ず」の前ではときどき、ポルトガル語の鼻母音ほどに強くなく母音が鼻にかかったことがわかる[10]。

　表の8番、第172葉裏には、以下のような記述がある。

---

8) ジャ行子音は、前よりの母音 [i]、[e] の前で [z̴]、[dz̴]、その他の母音の前では [ʒ]、[dʒ] と表記する。
9) ポルトガル語の「Ia, Ie, Ii, Io, Iu」、つまり、「ja, je, ji, jo, ju」の発音は [ʒa]、[ʒe]、[zi]、[ʒo]、[ʒu] で、その子音は摩擦音である。
10) 前頁一覧表の「Ge げ、Gui ぎ、Go ご、Gua ぐゎ、Guio ぎょ、Guiu ぎゅ」の音価に関する記述は見られない。しかし、有声の閉鎖音の前と有声の破擦音の前では規則的に、そして、有声摩擦音の前ではときどき母音が弱く鼻音化したということは、これらの拍の前でも規則的に鼻音化したのだろう。

Item em lugar de um meio til, ou **sonsonete** *que requerem algũas palavras como se dira avante no modo de pronunciar, não se ponha,* N, *ou til distinto. Vt, por,* Tòga, Vareràga, Nàgasaqui, *dizer,* Tonga, Vareranga, Nangasaqui, &c.

又、後に発音法の章で述べるやうに、ある語は一種半分の鼻音或い[11]はソンソネーテをとるのであるが、それを N 又は明白な鼻音に変へてはならない。例へば、**科、われらが、長崎**の代りに**とんが、われらんが、なんがさき**といふなど。

ポルトガル語なまりで、ポルトガル語のように母音を鼻母音で発音してしまうと、「**科、われらが、長崎**」が「**とんが、われらんが、なんがさき**」になってしまう。ポルトガル語の鼻母音のように強く鼻にかけてはいけないと言っている。語例では「が」の前の母音だけだが、実際には、有声の閉鎖音、破擦音、摩擦音の前の母音の場合も同様であっただろう。

ポルトガル語話者にとって、有声子音の前の母音の鼻音性というのはやっかいだったのである。

4. João Rodriguez の sonsonete

参考までにと思って知り合いのブラジル人に電子メールで「**sonsonete** という語を知らないか」聞いてみた。返事は「知らない」ということだったが、知らないなりにどんな意味だと思うかと聞くと、「ポルトガル語の som つまり「音」が2回と、小さいことを示す縮小辞の -ete の組みあわせから

---

11) この訳は、土井（1955）による。この「或いは」、および、次の行の「又は」は、それぞれ「*ou sonsonete*」、「*ou til distinto*」の「ou」の訳であるが、これはどちらも「すなわち」と訳すべきであろう。**sonsonete** は、「一種半分の母音」であって、「N」でも「明白な鼻音」でもないのである。

できた言葉だと思う」ということだった。som + som + ete が表記上の変更を受け、**sonsonete** となったというのである。語の感じとしては「小さな音が繰り返される」といったところだと言う。

　ブラジルの高校でポルトガル語の教師をしている知り合いには、Rodriguez の記述のコピーを郵送し、その意味を聞いた。すると、

> Sobre **SONSONETE**, esta palavra não é portuguesa. Não é usada no Brasil, apesar de ser registrada no dicionário. Você pode perguntar para qualquer brasileiro, ninguém sabe o que é **SONSONETE**. Pelo artigo que eu li, que você me enviou, acho que **SONSONETE** tem um significado muito amplo, pode ser ACENTO, ENTOAÇÃO ou pode ser também NASALIZAÇÃO. Sinceramente, eu não posso tirar a sua dúvida. Eu só encontrei **SONSONETE** no livro *ELEMENTOS DE GRAMATICA HISTORICA GALLEGA*[12] e significa "som pequeno repetido". Só isso.

> ソンソネーテですが、これはポルトガル語ではありません。辞書にはありますが、ブラジルでは使われていません。どのブラジル人に聞いても、誰もソンソネーテが何を意味するかは知らないでしょう。ただ、送ってくれた資料を見ると、ソンソネーテの意味は多岐にわたるようです。アクセント、イントネーション、あるいは、鼻音化でもあり得ます。本当に残念ですが、あなたの疑問に答えることはできません。ソンソネーテを見つけたのは『ELEMENTOS DE GRAMATICA HISTORICA GALLEGA』という本でだけで、「繰り返される小さな音」とだけありました。以上です。

---

12) de Diego, Vicente García (1914) *Elementos de gramática histórica gallega* のこと。

ということだ。やはり、Rodriguez の記述にみられる「sonsonete」の意味は単一ではない。

「sonsonete」とは鼻にかかった発音のことだ、というのはあやまりである。その辞書的意味は、「何か皮肉なことや腹黒いたくらみを口に出して言うときの発音のイントネーション」であり、これを Rodriguez は「独特な調子」という意味で使った。

そして、文脈の中の運用として、「sonsonete」は以下の四つの意味をになっている。

 i. もって回ったような、もったいぶった調子。
 ii. 母音連続、長母音においてあらわれる地方のなまり。
 iii. 鼻音性の強さ、子音の声の有無、長音、撥音などに見られるポルトガル語なまり。
 iv. 有声子音の前の母音の鼻音性。

Rodriguez は、日本語一般に関してのプラスのことがらにエレガントをもちい、音声関連の事柄に限定して、それもどちらかと言うとマイナスのことがらにソンソネーテをもちいた。エレガントは古典ラテン語の三つの美徳のうちのひとつであり、一方、ソンソネーテは当時とりいれられて間もないスペイン語からの外来語であった。

参考文献

1. 橋本進吉（1950）「國語に於ける鼻母音」『國語音韻の研究』岩波書店
2. da Cunha, Antônio Geraldo（1982）*DICIONÁRIO ETIMOLÓGICO NOVA FRONTEIRA DA LÍNGUA PORTUGUESA*, Nova Fronteira.
3. Corominas, Joan Pascual, José A.（1991-1997）*Diccionario crítico etimológico castellano e hispánico*, Editorial Gredos.
4. Bluteau, Rafael de Moraes Silva, António ed.（1789）*DICCIONARIO LINGUA*

PORTUGUEZA, Universidade de São Paulo.
5. Instituto Antônio Houaiss (2001) *Houaiss da língua portuguesa*, Editora Objetiva Ltda.
6. 池上岑夫、金七紀男、高橋都彦、富野幹雄編（1996）『現代ポルトガル語辞典』白水社

表5 sonsonete 一覧

	語義	葉／頁	項目名	
1	表現にともなう独特の調子	第14葉v	DE ALGUNS MODOS DE FALAR QUE servem de Imperativo.	*No mesmo sentido propriamente Optativo, uo conataye toritai. o chameis.*
		62頁	命令法に用いられるある言い方について	望み、或いは願ふ意の来は希求法に属する。れるだらう。例へば、びたい。何某を呼ぶや
2		第18葉v	OUTRO CONJUNTIVO PROPRIO da lingoa Japoa, & Portuguesa	*Esta particula, Tomo, de muita energia que yŭtomo, mairŏtomo. E que com a observancia*
		79頁	日本語とポルトガル語に固有な別の接続法	この助辞ともは直説法のであって、強い力をです、それに就いて何う、行く事は疑ひない。」実地に観察する事に
3		第20葉v	MODO PERMISSIVO, OU CONCESSIVO	Agueô made, Agueô *No preterito dizemos,*
		90頁	許容法あるいは譲歩法	上げうまで、上げうまのに当る。過去には上
4	地方のなまり	第169葉v	CHŭGOCV.	*Os do Chŭgocu na alto. Vt, Narumà, por,*
		608頁	中国	'中国'のものは発音すなるまいの代りになる
5		第169葉v	BVNGO.	*Os deste reino tambem, E, &, O, antes do, I, o palavras semelhantes. Eo que se pronuncia*
		608-609頁	豊後	この国のものも'開がイの前のエとオとをイふ。又イと発音するものを
6		第170葉	FIIEN, FIGO, CHICVGO.	*No Fijen, & em muitas* **sonsonete** *muito roim Curoi, Curoe, &c. De*
		610頁	肥前、肥後、筑後	'肥前'でも、この'下種のソンソネーテを伴 **Taexet**（たえせッ）、

引　用

usam do verbo adjectivo, Tai, *por querer, ou desejar, & e modo que mostra muito pejo, & e & no modo de falar tem certo* **sonsonete** *& modo, que com o uso se aprenderà.* Vt, *Ano quiõ Folgara que me desejo aquele livro.* Nanigaxi uo yobitai. *Queria chamar a foaõ.* i. *Peçovos que*

形容動詞たいも亦同じく命令の意味に使はれるが、これは非常に遠慮した言ひ方であって、本この言ひ方にはソンソネーテを伴った一種の発音法があって、それは実際の用法に就いて学ばあの経をこなたへ取りたい。あの書物を私に取って呉れたら嬉しいんだがといふ意。何某を呼うに頼むといふ意。

com o presente, preterito, & futuro do Indicativo tem outro sentido mui usado na pratica, & o uso ensinarà: & tem esta lingoajem: E pois não, que ha que falar nisso? &c. Attatomo, pois não hei de ir, não ha que duvidar? &c. *Tem no modo de pronunciar ũ certo* **sonsonete** *se aprende.*

の現在、過去、及び未来に接続して別の意味を示す。それは話しことばで盛んに用ゐられるも持ってゐる事は実例を見ればわかる。例へば、**有ったとも**、**言ふともは**、葡語の「はい、勿論か話すことがありませうか。」等といふのに当り、**参らうともは**、「どうして行かない事があら等といふのに当る。この言ひ方はある特別なソンソネーテを以て発音するのであって、それはよって会得される。

madeyo. *Este modo de falar se usa com certo* **sonsonete***, & a lingoajem e, Ofreceria pois não.* Aguetaraba, Ageta madeyo. *Ofrecesse embora.*

でよといふ言ひ方をするのには一種のソンソネーテをとる。葡語の「確かに上げよう」といふげたらば、上げたまでよといふ。

pronunciação excedem no Firogaru, *abrindo demasiadamente a boca, dando certo* **sonsonete** Narumai.

る時、'開がる' 発音を過大にして、口を開き過ぎて一種高いソンソネーテを起す。例へば、まぁといふ。

fazem o Firogari *demasiado, & tem no falar, um* **sonsonete** *mui conhecido, & avilanado. mudam em,* i. *Vt,* Rei, *dizem,* Rij, *por,* Fei, Fij, Yoi, Yij, *por,* Fijqui, Feiqui, *& assi nas de mais com,* l, *eles dizem,* Ei. *Vt,* Missa, Meissa, Lino, Leino, Catarina, Catareina.

り' を過大にする。その言ひ方には、よく知られてゐるが、一種野鄙なソンソネーテがある。に変へる。例へば、**礼**をりいといひ、**塀**の代りにひい、**良い**をいい、ひいきの代りに**平気**とい彼等はエイといふ。例へば、**Missa** をメイサ、**Lino** をレイノ、**Catarina** をカタレイナといふ。

partes deste Ximo, *a letra,* Y, *despois de,* A, *ou,* O, *mudam em,* E, *na pronunciação com certo Vt,* Xecai, *dizem,* Xecae, Yoi, Yoe, Amai, Amae, Daiji, Daeji, Taixet Taexet. Firoi, Foroe, *modo que lhe fica como entre dentes.*

の多くの地方でも、アかオかの次のイの字はエに変へて、それを発音するのに甚だしく悪い一ふ。例へば、**世界**をせかえ、**良い**をよえ、**甘い**をあまえ、**大事**をだえじ、**Taixet**（大切）を広いをほろえ、黒いをくろえといふなど。歯の間にあるかのやうな発音の仕方である。

	語義	葉／頁	項目名	
7	ポルトガル語なまり	第172葉v	ERROS NOS ACENTOS, E pronunciação.	*E erro pronunciar quando usamos de habito roim, & falar, as devemos Dobucu, Dojico, Vo, algũs pronunciam se escrevem algũas Ozaca, Omura, &c.*
		619-620頁	アクセント及び発音上の誤謬	多くの日本語を発音する。われわれが葡萄牙てゐて、その為に間違っ以て発音しなければなく、だんこ、どぶく、これは殆ど母音のやう欧羅巴人が書く場合に
8		第172葉v	ERROS NOS ACENTOS, E pronunciação.	*Item em lugar de pronunciar, não* Nangasaqui, &c.
		620頁	アクセント及び発音上の誤謬	又、後に発音法の章では明白な鼻音に変へてど。
9	有声子音の前の鼻音	第177葉v	REGRA TERCEIRA DA VOGAL, ante, D, Dz, G.	*Toda a vogal, antes de, narizes o qual toca* cága, fanafáda, fágama,
		637頁	D, Dz, Gの前の母音に関する第三則	D、Dz、Gの前のあらで作られて幾分か鼻音**味はひ、上ぐる、足搔く、**
		橋本	D, Dz, Gの前の母音に関する第三則	D Dz Gの前のあらゆる幾分近い、鼻の中で作例、mãda, mídŏ, mádoi,
10		ARTE BREVE 第12葉v	Do modo de pronunciar as silabas desta lingoa em geral.	As vogaes, *A, E, I, O,* certo **sonsonete** prnunciar com til
		上巻72頁	日本語の音節の発音一般について	母音 A、E、I、O、V果いずれの母音も波型**Tada**（唯）、ないし、ポルトガル語いのである。

引　　用
muitas palavras Japoas aportuguesadamente a nosso modo com nosso **sonsonete**, *& tambem algūas palavras Japoas na pratica portuguesa, fazemos muitas silabas longas breves, & nos fica pronunciamos despois mal: pelo que quando usaremos de algūas palavras Japoas no nosso pronunciar com seu proprio acento. Vt, Dizer,* Cono mono. *por,* Cŏno mono. Xotocu, Danco, Chauana, Concatana, *por,* Xŏtocu, Dancŏ, Dôbucu, Dôjucu, Chauan, Cogatana, &c. *Item* Va, *como consoante devendose de pronunciar quasi como vogal, & por esta rezão quando a Europa palavras que começam por,* Vo, *como,* Vôzaca, Vômura, &c. *é melhor escrevelas com vogal. s.*
るのに、われわれの仕方でわれわれのソンソネーテを以て葡萄牙語風に発音するのは誤りである語で話すのに、その中で或日本語を使ふと、多くの長音節を短くする。それが悪い習慣となった発音をする。だから、我々の話の中に或日本語を使ふ場合には、日本語固有のアクセントをらない。香の物の代りにこのものといふ。**生得、談合、胴服、同宿、茶碗、小刀**などをしょとどじこ、**ちゃわな、こんかたな**といふ。又、ある人は**ワ、ヲ**を子音のやうに発音してゐるが、に発音すべきものである。さういふ理由からして、大坂、大村などのやうに Vo で始まる語をは、母音であるかのやうに Ozaca、Omura などと書いた方がよい。
um meio til, ou **sonsonete** *que requerem algūas palavras como se dira avante no modo de se ponha,* N, *ou til distinto. Vt, por* Tòga, Vareràga, Nàgasaqui, *dizer,* Tonga, Vareranga,
述べるやうに、ある語は一種半分の鼻音或いはソンソネーテをとるのであるが、それを N 又はならない。例へば、**科、われらが、長崎**の代りに**とんが、われらんが、なんがさき**といふな
D, Dz, G, *sempre se pronuncia como com um meio til, ou* **sonsonete** *que se forma dentro dos algum tanto no til. Vt,* Māda, mídŏ, mádoi, nādame, nādete, nído, mādzu, āgjuai, águru, ágaqu, &c.
ゆる母音は，常に半分の鼻音かソンソネーテかを伴ってゐるやうに発音される。即ち，鼻の中の性質を持ってゐる発音なのである。例へば，**未**だ，**御堂，惑ひ，宥め，撫**でて，**二度，先**づ，**加賀，甚**だ，**羽釜**，など。
母音は、常に、半分の til（葡萄牙語に於ける鼻音化の符號である ～ ）あるもの、又は、til にられる **sosonante**（反語をあらはす演説上の調子）の如く發音する。 ndame, nādete, nído, mādzu, āgiuai, águru, ágaqu, cága, fánafáda, fágama, 等
V : *antes de, D, G, & ás vezes, I, Z, na prnunciação comunicam o folego aos narizes com como se tiveram meio til. Vt,* **Aghuru, Caghu, Tada, Fidamasa, Adanaru**. *mas não se ha de distinto, nem secamente, como no Portugues se pronūcia,* Fado, Geada, Imagino.
のつぎに D、G、時に I、Z が続くと、これらの母音を発音する時に息を鼻腔に送る。その結記号が半分ついているかのごとくやや鼻声の音となる。例、**Aghuru**（上ぐる）、**Caghu**（嗅ぐ）、**Fidamasa**、**Adanaru**（徒なる）。つまり完全な波型記号を伴ったものとして発音してもならの *Fado*、*Geada*、*Imagino* を発音する時のようにまったく波型記号なしで発音してもならな

第6章　língua、linguagem、palavra

　「エレガント」のあらわれた箇所とその周囲を対象に、そこにあらわれた「língua」、「linguagem」、「palavra」の3語の一覧表を作成した。一覧表は三つ、表6-1「língua 一覧」、表6-2「linguagem 一覧」、表6-3「palavra 一覧」である。どの表も左の列から、「通し番号」、「つづり」、「原本葉」、「引用」、「意味」となっている。「つづり」は、*ARTE GRANDE*、*ARTE BREVE* にあるものを記した。「原本葉」はそれぞれの語が *ARTE GRANDE*、*ARTE BREVE* であらわれた葉の番号、「引用」はそれぞれの語をふくんだひとまとまり、「意味」はその文脈での意味である。

　これらのデータをもとに、Rodriguez がこの3語をどのような意味で使っているか考えてみたい。なお、この章では、ポルトガル語のつづりは原文のままとする。

1. língua

　上述の範囲内にあらわれた「língua」は、表6-1 のとおり、単数形が43、複数形が2の計45であった。

　つづりは、現在の正書法では「língua」、「línguas」であるが、Rodriguez は基本的に「*lingoa*」、「*lingoas*」とつづっている。現代語の場合、上昇2重母音では、「ua」も「oa」も発音は [wa] となる。当時のポルトガル語でも同様であったのだろう。また、現在の正書法では、アクセント記号なしの「lingua」だと、[u] に強勢が置かれることになり、[liˈgua] と発音される。当時、アクセント記号のつけ方は統一されておらず、Rodriguez はアクセント記号なしのつづりをとっている。ただ、No.3 だけは「in」ではなく、鼻母音

であることを示す記号をつけて「ĩ」が採用されている。

　No.1 から No.30 までは *ARTE GRANDE* から、No.31 から No.45 までは *ARTE BREVE* からとられた。

　「língua」の指し示す意味としては、大きく、各国の言語といった意味での「言語」と、その言語の中の「下位言語」の二つがある。前者にはさらに、「日本語」、「ポルトガル語」、「ヨーロッパの言語」といった具体的なものを示す場合と、言語一般を示す場合とがある。

　「下位言語」の意味あいで使われているのは、No.1、12、13、29、37、38の計6箇で、No.1は古典作品にある日本語、No.29は日本の韻文の言語、それ以外はすべて都の公家の用いることばを指し示している。

　語義が「言語」で文脈上「日本語」を指し示している「língua」は、45箇中32箇ある。さらに、このうちの24箇は「*nesta*（em esta = in this）」、「*desta*（de esta = of this）」などの形も含めて、「*esta*（this）」によって修飾されている。残り8箇のうち5箇には、No.22の「*a verdadeira lingoa Iapoa*」、No.25の「*na lingoa de Iapam*」などのように、「日本の」という語または句がついている。残りの3箇は、No.17、45が「*a lingoa*」、No.28が「*da lingoa*（de a língua = of the language）」で、定冠詞「a」を伴っている。

　「日本の」という語や句がつけば、「língua」はもちろん「日本語」を示す。また、英語の「this」にあたる「esta」や定冠詞の女性単数形の「a」がついても、すべてが「日本語」を意味している。ポルトガル語を意味しているのは、No.9、24、27の三つで、すべて「*nossa lingoa*（our language）」である。これが複数「*nossas lingoas*」となったのがNo.4で、この場合はヨーロッパの言語を意味する。ヨーロッパの言語を意味している例はもう一つ、No.3があり、ここでは、「nossas」を使わず「*nas lĩgoas de Europa*（in the languages of Europe）」と、女性の複数の定冠詞をとっている。ポルトガル語、あるいは、ヨーロッパの言語を指し示す場合には、「nossa（我々の）」という所有人称代名詞を用いて、「língua」の他の用法と峻別している。

No.8 と No.26 の「lingoa」は一般的な意味での「言語」を指している。No.8 の「lingoa」は、「*Parecera dseusado*[1]（不必要のようである）*acrecentar este modo nas conjugações*（この法（条件的接続法）を活用表に加えるのは）, *pois*（というのは）*nem o latim, nem outra lingoa o poem*（ラテン語にも他の言語にもないから）」（以下、ここでの訳は馬場による）、No.26 は、「*pelo que*（ためには）*no traduzir ũa lingoa em outra*（ある言語を他の言語に訳すときには）*pera que fique clara, & elegante*（はっきり、そして、エレガントになるように）, *somente se ha de ter conta com o sentido*（意味に注意することだけが必要である）, *explicando por frases Japoas*（その意味を日本語の言い回しでおきかえながら）」という文脈で用いられている。「*outra lingoa*」は「other language」、「*ũa lingoa*」は英語の「a language」である。

　「língua」には、日本語、ポルトガル語、ヨーロッパの言語、言語一般の四つの意味があることがわかった。日本語を意味する場合は単数で、指示形容詞の「esta」、定冠詞の「a」、つまり、定冠詞系の語をともなうか、はっきり「日本語の」と記されている。ポルトガル語を意味する場合は、単数形に「nossa（我々の）」という所有代名詞の女性形がついて「nossa língua」となり、ヨーロッパの言語を意味する場合は、複数で「nossas línguas」となる。後者の場合には、「ヨーロッパの」と明記されることもある。言語一般を意味する場合は、「outra（他の）」や女性形の不定冠詞の「uma」、つまり、不定冠詞系の語をともなう。

2. linguagem

　「linguagem」は 11 あらわれ、うち単数形は 9、複数形は 2 であった。現代の正書法では単数が「linguagem」、複数が「linguagens」であるが、資料

---

1) 「dseusado」とあるが、「desusado」の誤植であろう。

中には「ua」はあらわれず、「oa」のみであった。これは、「língua」の事情と同じである。その他、最終音節の頭の子音 [ʒ] を表わすつづり字に「g」と「j」が、同音節の2重母音 [ẽj] を表わすのに「em」と「ẽ」が使われ、その結果、単数形には「*lingoagem*」5、「*lingoajem*」2、「*lingoagẽ*」1、「*lingoajẽ*」1、複数形には「*lingoagens*」、「*lingoajens*」各1があらわれている。

「linguagem」という語は、具体的実際的な用法や言い方、表現を示す語として用いられている。

通し番号 No.1 から7 までは *ARTE GRANDE* から、No.8 から11 までは *ARTE BREVE* からとられた。No.2、3、4、7 の「*esta linguagem*」、あるいは、「*estas linguagens*」というのは「このような linguagem」ということで、このあとに具体的な言い方や表現の例が提出されている。No.5、8 の「*a linguagem*」も同様である。No.6 の「*pella lingoajem do Gerundio*」というのは「現在分詞の linguagem によれば」ということで、このあとには現在分詞の用法があげられている。No.11 では infinito（不定詞）の用法があげられている。No.1、9 のみは具体的な例や言い方があげられていないが、意味するところはやはり「用法、言い方、表現」である。

現代ポルトガル語の辞書 de Holanda Ferreira (1975) によると、「língua」は「o conjunto das palavras e das expressões usadas por um povo, por uma nação, e o conjunto de regras da sua gramática（ひとまとまりの民衆や一つの国家によって使用されている語や表現のひとまとまり、また、その文法のまとまり）」、「linguagem」は「o uso da palavra articulada ou escrita como meio de expressão e de comunicação entre pessoas（人と人との間の表現や意志疎通の手段として、調音されたり書かれたりした語の使用）」とある。現代においても一般的に、「língua」はより体系的な意味で、「linguagem」はより実際的使用、運用の意味で使われているようである。

3. palavra

　総数20のうち、単数形が4、複数形が16あった。つづりは統一されており、すべて「*palaura(s)*」である。現代の正書法とは「v」と「u」のみが違っている。元来、ラテン語には「v」と「u」の別は存在せず、同じ「v」と「u」の文字が、時によって子音を示したり、母音を示したりしている。「*palaura(s)*」というつづりは、この慣習によるのであろう。

　通し番号No.1から15は *ARTE GRANDE* から、No.16から20は *ARTE BREVE* からとられた。

　No.1、2では畳語を構成する二つの名詞の各々のこと、No.3では「は」のつく語、No.4は古典の語はエレガントであるという記述で、No.5、6は訳すときは一語一語直訳するのではいけない、No.7では訳す前のポルトガル語の意味を正確に伝えたいなら、No.8、9、10、11は語の音節数の多少と語順との関係についての記述、No.12は「*verbos*（動詞）」と並列されて使用された例、No.13は謡の文を構成する要素としての「*palauras*」、No.14、15は書状に独特の「*palauras*」、No.16は助辞の重要性を説く中での「て、に、を、は」のこと、No.17、18は一語としてとらえた漢字の音「Coye」、No.19は漢字の訓読みの語「Yomi」、そして、No.20は文を構成する要素としての「*palauras*」、以上の文脈で「palavra(s)」は使われている。

　Rodriguezは、漢字はそれ一つだけで一つの語と解釈されている、そして、音も訓もどちらも一つの語であると考えていた。No.17、18、19の記述があらわれたのはそのためである。しかし、現代では、熟語の各字の音は語ではなく形態素だと考えられている。No.1、2の「*palaura*」も、畳語を構成する「形態素」のことを示している。「語」のうちの実語（full word）を示しているのはNo.3、9、12、13、14、15などであろうか。機能語（function word）を示しているのはNo.16である。また、No.12では実語の中でも、文の構成

の中心と考えられる verbos（動詞）以外の語のことを言っている。その他、文体的側面から「語」をとりあげているのが No.4、13、14、15、17、18、19、20、意味論的側面からは No.5、6、7、形態論や統語論的側面からは No.1、2、3、8、9、10、11、12、16 である。

現代の言語学で言う「語」とだいたい重なる意味でつかわれている。文脈から判断される意味内容は、単純ではない。

以上、「língua」、「linguagem」、「palavra」の3語の使われ方を見てきた。「língua」は定冠詞がつくか不定冠詞がつくか、単数か複数か、また、文脈により指し示すものが変わってくる。解釈する時にはいつでもそうであるが、これら3語の場合にも、「língua」＝言語、「linguagem」＝用法、「palavra」＝語のように特定の訳語を機械的にあてはめるだけでは不十分である。Rodriguez 自身は、それぞれの語をいくつかの意味で明確に使いわけているのである。

参考文献

1. de Holanda Ferreira, Aurélio Buarque (1975) *NOVO DICIONÁRIO DA LÍNGUA PORTUGUESA*, Editora Nova Fronteira.

表 6-1 língua 一覧

通し番号	つづり	原本葉	引用	意味
1	lingoa	③v	nelles esta encerrada a pura, & elegãte lingoa	下位言語（古典）
2	lingoa	④v	esta lingoa ẽ algũas cousas seja defectuosa	言語（日本語）
3	līgoas	④v	nas līgoas de Europa	言語（ヨーロッパの）
4	lingoas	④v	em nossas lingoas	言語（ヨーロッパの）
5	lingoa	⑤	esta lingoa	言語（日本語）
6	lingoa	8	nesta lingoa	言語（日本語）
7	lingoa	9	nesta lingoa	言語（日本語）
8	lingoa	18v	nem o latim, nem outra lingoa	言語（一般）
9	lingoa	19	nossa lingoa	言語（ポルトガル語）
10	lingoa	83	nesta lingoa	言語（日本語）
11	lingoa	83	na lingoa de Iapão	言語（日本語）
12	lingoa	83	a lingoa de Miaco vsada dos Cungues	下位言語（公家）
13	lingoa	83	a pura, & elegante lingoa	下位言語（公家）
14	lingoa	83	nesta lingoa	言語（日本語）
15	lingoa	85	nesta lingoa	言語（日本語）
16	lingoa	112v	esta lingoa Iapoa	言語（日本語）
17	lingoa	112v	a lingoa	言語（日本語）
18	lingoa	121	nesta lingoa	言語（日本語）
19	lingoa	158	desta lingoa	言語（日本語）
20	lingoa	158	nesta lingoa	言語（日本語）
21	lingoa	168	desta lingoa	言語（日本語）
22	lingoa	168	a verdadeira lingoa Iapoa	言語（日本語）
23	lingoa	168v	esta lingoa	言語（日本語）
24	lingoa	171	a nossa lingoa	言語（ポルトガル語）
25	lingoa	171v	na lingoa de Iapam	言語（日本語）
26	lingoa	171v	hũa lingoa	言語（一般）
27	lingoa	171v	nossa lingoa	言語（ポルトガル語）
28	lingoa	178v	elegancia da lingoa	言語（日本語）
29	lingoa	181	o verso de Iapam he lingoa muyto branda	下位言語（日本の韻文）
30	lingoa	184v	nesta lingoa	言語（日本語）

通し番号	つづり	原本葉	引用	意味
31	lingoa	26	nesta lingoa	言語（日本語）
32	lingoa	26	nesta lingoa	言語（日本語）
33	lingoa	29v	nesta lingoa	言語（日本語）
34	lingoa	31v	nesta lingoa	言語（日本語）
35	lingoa	59v	nesta lingoa	言語（日本語）
36	lingoa	59v	na lingoa Iapoa	言語（日本語）
37	lingoa	59v	a lingoa da corte vsada entre os Cughe	下位言語（公家）
38	lingoa	59v	a pura, & elegante lingoa	下位言語（公家）
39	lingoa	59v	nesta lingoa	言語（日本語）
40	lingoa	61	nesta lingoa	言語（日本語）
41	lingoa	61v	nesta lingoa	言語（日本語）
42	lingoa	65v	nesta lingoa	言語（日本語）
43	lingoa	73	nesta lingoa	言語（日本語）
44	lingoa	73	a lingoa Iapoa	言語（日本語）
45	lingoa	75	a lingoa	言語（日本語）

＊ 丸数字は表紙を第1葉として数えた場合の葉数。 v は葉の裏を示す。

表 6-2　linguagem 一覧

通し番号	つづり	原本葉	引用	意味
1	lingoagens	11	outros sentidos & lingoagens muy elegantes	用法
2	lingoagem	11	esta lingoagem	用法、言い方（書きも書きたり）
3	lingoagem	12v	que tem esta lingoagem	言い方（急ぐべき、申すべき）
4	lingoagẽ	15v	& tem esta lingoagẽ	言い方、表現 （参れかし、上げいかし）
5	lingoajẽ	17	a lingoajẽ he	言い方
6	lingoajem	85	pella lingoajem do Gerundio	言い方、用法
7	lingoajens	118	& tem estas lingoajens	言い方（こなたさへ、舟さへ）
8	lingoajem	27v	& a lingoagem he	言い方、表現
9	lingoagem	31v	& tem lingoagem, tendo offerecido	言い方、用法
10	lingoagem	61v	pella lingoagem do gerundio	言い方、用法
11	lingoagem	62	pella lingoagem do infinito	言い方、用法

表 6-3　palavra 一覧

通し番号	つづり	原本葉	引用	意味
1	*palaura*	78v	a primeyra letra da palaura repetida	語
2	*palaura*	79	não ha mudança de hũa palaura em outra	語
3	*palauras*	149v	as palauras a que se ajunta	語
4	*palauras*	168	as palauras boas, & elegantes	語
5	*palaura*	171	palaura por palaura	語
6	*palaura*	171	palaura por palaura	語
7	*palauras*	171v	se hum quiser goardar as palauras	語
8	*palauras*	178v	quando se seguem muytas palauras	語
9	*palauras*	178v	na ordem das palauras	語
10	*palauras*	178v	as palauras de menos syllabas	語
11	*palauras*	178v	de mais palauras	語
12	*palauras*	184v	muytos verbos & palauras	語
13	*palauras*	185	na cõposiçã das palauras	語
14	*palauras*	189v	as palauras de hum & outro estilo	語
15	*palauras*	189v	um escreue com as palauras que sabe	語
16	palauras	59v	destas palauras	語
17	palauras	66v	os Iucugos de duas palauras, Coye	形態素、語
18	palauras	73	de palauras do, Coye	形態素、語
19	palauras	73	se compoem de palauras do, Yomi	語
20	palauras	75	artificio na composiçam das palauras	語

第7章　Bodleian 本と Crawford 本

　Rodriguez の *ARTE GRANDE* の存在は2部しか知られていない。1部はオックスフォード大学 Bodleian Library の蔵書であり、そして、1部は Crawford 本とよばれるものである。
　ARTE GRANDE の研究は、Bodleian 本のマイクロフィルムですすめている。2011年の9月の五日間、念願の Crawford 本を手にとって見ることができた。一番知りたかったことは、両本の異同である。仔細に見たが、内容に違いはなかった。しかし、内容以外で2点、違いがあった。書きいれと余白の印刷である。
　なお、この章では影印を見ながら論じていくため、ポルトガル語のつづりは原文のままとする。

1. Crawford 本の書きいれについて

　土井忠生氏は、その論文「ロドリゲス『日本大文典』」（土井（1982）pp.87-89）で、付録として「クロフォード家本書入抄」を書いている。そこにある30か所の書きいれと、今回新たに見つかった書きいれを一覧にしたのが、表7「Crawford 本書きいれ一覧」である。
　新たに見つかった書きいれは、その通し番号を■でかこった。また、小さな十文字「＋」の書きいれもあらたに見つけた。通し番号3、11、19、20、22、27、29、30、38、39の10か所である。これは、通し番号欄にマークした。
　これらの十文字が何らかの注意をうながすものであることに間違いはない。たとえば、通し番号19の場合は、本文中の「*capitulo*（章）」が具体的

```
 1ᵃ  Aru .         sou
      Vogiaru .      sou, l, estou,
      Yru .          estou,
      Gozaru .       sou. l, estou;
      Naru .
      Maximasu .     es, se, l, estas, esta
      Vouaximasu .   idz
      Voriaru .      idz
      Nai .      nã  Estar .  ⎫
      Vorinai .  nã  Auer .   ⎬
      Gozanai .      idz
      Saburŏ .       sou.
      Fanberu .      idz.
      Nari, defectiuo .   se:
      Sŏrŏ, l, ſoro .     idz
      Sŏ .                idz
      Zŏrŏ, l, ſoro .     idz.

      Nitearu .        sou.
      De aru .         idz
      De vogiaru .     idz
      Nite gozaru .    idz
      De voriaru .     idz
      Ni e maximasu .  idz
      Nite vouaximasu .  idz
      Denai .          'n' est.
      De vorinai .     idz       Ser. }
      De gozanai .     idz
      De sŏrŏ, l, ſoro .  est. sou.
      De ſŏ .          idz
      Vataraxe tamŏ .     idz
      Imaio cariqueri .
      Masu . i . Maximasu .
      Arazu, defectiuo .   'n' se.
```

図7-1　通し番号1の書きいれの写し

にどこなのか、右の余白の「pag.89」という書きいれが示している。11の「Gue」の右余白の「Ghe」の「h」の上の十文字と、余白に「Lege Ghio」と書きいれのある27「GVIO」の「VI」の上の十文字は、「Gue」、「GVIO」の読み方、発音に関する注意を喚起している。つまり、「Gue」は [gue] ではなく [ge]、「GVIO」は [gujo] ではなく [gjo] と読むということなのだろう。そして、30の「quiŏdan」、39の「Nenrai」にふられた十文字は、その語義「dialectus」、「annales」が余白にあることを示している。

　土井の記述は、メモ書き程度で、書きいれの実態が如実にわかるというものではない。ここでは、私のメモをもとに、そのイメージがつたわるよう工夫した。何がどこに書きいれられているかだけでなく、その書きいれがどの

ようなものであるか解説、説明をつけた。また、書きいれのあった箇所のBodleian 本の影印を加えた。書きいれのいくつかは、書写してきたので、それをはりつけた。

「筆記用具」の欄には、「ペン黒」、「ペンセピア」、「鉛筆」の三種がある。筆記具、インクの色、書き癖、文字の大きさなどで書き手が特定できないか努力したが、できなかった。「筆記用具」が三種だから、書き手も三人だろうというわけにはいかない。字体も、ペン書きの字の大きさも太さも何種類かある。ただ言えることは、この書の書きいれが複数の人間の手によったということである。

ARTE GRANDE は、日本語を学習するための実用書である。学ぶにしても、教えるにしても、ところどころに書きいれがあるのは自然なことだ。そうしてみると、Bodleian 本に書きいれがまったく見られないのはどうしたことか。謎である。

通し番号 9、19、20 では関連のある項目の掲載ページが書きこまれている。学習者の覚え書きか、あるいは、教師が授業の前に予習し、書きこんだのかもしれない。

通し番号 1 について、書きいれの具体的な様子は、図 7-1「通し番号 1 の書きいれの写し」のとおりである。ここにある「sou」はポルトガル語の be 動詞「ser」の直説法現在 1 人称単数、「estou、estas、esta」はやはり be 動詞「estar」の直説法現在 1、2、3 人称単数、「nã」と「n'」は否定辞の「não」、「est.」は「estas」か「esta」の、あるいは、両方の省略形であろう。「n' est.」は「não estas」か「não esta」のことだと考えられる。「ʃe」は「se」である。3 人称の再帰代名詞であろうか。「l.」は「または」の意味でつかわれている。「idʒ」と見える文字は、ラテン語の「idem（同上、前述に同じ）」のことだと思われる。

2. 余白の印刷

　ARTE GRANDE の紙面の余白には、ところどころに印刷がある。以下は、第13葉裏の影印である。ページの最初の行は、「<u>DA CONIVGAÇAM DOS VERBOS.</u>（動詞の活用に就いて）」というヘッダーの左半分で、その下の標題は「¶ *Futuro, ou modo mandatiuo com o qual damos leys, &c.*（○未来、又は、法令等を下す場合の委託法）」である。

　余白には印刷が三つある。一つ目は「<u>Atono quãtaiuo fitasura gomẽ arŏzu</u>（後の緩怠をひたすら御免あらうず）」の出典「*Morteno monog.*（モルテの物語）」、二つ目は「<u>Iza saraba namida curaben fototoguisu: Varemo vqui yori neuo nomizo naqu</u>（いざさらば涙くらべん時鳥、我も憂きより音をのみぞ泣く）」の出典「*Feiq.*（平家物語）」、三つ目は「<u>Migui giôgiô iranno tomogara aruni voiteua, guenquani xoxerarubequi mono nari</u>（右条々違乱の輩あるに於いては、厳科に処せらるべき者也）」の「*Xiquimocu.*（式目）」である。

　余白の印刷には、引用例の出典のほかに、そこに書かれている内容の見出しのようなもの、あるいは、記述の補足がある。

　「見出しのようなもの」には、第213葉裏の以下の印刷がある。

　「*Icuca.*」、「*Icu.*」、「*Nan.*」が付してある記述は、それぞれ、「<u>Icuca</u>（幾日）」についての解説や日にちの数え方、「<u>*o que serue em todas as contas correntes commummente*</u>（一般に通用する数へ方のすべてに使はれる）」言語成分である「Icu（幾）」について、そして、「<u>*serue soomente aos numeros* Coye, Ichi, Ni</u>（'こゑ'の数名詞 Ichi, Ni などに対してのみ使はれ）」る言語成分である「Nan（何）」についてである。

　「記述の補足」には、第14葉裏の以下の印刷がある。

　希求法の現在及び不完全過去の活用表で、余白部分の印刷は「¶ Caxi, l. gana, *se acrecẽta as vozes do imperatiuo. Aβi mas de mais.*（○ Caxi、又は、

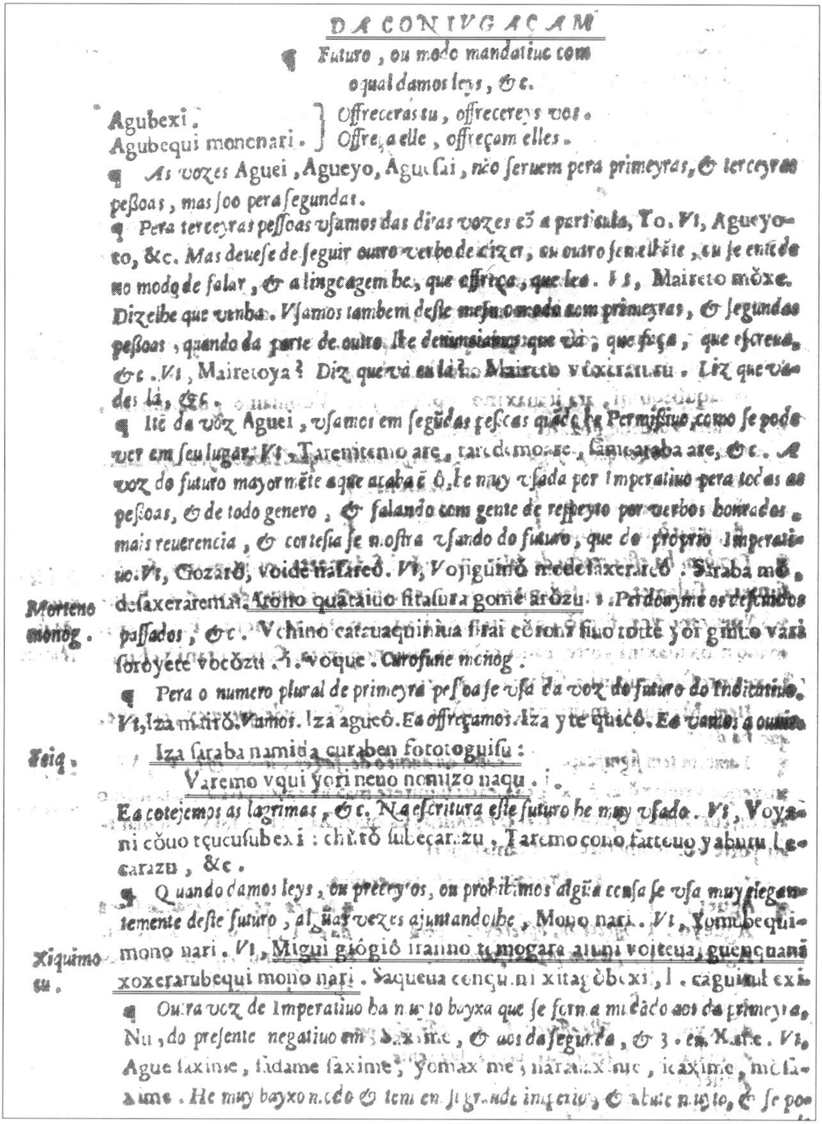

DA CONIVGAÇAM

¶ Futuro, ou modo mandatiuo com o qual damos leys, &c.

Agubexi. ⎫ Offreceras tu, offrecereys vos.
Agubequi monenari. ⎭ Offreça elle, offreçam elles.

¶ As vozes Aguei, Agueyo, Aguesai, não seruem pera primeyras, & terceyras pessoas, mas soo pera segundas.

¶ Pera terceyras pessoas usamos das ditas vozes cõ a particula, To. Vt, Agueyoto, &c. Mas deuese de seguir outro verbo de dizer, ou outro semelhãte, ou se entẽde no modo de falar, & a lingoagem he, que offreça, que lea. Vt, Maireto mǒxe. Dizelhe que venha. Vsamos tambem deste mesmo modo com primeyras, & segundas pessoas, quando da parte de outro lhe denunciamos que và, que faça, que escreua, &c. Vt, Mairetoya? Diz que và eu là? Maireto vôxeraruru. Diz que vades là, &c.

¶ Itẽ da voz Aguei, usamos em segũdas pessoas quãdo he Permissiuo, como se pode ver em seu lugar. Vt, Tarenitemo are, tare de mo are, [illegible] aruba are, &c. A voz do futuro mayormẽte a que acaba ẽ ô, he muy usada por Imperatiuo pera todas as pessoas, & de todo genero, & falando com gente de respeyto por verbos honrados, mais reuerencia, & cortesia se mostra usando do futuro, que do proprio Imperatiuo. Vt, Gozarô, voide nasareô. Vt, Vojigũmo medetaxerareô. Saraba mô, desaxeraremaxi. Vonno quataiuo fitasura gomẽ arôzu. Perdoayme os defuntos passados, &c. Vchino catauaquinitua firai côronẽ fuo tottẽ yôi gimito varã soroyete vocôzu. Voque. Carofune monog.

Morteno monog.

¶ Pera o numero plural de primeyra pessoa se usa da voz do futuro do Indicatiuo. Vt, Iza mairô. Vamos. Iza agueô. Ea offreçamos. Iza yte quicô. Ea vamos a ouuir.

Feiq.

Iza saraba namida curaben fototoguisu:
Varemo vqui yori neno nomizo naqu.

Ea cotejemos as lagrimas, &c. Na escritura este futuro he muy usado. Vt, Voyani côuo tçucusubexi: chǔtô subeçarazu, Taremo cono fatteuo yaburu bécarazu, &c.

¶ Quando damos leys, ou preceytos, ou prohibimos algũa cousa se usa muy elegantemente deste futuro, algũas vezes ajuntandolhe, Mono nari. Vt, Yomubequi mono nari. Vt, Migui giôgiô iranno tomogara atuni vojteua, guenguanẽ xoxerarubequi mono nari. Saqueua conçu ni xitagôbexi, I. caguimaxexi.

Xiquimoru.

¶ Outra voz de Imperatiuo ha muyto bayxa que se forma mudãdo aos da primeyra, Nu, do presente negatiuo em, Saxime, & aos da segunda, & 3. em, Xaxe. Vt, Ague saxime, tadame saxime, yomaxeme, naraua xeme, icaxime, mesaxime. He muy bayxo modo & tem em si grande imperio, & aluie muyto, & se po-

図 7-2　Bodleian 本　第 13 葉裏の影印

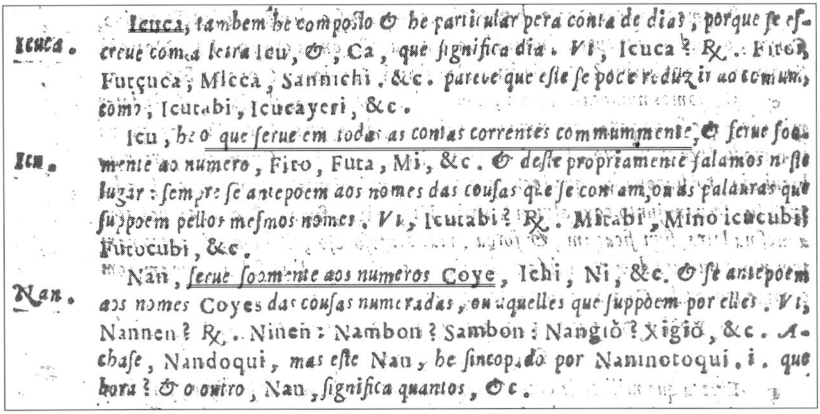

図 7-3　Bodleian 本　第 213 葉裏の影印

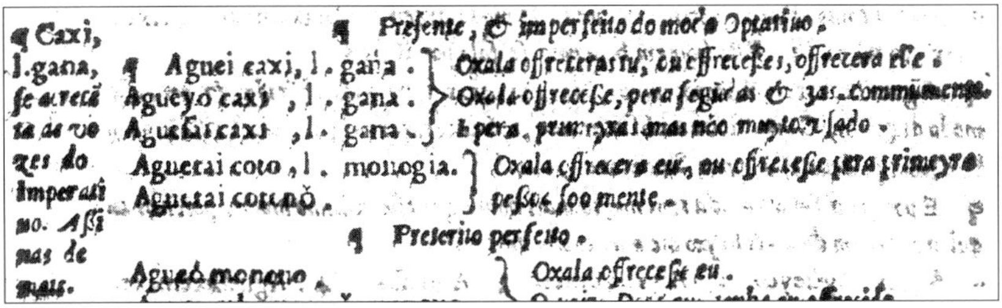

図 7-4　Bodleian 本　第 14 葉裏の影印

gana が命令法の形に添へられる。以下同様である。)」である。

　余白の印刷のうちの 2 か所に、Bodleian 本と Crawford 本とで違いが見られた。第 76 葉裏の「*Disiūctiuæ.*（分別）」と第 140 葉表の「*Voisagaxi.*（筴探）」である。前者は「接続詞に就いて」という章に列挙されている接続詞の種別を示す標題で、後者は「Cono vrano fitobitoua saquini cara coconi atçumararete, &c.（この浦の人々は先にからここに集られて、云々）」の出典を示している。

　Bodleian 本の「*Disiūctiuæ*」はあきらかに右がさがっている。一方、Crawford 本では右がややあがっていた。「*COPVLATIVÆ.*（繋合）」と「*ADVERSATIVÆ.*（反戻）」とは接続詞を列挙した節の標題である。これら

```
                    COPVLATIVÆ.
    ¶ To. E. } Mata. E, tambem, & mais.} Mo. Tambem.
Nado. E outros semelhantes, &c.} Vonaju. Iuntamente, da mesma maneyra.
Disiũctiuæ. ¶ Ca, ca. Ou-} Aruiua. Ou.} Mataua. E tambem.
                    ADVERSATIVÆ.
    ¶ To iyedomo. Tomŏxedomo. Ainda que, posto que, porem.
Tomo. .              Toyŭtomo. Ainda que. } Deno. Porem, toda via.
Tatoi. Doulhe que.}  Saredomo. Porem, toda via.} Xicaredomo. Idem.
Rebatote. Aindaq̃, masque.} Sirinagara. Porem, mas.} Nagara. Com tudo.
Saritoteua. Toda via. } Saritotemo. Idem.        } Vo, ga. i. Domo.
```

図 7-5　Bodleian 本　第 76 葉裏の影印

二つの節にはさまれて、「Ca, ca（か、か）」、「Aruiua（あるいは）」、「Mataua（または）」など、「*Disiũctiuæ*（分別）」の接続詞に関する記述はあるが、その標題がない。組み忘れたのである。引用の出典や注記的な見出し、記述の補足とはちがい、標題がぬけていることに気づいたときはあわてたことだろう。活字を組んで判をつくり、刷りあがったページの余白に押印していった。他の標題はすべて大文字だが、この判の大文字は頭だけである。どうしてなのかはわからない。そして、あわてたために右にかたむいたり、左にかたむいたりしたのだ。

第 140 葉表の余白にある「*Voisagaxi.*」も右にかたむいている。Crawford 本の方は、さらに右にさがっていた。

```
Con vrano fitobitoua faquini cara coconi atçumararete, &c.     Voisaga
Vocuyoriua itçuno vonoborizo?           Curamaide.              xi.
Sonaranogayoi, Nagasaquideno dançŏ. Ano fitoni sucanu. Sena
```

図 7-6　Bodleian 本　第 140 葉表の影印

3. Bodleian 本と Crawford 本とを見くらべて

Rodriguez の *ARTE GRANDE* の研究をはじめて 23 年。ようやく念願の Crawford 本を手にとって見ることができた。わかったことは、次の三つである。

一、Bodleian 本と Crawford 本とで内容に違いはない。
二、Crawford 本は複数の人の手にわたり、学習、あるいは、教授のために書きいれがなされた。
三、余白の印刷のうちのいくつか、あるいは、すべては印刷後に判で押されたものである。

そして、両本を見くらべることによって、作成過程での息づかいと出版されてからの使用状況の一部がわかった。

参考文献
1. 土井忠生（1982）『吉利支丹論攷』、三省堂。

表7 Crawford本書きいれ一覧

通し番号	葉	行	書きいれについて	筆記用具
1	3	3-19	「一般の話しことばに用ゐる存在動詞の活用」の節の存在動詞、および、コピュラ動詞の一覧に「sou、estou、es、estas」などのポルトガル語のbe動詞の書きこみ。	ペンセピア
2	9	15	「自らを忘れ、他を愛し、危きを救ひ、窮れるを扶け、惣て物に情を先とし、事に触れて憐れむ心あるを仁といふ」という例文の「cocorouo」の「cocoro」と「uo」の間に「∧」、上の行間に「aru」の書きこみ。	ペンセピア
3 +	10	19	「動詞の語根に接して甚だ上品に法及び時のすべてを補ふ助辞に就いて」で「敬意を示す為に動詞に接続する第一種のもの」の語例としてあげられた「Saxerare, saxeraruru」の「,」の上に「+」の書きこみ。	ペンセピア
4	28v	23	「第二種活用に属する動詞の過去を知るための一般法則」の中の、「Ximi（染み）」は「xunda（しゅんだ）」、「musubi（結び）」は「musunda（結んだ）」となる、という記述の横の余白に「xǔda, musǔda」の書きこみ。	ペンセピア
5	55	18	「綴字法に就いて」で、漢字の三つの書体「Xin, Sǒ, Guiǒ」についてのべている。「真、草、行」、つまり、「楷書、草書、行書」の例として「caelú（ラテン語で「空」）」をとりあげ、余白に「天 xin、ス sǒ、乞 ghiǒ」と書きいれている。	ペンセピア
6	55	25	行書と草書のことを「消息」と言ったらしい。その「消息」の読みが「Xǔsocu」となっているのを見せ消ち「／」、余白に「Xôsocu」と書きこみ。	ペン黒
7	67v	28	「第一人称に用ゐる原形代名詞の種々な階級に就いて」の代名詞のリストにある「Vareraga」を見せ消ち「――」で抹消。	ペン黒
8	76v	19	「接続詞に就いて」の中の「COPVLATIVÆ（繋合）」の余白に「Vonajicu. It.'[item]」の書きこみ。本文には、「Iuntamente, da mesma maneyra（一緒に、同じ方法で）」として、「Vonaju」がでている。その「Vonaju」と同義として「Vonajicu」をだしているのか。「Vonajicu.」の「j」の上に「c」のような小さい記号。	ペンセピア

ARTE GRANDE の当該箇所	書きいれ
図7-1「通し番号1の書きいれの写し」を参照	
damento donde se formão os tempos, & modos dos verbos. Vt, Midzucarauo vasure, ia to sixi, ayauquiuo sucui, quiuamaeruuo tasuque, subete mononinasaqueuo saquito xi, cotoni surete auaremu cocorouo jintoyu. Todas estas rayzes estão no presente	
¶ As da primeyra ordem que se ajuntão a o verbo pera lhe dar honra são estas. Reguru. Rure, raruru. X rare, xeraruru. Saxetare, saxeraruru. Tamai, tamö. Estas se ajuntão com os verbos deste modo : as primeyras quatro se ajuntão tirão	
¶ Imi, vbi, vmi. em vnda. Vt, Ximi, xunda, musubi, musunda, sumi, sunda.	
¶ Quanto â figura destes caracteres, na China onde foram inuentados, cada letra destas tem tres figuras, ou se escreue de tres maneyras, a que geralmente chamam, Xin, Sô, Guiô. Destas a primeyra, & principal se chama, Xin, que he fun	
Xin, Sô, Guiô, posto que o Sô, & Guiô dos Iapões que por outro nome se chama Xôsocu, sam mais faceys, que o dos Chinas, & tem menos linhas ou riscas.	
Chinga. I, Maiu. } Eu el Rey, somente pera o Rey. Vare. Varera, I. ⎫ Eu, estas vozes são corteses, & falamos por ellas com respey- Vareraga. ⎬ to, & humildade, comumente seruem pera bons hens, as duas Vatacuxi. ⎪ primeyras pera pratica, & escritura : as duas segundas pera Soregaxi. ⎭ pratica somente.	
COPVLATIVÆ. ¶ To. E. } Mata. E, tambem, & mais. } Mo. Tambem. Nado. E outros semelhantes, &c. } Vonaju. Iuntamente, da mesma maneyra.	⸙

通し番号	葉	行	書きいれについて	筆記用具
9	78	14	「DO ARTIGO（格辞に就いて）」の標題の右の余白に「Vide 137. b et 149.」。第137葉裏は、「DOS ARTIGOS QVE SERVEM ao Nominatiuo（主格に用ゐられる格辞に就いて）」、第149葉表は、「DA PARTICVLA VLTIMAE decima parte da oraçam（最後にして第十の品詞 助辞に就いて）」である。	ペンセピア
10	83	1	第83葉表の標題「LIVRO SEGVNDO NO QVAL SE trata da Syntaxis das partes da Oraçam Iapoa（第二巻 日本語品詞の統辞論を取扱ふ）」の右上に「81、82、83」と書きこみ。80の次に葉のナンバリングがなく、その次の葉が84となっているから、この葉が81か82か83だということだろう。	ペン黒
11+	95	14	「最上級に用ゐられる種々の語」の記述にある、「Ið（上）、Chŏ（中）、Gue（下）」の右の余白に「Ghe」、および、その「h」の上に「+」の書きこみ。	ペン黒
12	103	26	「非人称動詞に就いて」の中の例文「Natçuua coconi yraremai（夏はここに居られまい）」に対するポルトガル語訳「No veram não se pode estar aqui」の「pode」と「estar」の間に「xa」か「ya」か「va」のような文字。	ペン黒
13	103	27	「非人称動詞に就いて」の中の例文「Cono yamaye agararenu（この山へ上がられぬ）」の「yamaye」の右下に「∧」、上の行間に「ua」の書きこみ。	ペン黒
14	103	28	「非人称動詞に就いて」の中の例文「Cono fudeua cacarenu（この筆は書かれぬ）」の「fudeua」の「de」と「ua」の間に「∧」、上の行間に「de」、右余白に「Cono fudeua cakenu, i. não escreue esta pena（このペンは書かない）」の書きこみ。	ペン黒
15	103	29	「非人称動詞に就いて」の中の例文「Xiroyori derarenu（城より出られぬ）」の「Xiroyori」の右下に「∧」、上の行間に「ua」の書きこみ。	ペン黒
16	109v	17	「場所に関する問に就いて」で、「どのようにして行ったのか」という問に対する答えの例「Cugauo ayude maitta（陸を歩うで参った）」の「ayŭde」の「ŭ」に見せ消ち「/」。余白に「ayŏde」の書きこみ。	ペンセピア
17	130v	32	「繋合接続詞に就いて」の節の例「Mata」の左の余白に漢字「又」の書きこみ。	ペンセピア
18	130v	35	「繋合接続詞に就いて」の節の例「Mo mata」の左の余白に漢字「亦」の書きこみ。	ペンセピア
19+	135	13	「接続詞Caについて」の記述「Ca, se vejam no capitulo da interrogaçam」の「capitulo」の「t」の上に小さい「+」、右の余白に「pag. 89」の書きこみ。第89葉には、「DA PREGVNTA, E REPOSTA（質問と応答に就いて）」として、「Zo, Ca, Ya, Zoya」などについての記述がある。	ペンセピア

ARTE GRANDE の当該箇所	書きいれ

DO ARTIGO.
¶ O Artigo comprende certas particulas, que respondem aos casos latinos juntas aos nomes: de modo que artigo he hũa parte da oração, que junta aos nomes mostra em
 	
LIVRO SEGVNDO NO QVAL SE
trata da Syntaxis das partes da Oração
Iapoa.
 	
¶ Iŏ, Supremo. Chŭ, Meão, l, mediocre, Guĕ, Infimo.
 	
¶ Hau, & outros podem admitir casos dos verbos donde se derivan, tirandose for Accusatiuo. Vt, Cono vmani nerarenu.
   Natsuui coconi yraremai.   No v.ram não sepóde estar aqui.
   Cono yamaye agararenu.   Nam se pode subir a este monte.
   Cono sudeua cacarenu.   Com esta pena nam se pode escrever.
   Xiroyori derarenu.   Nam se pode sair da fortaleza.
 	
¶ Quando dizemos fuy por terra, fuy por mar, fuy a pee, fuy a caualo, Vsam deste modo.
Cugauo ayŭde maieta.
To.   Et, &.
Mata.   Et, &, tambem, mais, outra vez.
Matoua.   Idem.
Ya mata.   Vt, Quedua mata, Cono ficoua mata.
Mo mata.   Tambem. Este Mata, he differente do primeiro, & tem propria letra.
 	
¶ As varias significaçoens desta particula, Ca, se vejam no capitulo da interrogaçam, porque tambem he nota de interrogaçam particula dubitatiua. f. An, ne, virum, &c.	

通し番号	葉	行	書きいれについて	筆記用具
20+	137v	27	「主格に用ゐられる格辞に就いて」の中の「*como se dira no tratado das particulas*（助辞の条で述べるが如く）」の「*tratado*」の一つ目の「a」の上に「+」、余白に「Vide 149」の書きこみ。第149葉は、「*DA PARTICVLA VLTIMAE* decima parte da oraçam（最後にして第十の品詞　助辞に就いて）」。	ペンセピア
21	151	1	「助辞 VA、BA に就いて」の例文「catanadeua quitta（刀では斬った）」の右の余白に「quiranu」。	
22+	151	5	「助辞 NO に就いて」で、この助辞には「*propria letra*（固有の文字）」があるとし、余白に「之」と「no」。二つの間に「+」。	ペン黒
23	151	8	「助辞 NO に就いて」で、この助辞「の」を書く文字「之」を「これ」とよむ例として「Coreuo xinji soro」があげてある。右の余白に縦書きで「進 xinij　之 coreuo　候 soro」と返り点とを書きこみ。	ペン黒
24	154	1	「助辞 YE に就いて」に「Quioye, Tçucuxi, Ni, Bandô. Sa.（京へ、筑紫、に、坂東。さ。）」の例があげられており、その右の余白に「Quantô Sa」の書きこみ。	
25	155	15	「否定の助辞に就いて」で、「非」のつく語の例として「jefi（是非）」があげられている。「jefi. i. Nefas」とあるが、「nefas」は「不正」という意味のポルトガル語である。それを訂正するために、「*Nefas*」の左下に「∧」、上の行間に「fas（正しいこと）」の書きこみ。さらに右余白に「je, fas. Fi, nefas」の書きこみ。「是」が「fás」、「非」が「nefas」であることをしめしている。ポルトガル語には「是が非でも」という意味の言い回し「por fás ou por nefas」がある。	ペンセピア
26	156v	-11	標題「Coto. Mono. Gui.（事、物 / 者、儀）」の左の余白に「Ghi.」の書きこみ。	ペンセピア
27+	158v	14	「*GVIO, GO*（御）」の標題の余白に「Lege Ghio」、「*VI*」の上に「+」の書きこみ。	ペンセピア
28	159	6	「*VON、VO、MI*」の章。「*Estas tres vozes sam* Yomi do Coye, Go, l, guio, *que se escreuem cõ a mesma letra*（これら三つの形は Go、又は guio といふ'こゑ'の'よみ'であって、同一の漢字を使って書かれ）」とあり、余白にその「同一の漢字」である「御」と「guio, go, von, vo, mi」の書きこみ。	ペンセピア
29+	159v	2	「鯛、鱈、鮒、鮭、白鳥、鶴、雁」などの「*sacanas*（肴）」に関する記述の横に不明文字の書きこみ。「*sacanas*」の「ca」の上に「+」。	ペンセピア

ARTE GRANDE の当該箇所	書きいれ
¶ Este artigo quando he Nominatiuo, tem muyta energia, & força, que feo o vso a pode enfinar, & fe ajunta quafi a todas as partes da oração como fe dirá no tratado das particulas, onde fe trata delle difufamente: he particula denotatiua, ou demonftratiua, & tem fentido, de quanto a. Vt, Nax gevare cotoua. i. Quuaro amim. Cono fitoua, &c. deua aru, eavunadeua quirta, michideua auanu, deua naqueredomo,	
¶ Esta particula tem propria letra com que fe efcreue, cujo Coye he, Xi, no Yomi tem tres vozes. A 1. No, de que falamos. A 2. Ga. Vt, Carega cocoro. A 3. Core, que tenifa, que in efcreuer de Iapā fe pofpoem ao verbo, & quando fe lee, tornafe pera atras. Vt, Coreuo xinji foro, &c.	之 x inj 之 coreno 之 foro
Quiôye, Tçucuxi, Ni, Bandô, Sa.	
Fi. i. Arazu. Fidô, figui, fifô, jefi. i. Nefas.	
Coio, Mono, Gui, GVIO, GO.	
¶ Estas tres vozes fam Yomi do Coye, Go, I, guio, que fe efcreuem cō a mefma letra, & todas tē o mefmo fentido, & fe ajuntam cō palauras do Yo-	海 guio go, von, vo. mi.
leuar, Von. como fam Tai, Tara, Funa, Saque, Facuchô, Tçuru, Gan, & outras facanas femelhantes.	p148

通し番号	葉	行	書きいれについて	筆記用具
30 +	169	25	「ある国々に特有な言ひ方や発音の訛に就いて」の記述にあらわれた「*Cuni quiŏdan. i, Palauras proprias de algum reyno*（'国郷談'、ある国又は地方に特有な言葉）」の「q」の上に「+」の書きこみ。右横の余白に「dialectus（方言）」。	ペン黒
31	170	32	「Ximo の地方全般に関する附記」の中の「移動を示す Ye の代り」の助辞に関する記述の余白、「Quiŏye, Tçucuxini, Bandôsa」の右に「Excipe verbú iru. i. intrare.」。	ペンセピア
32	173	38	「日本語の談話の上にあるアクセントに就いて」にあらわれた「Sumito」の横の余白に「sumì. i. carbo, sumí. i. angulus」の書きこみ。「carbo」はポルトガル語で「炭」、「angulus」は「隅」のこと。	ペンセピア
33	173v	1	「日本語の談話の上にあるアクセントに就いて」の「Faxíuo」の横の余白に「faxí. i. paxilli qb edútŕ [quibus eduntur] cibi. faxì scala」の書きこみ。	ペンセピア
34	174	25	「長音節のアクセントに就いて」で、「Quiǒ（経）」の横の余白に「Kiǒ」。	ペンセピア
35	180v	9から-8	「支那の韻文に就いて」であげられた七言四句の例「三体詩」の第一句と第二句の漢字表記「行 yuq 尽 tzucusu 江 cǒ 南 nanno 数 su 十 git 程 tei 暁 Kiǒ 風 fú 残 zan 月 ghet 入 iru 華 qua 晴 xeini」を余白に縦書きで書きいれ。	ペン黒
36	206v	-16	標題「*DOS NOMES GENTILICOS DE QVE* vsam os Iapoens a seu modo（日本人がその流儀によって使ふ異教徒名に就いて）」の左余白に「Coniminoia'」と思われる書きこみ。	鉛筆
37	212v	13	標題「*TRATADO DE VARIOS MODOS DE CON*tar, que comprende boa parte desta lingoa（この国語の大部分に関するいろいろな数へ方についての論）」の横に不明文字。	鉛筆
38 +	220	10	土地の広さをしめす「Chǒ（町）の計算」という節の記述「medida de Tas」の「Tas（田）」の「a」の上に「+」、余白に不明文字。	ペンセピア
39 +	235	18	「支那の年代数と、最も注意すべき若干の事件」という節の中の「*segundo se ve no* Nenrai（Nenrai に見えてゐるところに依ると）」の「Nenrai」の「e」の上に「+」、余白に「annales（ラテン語で「年代記」）」の書きこみ。	ペンセピア

ARTE GRANDE の当該箇所	書きいれ
¶ Em alguns reynos de Iapam ha muytos modos de falar, & palauras proprias a que chamam, Cuniquiôdan. i, Palauras proprias de algum reyno, &c	
¶ Em lugar de, Ye, de mouimento vsam de, Ni, No yŏni, No goto qu, Samaye, Sana, &c. Donde vem o prouerbio, Quiôye, Tçucuxini, Bandôsa.	
declaram assi: Namaruto yŭua, subaru firogaruno foca, cotobano irouoiychigayuru cotonari. Tatoyeba, Sumito yŭ cotouo sumito yŭ	
mita, Faxiuo faxito yŭ. E por causa deste Namari, os do Miyaco que	
⌐\, ou graue & agudo, \/, ou agudo & graue, /\, o que tudo mostraremos por exemplos. Vt, Quiŏ.i. Liuro se pronuncia, Quiŏŏ. Quiŏ.i.	
1. Yuqui, tçucusu, cŏnanno, sugitçei. 2. Queô, fŭ, zan, guer, Quaxei, ni, iru. 3. Chŏ, guen, cacu, xŏ, xei, fŭquiŭ, nari. 4. Subere, chŏ, yŏ, ni, itte, v, xei, to, naru. Santeixi.	
DOS NOMES GENTILICOS DE QVE vsam os Iapoens a seu modo.	Coniminoia
TRATADO DE VARIOS MODOS DE CON- tar, que comprende boa parte desta lingoa.	fing
¶ Icquen, quando he medida de Tas, & terras, item Rocuxaccu gosun, & quando he pera Tatamis da casa, item Rocuxacu sanzun, por causa dos Xiquis que se mettem no meio: & assi dezemos, Tatamijcucariyŏca	Nariay
zes. O que parece que foy por pouco tempo, mas segundose ve no Nenrai impresso no Miyaco, onde se poem todos os Reys da China, & Iapam por ordem	

第8章　*DE INSTITVTIONE GRAMMATICA* と *ARTE GRANDE* とにおける日本語引用例の対照

1. 日本語引用例の対照[1]

　第2章「ラテン語学の与えた影響」で、*DE INSTITVTIONE GRAMMATICA* と *ARTE GRANDE* 両文典にあらわれた引用例のいくつかをとりあげた。ここでは、それらを表8「日本語引用例　*DE INSTITVTIONE GRAMMATICA*、*ARTE GRANDE* 対照表」に一覧にし、さらに詳細に検討していく。

　表の網掛けの行は *DE INSTITVTIONE GRAMMATICA* からの引用、網掛けのない行は *ARTE GRANDE* からの引用である。各引用の記号「a, a', b, b', ……」は第2章と同じになっており、*DE INSTITVTIONE GRAMMATICA* は小文字のアルファベット、*ARTE GRANDE* は小文字のアルファベットにアポストロフィがついている。表の最後は「g"」となっているが、*DE INSTITVTIONE GRAMMATICA* の「g」に対応する例で、*ARTE GRANDE* の第21葉表に引用されているものである。

　引用の記号の右は *DE INSTITVTIONE GRAMMATICA*、*ARTE GRANDE* にあらわれた葉番で、「v」は「裏」を示す。そこから右へ、原本からの影印、その翻刻、翻字、出典とその出典の記されている位置である。翻字は土井（1955）にある表記をもとにし、出典はそれぞれの文典で表記されているままをうつしてある。翻刻と翻字では、両文典間でことなっている語句[2]

1）　この章では影印を見ながら論じていくため、ポルトガル語のつづりは原文のままとする。

を、g′だけは*ARTE GRANDE*の第18葉にひかれた例と第21葉にひかれた例との間でことなっている語句をゴシック体で示した。最右列では、それらのことなりをつづりレベルで分析し、相違箇所を斜体で示した。

e′の例の直前には「Quiacu monogatari.」からの例が引かれているので、この「Ibidem.」は「客物語」である。同様に、g′の直前には「Irm. Paulo.[3)]」を出典とする例があげられているから、g′の出典は「Irm. Paulo.」ということになる。同じ文なのに、g′では「Irm. Paulo.」、gとg″とでは「Morte monog.」となっている。土井（1982）には、「恐らく、『モルテ物語』はイルマン養方軒パウロの作であつた」のだろうとある。

*DE INSTITVTIONE GRAMMATICA*に出典が書かれている場合は、必ずその引用例のはじまる前にあるが、*ARTE GRANDE*では引用例のうしろ、あるいは、余白にある。

両文典間のつづりの相違には、「y / i」（「い」の表記）、「qi / qui、qe / que」（「き」と「け」の表記の「u」の有無）、「q / c」（「く」の子音字）、「zz / dz」（「づ」）、「vo / uo」（「を」）がある。b「tomomo gana」、g′「cocoroatemo」などは両文典の間にスペースの有無の違いがある。d、e、fに関しては、*ARTE GRANDE*のほうが*DE INSTITVTIONE GRAMMATICA*より引用がながくなっている。また、引用自体が部分的にことなっているものがある。ひき誤りか出典そのものにゆれがあったのか。

見てわかるとおり、Alvarezのラテン文典のa、b、c、d、eには出典の表記がない。しかし、第3章「ADVERBIO「副詞」について」で述べたように、ラテン語の引用例に関しては出典が非常に重視されている。例文は古典から採取し、出典を明記することが基本なのである。*DE INSTITVTIONE GRAMMATICA*の日本語引用例に関するこの非をあらためたのがRodriguezである。

---

2)「,」、「:」、「?」といった符号の相違はとりあげていない。
3) これは、「Irmão Paulo（イルマン・パウロ）」の略である。

第8章　339

　Rodriguez は先行文献である *DE INSTITVTIONE GRAMMATICA* を重視し、その例文をとりあげた。そのうちの七つが a' から g" の文である。d、e は短く、場面がわからないので、まず出典をさがし、場面のわかるだけの文脈までをいれて再掲した。だから、出典は余白ではなく、組み版の中にはいっている。f' から g" はすでに出典がわかっていたので、これも組み版にいれることができた。しかし、a' から c' は、採用したものの出典をさがしあてる時間がなかった。だから、版を組みはじめてからもさがしつづけ、出典の活字を判子にし、配布される前に余白に押印していった。それほどまでに出典は重要なのである。

　原稿を版組みにまわした後も出典をさがしつづけ、印刷がおわってから押印で加えた例には、余白だけでなく、本文中の隙間にもある。それが、以下の第65葉裏の「Rongo.」である。よく見ると、文字が活字のならびからずれて、わずかにゆがんでいる。

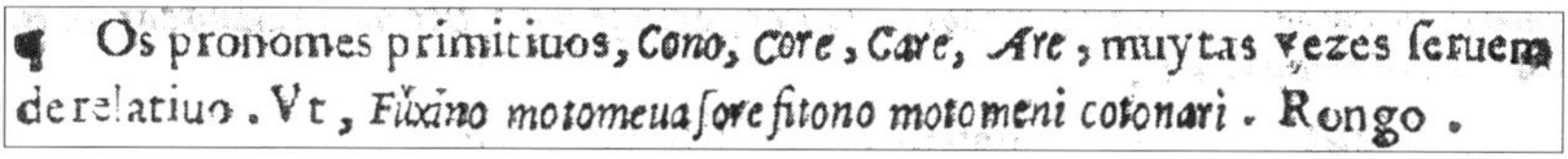

> ¶ Os pronomes primitiuos, *Cono, Core, Care, Are*, muytas vezes seruem de relatiuo. Vt, *Fixino motomeua sore fitono motomeni cotonari*. Rongo.

図 8-1　第65葉裏　Rongo

　Rodriguez は原稿がそろわぬまま印刷にまわし、イエズス会は原稿のそろわぬ文法書に印刷の許可をだしていたのである。

2. では、なぜそれほどにいそいだのか。

　ARTE GRANDE の冒頭には、右のような「LICENÇA（允許状）」がある。イエズス会から書物を出版するには、組織の許可が必要であった。そこには、「*aqual foy vista, & examinada por pessoas doctas, & graues de noßa Companhia*（日本文典が、わが会の学識者並に要職者の検閲を経たるを以て）」と明記され、日付は「*a 22. de Abril. de 1604. Annos*（1604年4月22日）」で

ある。しかし、この時原稿はできあがっていなかった。

允許状は検閲をうけたあと発行されるべきはずだが、第 107 葉表の時間に関する記述には「*Pera brutos vsamos de* Sai, *ordinariamente*（生物には Sai を用ゐるのが普通である）」とあり、「Toquini goxuxxe. 1606. nen.（時に御出世千

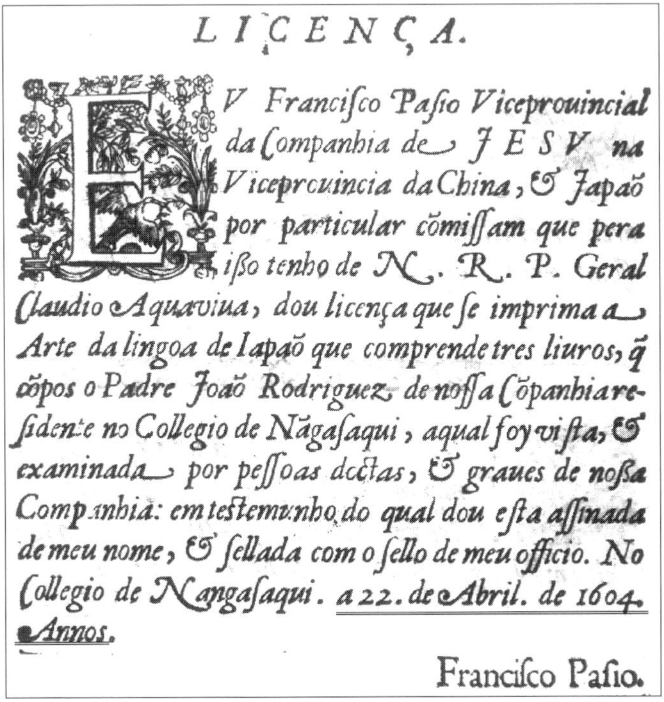

LICENÇA.

EV Francisco Pasio Viceprouincial da Companhia de JESV na Viceprouincia da China, & Japaõ por particular cõmissam que pera isso tenho de N. R. P. Geral Claudio Aquauiua, dou licença que se imprima a Arte da lingoa de Iapaõ que comprende tres liuros, q̃ cõpos o Padre Joaõ Rodriguez de nossa Cõpanhia residente no Collegio de Nãgasaqui, aqual foy vista, & examinada por pessoas doctas, & graues de nossa Companhia: em testemunho do qual dou esta assinada de meu nome, & sellada com o sello de meu officio. No Collegio de Nangasaqui. a 22. de Abril. de 1604. Annos.

Francisco Pasio.

図 8-2　LICENÇA（允許状）

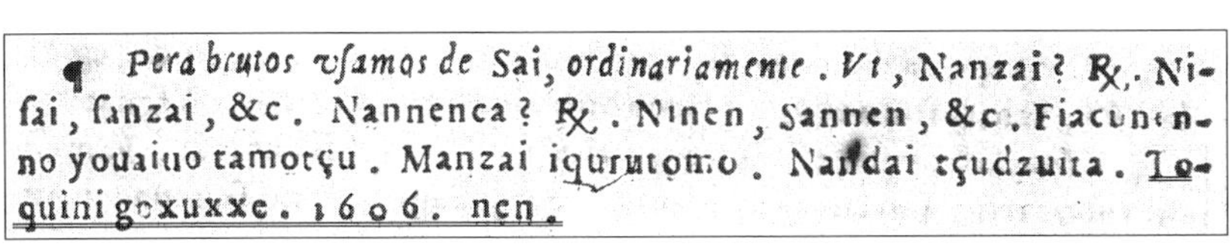

¶ Pera brutos vsamos de Sai, ordinariamente. Vt, Nanzai? R. Nisai, sanzai, &c. Nannenca? R. Ninen, Sannen, &c. Fiacunen no youaino tamotçu. Manzai iqurutomo. Nandai tçudzuita. Toquini goxuxxe. 1606. nen.

図 8-3　第 107 葉表　1606 年

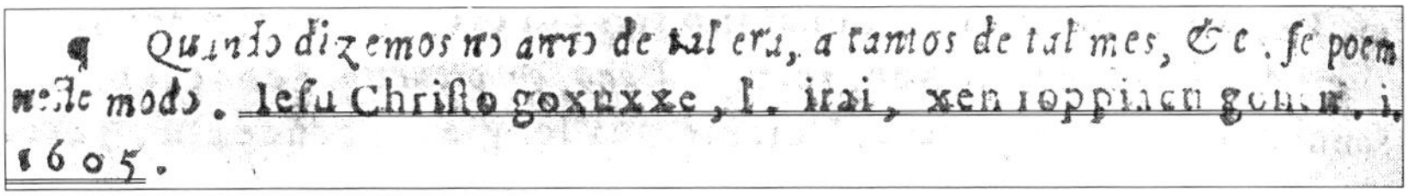
¶ Quando dizemos no anno de tal era, a tantos de tal mes, &c. se poem neste modo. Iesu Christo goxuxxe, I. irai, xen roppiacu gonen. i. 1605.

図 8-4　第 107 葉裏　1605 年

六百六年)」という例があがっている。また、その裏には「Iesu Christo goxuxxe, l. irai, xen roppiacu gonen. i. 1605.（ゼズ・キリスト御出世、または、以来、千六百五年、つまり、1605 年)」とある。

秀吉がキリシタン宣教師退却を命じたのは 1587 年（天正 15 年）であった。1596 年（慶長 1 年）にはサン・フェリペ号事件で秀吉の感情を刺激し、1597 年(慶長 1 年)長崎西坂で二十六聖人が死刑に処せられた。そのような状況下、布教活動には、すすむか、しりぞくかの二つに一つ。ローマもイエズス会士らも日本での布教をあきらめることはしなかった。原稿がそろわぬまま、ローマは許可をだし、長崎は資金と資材をとりつけたのである。

そして、第 240 葉の奥付によると、完成は 1608 年である。まさにキリスト教への迫害のさなか、執筆と編集、印刷とを同時にすすめていったのにもかかわらず、完成には 4 年以上の歳月がかかっている。

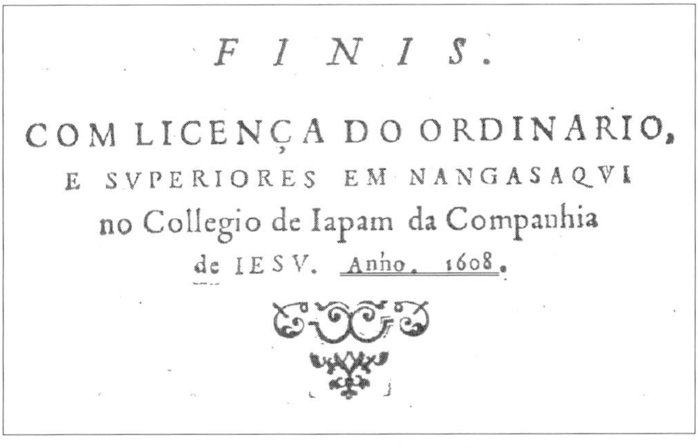
FINIS.

COM LICENÇA DO ORDINARIO,
E SVPERIORES EM NANGASAQVI
no Collegio de Iapam da Companhia
de IESV. Anno. 1608.

図 8-5　第 240 葉　奥付

3. 字体の乱れと乱丁

　土井（1982）は、「引例の日本語にローマン体を用い、引例の出典その他ポルトガル語による記述にはイタリック体を用いる」、「この原則に外れたところ」がある、と言っている。それが第2葉表と裏である。

　第2葉表の三つ目の「¶」からイタリックとローマンとが入れ替わっており（□□□□の中）、そして、同じ章の「Tacai coto」からもどっている。引きつづき同じ章、第2葉裏の第1行目までは、日本語がローマン、ポルトガル語がイタリックとなっているが、その次の行、第一の「¶」から第三の「¶」の1行目まで、また入れ替わっており、その2行目からもとにもどっている。一つの節、段落の中で入れ替わりがおきているのである。そして、次の章「*DOS PRONOMES E PROVOCABVLO RELATIVO; E INTERROGATIVO.*」の中がそっくりひっくり返っていて、ポルトガル語がローマン体、日本語がイタリック体となっている。字体の交替に規則性は見られない。

　第7章「Bodleian本とCrawford本」の表「Crawford本書きいれ一覧」の10番にあるように、第80葉の次の葉に番号がなく、その次の葉が第84葉となっている。葉自体は抜け落ちていないが、番号が2葉分とんでいる。

　先の見とおせぬ中、いそがねばならなかった。印刷機は1台だけ、職人も多くはなかったはずである。照明のなかった時代、24時間稼働もかなわず、機材の故障、活字の摩耗もはげしかった。宗教書、他の語学書もかさなるようにして印刷作業をすすめていたことだろう。

　出典の記載の様子、字体と葉番号の乱れ、余白への印刷[4]をつぶさに見ていくと、時代と宗教とのせめぎあい、そして、Rodriguezの使命感とがうかびあがってくる。

4）　第7章「Bodleian本とCrawford本」を参照。

DOS NOMES.

¶ Dono, & ra, tambem seruem pera singular. Vt, Midono, midomora, varera, &c.

¶ Alem da voz do singular que tambem he plural, vsase tambem pera plural muyto elegantemente a duplicação, ou repetição do mesmo nome: mas isto não he geral em todos. Vt, Fitobito, cuniguni, teradera, tabitabi, samazama, tocorodocoro, &c.

DA DECLINAÇAM DO NOME ADIECTIVO.

¶ Os nomes adjectiuos se podem reduzir a tres generos: conuem asaber, huns que propriamente são adjectiuos terminados em No. Vt, Moromorono, Amatano, Xijuno. Outros que não tem particula algũa. Vt, Vŏ Grande: Co, Pequeno, &c. Huns & outros não tem declinação por artigos, mas anepoẽse imineditamente aos nomes substantiuos ficando no mesmo caso. Vt, Moromorono fito, amatano coto, xijuno mono, fito amata, fito mina, vŏbune, cogatana, vŏsme, vŏtono, &c.

¶ Outros ha que posto que respondẽ aos nossos adjectiuos, são propriamẽte verbos substantiuos que em seu significado comprendem hum nome adjectiuo, & o verbo substantiuo, & tem propria conjugação, tempos, & modos como os de mais verbos.

¶ Estes verbos tem duas vozes, ou terminações, hũa que he presente do indicatiuo, que na pratica se termina nas syllabas. Ai, ei, ij, oi, uy, Na I, Naru. & as primeiras cinco todas na pratica, & escritura tem outra voz em, Xi, & na escritura soomente outra em, Qui. A outra voz ou terminação he nas syllabas, ŏ, ô, ŭ, ni, que propriamente he a rayz destes verbos, a qual se antepoem aos verbos, & se explica por algum aduerbio, & significa o modo da cousa, seguindo em tudo o regimẽto das rayzes dos outros verbos, como se dirá em seu lugar. Vt, Fucŏ, fucai, fucaxi, fucaquŭ. Xiguŏ, xiguei, xiguexi, xiguequi. Ataraxŭ, ataraxij, ataraxixi, ataraxiqui. Yŏ, yoi, yoxi, yoqui. Narŭ, narui, maruxi, naruqui. Aquiracani, aquiracana, I. aquiracanaru.

¶ Os nomes substantiuos pospostos a qualquer destes verbos, a voz acabada em, Ai, ei, ij, oi, uy, Na, I, Naru. na pratica, & qui, na escritura, respondem aos nossos adjectiuos. Vt.

Tacai coto. Cousa alta, boa, preciosa.
Tacai cotono, l, ga.
Tacai cotoni, l, ye.
Tacai cotouo.
Icani tacaqui coto.
Tacaqui cotoyori, cara, ni.

A 3   Aquira

DA DECLINAÇAM

Aquiraçana, l , aquiracanaru dôri. Razão clara.

¶ Algũas vezes as particulas articulares se pospoem immediatamente ao presente destes verbos em lugar do nome substantivo, & fica a tal oração relatiua. Vt, Ataraxijuo teru. Meczuraxiga yoi. Quineineni suita.

¶ Muytos destes verbos perdendo o derradeiro, i . outros mudandoo em a, ficam muy elegantes entre adjectiuos juntos com substantiuos. Vt, Xiracabe. Parede branca. Fucade. Ferida grande, ou funda. Vsugi... Char ala. Acagi. Campo vrmelho. Xirogi. Campo branco. Aobachi. Bacio verde. ¶ Esta mesma regra & composição se acha nas rayzes dalguns verbos,
Vt, Fijuo. Peyxeseco. Foxijuo. Idem. Foxidai, l, Fidai. Peyxe ruyuo seco. Fixiuo. Marè vazante. Michixiuo. Marè enchente.

DOS PRONOMES E PRO VOCABULO RELATIVO; E INTERROGATIVO.

¶ Como fica dito, os pronomes primitiuos, se declinão como os nomes substantiuos ajuntandolhes as mesmas particulas. Vt, Soregaxi, l , soregaxiua, soregaxino, l , soregaxiga, soregaxini, soregaxiuo, soregoxiyori, cara, ni , &c.
¶ Carece esta lingoa dos pronomes deriuatiuos, & é seu lugar se vsa dos primitiuos em Genitiuo com a particula, No, l , ga. Vt, Vata uxino, Meu, Sonatano, Teu . Areno, Seu, &c.
¶ Tambem carece do relatiuo, que responde a, qui , quæ , quod : mas suprese no modo de falar, quãdo he necessario falar por oração de relatiuo como se dirà na syntaxi.
¶ Tare , taso , taga. Respondem ao interrogatiuo, Quis , qui , quæ. Nani, nanitaru , respondem a quod , l , quid . Vt, Quem he ? Tareca? l, Taso? Aquem matou? Tareuo coroitazo? Que fizeste? Naniuo, l , nanigotoxo itaitazo? Que he isto? Screua nanica? , l , nanigotozo?

CONIUGAÇAM DOS VERBOS SUBSTANTIVOS PERA A PRATICA COMVM.

¶ Tem esta lingoa muytos verbos substantiuos, entre os quaes ha bũs que são honrados , & outros baxos, & outros que seruem pera cousas inanimadas : estes todos ou são simples , & tem significação de Estar , Auer , & alguns de Yr, Vir : ou são compostos com as particulas , De , Nite : os quaes tem significação de Ser . Estes todos seco njugão polla segunda conjugação dos verbos , tirando Sorõ , cuja propria conjugação se poem à diante porsi : & Sô , defectiuo : & Nai , com seus compostos, que se coniuga como Fucai. Item Saburô , que vay polla terceyra. A causa que me moueo por aqui esta conjugação por si , foy por ser o verbo substantiuo algũas cousas par-

参考文献

1. 土井忠生（1982）『吉利支丹論攷』三省堂
2. 日本史広辞典編集委員会（1997）『日本史広辞典』山川出版社

表8　日本語引用例　*DE INSTITVTIONE GRAMMATICA*、

	葉	影印
a	19	Yxa firaba namida curaben fototoguifu, Varemo vqiyoni neuo nomizo naqu.
a'	13v	Iza faraba namida curaben fototoguifu: Varemo vqui yori neuo nomizo naqu.
b	20	AVare tada vqitoqi tcururu tomomogana, Fitono nafaqeua yoni arixi fodo.
b'	15	Auare tada vqui toqui tcururu tomomogana, Fitono nafaqeua yoni arixi foco.
c	20	Nagaqi yono curuxiqi cotouo vomoyecaxi: Carino yadorini nani naguequran.
c'	15v	Nagaqui yono curuxiqui cotouo vomoyecaxi, Carino yadoriua nani naguecuran.
d	23v	minis, quàm verbi, qua de caufa genitiuo fgander, vt Yorozzuno te atarino monono yyŏ: vofacazuqiho tomaraxeyu, Si medefefsi feni
d'	23	tipicon Na Sama, quero cafo de feu verbo. Vt, Yorodzuno teatari monono iyyŏ, faritoteua fi o ichiningiato cocoroni fomuru. Quiaca monogatari.
e	23v	vofacazuqiho tomaraxeyu
e'	23	Coroni vofacadzuquino vomaraxiyŏ foregaxini maxita. Ibidem.

ARTE GRANDE 対照表

翻刻	翻字	出典/位置	相違
Yza saraba namida curaben fototoguisu, Varemo **vqiyoni** neuo nomizo naqu.	いざさらば涙くらべん時鳥、我も憂き世に音をのみぞ泣く。	なし	**Y**za ⇒ **I**za vqiyo**ni** ⇒ vqui yo**ri**
Iza saraba namida curaben fototoguisu: Varemo **vqui yori** neuo nomizo naqu.	いざさらば涙くらべん時鳥、我も憂きより音をのみぞ泣く。	*Feiq.* 余白	
A**V**are tada **vqitoqi** tçururu **tomomo gana**, Fitono **nasaqeua** yoni arixi fodo.	あはれただ憂き時つるる友もがな、人の情は世にありし程。	なし	vqitoqi ⇒ vq**u**i toq**u**i tomomo gana ⇒ tomomogana nasaqeua ⇒ nasaq**u**eua
A**u**are tada **vqui toqui** tçururu **tomomogana**, Fitono **nasaqueua** yoni arixi fodo.	あはれただ憂き時つるる友もがな、人の情は世にありし程。	Canxôjono vta 余白	
N**A**gaqi yono **curuxiqi cotovo** vomoyecaxi, Carino **yadorini** nani **naguequran.**	長き世の苦しき事を思へかし、仮の宿りになに歎くらん。	なし	curuxiqi ⇒ curuxiq**u**i cotovo ⇒ coto**uo** yadorini ⇒ yadori**ua**
Nagaqi yono **curuxiqui cotouo** vomoyecaxi, Carino **yadoriua** nani **naguecuran.**	長き世の苦しき事を思へかし、仮の宿りはなに歎くらん。	*Saiguiŏno vta* 余白	nague**q**uran ⇒ nague**c**uran
Yorozzuno teatarino monono **yyŏ**	万づの手当りの物のいやう	なし	Yoro**zz**uno ⇒ Yoro**dz**uno teatari**no** ⇒ teatari **y**yŏ ⇒ **i**yyŏ
Yorodzuno teatari monono **iyyŏ, saritoteua fito ichiningiato cocoroni fomuru.**	万づの手当り物の言ひ様、さりとては人一人ぢゃと心に褒むる。	*Quiacu monogatari.* 引用例のうしろ	φ ⇒ *saritoteua* 以下
vosacazzuqino vomaraxeyŏ	お盃のおまらせやう	なし	φ ⇒ *cotoni* vosaca**zz**uqino
Cotoni vosacadzuquino vomaraxiyŏ soregaxini maxita.	殊にお盃のおまらしやう某(それがし)に増した。	*Ibidem.* 引用例のうしろ	⇒ vosaca**dz**uquino vomarax**e**yŏ ⇒ vomarax**i**yŏ φ ⇒ *soregaxini* 以下

	葉	影　印
f	22v	potentiali, cuius exempla paſsim occurrunt, vt Qiacu monog. Gozaiqiŏ gittino vocotodomo ſazo iroirono cotoja gozarŏzu.
f'	20	ni tachi iraxerareta monode gozarŏzu. Queŏ que, monog. Gozaiquiogiŭno vocotodomo ſazo iroirono cotode gozarŏzu, quiqui maraxitai. Huna Gozai cocuno aidani tŏ voriarŏzu. Quiacu monog. Ha ſono coto dc-
g	22	rareture ba coto naiſitoua goranjerareŏ cocoun catacarŏzu. Morte monog. Tonono goxuæqe mexeba tote, ſore icaſama cocoroatemo gozarzu, ſonatano xueqeua nan jotozo?
g'	18	Tonono goxucqus mexeba tote, ſore icaſama cocoroatemo gozarŏzu, ſonataxe xucqueua nanigotozo: Idem.
g''	21	là vos auinde. Tonono goxucqeuemexeba tote, ſoreua icaſama cocoro atemo gozarŏzu, ſonatano xucqueua nanigotozo? Moriteno monog. Inochi vo

翻刻	翻字	出典/位置	相違
Gozaiqiŏ giǔno vocotodomo sazo iroirono cotode gozarŏzu.	御在京中の御事共さぞ色々の事がござらうず。	Quiacu monog. 引用例の前	Gozaiqiŏ giǔno ⇒ Gozaiquiogiǔno φ ⇒ *quiqui* 以下
Gozaiquiogiǔno vocotodomo sazo iroirono cotode gozarŏzu, **quiqui maraxitai. Hum Gozai cocuno aidani sŏ voriarŏzu.**	御在京中の御事共さぞ色々の事でござらうず、聞きまらしたい。フム御在国の間にさうおりゃらうず。	*Quiacu monog.* 引用例のうしろ	
Tonono **goxucqe** mexeba tote, sore icasama cocoroatemo gozarŏzu, sonatano **xucqeua** nanigotozo?	殿の御出家召せばとて、それ如何様心宛もござらうず、そなたの出家は何事ぞ。	Morte monog. 引用例の前	goxucqe ⇒ goxucque xucqeua ⇒ xucqueua
Tonono **goxucque** mexeba tote, **sore** icasama **cocoroatemo** gozarŏzu, sonatano **xucqeua** nanigotozo.	殿の御出家召せばとて、それ如何様心宛もござらうず、そなたの出家は何事ぞ。	*Idem.* 引用例のうしろ	sore ⇒ soreua cocoroatemo ⇒ cocoro atemo
Tonono goxucque mexeba tote, **soreua** icasama **cocoro atemo** gozarŏzu, sonatano xucqueua nanigotozo?	殿の御出家召せばとて、それは如何様心宛もござらうず、そなたの出家は何事ぞ。	*Morteno monog.* 引用例のうしろ	

第9章　Bodleian 本と訳本とのローマ字つづりの異同

0. はじめに

ロドリゲスの*ARTE GRANDE*の研究を進めていくうちに気のついたことがある。土井（1955）の日本語文のローマ字表記がBodleian版のマイクロフィルムのそれと違うことがある、ということである[1)]。

ここでは、両書における日本語のローマ字表記の異同を一覧表にし、それらを分類した。その目的は書物の正誤表を作ることではない。研究するからには原典にあたれ、というごくあたりまえのことを言いたいだけである。

1. 表の見方

*ARTE GRANDE*にあらわれるすべての日本語のローマ字表記を土井（1955）のそれとつきあわせ、異同があると判断したものを表「ローマ字表記の異同一覧」とした。

「一覧表」の最左欄には通し番号、次に土井（1955）のページ、そして、行、さらに、そこでのローマ字表記とそれに対応する原典のローマ字表記が続く。

通し番号14の「vǒxeraruruca」を原典で見ると、以下のとおりである。

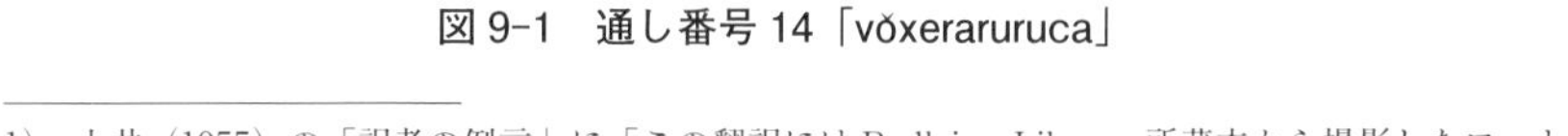
como eu ſou, ou ſendo ſoldado &c. Quixoua ſaburaide gozatte cayno cetoua vǒxe
raruruca? Sendo vos nobre, &c.

図9-1　通し番号14「vǒxeraruruca」

1)　土井（1955）の「訳者の例言」に「この翻訳にはBodleian Library所蔵本から撮影したロートグラフを底本に用ゐた」とある。

つづりが行末にかかり、「-」のあと次の行につづいている。このような場合、「vǒxe-raruruca」は、「vǒxeraruruca」と表記した。

一方、34「fayabayaxǔ」、63「toyǔ」、68「nasaretaraba」なども行末にかかり、つづりが二分されている。が、原典のこれらの語では「-」が使われていない。行末にかかって二分されているが1語と考えていたに違いない、「-」をわすれたのだろうと判断したとき、行の変わり目のあることを示すために「/」をもちいた。「-」をわすれただけで、原典と土井（1955）に異同はないと判断すれば、表に掲載する必要はない。だが、わすれたのではなく、2語と意識していたという可能性ものこるため、ここでは表に加えた。

281は、原典では1行内にそのつづりがおさまっている。訳本がこれを引き写そうとして行末になり、「qu-anquanto」と印刷しようとしたと考えられる。が、「qu-」で行がうつらず、「qu-a」が上の行にのこり、下の行は「nquanto」となってしまった。この事実を示すために、表では「qu-a/nquanto」と表記した。

2. ケアレスミス

単なる不注意による写し間違いと思われるものは、次の6件であった。

通し番号5番「mǒxinaita」を「nǒxi naita」に、11「Degozare caxi」を「Degozare cax」、130「Feiq.」を「Teiq.」、357「Nacare」を「Nacarc」、399「Purificaçan」を「Purificaçam」、493「Iǔsǒbai」を「Iǔsǒba-」。

3. スペース

ローマ字表記において分かち書き、スペースの位置はたいへん重要である。そのスペースがかえられている。スペースが付け加わった例が101件、なくなった例が107件、位置がかわった例が4件あった。

加わった例には、23「Agurucoto arumai ⇒ Aguru coto arumai」、24「Aguemaicoto arŏzu ⇒ Aguemai coto arŏzu」、55「Taicoto ⇒ Tai coto」などがある。Rodriguezは、「Agurucoto」、「Aguemaicoto」、「Taicoto」で一つの単位と考えていたに違いない。ローマ字表記におけるスペースは、書き手の単位意識、言語観をうつしだすものなのである。

　スペースがなくなった例には、19「Yomi auasuru ⇒ Yomiauasuru」、48「von sonemini ⇒ vonsonemini」、66「ca nari ⇒ canari」、218「jen bôuo ⇒ jenbôuo」、219「Vtagaino ya ⇒ Vtagainoya」などがある。Rodriguezにとって「読み合はする」は二つの自立した動詞がならんだものであり、「御」はそれだけで1語なのである。66は「死すとも可なり」の「可」だし、219は疑問の助辞の「や」のことで「うたがいのや」全体で一つの語と考えることはできない。「禅法」も「禅という法」のようなニュアンスを持つ二つの語ととらえていたのだろう。

　位置をかえた4件は、10「chichibot xinurutoquinba ⇒ chichi botxinurutoquinba」、125「yadomo tometen ⇒ yado motometen」、145「Fucai tomama ⇒ Fucaito mama」、406「chiyoniya chiyouo ⇒ chiyoni yachiyouo」である。たとえ、Rodriguezの表記が誤っていたとしても、ことわりなく原典のスペースの位置をかえることをしてはいけない。

4. 大文字と小文字

　スペース同様、頭文字が大文字か小文字かにも大きな意味がある。原典での大文字が訳本で小文字になっているもの19件、小文字が大文字になっているものが29件あった。

　101「Yomaji」、102「Narauaji」はどちらも頭文字が大文字となっているが、原典では小文字である。これらの語のはじめにきている語が原典で「Agueji」となっていたのにひっぱられたのだろうか。104「Ni」は原典では「ni」で

ある。これも、この語の前の「Reba」にあわせたのだろうか。

5. 「,」、「.」、「?」

表記における句読点の重要性は言を俟たない。しかし、混乱が10件あった。ないところに「,」をうったもの5件（通し番号、4, 18, 31, 313, 314）、ある「,」をなくしたもの3件（318, 355, 356）、そして、「.」を「,」にかえたもの（482）と「?」をなくしたもの（37）とがそれぞれ1件である。

6. アクセント記号

ARTE GRANDE の日本語表記には、「´」、「`」、「^」、「˘」、「~」、そして、ときどき「¯」のアクセント記号が使われている。これらはごく小さいので、活字が損傷を受けたり、印刷後に紙面が汚れたりで見えなくなっていることがある。

6-1 読み取れないはずのものが印刷されている

「2. 表の見方」で示した原典を見ると、14「vŏxeraruruca」のアクセント記号が何かは判別できない。16は、訳本で「Nô」となっていて、脚注に「Nŏ の誤」とある。しかし、原典では「Nŏ」で、アクセント記号は読みとれない。他にも、179と204がアクセント記号を判別できないが、訳本では特定されている。

6-2 アクセント記号が補完されている

訳本では44「Agueôzuruni」となっているが、原典を見ると、「Agueózuruni（Agueózuruni）」にしか見えない。また、71は「Rŏ」となっているが、原典では「Rȍ」である。これらは、キリシタン資料の知識をもとに、「´」

は「^」の、「`」は「ˇ」の右半分が欠けたのだろうという推測から補完していると考えられる。しかし、原典で「Agueózuruni」、「Rò」であったということはどこかに明記すべきであろう。

他に、「´」が「^」になっているものに348、「´」が「ˇ」になっているものに94、322、「`」が「ˇ」になっているものに255がある。

6-3　アクセント記号がなかった

アクセント記号がなかったところに、訳本で記号が印刷されている例が24件あった。これらは、痕跡がないところにキリシタン資料に関する知識だけで補完したことになる。

訳本で「ˇ」があらわれたもの：20（Moxiyŏ Moxiyŏ ⇒ Mŏxiyŏ）、39、96、156、157、190、198、199、303、326、386、409、423、434、469、478、481、518。「^」：33（Yodzurŏ Yodzurŏ ⇒ Yôdzurŏ、109、396。「~」：394、452（gofozonni gofozonni ⇒ gofõzonni）。

ARTE GRANDE にあった記号がけずられているものも4件あった：21（Tçuquẽmono ⇒ Tçuquemono）、83（yóriua ⇒ yoriua）、393（Sumìto Sumìto ⇒ Sumito）、448（Sŏrŏ Sŏrŏ ⇒ Soro）。Rodriguezは間違ったと土井が判断したことになる。

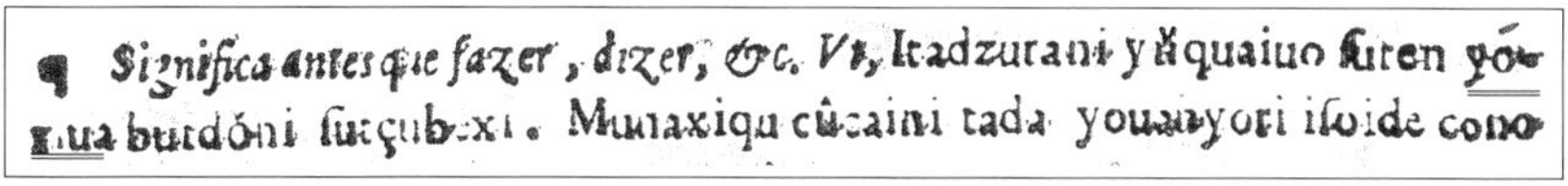
¶ Significa antes que fazer, dizer, &c. Vt, Icadzurani yŏquaiuo ſuren yó-
riua burdóni ſucçubexi. Muiaxiqu cûcaini tada youanyori iſoide cono

図9-2　通し番号83「yóriua」

6-4　アクセント記号を改変した

「^」が「~」に改変されたのは47（Xĩmonyŏno）、「ˇ」が「^」：220、525（Iŏuâ）、「^」が「ˇ」：46（chûxetaruruni）、390、468、「´」が「~」：122（ichimõ）、343、443である。

土井（1955）の184、214は「Rongo」だが、*ARTE GRANDE* 原本でこれらは「Rõgo」、「Rõgo.」である。つづりをかえ、アクセント記号をはずすことによって、「論語」のローマ字表記をRodriguezのではなく、土井自らの規範にあわせたと言えよう。

7. つづり

7-1　アルファベットが補完されている

通し番号28の原典は、下のとおりである。第10葉裏の2行にわたっており、上の行末に見えるのは「n o-」である。前後の文脈を見ると、この「n＋スペース」は、右半分の欠けた「m」であることがわかる。同様の例が、123「Yacazuto no」、264「vo neni」、404、483である。

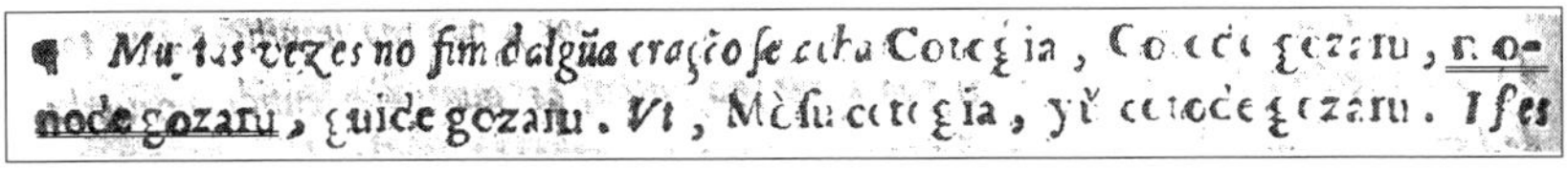
¶ Mu tas vezes no fim dalgũa oração se acha Coto gia, Coto gozaru, n o-
onodegozaru, guide gozaru. Vt, Mōsu coto gia, yū cotode gozaru. I fes

図9-3　通し番号28「n onodegozaru」

原典ではスペースとなっている個所に文字が補完されている例には、168、170、171（「i」がおぎなわれている）、197、422（「t」がおぎなわれている）がある。168の原典は「iyaxiqu uo」で、「i」の痕跡も見えず、「iyaxiqu uo」としか読めない。が、前後の文脈から見てここに「i」があったであろうことはほぼ間違いない。422は、よく見ると「t」の痕跡らしきものが見える。

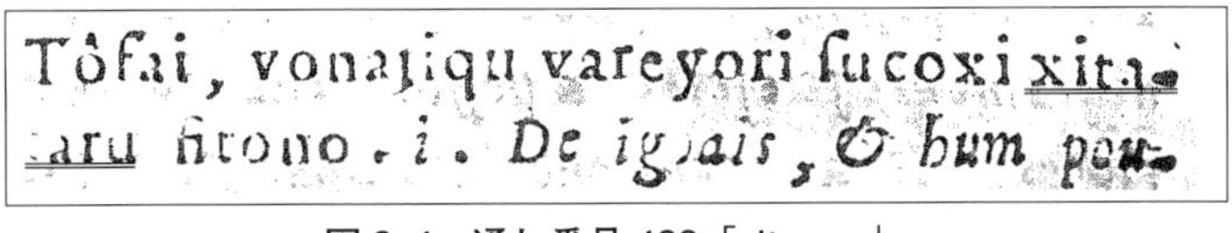
Tôfai, vonajiqu vareyori fucoxi xita-
aru fitono. i. De iguais, & hum pou-

図9-4　通し番号422「xita aru」

第 9 章　357

　159 は *ARTE GRANDE* の第 56 葉裏にある。「ĩ、Fiqu,」で、「Fiqu,」の左側に見えるのは「ĩ」ではなく、右側のかけた「u」と「˜」である。また、291「teguruto」も点の欠けた「i」に見えるが、これは「遂ぐると」の「る」の「r」の一部が欠けたものである。

　同様に、「G」の横棒がかけたもの（242「Coxeuo」、360）があった。

　何か文字があることはわかるが、その文字が何なのか判読できないものが補完されている例も 7 件あった：51、88「jini aiazu」、117、126、155、267、337（tachiyoritam?i ⇒ tachiyori tamai）。

```
¶ Com, Ye. Vt, Nonŏ vonŝŏ ſono yadoriyeua nanixini tachiyo-
ritam i ſorózo?         Teicano utai .
```

図 9-5　通し番号 337「tachiyoritam?i」、*ARTE GRANDE* の第 150 葉裏

7-2　つづりがふえている

　ARTE GRANDE からつづりがふえている例が 13 件あった。訳本の著者、編者の判断によるものであろう。

2	minamoto ⇒ minamoto*uo*	22	cocorouo ⇒ cocoro*aru*uo
61	tachivacareyru ⇒ tachivacare*te*yru		
146	vorifuxi suquimo ⇒ vorifuxi *sono* suquimo		
191	Nurunuruto ⇒ Nurunuruto*xite*	195	Iijicoccocu ⇒ Iijico*cu*cocu
240	tattoqi ⇒ tattoq*u*i	246	icqen ⇒ icq*u*en
248	voqiraiua ⇒ voq*u*iraiua	276	Doccaramo ⇒ Doc*o*caramo
286	xiranuoba ⇒ xiranu*u*oba	310	vouoqueredo ⇒ vouoqueredo*mo*
500	Vnadzuqu ⇒ Vnadzuqu*i*		

7-3 つづりがへっている

ARTE GRANDE からつづりがへっているものが 10 件あった。205 では「謡」が「歌」になっているし、270 では「知って」が「して」になっている。

9	Yô, **yoi**, yoxi ⇒ Yô, yoxi		45	q**u**iuamatta ⇒ qiuamatta
174	Fosori, **r**u ⇒ Fosori, u		175	Futori, **r**u ⇒ Futori, u
205	vta**i**uo ⇒ vtauo		270	Xi**t**te coso ⇒ Xite coso
330	ijen**ni** ⇒ ijen		414	Q**u**ionen ⇒ Qionen
510	Gui**u**on ⇒ Guion		530	Q**u**asannu ⇒ Qasannu

7-4 つづりがかわっている

つづりに変更が加えられているものが 15 件あった。13、467、490 のようにつづりが変わっても発音に変わりがないもの、217、279 のように発音は変わるが意味はかわらないもの、187、260、277 のようにまったくの別語になってしまうものがある。

13	tçu**q**uru ⇒ tçu**c**uru		64	Coreu**a** ⇒ Coreu**o**
73	xôz**u** ⇒ xôz**o**		187	Fa**r**amequ ⇒ Fa**t**amequ
217	Idzuc**u** ⇒ Idzuc**o**		235	fitono**u**o ⇒ fitono**ua**
260	Fu**mi**ni **adzuca**ru ⇒ Fu**ne**ni **no**ru		277	tocoro**cara**mo ⇒ tocoro**yori**mo
279	Idzuc**u**omo ⇒ ldzu **C**omo		283	S**a**ras**a**ra ⇒ S**u**ras**u**ra
334	gon**o**chino ⇒ gon**i**chino		467	tçu**q**uru ⇒ tçu**c**uru
475	Misasa**q**uino ⇒ Misasa**g**uino		490	Iicquãme ⇒ Iicqua**n**me
522	Ten**n**ŏ ⇒ Ten**v**ŏ			

8. 脚注の記述

　驚くのは、土井が引用し間違えているのに、その間違いを原典の誤りとしているものがあるということである。

　土井（1955）p.20 の 13「tçucuru」には脚注があり、「正しくは tçuquru」となっている。が、原典を見ると第 4 葉に「tçuquru」となっている。同じく、土井（1955）の 230「Amauosoi（雨襲）」には脚注があり、「Amauouoi（雨覆）か」とあるが、原典では「Amauouoi（Amauouoi）」となっている。432「Dombôrin」は、脚注に「Dembôrin とあるべきもの」とあるが、原典では「Lembôrin」となっている。468「Zŏquan」は、脚注に「Zôquan の誤」とあるが、原典では「Zôquan」となっている。

9. おわりに

　ARTE GRANDE はなにしろ古い書物である。印刷技術も未熟だったろうし、紙面もずいぶん汚れている。また、当時の機材は酷使されていたに違いない。だから、アクセント記号やアルファベットが欠けていたり、読めなくなっているのは当たり前だし、スペースがあるのかないのか判別が難しいのもやむを得ない。しかし、はっきり読める文字、見える記号までかえてしまっているのはなぜだろう。187 で「Faramequ」を「Fatamequ」に、260 で「Fu*mini adzuca*ru」を「Fu*neni no*ru」に、そして、277 で「toco*roca*ramo」を「toco*royori*mo」にしたのは故意としか思えない。

　さらにはずかしいのは、間違えて引用したつづりを脚注で「誤っている」と指摘していることだ。土井氏は、校正のとき原典の日本語ローマ字表記を見ていない、ということになる。

　土井氏は、「訳者の例言」で「ローマ字綴の切れ続きはすべて原本通りに

した」とのべているが、実際にはそうなっていない。見過ごしたと言うには数が多すぎる。スペースは言語単位意識のあらわれだという認識はあったのだろうか。

　私には、学習者の日本語を、日本語非母語話者を低く見ているように思えてならない。

　とは言え、ポルトガル語を訳し、日本語例文を翻字し、詳しい目次と事項索引、語句索引とを作成した土井（1955）は労作である。土井氏は「例言」で「多くの人々が直接原本に就いて研究できる日の早く来ることを希ふものである」とのべておられる。今は、Bodleian 図書館に申し込めば、デジタルデータが取り寄せられる。

表9 ローマ字表記の異同一覧

通し番号	頁	行	『日本大文典』	ARTE DA LINGOA DE IAPAM
1	7	17	Arujitachiyori	Arujitachi yori
2	8	6	minamotouo	minamoto
3	8	15	conofitoua	Conofitoua
4	8	22	Fitotabimo,	Fitotabimo
5	8	22	nŏxi naita	mŏxinaita
6	10	20	Irmãxu	Irmãoxu.
7	10	25	Anofitotachi	Ano fitotachi.
8	11	1	Ra	ra
9	12	26	Yô, yoxi	Yô, yoi, yoxi
10	16	4	chichi botxinurutoquinba	chichibot xinurutoquinba
11	18	17	Degozare cax	Degozare caxi
12	20	3	fitono cocoromo	fitonococoromo
13	20	7	tçucuru	tçuquru
14	20	23	vŏxeraruruca	アクセント記号が読めない
15	21	1	queico itasŏzu	queicoitasŏzu
16	25	6	Nŏ	アクセント記号が読めない
17	29	8	zonji	Zonji
18	30	24	yei, yô	yeiyô
19	35	21	Yomiauasuru	Yomi auasuru
20	37	26	Mŏxiyŏ	Moxiyŏ
21	38	1	Tçuquemono	Tçuquẽmono
22	38	21	cocoroaruuo	cocorouo
23	42	9	Aguru coto arumai	Agurucoto arumai
24	42	11	Aguemai coto arŏzu	Aguemaicoto arŏzu
25	44	6	Ague tatematçuru	Aguetatematçuru
26	44	6	Yomi tatematçuru	Yomitatematçuru
27	44	6	Narai tatematçuru	Naraitatematçuru
28	45	15	monodegozaru	n onode gozaru
29	45	16	yŭ cotodegozaru	yŭ cotode gozaru
30	47	4	Aimachitçuru	Aimachi tçuru
31	48	27	vtŏtçu,	vtŏtçu
32	49	4	voquiyori	voqui yori
33	50	7	Yôdzurŏ	Yodzurŏ

通し番号	頁	行	『日本大文典』	ARTE DA LINGOA DE IAPAM
34	51	2	fayabayaxŭ goxisocu	fa/yabayaxŭgoxisocu
35	51	11	matçuuo	Ma çuuo
36	52	18	imayô	ima yô
37	52	20	quiqumaica	quiqumaica ?
38	53	3	Sŏdearŏzu	Sŏde arŏzu
39	53	4	sŏdemo	sodemo
40	53	5	attafodoni	atta fodoni
41	54	12	canaximubequiua	canaximu bequiua
42	54	13	vocasubequi cotonari	vocasubequicotonari
43	56	5	Xitagai tçuita	Xitagaitçuita
44	56	19	Agueôzuruni	Agueózuruni
45	56	23	qiuamatta	quiuamatta
46	56	26	chŭxeraruruni	chûxeraruruni
47	57	9	Xŭmonynno	Xûmonynno
48	57	9	vonsonemini	von sonemini
49	57	10	tamai queri	tamaiqueri
50	60	14	asateto	a/sateto
51	61	30	Cudasaruru	?udasaruru
52	62	27	quiŏuo	quiŏ uo
53	65	7	negŏmono	negŏ mono
54	65	16	notamayecaxi	notamaye caxi
55	66	3	Tai coto	Taicoto
56	66	6	to qui tamaye	toquitamaye
57	67	16	Maire caxito	Mairecaxito
58	69	15	Aguete aruni	Aguetearuni
59	70	23	mesan toqui	mesantoqui
60	72	1	De	de
61	72	7	tachivacareteyru	tachivacareyru
62	75	31	attarebatote	attareba tote
63	76	17	toyŭ	to/yŭ
64	76	24	Coreuo	Coreua
65	77	1	Xini vŏto	Xinivŏto
66	78	6	canari	ca nari
67	82	20	Vareragatocoroye	Vareraga tocoroye

通し番号	頁	行	『日本大文典』	ARTE DA LINGOA DE IAPAM
68	82	20	nasaretaraba	na/saretaraba
69	83	19	fabacaru coto	fabacarucoto
70	84	13	nari tomo	naritomo
71	85	7	Rŏ	Rò
72	85	15	Aguete atta	Agueteatta
73	85	20	xôzo	xôzu
74	86	16	gozaicocuno	Gozai cocuno
75	88	25	Agueôtomo	Agueô tomo
76	89	29	arecaxi	are caxi
77	90	18	voxiquereba	vo/xiquereba
78	93	24	arasôcoto nacare	arasôcotonacare
79	94	3	to yŭgui	toyŭgui
80	94	4	Coreuo	coreuo
81	94	24	naquiuoba gunin tosu	naquiuoba gunintosu
82	95	15	Feique	Feiq.
83	95	21	yoriua	yóriua
84	95	22	tadayouanyori	tada youanyori
85	96	19	Vramuru	vramuru
86	97	6	To	to
87	97	23	Tŏzonzuru	Tŏ zonzuru
88	99	1	jinnarazu	jin?a?azu
89	99	17	deua gozaru	deuagozaru
90	103	28	toyŭte	to yŭte
91	104	1	to mŏxite	tomŏxite
92	105	21	mŏsu	mŏ/su
93	107	19	varucarŏ	va/rucarŏ
94	110	29	Chŏmei	Chómei
95	111	14	fi quitatte	fiquitatte
96	112	1	varŏbedomono	varobedomono
97	112	17	fitouoba motte	fitouobamotte
98	112	20	zu	Zu
99	112	24	Mono iuazude	Monoiuazude
100	113	10	Aguezu	Ague/zu
101	113	21	Yomaji	yomaji

通し番号	頁	行	『日本大文典』	ARTE DA LINGOA DE IAPAM
102	113	22	Narauaji	narauaji
103	114	25	Vryezare	Vre/yezare
104	116	8	Ni	ni
105	120	9	Aguemai coto	Aguemaicoto
106	120	27	Aguemai tame	Aguemaitame
107	123	26	Musubi	musubi
108	123	27	Sumi	sumi
109	124	19	Yôda	Yoda
110	127	11	Yomiqueredomo	Yomiquere domo
111	128	25	Yôdanaraba	Yôda naraba
112	134	9	sanu	S nu
113	135	5	zo	Zo
114	137	7	attarebatote	attareba tote
115	137	9	Yomumaji queredomo	Yomumajiqueredomo
116	140	3	Yomumai tame	Yomumaitame
117	142	13	Narŏbequi	Nar?bequi
118	143	16	Narŏte	N rŏte
119	144	7	Narayedomo	Naraye domo
120	153	15	Narŏmai tomo	Narŏmaitomo
121	162	9	tatematçurăto	tatematçu/rāto
122	163	11	ichimō	ichimó
123	165	29	Yacazutomo	Yacazuto no
124	166	20	tadzune	tadzu/ne
125	167	8	yado motometen	yadomo tometen
126	167	18	naninaritomo	nani n??itomo
127	167	24	Yacazutomo	Yacazu tomo
128	168	11	mŏsubexi	mŏsu bexi
129	169	22	vontameni	von tameni
130	170	17	Teiq.	Feiq.
131	171	4	Agueôzurŏ	Agueô zurŏ
132	171	20	chitoxeyo	chito xeyo
133	171	23	fanatachibanano	fanatachi banano
134	175	16	Aguen coto	Aguencoto
135	177	23	Aguru coto	Agurucoto

通し番号	頁	行	『日本大文典』	ARTE DA LINGOA DE IAPAM
136	182	23	vocotaru coto	vocotarucoto
137	183	9	voindari	voin/dari
138	183	18	vreyezuxite	vreyezu xite
139	184	13	furi te	furite
140	185	16	toriayesaxe	toriaye saxe
141	187	28	vobitataxino	vobitataxi/no
142	189	4	xin tarazumba	xintarazumba
143	189	5	chichi tarazuto	chichitarazuto
144	190	7	Cazunaranu	Cazu naranu
145	197	21	Fucaito mama	Fucai tomama
146	198	18	vorifuxi sono suquimo	vorifuxi suquimo
147	199	16	Fucacarŏ tomo	Fucacarŏtomo
148	203	27	nŏte cara	nŏtecara
149	204	25	Fucacarumai tomo	Fucacarumaitomo
150	207	7	atatacana	ata/tacana
151	208	15	Aquicarani nai	Aquicaraninai
152	209	15	yocarubequi monouo	yocarubequimonouo
153	214	19	Vagaxenzouoba	Vaga xenzouoba
154	215	5	yuquyeuo	yucuyeuo
155	215	21	Sŏrŏbequi	S?rŏbequi
156	216	15	Sŏrŏtoqui	Sorotoqui
157	217	22	Sŏraixicaba	Sorai xicaba
158	219	24	Soromajiqueredomo	Soromajique domo
159	225	23	ŭ	ĭ
160	227	21	guiô	guiô
161	228	8	vo	Vo
162	228	17	o	O
163	230	5	qui gui	quigui
164	240	10	Yomucoto	y mucoto
165	243	29	Aguru tomo	Agurutomo
166	245	7	Quaconoxi	quaconoxi
167	246	10	gorŏjerareôcotoua	gorŏjerareô cotoua
168	246	13	iyaxiquiuo	iyaxiqu uo
169	246	15	gojenno	gojen no

通し番号	頁	行	『日本大文典』	ARTE DA LINGOA DE IAPAM
170	248	12	Xij	X j
171	248	19	xij	X j
172	249	4	yorocobaxij	yorocoba/xij
173	249	17	xucqueraxij	Xucqueraxij
174	250	25	Fosori, u	Fosori, ru
175	250	26	Futori, u	Futori, ru
176	255	6	tareca	Tareca
177	255	16	idzucuni	idzucu/ni
178	256	11	Guat	guat
179	258	2	Vôxeraruru	アクセント記号が不明隙
180	259	28	Cotoabagoto	Cotoabago o
181	260	4	Maiguat	Mai/guat
182	261	27	Meimeini	Mein eini
183	266	23	Quidensama	Quiden sama
184	266	29	Rongo	Rŏgo
185	285	18	Vxiro	vxiro
186	287	8	Vomotte	Vo motte
187	288	26	Fatamequ	Faramequ
188	289	10	Caracaratovarŏ	Caracarato varŏ
189	292	1	Ron go	Rongo
190	294	6	Mŏxite	Moxite
191	295	12	Nurunurutoxite	Nurunuruto
192	301	3	Tçuratçura	Tçura tçura
193	303	13	Irmãorŏ	Irmão rŏ
194	306	10	Voba	voba
195	309	3	Iijicocucocu	Iijicoccocu
196	309	5	Vorivori	Vori vori
197	312	16	Vototo	Voto o
198	313	22	Zŏyacu	Zoyacu
199	314	9	Sŏrŏ	Sorŏ
200	320	9	Masanari	Masa nari
201	321	27	xinno	xin/no
202	324	21	Iitgo queô	Iitgoqueô
203	325	2	musaborazu	musaburazu

通し番号	頁	行	『日本大文典』	ARTE DA LINGOA DE IAPAM
204	325	21	sôjite	アクセント記号が読めない
205	326	14	vtauo	vtaiuo
206	328	21	vôxeidasaruru	vôxe/idasaruru
207	328	25	Caqu fito	Caqufito
208	329	5	netamucoto	netamu coto
209	329	10	facuxinadoni	facuxi nadoni
210	329	12	caqui idasuga	cquiidasuga
211	330	22	Samu	Samui
212	330	24	Curoi caua	Curoicaua
213	331	16	No	no
214	332	25	Rongo	Rōgo
215	333	6	Monouo	Monoua
216	333	12	Luciferto	Lucifeito
217	340	22	Idzuco	Idzucu
218	341	11	jenbôuo	jen bôuo
219	341	18	Vtagainoya	Vtagaino ya
220	342	20	naraxerareôzuru	naraxerareŏzuru
221	342	24	Ca inaya	Cainaya
222	342	27	zaiquaniyotte	zaiquani yotte
223	343	12	sono mino	sonomino
224	344	8	Foxxinju	Foxxin/ju
225	345	12	Namaatatacana	Nama atatacana
226	349	8	gosun	gossun
227	349	18	Fitoaxi	Fito axi
228	350	16	Yomi yasui	Yomiyasui
229	352	6	Mimafoxij	Mima foxij
230	356	21	Amauosoi	Amauouoi
231	356	24	ua	va
232	356	25	Vuafigue	Vua figue
233	357	11	Quixono	quixono
234	357	14	Quixonoua	Qixonoua
235	357	15	fitonoua	fitonouo
236	360	12	dai ichi	daiichi
237	360	23	Curama ide	Curama i/de

通し番号	頁	行	『日本大文典』	ARTE DA LINGOA DE IAPAM
238	362	7	Ga	ga
239	363	29	Vagamiuo	Vaga miuo
240	364	5	tattoqui	tattoqi
241	364	16	vagamino	vaga mino
242	365	9	Goxŏuo	Coxŏuo
243	365	11	vocatari are	vocatariare
244	365	24	fito toua	fitotoua
245	366	10	cono	co/no
246	366	11	icquen	icqen
247	366	20	Soregaxiuo	Sore/gaxiuo
248	366	21	voquiraiua	voqiraiua
249	369	10	Voifarŏ	Voi farŏ
250	369	10	Vchifarŏ	Vchi farŏ
251	370	14	Conotocorono	Cono tocorono
252	370	14	acutŏ domouo	acutŏdomouo
253	372	3	Mŏxi tçuquru	Mŏxitçuquru
254	375	19	Fagasaruru	Fogasaruru
255	378	13	Cŏriocu	Cŏriocu
256	379	24	Soi tçuqu	Soitçuqu
257	380	1	Mini ataru	Miniataru
258	381	6	xicumaji	xiqumaji
259	381	17	somuqui tatematçuru	somuquitatematçuru
260	381	22	Funeni noru	Fumini adzucaru
261	382	2	noru	no/ru
262	384	2	Miyacouo	Miyaco/uo
263	385	23	ichiruy	ichi/ruy
264	387	13	vomeni	vo neni
265	389	6	Machi canuru	Ma/chicanuru
266	389	28	vŏcatasamaua	vŏcatasamaua
267	391	7	Quiuamuru	Quiuam?ru
268	394	24	Maittaga	Maitta/ga
269	395	15	arumai	aru mai
270	395	19	Xite coso	Xitte coso
271	398	27	gozaru	go zaru

通し番号	頁	行	『日本大文典』	ARTE DA LINGOA DE IAPAM
272	401	18	Sonofumini	Sono fumini
273	402	15	Chiye	Chi/ye
274	405	2	Yaguracara	Yagu/racara
275	405	5	Cara	cara
276	411	7	Dococaramo	Doccaramo
277	411	12	tocoroyorimo	tocorocaramo
278	411	14	Doccaranaritomo	Doccara naritomo
279	412	14	Idzu Como	Idzucuomo
280	415	3	maitta	mait/ta
281	416	13	qu-a/nquanto	quanquanto
282	417	2	quizamu	qui/zamu
283	417	19	Surasura	Sarasara
284	421	3	Toxite	To xite
285	424	26	Cacarete coso	Cacaretecoso
286	428	4	xiranuuoba	xiranuoba
287	431	3	arumaito	aru/maito
288	432	11	sonataua	sonata/ua
289	432	22	mairunaraba	mairu naraba
290	435	2	Padre samaye	Padresamaye
291	435	26	toguruto	toguiuto
292	436	28	Yenu	yenu
293	439	7	Cocomotoni	Co/comotoni
294	439	17	Yŏsuni	Yŏ/suni
295	440	21	sŏsocun	sŏsocuni
296	441	1	xoriŏuo	xo/riŏuo
297	441	25	tocorouo	tocoro/uo
298	443	6	voyobu toqui	voyobutoqui
299	443	16	sŏmocu	sŏ/mocu
300	445	14	Mairaideuano	Mairaideua/no
301	446	27	teiga	tei/ga
302	447	21	Guioyno	Guioy/no
303	451	28	Sonofŏ	Sonofo
304	453	9	Yebudagŏto	Yebuda/gŏto
305	455	1	Niyotte	Ni yotte

通し番号	頁	行	『日本大文典』	ARTE DA LINGOA DE IAPAM
306	463	22	corefodomadeua	core fodomadeua
307	468	19	Cuchivoxiquicotocana	Cuchivoxiqui cotocana
308	483	22	xinji	xin/ji
309	484	5	naquiga	naqui/ga
310	485	19	vouoqueredomo	vouoqueredo
311	488	19	jicquanme	jicquan/me
312	489	19	goinxinto	goinxin/to
313	490	10	Nanitoyaran,	Nanitoyaran
314	490	12	Nanitoyaxen,	Nanitoyaxen
315	492	17	voiteua	voi/teua
316	492	20	Xiqimocu	Xiqimo/cu
317	493	15	fito no	fitono
318	493	23	chŏguiŏxeximeba	chŏguiŏxeximeba,
319	495	7	voconauarubexi	voco/nauarubexi
320	499	23	Vonarujino	Von arujino
321	505	9	Mŏxitaitano	Mŏ/xitaitano
322	505	26	dācŏ	dācó
323	507	8	fŏbaitachi	fobaitachi
324	508	26	Voisagaxi	Voisaga/xi
325	511	12	vyeuo	vye/uo
326	512	16	Sono fŏno	Sonofono
327	514	3	sute saxerarei	sutesaxerarei
328	514	18	Mayeno	Maye/no
329	515	2	Banmayegia	Ban mayegia
330	515	8	ijen	ijenni
331	518	26	varui nado	varuinado
332	521	1	vaga tamenimo	vagatamenimo
333	524	13	ataye	ata/ye
334	524	26	gonichino	gonochino
335	526	12	Feiq.	Feq.
336	528	21	auaxete	auaxe/te
337	539	2	tachiyori tamai	tachiyoritam?i
338	539	17	coreuo	Coreuo
339	540	9	mŏxitazo	mŏ/xitazo

通し番号	頁	行	『日本大文典』	ARTE DA LINGOA DE IAPAM
340	542	8	chigotachi	chi/gotachi
341	542	10	toimŏxi	toi/mŏxi
342	542	10	chigotachimo	chigotachi/mo
343	543	18	gorăjerarei	gorájerarei
344	544	21	Cocoroni	Co/coroni
345	545	5	Taixetno	Taixet/no
346	545	24	figuequirito	figue/quirito
347	546	27	jŭmanyoquini	jŭman yoqui/ni
348	548	4	sŏrŏ	sŏrŏ
349	548	10	maximasu	ma/ximasu
350	548	25	Voxicari attade	Voxicariattade
351	551	3	ymarasuru	ymairasuru
352	553	22	mairu caraua	mairucaraua
353	553	27	cŏbecara	cŏ/becara
354	555	18	Bacu	bacu
355	556	26	Muxi	Muxi,
356	556	28	naqu	naqu,
357	559	1	Nacarc	Nacare
358	559	28	xirumononi	xiru mononi
359	560	12	Imada	Ima/da
360	562	15	Gui	Cui
361	563	6	coto	co/to
362	563	26	vagacotogia	va/gacotogia
363	564	21	Cotogoto	Co/togoto
364	565	15	Monoxiri	monoxiri
365	565	23	Baquemono	Baque/mono
366	565	27	xirenu	xire/nu
367	566	2	Bābut	Bā/but
368	567	6	Sono	So/no
369	569	7	Gofô/cô	Gofôcô
370	571	3	von cotoba	voncotoba
371	571	4	voncura	Voncura
372	571	23	Von taru	Vontaru
373	573	15	Yacata sama	Yacatasama

通し番号	頁	行	『日本大文典』	ARTE DA LINGOA DE IAPAM
374	573	22	sama	sa/ma
375	576	15	Von cocorozaxi	Voncocorozaxi
376	577	10	yeiran	Yeiran
377	588	15	cotonite soro.	cotonitesoro.
378	589	11	Tçuxxinde	Tçux/xinde
379	591	9	Nanigotouo	Nanigoto/uo
380	591	19	Quicoximexi tçuquru	Qui/coximexitçuquru
381	597	7	gozaru	go/zaru
382	598	27	cocoroye	co/coroye
383	598	28	vyeyori	vye/yori
384	607	16	Miyaco	Miya/co
385	609	26	Yo	Yó
386	612	25	Amŏ	Amo
387	613	15	Xecai	Xe/cai
388	617	2	xeide	xei/de
389	617	9	nanino	nani/no
390	618	28	Dŏjucu	Dôjucu
391	619	14	tabetaca	ta/betaca
392	622	19	cotonari	coto nari
393	622	19	Sumito	Sumìto
394	625	18	Chúguēn̄	Chúguēn̄
395	635	20	Sanjŭsô	sanjŭsô
396	636	12	Xennhô	Xennho
397	638	17	Giapono	Giapone
398	640	17	Xiri caxira	Xiricaxira
399	643	23	Purificaçam	Purificaçan
400	651	8	Iiamari	Ii amari
401	652	2	ichi ji	ichiji
402	653	29	Fuyunoyo	Fuyuno yo
403	655	22	yumetomo	Yumetomo
404	657	9	Caquemo	Caque no
405	657	22	canaxiquini	cana/xiquini
406	658	19	chiyoni yachiyouo	chiyoniya chiyouo
407	659	10	Tçuranevta	Tçurane vta

第 9 章　373

通し番号	頁	行	『日本大文典』	ARTE DA LINGOA DE IAPAM
408	659	29	Ximono cu	Ximonocu
409	662	18	Ienxŭs	Ienxus
410	662	31	Aguru	Agu/ru
411	664	1	Feigimonogatari	Feigi monogatari
412	664	20	nattareba	nuttareba
413	671	25	Xinxun	Xin/xun
414	671	27	Qionen	Quionen
415	671	28	cocoro naxi	Cocoronaxi
416	673	2	toyŭte	to yŭte
417	673	2	tomŏxite	to/mŏxite
418	676	8	chŏbiŏyeno	chŏ/biŏyeno
419	680	4	Bunxŏ	bunxŏ
420	680	11	Migiôxo	Miguiôxo
421	680	19	Cubŏsama	Cubŏ sama
422	681	7	xitataru	xita aru
423	683	10	Ijŏ	Ijo
424	685	22	Vosorenagara	Vosore nagara
425	685	28	Xicarubequi yŏni	Xicarubequiyŏni
426	686	1	adzu carubequ	adzucarubequ
427	686	7	Cono mune	Conomune
428	686	15	Quiŭ quŏ	Quiŭquŏ
429	688	14	Miguiôxo	Migueôxo
430	688	24	caxicomatte	caxicomat/te
431	690	18	Vouoino	Vôuoino
432	690	19	Dombôrin	Dembôrin
433	695	25	zonji tatematçuri	zonjitatematçuri
434	700	5	Guiŏ	Guio
435	700	18	Cubŏ sama	Cubŏsama
436	700	23	tçuxxinde	tçux/xinde
437	706	20	Nanigaxidono ye	Nanigaxidonoye
438	707	3	tçuxxinde	tçux/xinde
439	707	15	Sôzocu tomoni	Sôzocutomoni
440	707	19	zanoxita	zano xita
441	709	28	Chicujenno	Chicujen/no

通し番号	頁	行	『日本大文典』	ARTE DA LINGOA DE IAPAM
442	710	18	sucoxi	suco/xi
443	712	12	Bōzos	Bôzos
444	717	14	von naca	vonnaca
445	719	1	IESVS no	IESVSno
446	720	7	ichiruira	ichi/ruira
447	720	16	Iŭichiguat	Iŭ ichiguat
448	722	24	Soro	Sŏrŏ
449	723	15	chŏquen	chŏ/quen
450	723	17	goquiquan	goqui/quan
451	723	18	fofucusu	fofucu su
452	725	27	gofōzonni	gofozonni
453	727	4	reôqennovoyobazaruni	reôqen/no voyobazaruni
454	727	7	xŏjequi	xŏ/jequi
455	727	21	vnvn	vn/vn
456	729	8	xŏguat	Xŏguat
457	729	21	quaxequiuo	qua/xequiuo
458	729	29	naqui	na/qui
459	730	1	mŏxiagurumono	mŏ/xiagurumono
460	731	8	focorubequi	fo/corubequi
461	732	4	fontosu	fonto su
462	732	19	Tĕnŏ	Tĕ/nŏ
463	733	10	xoguanno	xoguan/no
464	736	28	Quinin	quinin
465	737	3	Xiquibuno xô	Xiquibunoxô
466	737	5	catayemo	ca/tayemo
467	737	5	tçucuru	tçuquru
468	740	21	Zŏquan	Zôquan
469	740	21	Miŏji	Mioji
470	741	4	Matçugio	Matçu/gio
471	741	27	Tarŏ	Ta/rŏ
472	743	11	cuni	cu/ni
473	744	12	Yemon jô	Yemonjô
474	745	3	Daijŏdaijin	Daijŏ daijin
475	747	3	Misasaguino	Misasaquino

通し番号	頁	行	『日本大文典』	ARTE DA LINGOA DE IAPAM
476	747	12	Nodaıxô	Nodaixô
477	747	19	Queifôjŏjo	Queifô jŏjo
478	748	18	Daichŭ	Daichu
479	750	2	Saigioxo	Saigio xo
480	751	3	Cami	cami
481	752	7	Xeixŭ	Xeixu
482	754	24	2,	2.
483	755	27	Fômiŏ	Fôn iŏ
484	760	29	Mitçu	mitçu
485	763	16	Fifitoi	fifitoi
486	765	3	Sŏxijŭ	Sŏ xijŭ
487	765	24	sŏxijŭ	sŏ/xijŭ
488	767	9	vosorezu	vosore/zu
489	767	19	San	san
490	769	11	Iicquanme	Iicquāme
491	772	3	Nijŭichi	Nijŭ ichi
492	773	10	Fito ita	Fitoita
493	776	9	Iŭsŏba-	Iŭsŏbai
494	780	24	Ixxôgogo	Ixxô gogo
495	781	29	Iŭixxacu	Iŭ ixxacu
496	784	12	Dai ichi	Daiichi
497	784	15	Ichi yoi	Ichiyoi
498	784	23	Ninŏ	ninŏ
499	786	11	casanete	casane/te
500	788	2	Vnadzuqui	Vnadzuqu
501	789	10	michi maraxita	michimaraxita
502	790	22	tatenaraburu	tatena/raburu
503	792	23	Ichyiacu	Ichiyacu
504	795	4	ippucu	ippu/cu
505	796	16	Fitoxitadari	Fito xitadari
506	799	3	Fotoque nefan	Fotoquenefan
507	799	8	Gounxequen	Goun xequen
508	801	19	Buxxin yori	Buxxinyori
509	802	25	Yenichisan	Yeni/chisan

通し番号	頁	行	『日本大文典』	ARTE DA LINGOA DE IAPAM
510	803	7	Guion	Guiuon
511	803	13	gotainari	gotai nari
512	803	16	Gotai	Gotei
513	805	14	Iinquŏtçŭ	Iin/quŏtçŭ
514	806	4	Me irouo	Meirouo
515	806	6	Mifure	Mi fure
516	807	5	maimai	mai mai
517	809	15	Faxxŭ	Fax/Xŭ
518	821	30	xŏji	xoji
519	827	第一図	Tatçunococu	Tatçuno cocu
520	827	第一図	Vmano cocu	Vmanococu
521	828	第二図	Quita vaita	Quitavaita
522	832	2	Tenvŏ	Tennŏ
523	834	2	Qempŏ	Quempŏ
524	834	22	Neraiqui	Nĕraiqui
525	838	16	Iŏvô	Iŏvô
526	843	29	Fotoques	Fo/toques
527	846	18	tenvŏ	Tenvŏ
528	847	8	Nagato	Na/gato
529	847	27	Queitai	Queitei
530	849	21	Qasannu	Quasannu
531	851	8	Miyaco	Mi/yaco

第10章　おわりに

　紀元前のギリシアから、西洋世界には、言語を一冊の書物に記述する習慣があり、また、言語というものは一冊の文典にまとめることができるという考えがあった。João Rodriguez の ARTE GRANDE と ARTE BREVE とは、その長く、大きく、重い文法記述の歴史の上に成り立っている。一方、日本には、言語は一冊の書物に記述できるという考えがなかった。だから、João Rodriguez の文法書は、日本語史に燦然と輝く第一級の史料なのである。

　私は、これらの文法書、主に、ARTE GRANDE をとりあげた。しかし、それは中世日本語を研究、記述するためではない。書物そのものを研究対象とした。この書が著されたのは、イエズス会士が日本語を学ぶためであるということ、イエズス会士に日本語を教授するためのテキスト、文法書であり、その日本語の記述の背景には、ギリシア語、ラテン語の文典の歴史、そして、ラテン語とポルトガル語の記述の体系があることを明らかにするためである。そのために、日本語教育の観点から、ラテン語、ポルトガル語の一字、一句を読み解き、この書の成立と構成を表と図によって可視化した。

　日本語研究者にとって João Rodriguez の文法書は敷居が高い。外国人の書いたポルトガル語の書物であるし、充分に理解するためにはラテン語の言語体系を知らなければならない。だから、従来の研究では、どうしても João Rodriguez の記述の表面的なところしか扱っていない。たとえば、アルファベットによる日本語のつづり、そして、表になっている動詞の活用、名詞の変化である。

　第3章では、adverbio（副詞）をとりあげた。言語を問わず、「副詞」はとらえにくいに違いない。ARTE GRANDE の記述でも、adverbio には雑多

なものが含まれ、また、adverbio に分類されている「tocoro（ところ）」が、動詞活用形の一部、名詞、artigo（格辞）、partícula（助辞）、posposição（後置詞）と多くの品詞に分類されている。Rodriguez にとっての adverbio とは何なのか、ギリシア語、ラテン語の文典の歴史の変遷を図にし、ラテン語、ポルトガル語の言語体系に照らしながら Rodriguez の記述を詳細に見ていった。分析には、Rodriguez と同じ日本語教師の眼、日本語教育からの観点を用い、Rodriguez の言う adverbio とは何なのか、その究明を試みた。

1998 年の秋、国語学会で「エレガント」について発表した。当時の中世日本語の大家から、「ロドリゲスの「エレガント」は中世の武家社会で重視されていた「優」ではないか」という質問をいただいた。中世社会で重要であったなら、Rodriguez は「優」を知っていた可能性が高い。だから、「エレガント」と「優」との関連は否定できない。しかし、ARTE GRANDE は、ポルトガル語話者がポルトガル語話者のために書いた日本語の文法書である。日本文化を知らぬ学習者を対象として、日本語の解説に彼らの知らぬ概念を用いるとは考えにくい、と、お答えした。

日本語の語彙研究の大家もおられた。発表が今終わったというのに、「ロドリゲスにとっての「エレガント」の意味は何でしょう」とおっしゃる。教育的な「覚えましょうマーク」だとお答えすると、「都の公家の言葉など、全部覚えなくてはならないのでは」、そこで、「簡単に習得できて、それでいて日本語が上手に聞こえる表現に、特に覚えましょうというマーク」と答えると、再度「で、「エレガント」の意味は？」。何を意図しておられたのだろう。キリシタン資料の大家は、「「エレガント」にはいい意味ばかりではないのではないか？」と質問なさった。

先生たちは、きっと、「エレガント」に対する**自論**を述べようとしておられたのだと思う。私は、「エレガント」に対する**自論**を述べようとは思わない。Rodriguez にとっての elegância とは何か、ARTE GRANDE の中での意味

と役割を明らかにしたいのだ。

　Rodriguez の文典を読み始めたのは、当時の熊本女子大学、今の熊本県立大学に赴任した 1989 年からだったと思う。間もなく、Michael Cooper 神父の『通辞 ロドリゲス』が出版され、Rodriguez の人間的な魅力にも引き込まれた。手紙をお出しして、上智大学 Monumenta Nipponica の編集室にうかがった。オックスフォード大学で João Rodriguez の研究に没頭なさっていたころ、神父は毎晩 Rodriguez とともに食事をし、ワインを傾けていたとおっしゃった。私が夢中で論文を書いていたときには、Rodriguez は現われなかった。しかし、論文をまとめて、出版し、それから 10 年以上がたって博士論文を目指している間、少し身近に感じたように思う。彼は、私の尊敬する日本語教師である。

　第 9 章では、日本語のローマ字表記の引用における誤りを批判した。書き方がきつくなっているかもしれない。客観的に、慎重に一字一字を見比べるよう努力したが、論ずるところで感情的になっているのだろう。
　研究者の中には、都合のいいところだけ Rodriguez の記述を引用し、都合の悪い記述に関しては、「外国人だから、間違えたのだろう」ですませる人がいる。日本語は日本人の言霊で、日本人にしかわからない、という考えがどこかにあるように思われる。
　いいや、違う。確かに、日本語にかぎらずどの言語であっても、その言語を母語とする人にとっては言霊、特別なものである。しかし、同時に、すべての言語は人類すべての宝であり、日本語だけが特別で外国人にはわからない、ということはない。
　他のすべてのデータと同様に、Rodriguez の残した記述もつねにそのままを正確に読みとって分析しなくてはいけない。「外国人だから」と言うのなら、*ARTE GRANDE* も *ARTE BREVE* もはなからデータとしては使えない。

ただ、正確に読みとるには、それなりの知識が必要である。

　この論文では、中世日本語研究の第一級の資料として扱う際に必要な基本的知識を、日本語教師の視点からまとめた。

　いつか、中世日本語の研究者と共同研究がしてみたい。その日が来るのを心待ちにしている。

謝　辞

　色々な方にお世話になりました。

　1989年に当時の熊本女子大学に赴任しました。所属は、文学部国語国文学科でした。九州の大学だということ、所属が国語国文学科だということ、そして、私が日本語教師でポルトガル語が少しばかりできる、ということで、João Rodriguez の文法書を勉強するようになりました。一生懸命でした。つたないものではありましたが、論文がいくつかになると、先輩の同僚でいらした竹原崇雄先生が出版社を紹介してくださいました。先生は、私に博士号をとるように一度ならずおっしゃってくださいましたが、私には興味がありませんでした。それより、日本語教師の養成が大事でした。

　博士論文提出の第一歩は、竹原先生がすすめてくださった出版だったのだと思います。

　本が出たのは1999年でした。それから、10年以上たった2010年に台湾の学会へ行きました。その時、何十年ぶりかで学生時代の友人に会い、本を贈呈しました。友人は、本を見て、学位を取りなさいと言ってくれました。

　学位を目指すということになると、何としても実現させたいのが Bodleian 本の閲覧です。現在の同僚、熊本県立大学の水尾文子先生には一から十までお世話になりました。

　ポルトガル語史、ポルトガル語文法の面からは、東京外国語大学の黒澤直俊先生がつぶさに指摘してくださいました。日本語学の面からは、同大学の川村大先生が原典にあたり、つづりや引用などのミスを厳しくチェックしてくださいました。日本古典文学の面からは村尾誠一先生が、ラテン語学の面からは岩崎務先生、そして、日本語教育の面からは大東文化大学の中道知子先生が見てくださいました。どの分野から見ても不充分、不出来だったと思

います。それでも、私の意図をくみ取り、温かく見守ってくださいました。本当にありがとうございます。

　多くの方々のおかげで、ここまでたどり着くことができました。心から感謝申し上げます。

　　2014年6月19日

　　　　　　　　　　　　　　　　　　　　　　　　　　馬場　良二

参 考 文 献

ARTE GRANDE、*ARTE BREVE* に関する文献

1. Rodriguez, João（1604）*ARTE DA LINGOA DE IAPAM*, University of Oxford, Bodleian Library.
2. 土井忠生訳注（1955）『日本大文典』三省堂
3. 島正三編（1969）『ロドリゲス日本大文典』文化書房博文社
4. ロドリゲス著、土井忠生解題、三橋健誌解説（1976）『日本文典』勉誠社
5. 福島邦道（1990）「キリシタンの日本語学習」『国学学』第161集
6. 橋本進吉（1950）「國語に於ける鼻母音」『國語音韻の研究』岩波書店
7. 大塚光信（1956）「土井忠生博士著「ロドリゲス日本大文典」を読んで」広島文理科大学国語国文学会『国文學攷』15
8. 永田信也（1980）「『日葡辞書』『日本大文典』に見える引用態度」北海道大学国文学会『国語国文研究』64
9. 鰍沢千鶴（1995）「ロドリゲスのめざした日本語（その一）」『上智大学国文学論集』28
10. 福島邦道（1989）『ロドリゲス日本小文典』笠間書院
11. 日埜博司編訳（1993）『日本小文典』新人物往来社
12. 池上岑夫訳（1993）『日本語小文典』岩波文庫
13. 阿部健二（1986）「J. ロドリゲス『日本小文典』試訳稿」『国語文法史論考』明治書院
14. 馬場良二（1991）「『日本文典』その成立の歴史的および言語的背景とロドリゲスの日本語力」筑紫国語学談話会『筑紫語学研究』第2号
15. 馬場良二（1992、1993）「ロドリゲスの『日本文典』における「エレガント」について」『熊本女子大学学術紀要』Vol.44、45
16. 馬場良二（1994）「「日本大文典」影印本と訳本とのローマ字つづりの異同」筑紫国語学談話会『筑紫語学研究』5
17. 馬場良二（1995）「『日本大文典』におけるジョアン・ロドリゲスのADVERBIO（副詞）について」『日本語の研究と教育』専門教育出版
18. 馬場良二（1995）「ロドリゲスの日本語教授法−なぜ古典なのか」『日本語と日本語教育』三省堂
19. 馬場良二（1995、1996）「ロドリゲス『日本大文典』の成立−「ラテン語学」の与

えた影響」『熊本県立大学文学部紀要』Vol.1、2
20. 馬場良二（1998）「『日本大文典』『日本小文典』に見られるロドリゲスのsonsonete について」『熊本県立大学文学部紀要』Vol.4、No.2
21. 馬場良二（1999）『ジョアン・ロドリゲスの「エレガント」』風間書房

João Rodriguez に関する文献
1. クーパー　マイケル著、松本たま訳（1991）『通辞ロドリゲス』原書房
2. ロドリゲス　ジョアン著、江馬務他訳注（1967-1970）『日本教会史』岩波書店

キリシタン資料に関する文献
1. （1603）*VOCABVLARIO DA LINGOA DE IAPAM*, University of Oxford, Bodleian Library.
2. Fróis, Luís（1976）*Historia de Japam*, Biblioteca Nacional de Lisboa.
3. Alvarez, Manoel（1974）*DE INSTITVTIONE GRAMMATICA*、『天理図書館善本叢書　第五次刊行　語学篇Ⅱ』
4. Alvarez, Manoel（1572）*DE INSTITVTIONE GRAMMATICA*、ポルトガル国立図書館蔵、http://www.bnportugal.pt.
5. 土井忠生、森田武、長南実編訳（1980）『邦訳　日葡辞書』岩波書店
6. ヴァリニャーノ　アレハンドロ著、松田毅一 他訳（1973）『日本巡察記』平凡社
7. フロイス　ルイス著、柳谷武夫訳（1963-1978）『日本史：キリシタン伝来のころ』平凡社
8. 土井忠生（1962）『吉利支丹文献考』三省堂
9. 土井忠生（1971）『吉利支丹語学の研究　新版』三省堂
10. 土井忠生（1982）『吉利支丹論攷』三省堂
12. 福島邦道（1983）『キリシタン資料と国語研究』笠間書院
13. 福島邦道（1983）『続キリシタン資料と国語研究』笠間書院
14. 福島邦道（1990）「キリシタンの日本語学習」『国語学』161

ポルトガル語に関する文献、辞書
1. Preti Dino（1982）*SOCIOLINGÜÍSTICA Os níveis de fala*, Companhia Editora Nacional.
2. Teyssier, Paul（1984）*História da lingua portuguesa*, Tradução de Celso Cunha, http://www.scribd.com/doc/22899347/paul-teyssier-historia-da-lingua-portuguesa.
3. Castro, Ivo（2006）*Introdução a História do Portugues*, Edições Colibri.

4. de Castro, Maria Helena Lopes et al.（1973）*Normas de Transcrição para Textos Medievais Portugueses, Boletim de Filologia*, TOMO XXII.
5. Bluteau, Rafael de Moraes Silva, António ed.（1789）*DICCIONARIO LINGUA PORTUGUEZA*, Universidade de São Paulo.
6. da Cunha, Antônio Geraldo ed.（1982）*DICIONÁRIO ETIMOLÓGICO NOVA FRONTEIRA DA LÍNGUA PORTUGUESA*, Editora Nova Fronteira.
7. Instituto Antônio Houaiss（2001）*Houaiss da língua portuguesa*, Editora Objetiva Ltda.
8. de Holanda Ferreira, Aurélio Buarque（1975）*NOVO DICIONÁRIO DA LÍNGUA PORTUGUESA*, Editora Nova Fronteira.
9. 馬場良二（1991）「ポルトガル語に関する調査結果」、文部省特定研究「言語情報処理の高度化」報告書『連語構造における意味組成の適合に関する言語間比較』の別冊
10. 池上岑夫、金七紀男、髙橋都彦、富野幹雄編（1996）『現代ポルトガル語辞典』白水社

ラテン語、ギリシャ語に関する文献、辞書
1. Alvarez, Manoel（1974）*DE INSTITVTIONE GRAMMATICA*、『天理図書館善本叢書　第五次刊行　語学篇II』
2. Alvarez, Manoel（1572）*DE INSTITVTIONE GRAMMATICA*、ポルトガル国立図書館蔵、http://www.bnportugal.pt.
3. Valla, Lorenzo（1544）*Elegantiae Linguae Latinae*.
4. （1735）*AN INTRODUCTION TO THE Latin Tongue, OR THE FIRST BOOK OF GRAMMAR* King's-Arms.
5. 家入敏光（1974）「アルバレス　拉丁文典」『天理図書館善本叢書　第五次刊行　語学篇II　解説』
6. 樋口勝彦、藤井昇（1963）『詳解ラテン文法』研究社
7. 松平千秋（1969）『新ラテン文法』南江堂
8. 國原吉之助（1975）『中世ラテン語入門』南江堂
9. コラール　ジャン著、有田潤訳（1968）『ラテン文法』白水社
10. ヘルマン　ジョゼフ著、新村猛、国原吉之助訳注（1971）『俗ラテン語』白水社
11. 國原吉之助（2005）『古典ラテン語辞典』大学書林
12. Glare, P. G. W.（1996）*Oxford Latin Dictionary*, Oxford University Press.
13. Lewis, Charlton T.（1891）*Elementary Latin Dictionary*, Oxford.
14. Gaffiot, Félix（2000）*Le Grand Gaffiot Dictionnaire Latin-Francais*, Hachette.

15. Kemp, Alan (1986) *THE TEKHNĒ GRAMMATIKĒ OF DIONYSIUS THRAX Translated into English*, Historiographia Linguistica 13:2-3, John Benjamins Publishing Company.

日本語に関する文献、辞書
1. 寺村秀夫（1982）『日本語のシンタクスと意味　第Ⅰ巻』くろしお出版
2. 鈴木重幸（1972）『日本語文法・形態論』麥書房
3. （1963）『国立国語研究所報告23　話しことばの文型(2)－独話資料による研究』国立国語研究所
4. 林栄一監訳（1975）『ブロック日本語論考』研究社
5. Bloch, Bernard Miller, Roy Andrew ed. (1970) *Bernard Bloch on Japanese*, Yale University Press.
6. 日本国語大辞典第二版編集委員会（2001）『日本国語大辞典　第二版』小学館
7. 大野晋、佐竹昭広、前田金五郎編（1974）『岩波　古語辞典』岩波書店
8. 国語学会編（1955）『国語学辞典』東京堂出版
9. 日本語教育学会編（2005）『新版日本語教育事典』大修館書店

カトリックに関する文献
1. 若桑みどり（2008）『クアトロ・ラガッツィ　天正少年使節と世界帝国』集英社
2. デュロゼル　J.B.著、大岩誠、岡田徳一訳注（1967）『カトリックの歴史』白水社
3. 上智大学編（1954）『カトリック大辭典』冨山房

歴史
1. ポーロ　マルコ著、愛宕松男訳注（1970）『東方見聞録1』平凡社
2. ポーロ　マルコ著、愛宕松男訳注（1971）『東方見聞録2』平凡社
3. デ・ラス・カサス　バルトロメー著、林屋栄吉訳注（1977）『コロンブス航海誌』岩波書店
4. 京大西洋史辞典編纂会編（1993）『新編西洋史辞典　改訂増補』東京創元社
5. 日本史広辞典編集委員会（1997）『日本史広辞典』山川出版

言語
1. カンプルー　シャルル著、島岡茂他訳（1975）『ロマン諸語』白水社
2. 大塚高信、中島文雄監修（1982）『新英語学辞典』研究社
3. 竹林滋編（2002）『新英和大辞典』研究社
4. Corominas, Joan Pascual, José A. (1991-1997) *Diccionario crítico etimológico*

castellano e hispánico, Editorial Gredos.
その他
1. パスカル　ブレーズ著、伊吹武彦他訳（1959）『パスカル全集』第 1 巻、人文書院
2. （1910）*BRITANNICA* 11th edition.
3. （1987）*The New Encyclopædia Britannica* 15th edition.

著者略歴

馬場　良二（ばば　りょうじ）

昭和52年3月	東京外国語大学ポルトガル・ブラジル語学科卒業
昭和54年3月から55年2月	ブラジル、リオ・デ・ジャネイロ連邦大学文学部非常勤講師
昭和56年3月	東京外国語大学大学院外国語研究科日本語学専攻修了（文学修士）
昭和57年4月	文化外国語専門学校専任講師
昭和62年4月	文化女子大学専任講師
平成1年3月	熊本女子大学専任講師
平成3年4月	熊本女子大学助教授
平成6年4月	熊本県立大学助教授
平成11年4月	熊本県立大学教授
平成25年6月	東京外国語大学　博士（学術）取得

João Rodriguez『ARTE GRANDE』の成立と分析

2015年1月31日　初版第1刷発行

著者　馬場　良二
発行者　風間　敬子
発行所　株式会社　風間書房
〒101-0051　東京都千代田区神田神保町1-34
電話 03(3291)5729　FAX 03(3291)5757
振替 00110-5-1853

印刷　藤原印刷　製本　高地製本所

© 2015　Ryoji Baba
ISBN978-4-7599-2058-1　Printed in Japan
NDC 分類：810

JCOPY 〈(社)出版者著作権管理機構 委託出版物〉

本書の無断複写は、著作権法上での例外を除き禁じられています。複写される場合はそのつど事前に(社)出版者著作権管理機構（電話03-3513-6969、FAX 03-3513-6979、e-mail:info@jcopy.or.jp）の許諾を得て下さい。